杜威著作精选
刘放桐 陈亚军 主编

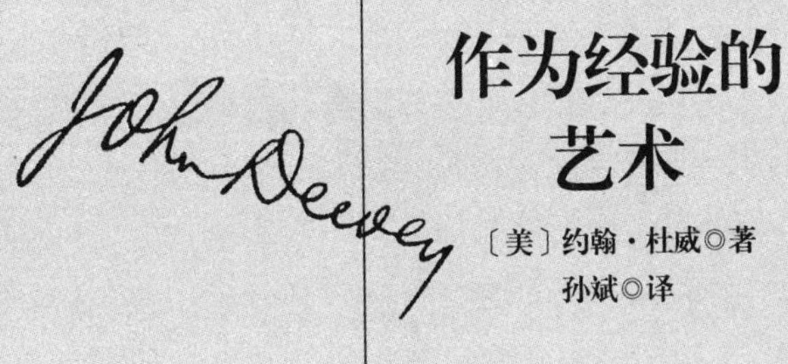

作为经验的艺术

〔美〕约翰·杜威◎著
孙斌◎译

华东师范大学出版社

满怀感激地

献给阿尔伯特·C·巴恩斯

CONTENTS 目录

chools of To-Morrow

School and Society

Human Nature and Conduct

Democracy and Education

Conduct

econstruction n Philosophy

Psychology

The Quest for Certainty

The Public and its Problems

Art as Experience

Ethics

How We Think

Experience and Nature

PREFACE

主编序

在杜威诞辰160周年暨杜威访华100周年之际，华东师范大学出版社推出《杜威著作精选》，具有十分重要的纪念意义。

一百年来，纵观西方思想学术发展史，杜威的影响不仅没有成为过去，相反，随着20世纪后半叶的实用主义复兴，正越来越受到人们的瞩目。诚如胡适先生所言："杜威先生虽去，他的影响永远存在，将来还要开更灿烂的花，结更丰盛的果。"

在中国，杜威的命运可谓一波三折。只是在不远的过去，国人才终于摆脱了非学术的干扰，抱持认真严肃的态度，正视杜威的学术价值。于是，才有了对于杜威著作的深入研究和全面翻译。

华东师范大学出版社历来重视对于杜威著作的翻译出版，此前已推出了《杜威全集》(39卷)、《杜威选集》(6卷)的中文版，这次又在原先出版的《全集》的基础上，推出《杜威著作精选》(12种)。如此重视，如此专注，在国内外出版界都是罕见的，也是令人赞佩的。

或许读者会问，既有《全集》、《选集》的问世，为何还要推出《精选》？我们的考虑是：《全集》体量过大，对于普通读者来说，不论是购买的费用还是空间的占用，均难以承受。而《选集》由于篇幅所限，又无法将一些重要的著作全本收入。《精选》的出版，正可以弥补《全集》和《选集》的这些缺憾。

翻译是一种无止境的不断完善的过程，借这次《精选》出版的机会，我们对原先的译本做了新的校读、修正，力图使其更加可靠。但我们知道，尽管做了最大努力，由于种种原因，一定还会出现这样那样的问题。我们恳切地希望各位方家不吝赐教，以使杜威著作的翻译臻于完美。

最后，我们要特别感谢华东师范大学出版社王焰社长，感谢朱华华编辑。杜威著作的中文翻译出版，得到了华东师范大学出版社一如既往的大力支持，朱华华编辑为此付出了很多的心血。没有这种支持和付出，就没有摆在读者面前的这套《杜威著作精选》。

刘放桐　陈亚军

2019年1月28日于复旦大学

chools of To-Morrow

School and Society

Human Nature and Conduct

Democracy and Education

econstruction n Philosophy

Psychology

The Quest for Certainty

The Public and its Problems

Art as Experience

Ethics

How We Think

Experience and Nature

PREFACE

前言

1931年冬春之际，我应邀在哈佛大学作了十次系列演讲。演讲选择的主题是艺术哲学；这些演讲成为现在这本书的缘起。此次讲座的设立，乃是为了纪念威廉·詹姆斯。我非常珍视，也非常荣幸，这本书能够即便是间接地同他杰出的名字连在一起。同样，我也满怀愉悦地回忆起，演讲期间，哈佛大学哲学系我的同行们始终不变的善良与好客。

在这个主题上，我受惠于其他的著作者，然而当我试图向他们致以谢意的时候，却感到有些为难。之所以这么说，乃是因为在这种受惠中，只有少许方面可以由本书所提及或援引的作者而得知。我在这个主题上已经做了多年的阅读，这些阅读在英语文献方面多多少少有些广泛，而法语的则稍微少一些，德语的就更少了，此外，我还从那些现在已难以直接记起的资料中汲取了许多东西。而且，许多著作者所给予我的，要比本书中可能提及的多得多。

对于那些直接给予我帮助的人，我的谢意则比较容易表达。约瑟夫·拉特纳(Joseph Ratner)博士给予我许多有价值的参考材料。迈耶·夏皮罗(Meyer Schapiro)博士热情地阅读了第十二章和第十三章，并提出了一些建议，我已经自由地采用了这些建议。欧文·埃德曼(Irwin Edman)阅读了本书手稿中的很大一部分，我对他的建议和批评表示感谢。悉尼·胡克(Sidney Hook)阅读了许多章节，这些章节目前的形式在很大程度上是同他进行讨论的结果，尤其论批评的那一章和最后一章，更是如此。我最诚挚的感谢要献给巴恩斯(A.C. Barnes)博士，他对于书中所有的章节都逐一地阅读过，不过，我由于这个缘故而对他的评论和建议所怀的感谢只是我的谢意中的一小部分。多年来，我在同他的交谈中受益匪浅，许多谈话是在他那无与伦比的藏画前进行的。这些交谈的影响，连同他那些著作的影响，对于塑造我自己的审美哲学思想来说乃是一个主要的因素。我可以说，倘若这本书中有什么合理之处的话，那么更多地要归功于巴恩斯基金会所开展的伟大教育工作。这项工作，同当代任一领域包括科学在内的出色的教育工作相比较而言，具有一种先驱者的性质。想到这本书可以成为该基金会正在产生的广泛影响中的一部分，我感到非常高兴。

我感谢巴恩斯基金会允许我复制一些插图，并感谢芭芭拉(Barbara)和威拉德·摩根(Willard Morgan)提供用以制成这些复制品的照片。

约翰·杜威

第一章　活的生灵

THE LIVE CREATURE

在事情的过程中常常会出现一些反讽的倒错，其中之一是：一方面，审美理论的构成依赖于艺术作品的存在；而另一方面，艺术作品的存在又变成了关于它们的理论的障碍。之所以如此的一个原因便是，这些作品乃是一些产品，它们的存在是外在的和物质的。在通常的观念中，艺术作品往往被等同于建筑、书籍、绘画或者雕像，这些东西是远离于人类的经验而存在的。由于实际的艺术作品乃是产品借着经验并且在经验之中所达致的东西，所以结果并不好理解。另外，这些产品中有一些的确是完善的，而且拥有由长久不容置疑的赞美而带来的威望，这些完善和威望造成了妨碍新的洞察的惯例。一件艺术产品一旦达到经典的地位，不知何故，便同它的产生所依赖的人的条件分离开来，同它在实际生活经验中所造成的人的后果分离开来。

当艺术的对象同缘起的条件以及经验中的运作分开来时，一堵墙便在这些对象周围竖了起来；这堵墙使它们的一般意义变得几近晦涩，而这个一般意义正是审美理论要处理的。艺术被赦免到一个孤立的王国之中，在那里，它被切断了与其他所有形式之人类努力、经历和成就所拥有的材料及目的的联系。因而，从事艺术哲学写作的人就被强加了一个首要的任务。这个任务就是修复以下两个方面之间的连续性：一个方面是精炼的和强化的经验形式，它们便是艺术作品；另一个方面是日常的事件、做和苦难，它们普遍地被认为是经验的构成。山峰不是无所支撑地漂浮着的，它们甚至也不是仅仅被搁置在大地之上。就它们乃是大地的诸明显运作中的一种而言，它们就是[①]大地。那些关注地球理

① 英文原书中用斜体表示强调，本书中处理为楷体。——译者

论的人们，地理学家和地质学家，便有职责使这一事实在其各种含意上都清楚明白。以哲学的方式研究艺术的理论家们，也有一个类似的任务要去完成。

如果有人愿意同意这个主张，即便只是为着暂时的实验，他会看到循着这个主张而来的是一个乍看上去令人吃惊的结论。为了理解艺术产品的意义，我们不得不暂时忘掉它们，避开它们，而去求助经验的一般力量与条件；通常情况下，我们并不把这样的力量与条件当作审美的。我们必须通过一种迂回，以达到艺术的理论。之所以如此，乃是因为理论固然牵涉到理解与洞察，但也并非无涉于赞美的惊叹，以及常被称为欣赏的情感爆发的兴奋。完全有这样的可能，我们喜爱花儿多彩的形式与柔和的芬芳，但对植物在理论上却一无所知。不过，如果有人打算去理解植物的开花，那么，他必须努力查明同土壤、空气、水和阳光之间相互作用有关的某些东西，这些相互作用乃是植物生长的条件。

人们通常都会同意，帕台农神庙是一件伟大的艺术作品。但是，只有当这件作品对一个人来说成为一则经验时，它方才具有审美的地位。而且，如果有人要超出个人的喜好，并进而形成一种理论，这种理论关涉庞大的艺术共和国，而建筑只是其中的一员，那么，他便不得不在其思考的某一点上作出一种转向，即从建筑转向熙熙攘攘的、争争吵吵的、极其敏感的雅典公民，其市民感觉与一种市民宗教融为一体。他们对这座神庙的经验乃是一种表现，同时，他们并不是把它建造成一件艺术作品，而是建造成一种城市的纪念物。对其而言，人需要建筑物，因而他们建造以实现这种需要。因此，转向他们并非是如寻找与其目的有关的材料的社会学家可能做的一种考察。倘若有人打算对体现于帕台农神庙中的审美经验进行理论化，那么，他必须在思想上认识到，帕台农神庙成为其生活之一部分的人们，他们作为这座神庙的创造者和满意者，同我们的家人和街坊共有着什么东西。

为了在其最终的和公认的形式中理解审美的东西，人们必须从它的天然状态开始；从这样一些事件和场景开始，它们吸引一个人专注的眼睛和耳朵，并在他看与听时引起其兴趣，给予其享受：吸引人群的景象——消防车疾驰而过；机器在地上挖掘出巨大的洞；人蝇(human-fly)在尖塔的一侧攀爬；站在高空梁架上的人，将炽热的火球抛出又抓住。倘若一个人看到玩球者那种紧张的优雅如何感染观众；注意到家庭主妇在照管她的植物时的乐趣，以及她的丈夫在修整房前那块草坪时的专心致志；注意到炉旁的人在拨弄炉膛中燃烧着的木柴，并注视飞起的火焰和塌陷的煤块时的兴致，那么，他就会知道，艺术的源头在人类的经验之中。这些人如果被问及他们行为的理由，那么他们无疑会回以理性的答复。拨弄燃烧着的木柴棍儿的人会说，他这么做乃是为了使火烧得更好；但是他依然会被多彩变化的戏剧性场面所迷住，这个戏剧性场面就在他眼前上演，而且他也从想象上参与了进去。他并非是冷眼旁观无动于衷。柯尔律治关于诗歌的读者所说的话，就所有愉悦地全神贯注于其心灵和身体之行动的人们而言，是正确的。他说："读者应当被带向前进，这并非仅仅或者主要出于好奇心的机械冲动，也不是出于一种对达到最终解决的不息欲求，而是出于旅程本身令人愉悦的活动。"

有才智的技术工人在从事他的工作时，对做好工作充满兴趣并对自己的手艺感到满意，他怀着真诚的爱照料着他的材料和工具，这样的技术工人是在以艺术的方式从事工作。这样的技术工人与无能而粗心的笨拙者是有区别的，他们之间的区别无论在车间里还是在画室里都同样巨大。产品也许并不时常引起那些使用产品的人的审美感觉。然而，错误与其说在于工人，不如说在于工人的产品得以设计的市场条件。倘若条件和机会不同，那么东西对于眼睛来说就会变得意味深长，如同早期手艺人所制造的东西那样。

那些将艺术(Art)高高地供奉起来的想法如此广泛而微妙地扩散着，以至于如果有人说他之所以喜爱轻松的娱乐，至少部分是因为它们的审美性质，那么，许多人会感到厌恶而不是高兴。今天对于一般人来说，最具活力的艺术是那些他并不认作是艺术的东西：比如电影、爵士乐、连环漫画，以及更为经常的报纸对情人幽会的报道、谋杀和匪徒的斑斑劣迹。这是因为，当他认作是艺术的东西被驱逐到博物馆和美术馆时，对于快乐经验本身不可克服的冲动便找到了这样一些由日常环境所提供的出路。许多人反对博物馆艺术概念，但他们仍然分有着这个概念所源出的谬误。这是因为，流行的观念来自一种分裂，即艺术从平常经验的对象和场景中分裂出来，而众多理论家和批评家得意于支持甚至是详细阐述这种分裂。精选而独特的对象密切关联寻常行业的产品之时，也正是对前者的欣赏最为普遍和最为热切之时。有些对象由于它们的高高在上而被有教养的人认为是优美艺术的作品，但它们对于民众来说却似乎是贫乏的；此时，审美的饥饿便很可能去寻求廉价的和粗俗的东西。

那些通过将优美艺术置于高高的基座上来对其加以颂扬的因素，并非发生在艺术王国之内，而且其影响也并不限于艺术。对于许多人来说，一种混合着敬畏与非现实性的光韵(aura)包含

“精神的”东西与“理想的”东西，与此相反，“物质”则变成了一个贬抑的术语，成为某种需要搪塞或者悔过的东西。在这里，起作用的乃是这样一些力量，它们将宗教以及优美艺术从共同生活或者团体生活中移除出去。这些力量在历史上给现代生活和思想造成了如此多的错位和分裂，以至于艺术不可能逃脱它们的影响。我们不必走到天涯海角，也无须回到几千年前去发现这样一些人们，对于他们来说，所有加强直接生活感觉的东西都是热烈赞美的对象。身体的刺刻、飘动的羽毛、华丽的长袍、闪闪发光的金银和玉石装饰形成了审美艺术的内容，而且大概也没有那种类似今天暴露狂的粗俗。家用器具、帐篷和房屋内的陈设，以及毯子、席子、罐子、壶、弓、矛，这些东西都是伴随着欣喜的爱护被制成的；我们今天将它们搜寻出来，将它们放在艺术博物馆中，给予其荣耀的地位。然而，在它们自己的时代和地位中，这些东西乃是日常生活过程的改善。它们不是被孤零零地抬高到神龛之中，而是属于威力的展示、群体和部族身份的显示、对神的崇拜、宴乐和禁食、交战、狩猎，以及所有那些不时打断生活之流的有节奏的危机。

舞蹈和哑剧是戏剧艺术的源头，它们作为宗教仪式和宗教庆典的一部分得以兴盛。而在上紧的弦的拨弄中、绷紧的皮的敲击中、一片片簧片的吹奏中，则充溢着音乐艺术。甚至在洞穴之中，人类的居所也被彩色的绘画所装饰；这些绘画使得对于动物的感觉经验保持鲜活，而那些动物正是极为紧密地与人类生活相联系的。供他们神祇居住的建筑，以及便于同更高力量交流的设施，都是特别精心地制成的。但是，这样举例说明的戏剧、音乐、绘画和建筑艺术，却同剧院、美术馆、博物馆没有什么特别的关系。它们乃是一个有组织共同体的有意义生活的一部分。

显现于战争、崇拜、集会广场之中的集体生活，并不知道以下两个方面的区分，一个方面是作为这些场所和运作之特性的东西，另一个方面是给予其色彩、雅致、尊严的艺术。绘画和雕刻有机地同建筑成为一体，正如它们同建筑物所服务的社会目的成为一体。音乐和歌唱乃是仪式和典礼的密切组成部分，在它们之中，群体生活的意义得以圆满体现。戏剧便是群体生活之传说与历史的一种充满活力的重演。甚至在雅典，这样的艺术也没有疏离直接经验中的这个构架，仍然保持着它们意味深长的特性。不仅是戏剧，体育运动也赞颂并强化着种族和群体的诸种传统；它们教化民众，纪念荣耀，增强他们的公民自豪感。

在这样的情形下，并不令人惊讶的是：当雅典的希腊人反思艺术时，他们便形成了这样一种观念，即艺术是一种再现或者模仿的行为。有许多人反对这种想法。但是，该理论的流行却证明了，优美艺术乃是密切关联于日常生活的；如果艺术远离生活旨趣的话，这种观念就不会出现在人们的头脑中了。因为该学说并不意味着艺术就是对象的照实复制，而是说艺术反映了某些情感和观念，这些情感和观念是同社会生活的主要风俗联系在一起的。柏拉图如此强烈地感受到了这种联系，以至于使他产生这样一个想法，即有必要对诗人、戏剧家、音乐家进行审查。当他说音乐从多利斯式变为吕底亚式必然是城邦衰落的先兆时，也许有些夸大其词了。但是，当时人们并不会怀疑，音乐乃是共同体之气质与风俗一个不可或缺的组成部分。“为艺术而艺术”的观念甚至是无法被理解的。

那么，必然存在某些历史原因，致使有所区划的优美艺术的概念得以兴起。我们现在将优美艺术的作品移入并贮藏于博物馆和美术馆，这些博物馆和美术馆说明了为何将艺术隔离开来，而不是将其视为寺庙、集会广场以及其他共同生活形式的伴随物的某些原因。一段有教益的现代艺术史，可以根据博物馆和展览画廊这些独特的现代机构的形成来写作。我也许可以指出一些显著的事实来。大多数欧洲的博物馆，同其他事物一起，乃是国家主义和帝国主义兴起的纪念馆。每一个首都必须有自己的绘画、雕刻等物品的博物馆，它们一部分用于展示该国艺术性往昔的伟大，另一部分则展示该国君主在征服其他民族时掠夺来的物品，比如拿破仑的战利品就存放在卢浮宫。它们证明了现代的艺术隔离同国家主义以及军国主义之间的联系。毫无疑问，这种联系有时服务于有用的目标，正如日本那样，这个国家在西方化的过程中，通过将那些存有大量该国艺术珍宝的寺庙国家化，保全了大量的艺术珍宝。

资本主义的成长有力地影响了以下两个方面：一个是对作为艺术作品的正当家园的博物馆的发展，另一个是对艺术作品与普通生活相分离的观念的促进。暴发户(*nouveaux riches*)是资本主义体系的重要副产品，他们感到格外有必要用优美艺术的作品把自己包围起来，这些作品由于稀少而昂贵。一般而言，典型的收藏家就是典型的资本家。为了证明自己在高等文化领域中的优良地位，他们积攒绘画、雕像以及艺术性的小玩意儿，就好像他们的股票和债券证明他们在经济界中的地位那样。

不仅个人，而且团体和国家，也通过建造歌剧院、美术馆和博物馆来证明它们在文化上的高尚趣味。这些东西表明，一个团体并非全然热衷于物质财富，因为它愿意花费它的收入来赞助艺术。它建立这些建筑物并为它们收集藏品，就像它当时修建大教堂那样。这些事物反映并建立起高级的文化地位，但它们与普通生活的隔离却反映出一个事实，即它们不是本土和自发文化的一部分。它们是自命清高（holier-than-thou）的姿态的一种对应物，这种姿态并非针对个人，而是针对吸引一个团体绝大部分时间与精力的兴趣与职业。

现代的工业和商业有着国际化的视野。美术馆和博物馆的藏品见证了经济世界主义的成长。由于经济体系的原因，贸易和人口的流动性削弱或者破坏了一种联系，即艺术作品同它们曾经是其自然表现的地方精神（*genius loci*）之间的联系。由于艺术作品失去了它们的本土身份，所以就获得了一种新的身份——成为优美艺术的样本，此外无它。而且，艺术作品现在乃是为在市场上销售而被生产出来的，就像其他商品一样。有钱有势的个人的经济赞助，曾经多次在鼓励艺术生产方面发挥作用。也许很多野蛮的部落都有自己的米西奈斯（Maecenas）。但是现在，在世界市场的无人情味之中，甚至许多亲密的社会联系也失落了。过去有些对象由于其在团体生活中的地位而有效和重要，但现在它们所起的作用却是从其起源的条件中孤立出去。由于这个事实，它们也从普通的经验中分离出去，充当趣味的徽章和特殊文化的证书。

由于工业化条件下所发生的种种变化，艺术家被挤出了积极兴趣的主流。工业已经机械化了，但艺术家却不能为着批量生产而机械地工作。他不像以前那样被整合到平常的社会服务流之中，结果导致了一种奇特的审美“个人主义”。艺术家们发现，他们有义务投身于他们的工作，一种作为“自我表现”的独立手段的工作。为了不迎合经济力量的潮流，他们经常感到不得不将他们的分离性夸张到古怪的程度。结果，艺术的产品便在更大的程度上具有了某种独立与深奥的气息。

所有这些力量的作用集合在一起，再加上造成现代社会中普遍存在于生产者和消费者之间鸿沟的种种状况，便导致也在普通经验和审美经验之间造成了隔阂。最后，我们作为对这一隔阂的记录者，似乎正常地接受了一些艺术哲学，它们坐落在一个没有其他生灵居住的区域，它们毫无理由地仅仅强调审美的静观特性。价值的混乱强化了这种分离。一些附加的东西，比如收集、展示、占有和陈列的愉悦，冒充审美价值。批评也受到了影响。许多喝彩献给了欣赏的奇迹以及超越的艺术美的荣耀，人们沉湎于其中却没怎么关注具体的审美知觉的能力。

不过，我的目标并非是要从事一种对艺术史的经济学解释，更不是要论证经济的条件始终或直接关乎于知觉和欣赏，甚或关乎于对个别艺术作品的解释。我的目标乃是要指出，有些理论将艺术及其欣赏置于它们自己的王国之中，从而使艺术与其欣赏孤立起来，并同其他的经验模式隔断开来，这样的理论并非是素材中内在固有的，而是因为一些可说明的外部条件而产生的。当这些条件嵌入风俗和生活习惯之中，它们就有效地运作了，因为它们是不知不觉起作用的。于是，理论家们假定这些条件乃是嵌入事物的本性之中的。不过，这些条件的影响并不限于理论。正如我已经指出的，它深深地侵袭了生活实践，并赶走了幸福之必要成分的审美知觉，或者说，把审美知觉降低到了补偿短暂愉悦刺激的水平。

甚至对于那些反对前面所言的读者来说，这里所作的陈述的含意对于界定问题的性质来说恐怕也是有用的：恢复审美经验与平常生活进程之间的连续性。对艺术以及它在文明中的角色的理解若要得以深入，便不能凭对它歌功颂德，也不能凭一开始就专门关注那些被认作是伟大的艺术作品。理论文章通过一种迂回而达至理解；通过回到对普通的或一般的事物的经验，以发现这些经验所具有的审美性质。理论之可能会始发于公认的艺术作品，仅仅是在以下这些时候，即审美已经被分门别类，或者艺术作品被孤零零地置于神龛之中，而不是被视为普通经验之物的庆典。即使是一则粗糙的经验，倘若它果真是一则经验的话，那么，它较之已脱离其他经验模式的对象来说，更适合于给出审美经验之内在本性的线索。循此线索，我们可以发现，艺术作品是如何发展并强调日常喜爱之事物中特别有价值的东西的。因而，艺术产品看起来乃是源出于后者，彼时普通经验之全部意义得以表现，正如煤焦油产品在接受特殊处理时会由之产生出颜料一般。

已经存在了许多有关艺术的理论。假如还存在提出另一种审美哲学的理由，那么，这个理由必然是在一种新型的进路中被找到的。现有理论中的组合与排列，可以很容易地被那些有如此倾向的人所做出。不过在我看来，现存理论的麻烦在于，它们从一种现成的分门别类出发，或者从一种使艺术脱离具体经验对象而“精神化”的艺术概念出发。但是，对于这样的精神化而言，可供选择的替代方案并非是优美艺术的作品的退化和庸俗的物质化，而是一种揭示以下途径的概念，在这条途径中，这些作品实现了普通经验里所发现的性质。如果艺术作品被置于受到普遍尊重的直接的人类语境中，它们就会具有更为广泛的吸引力，超过鸽笼式分类格架艺术理论获得普遍接受时所具有的吸引力。

有一种优美艺术的概念，它是从它与普通经验中所发现性质的联系出发的。这种概念将能够指出促成普通的人类活动正常地发展为具有艺术价值的事物的因素和力量。它也将能够指出那些抑制其正常成长的条件。美学理论的著述者们常常提出这样一个问题,即审美哲学是否能够有助于审美欣赏的培养。该问题是一般批评理论的一个分支。在我看来,如果它没有指出在具体审美对象中所寻找并找到的东西的话,就没有完成其全部的职责。但是,无论如何,总可以稳妥地说,除非一种艺术哲学能够使我们意识到关涉其他经验模式的艺术功能,除非它指出这种功能为何如此地没有得到充分实现,除非它提出可以成功履行职责的条件,否则,这种艺术哲学就是没有结果的。

如果不是真的打算将艺术作品降到由商业目的而制造的物品的状况,那么,比较艺术作品从普通经验中浮现出来与把原料精制成有价值的产品,看起来也许就没什么价值了。然而,关键在于,无论对已完成的作品有怎样多的狂喜颂扬,也不能自行地辅助这些作品的理解或产生。花儿是土壤、空气、湿度和种子相互作用的结果,不过,我们即使不知道这些作用,也能够欣赏花儿。但是,倘若不考虑这些相互作用的话,花儿就无法被理解——而理论正是一桩理解的事情。理论旨在发现艺术作品的生产的本性,以及艺术作品在知觉中被欣赏的本性。事物的日常要素是如何成长为真正艺术形式的要素的?我们对景色和情境的日常喜爱如何发展为针对明显审美的经验的特殊满足?这些都是理论必须回答的问题。除非我们愿意找到同我们现在不视作审美的经验有关的萌芽和根源,否则就不能找到答案。倘若发现了这些活跃的种子,我们也许就可以追踪它们成长为完美精致艺术的最高形式的路线了。

除偶然之外,寻常的情况是:无论植物的成长与开花有多么可爱，我们有多么喜爱它们，倘若不理解它们的因果条件，便不能够管理它们的成长与开花。同样也应该寻常的情况是，审美的理解——不同于纯粹的个人喜好——必然始于那些在审美上令人赞赏的事物得以出现的土壤、空气和光线；而这些条件也正是使一则普通经验得以完成的条件和因素。我们越认识到这一事实，便越会发现我们所面临的乃是问题而不是最终的解答。如果艺术性质和审美性质隐含于每一则平常的经验之中，那么，我们该怎样解释它如何以及为何在一般情况下并不成为显见的呢？为何对于大多数人而言，艺术似乎是从异国他乡输入经验之中的，而审美似乎是某种人为之物的同义词？

除非我们对在说"平常经验"时所意谓的东西有一个清晰且连贯的观念，否则就不能回答上面的这些问题，也不能追踪来自日常经验的艺术的发展。幸运的是，抵达这样一种观念的道路已经被打通并标识好了。经验的本性由生活的本质条件所决定。尽管人不同于鸟兽，但是人与鸟兽分享着基本的生命功能；并且，假如要将生活进程继续下去的话，必须作出同样基本的调整。由于具有着同样的生命需要，人类从他们的动物先祖那里获得了以之进行其呼吸、运动、看和听的手段，以及由之协调其感觉和运动的大脑。他们维持其自身存在的诸器官并非其所独有，而是承蒙他们的远古动物先祖的长期奋斗和功绩所赐。

所幸的是，一种关于经验中审美地位的理论，当它在其基本形式中是从经验开始时，便无须在微小的细节中失去自身。概括的纲要就足够了。最需要着重考虑的是：生命乃是在环境中存续的；不仅是在环境之中，而且是由于环境，通过与环境相互作用。

没有什么生灵仅仅活在它的皮肤之下；它的皮下器官是联系其身躯之外的东西的手段；而且，为了活着，它必须通过调整和防卫以及征服来使自身适应那些身外的东西。每时每刻，活的生灵都暴露于来自其环境的危险；并且，每时每刻，它都必须利用其环境中的某些东西来满足其需要。一个活的存在物的生涯和命运密切地系于它同其环境的相互交换，这种系于不是外在的而是以最为内在的方式。

一条狗蹲伏在其食物边低嗥，在失败和孤独时狂吠，在它的人类朋友回来时摆尾，这些都是包括人连同他驯养的动物在内的自然媒介中的生活含义的表现。每一种需要，比如对新鲜的空气或食物的渴望，都是一种缺乏，它至少表明与环境之间暂时缺乏足够的调整。但它也是一种要求，即进入环境之中，以便通过至少建立一种暂时的平衡来补偿缺乏并修复调整。生命本身由各个阶段组成，在这些阶段中，有机体与周围事物的同步先是错乱，随后再恢复与它的一致——或者通过努力，或者靠某些好机会。而且，在一个成长的生命中，这种恢复从来不是仅仅回到先前的状态，因为凭借成功地经过不一致状态和抵抗状态，生命得到了丰富。如果有机体与环境之间的缺口过大，这个生灵就会死亡。如果它的活动没有通过暂时的异化而有所提高，它就仅仅在维持生命。当暂时的纷争转化为一种更为广泛的平衡，即有机体的能量与其生活条件的能量之间的平衡，生命便得以成长。

这些生物学寻常事件所具有的意义不止在生物学上；它们延伸到经验中审美性的根基。世界上充满着漠视生命甚至敌对生命的事物；而生命所赖以维系的过程恰恰就倾向于使它同其环境断开失调。不过，如果生命要继续并且在继续中扩展，就要克服对立和冲突的因素；就要将它们转化为能力更高和意义更深的生命的不同方面。通过扩展（而不是通过收缩和被动地适应），有机调适的奇迹、生命调适的奇迹才会实际地发生。这便是尚处于萌芽中的由节奏而获得的平衡与和谐。平衡不是机械地和惰性地发生的，而是出于并由于张力才发生的。

在自然之中，甚至在生命水平之下，有些东西也并不仅仅就是流动和变化的。无论何时，只要一个稳定的哪怕是运动的平衡达到了，那么，形式也就出现了。诸变化彼此锁定并相互支撑。无论何处，只要有这种连贯性，就有持续性。秩序并不是从外部强加的，而是由彼此转移的各种能量之间的和谐互动关系所造成的。因为秩序是活动的（不是因与所进行的东西无关而保持静态的事物），所以秩序本身就是发展的。它逐渐将更为多样的变化包含到其平衡的运动之中。

在一个不断遭受无秩序威胁的世界里——在这样一个世界里，活的生灵若要继续活下去，便只有靠利用存在于它们周围的无论什么秩序，并将其合并到它们自身之中——秩序才必然是值得赞美的。在一个像我们的世界里，每一个获得感觉能力的活的生灵都欢迎秩序；无论何时，只要发现它周围有相称的秩序，它就带着一种和谐的感觉反应去欢迎。

这是因为，只有当有机体在与它的环境分享有秩序的关系时，它才得以维护对于活着来说必不可缺的稳定性。而当分享跟随在断裂和冲突的阶段之后时，它便在自身中承载了类似审美的圆满完成的萌芽。

与环境丧失整合和恢复统一的节奏，不仅持续存在人的身上，而且为人所意识；它的条件便是人用以形成目标的材料。情感是实际发生的或即将发生的断裂的意识符号。分歧是引起反思的诱因。修复统一的渴望使纯粹的情感转变为对作为实现和谐之条件的物体的兴趣。随着这一实现,反思的材料作为物体的意义被合并到物体之中。由于艺术家以一种特殊的方式操心于统一得以成就的经验阶段,他并不回避抵抗和紧张的契机。他毋宁说是培养它们,这个培养不是为着它们自身,而是因为它们的潜力可以带给生动的意识以一种统一而完整的经验。与那些目标为审美的人相反,科学探究者感兴趣的是问题、情境,在那里,观察质料和思想质料之间的紧张是被标识出来的。当然,他也操心于它们的解答。可是,他并不停留于其中;他转而前往另一个问题,并将所获得的解答仅仅用作借以迈向进一步探究的一块垫脚石。

因而,审美之物和理智之物之间的不同乃是某种恒常节奏中重音所落位置的不同,这种节奏所标识的正是活的生灵与其环境之间的相互作用。经验中两个重音的最终质料是同样的,正如它们的一般形式也是同样的。那种认为艺术家不思考而科学探究者别的什么也不做的古怪想法,乃是将拍子和重音的不同转换为性质不同的结果。当思想者的观念不再仅仅是观念而变成对象的整体意义时,他便有着审美的契机了。而艺术家也有他关注的问题,他边工作边思考。但是,他的思考更为直接地体现在对象之中。科学探究者因为距离其目的比较遥远,所以他借以操作的是符号、词汇以及数学记号。而艺术家就用他所工作的定性媒介本身来进行思考,那些手段离他所生产的对象如此之近,以至于它们直接融入对象之中了。

活的动物不必将情感投射到经验的对象之中。远在自然被加以数学描述之前，或者，甚至在它被描述为一堆诸如颜色及其形状的“第二”性质之前，自然就已经是善良的与可恨的、温和的与乖僻的、惹人生气的与给人安慰的。甚至像长和短、实和虚这样的词，对于除理智上被特化之外的人来说，已然承载了一种道德的和情感的含义。辞典会告诉查阅者，如甜和苦这些词早期的用法并非是表示感觉的性质，而是区分赞许的和敌对的事物。它怎么可能不是这样呢？直接的经验来自彼此相互作用的自然和人。在这种相互作用中，人的能量聚集、释放、控制、受挫和获胜。在短缺与满足、做的冲动与做的抑制之间，存在着节奏性的拍子。

所有在变化的涡流中产生稳定和秩序的相互作用都是节奏性的。潮水有退也有涨，心脏有收缩也有舒张，这些都是有秩序地变化。变化在限度内运作。越出那设定的界限便是毁灭和死亡，但是新的节奏也由之而建立起来。对变化的成比例的拦截确立起一种秩序，这种秩序在空间上成型，而不是仅仅在时间上成型：比如大海的波浪，波浪来回在沙滩上留下一道道波纹，以及羊毛状而黑底里的云彩。缺乏与满足之间的对立、斗争与成就之间的对立、完全无规则与随后之调整之间的对立，形成了行动、感觉和意义于其中合而为一的戏剧性场景，结果是平衡和反平衡。它们既不是静态的，也不是机械的。它们表现了因通过克服抵抗而被度量的强烈的力量。周围的对象既有利又不利。

在两种可能的世界里，审美经验将不会发生。在一个纯然流动的世界里，变化不会得以累积；它不会向着结束而运动。稳定和休息也不会存在。不过，同样真实的是，一个完成了的、终结了的世界，将不会有中止和危机的特征，也不会提供解决的机会。在一切都已完整（complete）的地方，是没有完满（fulfillment）的。

我们怀着愉悦去设想涅槃以及始终如一的上天福佑，这仅仅是因为它们被投射到我们当下这个重压和冲突的世界的背景之上。因为我们生活于其中的现实世界是运动和高潮的结合，是断裂和再统一的结合，所以一个活的生灵的经验能够具有审美性质。活的存在物反复地失去和重建其与环境之间的平衡。从纷扰通往和谐的契机是最具有生命力的。在一个完成了的世界里，沉睡和清醒无法被区别开来。在一个完全烦乱的世界里，甚至无法同各种条件进行斗争。在一个依照我们的范型而建立的世界里，完满的契机借助节奏性的愉快间歇来加强经验。

只有当借助某种手段与环境进行协商时，内在的和谐才得以实现。当内在的和谐不在“客观的”基础上出现时，它就是虚幻的——在极端的情形中达到疯狂的程度。幸运的是，对于各种各样的经验而言，可以通过许多种方式来进行协商——这些方式最终是由选择的兴趣所决定的。愉悦也许会通过偶然的接触和刺激而发生；这样的愉悦在一个充满痛苦的世界里并不会遭到鄙视。但是，幸福和喜悦却是一件不同的事情。它们通过一种达到我们存在之深处的完满而形成——这种完满是对我们的整体存在与生存条件的调整。在生活的过程中，达到一个平衡阶段的同时就是开启一种与环境的新关系，这种关系带有一种通过斗争来进行新的调整的潜在力量。圆满完成的时刻，也正是重新开始的时刻。任何使完满与和谐之时出现的乐趣超出其期限之外永久存在的企图，都构成了从世界的隐退。因此，它标志着生命力的降低和丧失。但是，通过动荡和冲突的阶段，对一种根本和谐的深层记忆坚持了下来；这种感觉萦绕着生命，就仿佛建立在岩石上一样。

大多数终有一死的凡人都意识到，一道裂缝常常出现在他们现在的生活和过去及未来之间。于是，过去就像一个负担那样牵制着他们；过去侵占着现在，带着一种悔恨的感觉、一种错失良机的感觉、一种希望落空的感觉。过去作为一种压迫搁在现在之上，而不是成为一座借之有信心前行的资源库。但是，活的生灵利用它的过去；它甚至可以与自己过去的愚蠢言行成为朋友，以此作为增强现在的谨慎的警示。它不是设法靠过去已成就的东西过活，而是将过去的成功用于晓示现在。一切活的经验都把它的丰富归于桑塔亚那恰当地称为“沉静之反响”(hushed reverberations)[①]的东西。

对于充分活跃的存在物来说，未来并非是不祥的，而是一个允诺；它如晕圈般地围绕着现在。它由可能性所组成，这些可能性被感知为此时此地所拥有的东西。在真正的生命中，一切都是重叠和融合的。但是，我们时常存在于对未来可能带来的东西的忧虑之中，并在我们之中产生分歧。甚至在没那么过分担忧的时候，我们也不喜爱现在，因为我们使它隶属于不存在的东西。由于这样频繁地将现在放弃给过去和未来，所以因将过去的记忆和未来的期待吸收进自身之内而在现在完成的一则经验的幸福阶段，就逐渐构成了一种审美的理想。只有当过去不再打扰现在、

---

① “这些熟悉的花朵，记忆犹新的鸟鸣，还有这阵阵泛亮的天空，犁沟道道而草儿茂盛的田野，它们每一个都有着一种个性，这个性由多变的树篱所赋予。如此的这些事物便是我们想象力的母语，这语言满载着我们飞逝的童年时光所留下的所有微妙而难解的联想。我们今天在阳光和深草间的喜悦很可能只是疲倦灵魂的虚弱知觉，倘若不是因为遥远年代的阳光和草地的话，那遥远年代的阳光和草地依然活在我们中间，并将我们的知觉变成爱。”——乔治·艾略特(George Eliot)《弗罗斯河上的磨坊》(*The Mill on the Floss*)

对未来的期待不令人烦乱的时候,存在物才能与他的环境完全结合并因而充分活跃。艺术以特有的激情来庆祝某些契机,在这些契机中,过去加强着现在,而未来则是现在所是的复生。

因此,为了把握审美经验的源头,就有必要求助于人类等级之下的动物生命。当工作即是劳动,思想使我们从世界退出的时候,狐狸、狗和画眉鸟的活动也许至少还提醒和象征着我们如此细分的经验整体。活的动物的充分在场和机警,就在它全部的活动之中:在它戒备的目光中,在它敏锐的闻嗅中,在它耳朵的突然竖起中。所有的感觉都同样处于警戒之中。如果你去观察,就会看到行动融于感觉之中,而感觉也融于行动之中——这些构成了动物的优雅,人类难以与之匹敌的优雅。活的生灵从过去保留下来的东西,以及它对未来所期望的东西,都作为现在的指导而起作用。狗从来不是迂腐的,也不是学究的;这些东西之所以会出现,仅仅是由于过去在意识中与现在切断,并被树立为可供复制的模型,或者可供利用的仓库。被吸收进现在中的过去继续进行下去;它奋力向前。

野蛮人的生活中,有许多东西是麻木的。但是,当野蛮人在非常活跃的时候,他便极敏锐地观察他周围的世界,并且极迅速地积聚能量。当他观察到在他周围有什么东西搅动时,他也被搅动起来。他的观察既是在准备的行动,又是对未来的预见。当他在看和听的时候,他由于其全部的存在而活跃,就如当他在暗中跟踪他的猎物或者偷偷撤离一个敌人时那样。他的感觉是即时思考的哨兵,是行动的前哨,而不像我们的感觉那样往往只是通道,材料可以沿着这些通道被聚集在一起,以便为着以后的和遥远的可能性而贮藏起来。

因而，只有无知才会导致这样一个假定，即艺术和审美知觉与经验联结意味着降低它们的重要意义和尊严高贵。经验，在它是经验的程度上而言，乃是提高了的生命力。经验并非意味着封闭于某人自身的私人感情和感觉之内，而是意味着与世界的活跃和机警的交往；在其顶点，经验意味着自我与充满物体和事件的世界完全相互贯通。经验并非意味着屈从于无常和无序，它为我们提供了唯一的稳定性，这种稳定性不是停滞而是节奏性的和发展着的。因为经验是有机体在一个物的世界中以其奋斗和成就所体现出的完满，所以乃是萌芽中的艺术。甚至在它的雏形中，经验也包含着对喜悦的知觉的允诺，而喜悦的知觉正是审美的经验。

第二章 活的生灵和“以太物”①

THE LIVE CREATURE AND “ETHEREAL THINGS”

① 太阳、月亮、地球以及地球所包含的东西乃是材料，这些材料可以构成更伟大的事物，亦即以太物——比造物主自己的制造更伟大的事物。——约翰·济慈

为什么将更高的和理想的经验物同基本的生命根源连接起来的企图，常常被认作背叛了这些经验物的本性，并且否定了它们的价值？为什么当优美艺术的高成就被连接到普通生活，连接到我们同所有活的生灵所分享的生活时，会存在排斥？为什么生活被看作一桩低品位的事情，或者至多是一种粗俗感觉的事物，并且随时准备从它的最佳状态下降到贪求肉欲和苛刻残酷的水平？对问题的完整回答要牵涉一部道德史的写作，它将阐明造成鄙视身体、害怕感觉、灵肉对立的条件。

这部历史的一个方面同我们的问题如此相关，以至于必须至少受到暂时的注意。人类的制度性的生活乃是被去组织化(disorganization)所标识出来的。这种无秩序常常被它采取静态等级划分形式的事实所掩盖，而这一静态的分割只要是固定的，并且被认为不会产生公开的冲突，那么就被承认为是秩序的本质。生命被分门别类了，而制度化的区划则被分成高等的和低等的；它们的价值被分成世俗的和精神的、物质的和观念的。通过一种制衡的体系，兴趣外在机械地彼此关联。既然宗教、道德、政治、商业各有其自身的区划，并且各自适合的区划将得以保持，那么，艺术也必须有它独特而私有的领域。职业和兴趣的分门别类，导致一般称作“实践”的行动模式与洞察力分离开来，想象力与实施的行为分离开来，意义重大的目标与工作分离开来，情感与思想和行为分离开来。这中间的每一个都有其必须居留的位置。那些撰写经验解剖学的人因而假定，这些划分乃是人类本性的构造中所固有的部分。

我们有许多经验实际上是在当前经济和法律制度的条件下存活的，因而所持的这些划分太正确了。在许多人的生活中，感觉只是偶尔才充满感情,这感情来自对内在意义的深刻了解。我们经受各种感受,并把它们当作机械的刺激或者受激的兴奋,却没有领会到在各种感受之中或背后的现实:在许多经验中,我们的不同感觉并没有联合起来以讲述一个共同而扩充的故事。我们看,但没有感触;我们听,但只是听二手的报道,之所以说它是二手的,因为它没有被视觉所加强。我们触摸,但这个接触依然肤浅,因为它没有融合进入表面之下的诸感觉的性质。我们用感觉来唤醒激情,但没有满足洞察力的兴趣,这不是因为兴趣没有潜在地到场于感觉的运用中,而是由于我们屈服于那强迫感觉停留在一种表面刺激的生活条件。那些运用他们的心灵而没有身体参与的人取得了威望,那些通过控制他人的身体和劳动以替代自己行动的人取得了威望。

在这样的条件下,感觉和肉体就得到了一个坏名声。不过,较之专业的心理学家和哲学家来说,道德学家倒是更为真实地领会到了感觉与我们的存在的其他方面之间的密切联系,尽管他对这些联系的领会所采取的方向是,颠倒我们的生活与环境相关的潜在事实。在最近的时代中,心理学家和哲学家如此地为知识的问题所困扰,以至于把“感受”看作仅仅是知识的元素。道德学家知道,感觉是与情感、冲动和品位结盟的。因此,他把眼睛的欲望当作是精神对肉体的投降来加以谴责。他认为,感官的就是肉欲的,而肉欲的就是淫荡的。他的道德理论是偏斜的,但是至少他意识到,眼睛不是一架不够完美的望远镜,被设计用作理智地接受材料以便形成对远方物体的知识。

“感觉”包括广阔的内容范围:感觉的(sensory)、感动的(sensational)、敏感的(sensitive)、可感的(sensible)、感伤的

(sentimental)以及感官的(sensuous)。它几乎包括从仅仅身体的和情感的冲击到感觉本身在内的一切——亦即呈现在直接经验中的事物的意义。当生命通过感觉器官出现的时候,每一个术语都指称一个有机生灵的生命的某个真实的阶段和方面。但是,感觉作为一种意义如此直接地体现在经验之中,以至于就是经验自身阐明的意义,这是在感觉器官的功能完全实现时表现它们的唯一含义。感官乃是活的生灵由以直接参与到其周围世界的发展中去的器官。在这种参与中,这个世界各式各样的奇迹和辉煌在他所经验的各种性质中为着他而变成现实。这种材料并不能与行动对立,因为动力装置和"意志"本身乃是手段,借此,这种参与得以进行和指导。它也不能与"理智"对立,因为心灵也是手段,借此,这种参与得以通过感觉而有所收获;借此,意义和价值得以提取、保留,并进一步服务于活的生灵与其环境之间的交往。

经验是有机体和环境之间相互作用的结果、符号和回报,当这种相互作用完全实现时,它就转化为参与和交流。由于感觉器官连同它们所关联的动力装置乃是这种参与的手段,所以对其的全部贬低,不管是理论的,还是实践的,都既是狭窄迟钝的生命经验的结果,也是其原因。心灵和身体的对立、灵魂和物质的对立、精神和肉体的对立都有它们的起源,这个起源从根本上来说,在于对生命所可能导致的东西的恐惧。它们乃是收缩与撤退的标志。因此,完全承认人类这种生灵的器官、需要和基本冲动与他的动物先祖之间的连续性,并不意味着必须把人降到畜生的水平。相反地,它使得有可能勾勒出人类经验的平面图,并在上面竖立起人类绝妙而独特经验的上部结构。人类中特有的东西使得他有可能降到畜生的水平之下。这种特有的东西也使他有可能将动物生命中已有例证的感觉和冲动的结合、脑和眼以及耳的结合推进到新的、空前的高度，并使其充满来自交流和慎重表现的有意识的意义。

人善于进行复杂而细微的区分。对于人的存在成分中许多更为全面而精确的关系而言，这一事实的确是必要的。这样，区别和关系得以成为可能也就是重要的了，不过故事并没有到此结束。存在着更多抵抗与紧张的机会，以及更多对实验与发明的要求，因而也就存在更多的行动的新颖性、更广泛而深入的洞察，以及感受强度的增大。当一个有机体在复杂性上增加时，关联于其环境的奋斗和完成的节奏就变得多样化并得到延长；而且，它们逐渐将无穷多样的亚节奏包含在自身之内。生命的设计就扩大和丰富了。它的实现也规模更大且更为巧妙地隐蔽起来。

这样，空间就不仅是一个于其中可以进行漫游，并到处缀满危险物和欲求满足物的虚空。它成为一个包容而封闭的场景，在其中，人类所从事的做和经受的多样性井然有序。时间也不再是无尽而始终如一的流动，不再是某些哲学家所声称的诸瞬间的前后连续。时间也是有所组织并起着组织作用的媒介，这个媒介涉及伴随着实现和圆满的预期冲动的节奏性涨落、向前和回退的运动、抵抗和中止。这是成长与成熟的要求——正如詹姆斯所说，在冬天开始学习滑冰之后，我们在夏天继续学习滑冰。时间作为变化中的组织乃是成长，而成长意味着各式系列的变化获得暂停和休息的间歇；获得完成的间歇，但这些完成又变成新的发展过程的起始点。就像土壤一样，心灵在它休耕的时候肥沃起来，直到确保花朵新的一次绽放。

当一道闪电照亮黑暗的大地时，物体在瞬间被认出来。但是，这种认出本身并不是时间中的一个点。它是长久而缓慢的成熟过程的聚焦顶点。它是有序时间经验的连续性在一个突然突出的高潮时刻的显现。它在孤立中是毫无意义的，就像戏剧《哈姆雷特》倘若限制在单独的一行或一词而没有语境的话，那么便是毫无意义的。但是，"此外仅余沉默而已"这一短语作为通过时间中的发展而得出的戏剧结尾，有着无限丰富的意义；对自然景象的瞬间知觉，可能也是如此。形式，当它在优美艺术中呈现的时候，便是弄清楚那卷入时空组织中的东西的艺术，而这个时空组织在发展着的生命经验的每个过程中都有所预示。

时机与地点尽管有物理的限制和狭窄的局域，但却承担着长期收集的能量的积聚。如果回到多年前离开的一处童年故地，那么被关闭的记忆和希望的释放就充溢了这个地方。在陌生的国度遇到一个在国内偶尔结识的人，可能也会唤起一种强烈到震颤的满足。单纯的认出只是在我们专注于所认知的对象或人以外的其他东西时才会出现。它所标识的或者是一种中断或者是一种意图，这个意图就是将被认出的东西当作其他事物的手段加以使用。看见和知觉不只是认出。它并不是根据与现在分离的过去来识别现在的某物。过去被带入现在，以扩大和加深现在的内容。这样，有一种转换就得到了说明，即从赤裸裸的外部时间的连续转换为经验的有生命的秩序和组织。辨认时点个头就继续前进了。或者，它把一个短暂的瞬间孤立起来，标识成一个仅仅被填入经验中的死区（dead spot）。倘若每日每时的生活进程被化约为仅仅给诸般情境、事件和物体相继贴上"如此这般"的标签，那么，这种化约的程度便标识着作为有意识经验的生命的中止。在单个的、分立的形式中实现的连续性便是后者的本质。

因而，艺术正是在生活进程中得以预现的。有机体的内部压力与外部的材料合作，以至于压力得以实现而材料变为令人满意的高潮，这时候，鸟儿便筑巢，河狸便筑坝。我们也许会犹豫是否用“艺术”这个词，因为我们怀疑导向性意图的在场。但是，一切的深思熟虑，一切有意识的意图，都来自那些从前通过自然能量的相互作用而有机地完成的事物。假如不是这样，艺术便会筑于颤动的沙子之上，不，筑于无定的空气之中。人的特殊贡献便是对自然中所发现的诸关系的意识。通过意识，他将自然中所发现的因果关系转变为手段和后果的关系。或者毋宁说，意识本身就是这样一种转化的开端。仅仅是震惊的东西变成邀请；抵抗变成用以改变既存质料安排的东西；平稳的设施变成执行观念的力量。在这些运作中，有机体的刺激成为意义的载体，而运动反应则变成表现和沟通的工具；它们不再仅仅是移动和直接反应的手段。同时，有机体的基底仍保持为活泼而深厚的基础。离开自然中的因果关系，构思和发明就不可能存在。离开动物生命中各个有节奏的冲突和完满进程之间的关系，经验就不可能有设计和范型。离开从动物祖先继承而来的器官，观念和目的就不可能有实现的机制。自然和动物生命的原始艺术便是如此物质性的，同时一般看来，又是人的有意图的成就的模型，以至于有神学思想的人将有意识的意图归因于自然的结构——正如人，同猿有很多行为是共通的，习惯于把后者看作是对自己动作的模仿。

艺术的存在乃是前面所作抽象陈述的具体证据。它证明，人怀着扩张自身生命的意图去使用自然的材料和能量，以及他这么做乃是与其有机体的构造——脑、感觉器官、肌肉系统——相一致的。艺术是活的和具体的证据，它证明人能够有意识地，因而在意义的层面上修复活的生灵的感觉、需要、冲动和行为特征之间的一致。意识的介入增加了规则、选择的力量以及再次的部署。这样，它就以无穷的方式改变着艺术。但是，它的介入最终导致了作为一种有意识的观念的艺术观念——人类历史上最伟大的理智成就。

希腊艺术的繁多和完美致使思想家们拟造出一个普遍化的艺术概念，并且同样如此地规划一种人类行为组织的艺术的理想——正如苏格拉底和柏拉图所构想的政治和道德的艺术。有关设计、计划、秩序、范型、目的的观念出现了，这些观念出现在与实现它们所用材料的区别与关联之中。作为运用艺术的存在者的人的概念，立即就变成了人与自然其余部分相区别的基础，同时也变成了使人与自然相联结的纽带的基础。当作为人类显著特征的艺术概念被弄清楚时，便可确信，只要人性没有完全堕落到野蛮之下，发明新的艺术的可能性就会连同旧的艺术的使用一起，继续成为人类的指导性理想。但是，对该事实的承认却还踌躇不前，其缘由便是那些在艺术的力量被充分承认之前所确立的传统。尽管如此，科学本身却是一门核心的艺术，它辅助其他艺术的产生和应用。[1]

---

① 我在《经验与自然》的第九章“论经验、自然和艺术”中曾经展开过这一点。就现在的这一点而言，结论包含在这样一段陈述之中：“艺术——这种活动的方式具有能为我们直接所享有的意义——乃是自然界完善发展的最高峰；而‘科学’，恰当地说，乃是一个婢女，引导着自然的事情走上这个愉快的道路。”第358页（《杜威全集·晚期著作》，第1卷，第269页）。

普韦布洛印第安人陶器，新墨西哥
巴恩斯基金会(Barnes Foundation)

人们习惯于，而且从某些观点来看，也有必要区分优美艺术和有用的或技术的艺术。但是，认为有必要作此区分的观点乃是艺术作品本身之外的观点。习惯的区分简单地建基于对某些既存社会条件的接受之上。我料想，黑人雕刻家的偶像被他的部落团体当作是最高等级上有用的东西，甚至超过了长矛和衣服。但现在，它们是优美艺术，在 20 世纪为革新陈旧艺术而服务。不过，它们之所以是优美艺术，仅仅是因为那些匿名的艺术家在生产的进程中如此完满地生活并经验过了。钓鱼者也许会吃掉他的捕获物，但并没有因此而失去他在抛钩与垂钓中所经验到的审美满足。正是制造和知觉的经验中的生活的这种完整程度，使得艺术中那美的或审美的东西与并非美的或并非审美的东西之间产生了不同。被制造出来的物品，如碗、地毯、外衣、武器，是否投入使用，从内在的角度说，乃是一桩无关紧要的事情。不幸的是，现在许多也许是绝大部分为使用而制造出来的物品和器具恰巧确实并非真正是审美的。但是，其所以如此的原因，却同“美的”和“有用的”之间的关系本身无关。无论在哪里，只要条件不允许生产的行动成为一则经验，在此经验中，整个的生灵是活跃的，并通过欣赏而拥有他的生活，那么，产品就会缺乏具有审美意味的东西。不管它对于特殊和有限的目的来说是多么有用，它在最终程度上——直接而自由地对拓展和丰富生活作出贡献的程度——是无用的。有用和优美相断绝并最终尖锐对立的故事，乃是那工业发展的历史；通过工业发展，如此多的生产已经变成一种被推迟的生活的形式，如此多的消费已经变成被他人的劳动成果所附加的享受。

通常有一种对于以下这种艺术概念的敌意反应，该艺术概念将艺术与活的生灵在其环境中的行动联系起来。对优美艺术同普通生活进程之间联合的敌意，是对平常过活的生命的一个可怜的甚至是悲剧性的评论。只是因为生活常常如此受阻、遭挫、松弛或负重，人们才怀有这样的想法，即在普通生活进程同审美艺术作品的创造和欣赏之间存在着某种内在的对抗。毕竟，即使“精神的”和“物质的”相分离并且被置于彼此对立之中，也必定存在某些条件，通过这些条件，理想能够得以体现和实现——从根本上来说，这就是“质料”所意味的一切。因此，这种对立得到流行恰恰证实了一种广泛的力量运作，这种力量运作使可能是执行自由观念的手段转变为压迫性的负担，并且使理想在不确定和无根基的氛围中变成松散的渴望。

不仅艺术本身最好地证明了物质和观念结合的存在，这种结合已经实现因而是可以实现的；而且，我手头还有支持该论点的一般性论据。无论在什么地方，只要连续性是可能的，证明的担子就搁在了那些主张对立和二元论的人身上。自然是人类的母亲和居所，尽管有时候是一个后妈，是一个不友好的家。文明持续和文化连续——并且有时是向前推进——的事实便是证据，证明人类的希望和目标在自然中找到了基础和支持。正如个体从胚胎到成熟的发展性成长乃是有机体与环境相互作用的结果，文化也并非是人类在虚空中或仅凭自身所付出努力的产物，而是与环境长时间的和累积的相互作用的产物。由艺术作品所激起的回应的深度，展现了它们同这种持续经验的运作的连续性。作品以及它们所唤起的回应正是与生活进程相连的，因为这些生活进程通向意料不到的幸福完满。

至于审美的东西在自然中的获得，我援引一个某种程度上在成千上万人中所重复的情形，但这个情形由于被一位第一流的艺术家所表达而变得值得注意了，这位第一流的艺术家就是W·H·哈得逊。“当我无从看见充满生机、蓬勃生长的草儿时，当我无从听到鸟儿的啼叫和一切乡村的声音时，我便感到我并非是适宜地活着。”他继续说道，“……当我听到人们说他们还未曾发现世界和生活是如此惬意而有趣以致令人爱恋时，或者，当我听到人们说他们安之若素地指望世界和生活的终了时，我便常常想，他们从未适宜地活着，也从未以清晰的目光来看待他们如此藐视的世界或者这世界中的任何东西——甚至看不到一片草叶。”哈得逊从他少年时代的生活唤起了那强烈的审美沉迷的神秘方面，这神秘使得它类似于对狂热的宗教信徒称为神交的东西的经验。他这样谈他看见金合欢树时的感受。“疏松的如羽毛般的叶子在月夜里有着一种奇特的灰白样子，这样子使得这树看起来比别的树更热情地活着，更意识到我以及我的在场。……这类似于一种感觉，假如一个人被超自然的存在者所拜访，假如他完全确信它就在他的面前，尽管它不可闻亦不可见，但却密切地注视着他并且看穿他心中的每一个念头，那么，他就有了这种感觉。”爱默生常常被看作是一位严肃的思想者。但是，正是爱默生在他成熟的时候说了这样一番话，这番话与引自哈得逊的那段话在精神上相当：“横越一片空旷的公地，在雪坑中，在熹微的日光里，在阴云密布的天空下，我并不想会有任何特别的好运出现，我享受着一种完美的兴奋。我高兴得近乎害怕。”

我看没有什么方法可以说明这一种类的经验（该经验与在每个自发而非强制的审美回应中所发现的性质相同）的多样性，除非在这样一种基础之上，即存在着被激发而成的诸倾向的行动共鸣；这些倾向是在活的存在者与其环境的原始关系中获得的，并且是无法在直接或理智的意识中得以恢复的。我们所提及的这种经验，把我们带向一种证明自然连续性的更远考虑。并没有什么东西限制直接的感性经验将自身融入意义和价值中的能力，这些意义和价值独自地——抽象地——被标明为“观念的”和“精神的”。体现在哈得逊童年记忆中的宗教经验的万物有灵论的笔调，是一个层面上的经验的例子。而诗意的东西，不管在什么媒介中，都总是万物有灵论的近亲。倘若我们转向一种在许多方面都属于另一极的艺术，如建筑，那么我们就会知道，那些或许首先是在诸如数学这样高度技术性的思想中所产生的观念，如何能够直接合并于感性的形式。事物的可感觉到的表面，从不仅仅是一个表面。人们单单根据表面便可将石头与薄薄的纸巾区别开来，因为由整个肌肉系统的压力而来的触觉上的抵抗及坚固已经完全包含在视觉中了。这个进程并不止步于给予表面以意义深度的其他感觉性质的体现。一个人通过玄思妙想而达到的东西，或者通过探析洞察而看透的东西，都不是内在固有的，因而不可能成为感觉的实质和核心。

同一个词“符号”(symbol)既被用来指抽象思想的表达，就像在数学中那样；同时又被用来指像旗帜、十字架这样的东西，体现了深刻的社会价值以及历史信仰和神学信条的意义。熏香、彩画玻璃、看不见的钟的和谐声鸣、刺绣的长袍，陪伴着人们接近那被认作是神圣的东西。许多艺术的起源与诸般原始的仪式之间存在着联系，这种联系随着人类学家对过去的一次次溯游而变得越发明显。只有那些从早期经验中远远撤离以致错失他们感觉的人才会得出结论说，仪式和典礼仅仅是为求取雨露、子嗣、庄稼收成和战争胜利的技术策略。当然，它们有这种巫术的意图，但是我们也许可以确信，尽管有种种实践上的失败，它们还是永久地上演着，因为它们乃是生活经验的直接增强。神话并非是原始人在科学中的唯理智主义论文。在陌生事实前的不安无疑扮演着它的角色。但是，在故事里面，在一则有益的奇闻轶事的发展与演绎里面，快乐扮演着它的主导角色，正如今天它在通俗神话的发展中所做的那样。不仅直接的感觉元素——情感是感觉的一种模式——倾向于吸收所有的观念质料，而且，除由身体器官所加强的特殊训练之外，它征服并消化了所有那些仅仅是理智的东西。

超自然的东西被引入信仰，而一切太人性的东西又易于返回到超自然的东西，这种引入和返回更多地涉及心理学，它产生了艺术的作品，而不是努力进行科学和哲学解释的作品。它加强了情感的震颤，并且强调了打破常规的兴趣。倘若超自然的东西对人类思维的把握专门地——甚或主要地——是一件理智的事情，那么相比较而言，它就是无关紧要的了。神学和宇宙演化论紧紧地抓住了想象力，因为它伴随着庄严的队伍、熏香、刺绣的长袍、音乐、彩灯的光辉，以及激起惊奇和引起催眠般赞美的故事。也就是说，它们通过对感觉和感性想象的直接诉诸而走向人类。大多数宗教将它们的圣事等同于艺术的最高限度，而最有权威的信仰则被穿上壮观华丽的外衣，这便将直接的快乐给予了眼睛和耳朵，并唤起大量悬念、惊奇和敬畏的情感。今天，物理学家和天文学家的奔放才智所回答的，是满足想象的审美需要，而不是任何对理性解释的无情感证据的严格要求。

亨利·亚当斯清楚地说，中世纪的神学是一种意图的构造，而这个意图同建造大教堂的意图是一样的。一般而言，这个普遍被认为表现了西方世界中基督教信仰极致的中世纪，展示了吸收最高精神化观念的感性力量。音乐、绘画、雕刻、建筑、戏剧和传奇文学是宗教的侍女，科学和学识同样如此。艺术在教堂外难以存在，而教堂的仪式和典礼就是艺术；这些艺术得以上演的条件是，给予仪式和典礼以最大可能的情感和想象的感染力。我不知道有什么东西可以使观者与听者在艺术展示前更深地交出自己，除非使他们深信，他们乃是以必要的手段来承蒙永恒的荣耀和福佑。

在这种联系上，佩特(Pater)下面的这段话是值得援引的。"中世纪的基督教部分地凭借它的感性美来开辟自己的道路，这桩事情被那些拉丁文的赞美诗作者极其深刻地感受到了，他们对于一种道德情操或精神情操有着一百种的感性意象。一种其出口被封的激情引起神经的紧张，在这种紧张中，可感的世界与一种强化了的光辉和解脱逐渐融为一体——所有的红都变成血液，所有的水都变成眼泪。由此，在所有中世纪的诗歌中，都有一种狂热震撼的感知，在其中，自然中的事物开始扮演一个奇特的谵妄角色。对于自然中的事物，中世纪的心灵有一种深深的感觉；但是，它对于它们的感觉不是客观的，不是真正地逃往那没有我们的世界。"

在他的自传文章《房子里的孩童》中，他概括了这段话中所暗含的东西。他说："在后来的年月里，他偶然遇到了哲学，这些哲学使他多从事于评估感性元素和观念元素在人类知识中的比例，以及它们在其中所负担的相关部分；并且，在他的理智图式中，几乎没有把什么东西分配给抽象的思维，而是把大量的东西分配给了它的可感的载体或场合。”后者“在他的思维的房子里，变成对事物任何知觉的必要伴随物，并且足够真实以至于有重量或者可计算。……他越来越不能够操心或思考灵魂，除非灵魂在一个实际的身体之中，或者说，他越来越不能够操心或思考世界，除非在这个世界中有水有树，男人和女人这样或那样注视着，手握着手”。观念的东西被提升到直接的感觉之上和之外，这种提升的运作不仅使感觉变得苍白和毫无生气；而且，它还像一个有着肉欲之心的阴谋家，使所有直接经验的事物变得贫乏和堕落。

在这一章的标题中，我冒昧地借用了济慈的一个词“以太的”，以此指明许多哲学家和一些批评家认为由于其精神的、永恒的和普遍的特性而无法为感觉所企及的意义和价值——因而例证了自然和精神的普通二元论。让我再次援引他的话：艺术家也许将太阳、月亮、星星、地球及地球所包含的东西看作材料，这些材料可以构成更伟大的事物，这就是以太物——比造物主自己的制造更伟大的事物。[1] 在使用济慈的用法时，我也思忖到了一个事实，即他将艺术家的态度等同于活的生灵的态度；而且，他这么做，不仅在他诗歌含蓄的要旨中，而且在以语词明确表达观念的反思中。正如他在给他兄弟的一封信中写道：“更为大部分的人在开辟他们的道路时，所凭借的乃是像鹰一样的本能，像鹰一样锁定其目标的毫不游离的目光。鹰要伴侣，人也如此——看看他们两者，他们以同样的方式开始行动并有所斩获。他们都需要巢穴，并且都以同样的方式着手安置巢穴——他们以同样的方式获

① 此处引文与第22页注释文字有不一致，原文如此。——译者

取他们的食物。人这种高贵的动物为着娱乐而抽起他的烟斗——鹰则在云层里展翅盘旋——这是他们的休闲的唯一差别。这就是使得生活的娱乐呈现于思辨的心灵的东西。我出去走到旷野中,瞥见一只白鼬或一只田鼠在匆忙地向前——为着什么?这些生灵有着自己的目标,它们的眼睛随着目标而发亮。我走在城市的大楼中间,看到人们在匆忙地向前——为着什么?这些生灵也有着自己的目标,他们的眼睛也随着目标而发亮……

"在这里,尽管我在追寻同我所能想到的人类动物(human animal)一样的本能行为,但是,无论多年轻,我都是在巨大的黑暗中辛苦地借着微光而胡乱写作,而不知道任何断言和任何观念的意义。可是,我不可以在这里面免除原罪吗?不可能有高级的存在者吗?这高级的存在者所喜的是虽本能而优雅的态度,当我为白鼬的警惕或鹿儿的狡计所愉悦时,我的心或许便落于这态度之中。尽管大街上的争吵是可厌的,但其中所展示出来的能量却是美好的;最普通的人在争吵时也有一种优雅。倘若被超自然的存在者看见,我们的推理也许会采取同样的语调——尽管是错误的,但它们也许是美好的。这正是诗所在的事物。"也许存在着推理,但是当它们采取一种本能的形式,就像动物的形式和运动时,它们就是诗,它们就是美好的,它们就有优雅。

在另一封信里,他把莎士比亚说成是一个有着巨大"否定性能力"的人;一个"能够安身于不确定、神秘、怀疑之中,而并不急躁地攫取事实和理由"的人。在这个方面,他将莎士比亚与他自己的同时代人柯尔律治进行对照。当一个诗意的洞见为含混所包围时,柯尔律治便会把它放开,因为他不能理智地证明它是正当的;柯尔律治不能够(用济慈的话来说)满足于"一知半解"

(*half*-knowledge)。我认为，同样的观念也包含在他给贝利(Bailey)的一封信中。在这封信中，他说，他"从来都不能够理解，何以靠连续的推理便能知道事物的真相。……事情会是这样吗？甚至是最伟大的哲学家不撇开众多的反对，也能达到他的目标吗？"，事实上，这并非是要考问，推理者也必须信赖他的"直觉"，信赖在他的直接感性和情感经验中偶然来临的东西，哪怕这些东西甚至违背反思提供给他的反对。因为他接着说道："简单的善于想象的心灵也许在它自己反复的沉默劳作中有其回报，这沉默劳作以一种美妙的出其不意而连续不断地跟上精神。"——这一评论，较之许多论文来说，包含着更多具有建设性思想的心理学。

尽管济慈的陈述有着含蓄的特性，但是有两点东西还是显现出来了。第一点是他确信，"推理"有起源，就像野生动物逼近其目标的运动有起源一样；而且，它们可能变为自发的、"本能的"，而当它们变成本能的时，它们就是感性的、直接的、诗意的。这种确信的另一个方面是，他相信作为推理的"推理"，也就是说排斥想象和感觉的"推理"，不能够达到真理。甚至"最伟大的哲学家"也用一种动物般的偏好来把他的思考引向其结论。他在想象的情感运动时进行挑选和储备。"理性"就其最高程度而言，也不能达到完全的掌控和自洽的把握。它必须求助于想象力——求助于理念在充满感情的感觉中的体现。

对于济慈在他下面著名诗行中所意味的东西，存在着许多争论：

> 美即是真，真即是美——这便是
> 你在世上所知晓的一切，也是你需要知晓的一切

而且，争论还涉及他在同类的散文陈述中所意味的东西——“那些被想象力当作美而加以捕捉到的东西，必定便是真。”这些争论中，有许多忽视了济慈于其中而进行写作的特定传统，这个传统给予术语“真”以意义。在这个传统中，“真”从来都不是意指关于事物的理智陈述的正确性，或者其意义现在被科学所影响的真。它指的是人类由以生活的智慧，尤其是“善和恶的学识”。在济慈的心中，它格外地关联于证明善以及信赖善的问题，而不管大量存在着的邪恶和毁灭。“哲学”乃是试图理性地回答这个问题。济慈相信，甚至是哲学家也不能不依赖富于想象力的直觉来处理问题。他的这种信念得到了一种独立而积极的陈述，这表现在：他正是在生命努力维护其至高地位的领域中，将“美”等同于“真”——某种为人解决了令人沮丧的毁灭和死亡问题的独特的真——这种真极为经常地重压在济慈的心头。人生活在一个猜度的、神秘的、不确定的世界里。“推理”必然令人失望——这当然是那些坚持神圣启示的必要性的人长期教导的学说。济慈并没有接受这种对理性的补充和替换。想象力的洞见必定就足够了。“这便是你在世上所知晓的一切，也是你需要知晓的一切。”要紧的词是“在世上”——这是在一个场景中，在这里面，“急躁地攫取事实和理由”起着混淆和歪曲的作用，而不是将我们带向光明。正是在非常强烈的审美知觉的契机中，济慈找到了他最大的安慰和最深刻的信念。这是记载于他颂歌的结束处的事实。最终只存在两种哲学。其中的一种是：在其所有的不确定、神秘、怀疑以及一知半解中接受生命和经验，并且把这个经验转而加诸自身以便深化和强化它自己的性质——转向想象以及艺术。这便是莎士比亚和济慈的哲学。

第三章 具有一则经验

HAVING AN EXPERIENCE

经验连续不断地发生着，这是因为活的生灵与周围环境之间的相互作用被包含在这个生命的进程里。在抵抗和冲突的条件下，这种相互作用所牵涉的自我和世界的各个方面和各个元素，使经验获得了情感和观念的性质，以至于有意识的意图得以显现。然而，所获得的经验时常是尚未完成的。事物被经验到，但却不是以这样一种方式被经验到的，即它们构成了一则经验。存在着分心和散漫；我们的所观与所思，我们的所求与所得，彼此争执着。我们将手放上犁又将手收回来；我们开始，然后就停止，这不是因为经验已经达到了它由以发动的终点，而是因为有着外来的干扰或内在的懒散。

与这样的经验形成对照的是：当被经验的材料经过其历程而达到完满时，我们便具有了一则经验。只有然后再然后，这一则经验才在一般的经验之流中得以整合，并与其他的经验相区分。一件作品以令人满意的方式完成了；一个问题获得了它的解答；一场游戏从头玩到了结束；一个情境，无论是吃饭、下棋、谈话、写书，或者参与政治运动，都会丰满起来，它的终结便是一种完满完成而非戛然而止。这样一种经验是一个整体，并且随身携带着它自己个性化的性质和自我满足。它就是一则经验。

哲学家们，甚至经验主义的哲学家们，一般来说都是笼统地谈论经验。然而，习惯说法所指的经验是：它们各自都是单一的，有其自身的起点与终点。这是因为，生命并非是始终如一不受干扰地行进或者流动。它是一件历史的事情，每段历史都有其自身的情节、开端以及向着其终结的运动；每段历史都有其自身独特的节奏性运动；每段历史都有其自身遍及始终的不可重复的性质。一段楼梯，如其所是为机械的，借着个性化的梯级来依次行进，而不是借着浑然不分的接续；而且，一个斜面至少借着突然的中断而与其他事物区分开来。

在这至关重要的意义上，经验被那些我们自然而然地称作“真正经验”的情境和情节所界定；我们在回忆那些事物时，将它们说成“那曾是一则经验”。它也许是某件极为重要的事情——与一个曾经极为亲近的人争吵，最终在千钧一发之际逃过一次劫难。或者，它也许是某件较为细小的事情——而且，可能正是由于它的细小，反而更好地说明了它怎么是一则经验。有人将巴黎餐馆中的一顿饭说成“那曾是一则经验”。它作为对食物可能所是的东西的持久纪念而凸显。也有人在横渡大西洋时遭遇到了暴风雨——暴风雨很猛烈，就像它被经验到的那个样子，它由于在自身中概括了一切暴风雨可能有的情形而完成了自身，于是它便凸显出来，因为它与之前和之后的暴风雨区分了出来。

在这样的经验中，每个接续的部分都自由地流动到那后续的东西，没有缝隙，也没有未填的空白。与此同时，各部分的自我确认也没有被牺牲掉。一条河流动着，不同于一个池塘。它的流动将一种明确性和旨趣给予它后继的部分，这些后继的部分远非存在于池塘的同质部分中。在一则经验中，流动乃是从某件事情到某件事情。一个部分引起另一个部分，一个部分继续着前面已逝的东西，这样，每个部分都在自身中获得了独特性。持续的整体由于各个接续的阶段而呈现出多样化，这些阶段乃是对它各种颜色的强调。

由于连续融合的缘故，当我们具有一则经验时，就没有任何空洞、机械的连接以及死点（dead centres）。有暂停和休息的地方，但它们乃是要强调和界定运动的性质。它们对已经经受的东西进行总结，防止它消散和白白蒸发。连续的加速令人难以喘息，也妨碍其中的部分获得独特性。在一件艺术作品中，不同的行为、情节和事件融化并合成为一体；但是，在这么做时，它们并没有消失，也没有失去自己的特性——就像在一次亲切的交谈中，存在着连续的交换和融合；但是，每个谈话者不仅保持着他自己的特性，而且较之惯常来说，更为清楚地表明了这种特性。

一则经验具有一种统一，这种统一给予其名称，那顿饭，那场暴风雨，那次友谊的破裂。这种统一的存在乃是由一种单一性质所组成的，该单一性质遍及整个经验，尽管其组成部分是变化的。这种统一既不是情感的、实践的，也不是理智的，因为这些术语所命名的区别乃是反思可以在其中所作出的。在关于一则经验的论述中，我们必须使用这些解释性的形容词。当我们在一则经验发生之后再于心中重温它时，我们也许会发现，某一种属性而非另一种乃是充分占优势的，以至于它将经验刻画为一个整体。存在着一些吸引人的探究和思辨，科学家和哲学家不容置疑地把它们当作“经验”回想起来。在最终的意义上，它们是理智的。但是，在实际发生时，它们又是情感的，是有目的的和有意志的。然而，经验并非是这些不同特征的总和；它们作为种种独特的特征而失落在经验之中。任何思考者都不会辛勤地忙于他自己的工作，除非他被总体的经验所吸引或奖赏，这样的经验具有内在的价值。倘若没有它们，他便不会知道那真正要思考的东西，并且完全不知如何将真正的思想与虚假的东西区分开来。思想在观念的行列中行进，但是观念之所以形成行列，只是因为它们远不止是分析心理学称之为观念的东西。它们是发展着的基本性质的诸阶段，这些阶段在情感和实践上有所区分；它们是其运动的变化，并非像洛克和休谟所谓的观念和印象那样是分离和独立的，而是一种弥漫和发展的色调的微妙差别。

我们来谈论达致或得出结论的思想经验。该过程的理论公式常常由这样一些术语组成，以便有效地掩盖"结论"与每个发展着的整体经验的圆满阶段之间的相似性。显而易见，这些公式所采用的提示来自那些孤立的前提命题以及当它们出现在打印纸上时的结论命题。印象来自首先存在着两种独立而现成的实存物，然后被巧妙地处理以便引起第三种实存物。事实上，在思想经验中，只有当结论变得明显时，前提才浮现出来。经验，如观察暴风雨达到其高潮后渐渐平息的经验，乃是诸素材的一个连续运动。就像暴风雨中的大海，那里有一连串的波浪；建议跃出并在冲突中被破坏，或者被合作的浪头推动向前。如果达致一个结论，它也仅是一种预期和累积运动的结论、最终达到完满的结论。"结论"不是分离和独立的事物；它是一个运动的圆满完成。

因此，一则思想经验具有它自己的审美性质。它只是就其材料而言，不同于那些被公认为是审美的经验。优美艺术的材料由各种性质所组成；具有理智结论的经验的材料乃是一些记号或符号，这些记号或符号没有它们自己的内在性质，但却代表别的经验中可能在性质上被经验到的事物。这个差别是巨大的。这是严格的理智的艺术为何永远不会像音乐那样流行的一个原因。不过，经验本身具有一种令人满意的情感性质，因为它拥有通过有秩序的、有组织的运动而达致的内在的整合和满足。这种艺术的结构也许会被直接感受到。在这个程度上，它是审美的。更为重要的是，不仅这种性质是从事理智探究和保持其诚实的重要动机，而且任何理智的活动都不是一个完整的事件（一则经验），除非它靠这种性质来得到丰满。没有它,思想就是没有结论的。简而言之,审美无法断然地与理智经验划分开来,因为后者必定标有一种要达到自身完满的审美印记。

同样的陈述也适用于一种主要是实践的行动过程,也就是说,一种由明显的做所组成的行动过程。它可能在行动中是有效的,但仍不具有有意识的经验。活动过于自动了,以至于不能容许一种它将为何以及它将何去的感觉。它虽然抵达了终点,但却没有在意识中抵达终结或者圆满完成。一个个障碍被机敏的技巧所克服,但是它们并没有滋养经验。也存在着一些在行动中摇摇摆摆、不确定、无结果的人,就像古典文学中的鬼魂那样。在毫无目的与机械效率这两个极点之间,存在着一些行动的路线,在其中,有一种感觉通过连续的动作而得以进行;这种感觉就是,成长着的意义被保存并且累积起来,以便抵达一个被感受为一个过程的完成的终点。成功的政客和将军们,倘若能像恺撒和拿破仑那样变成政治家,在他们身上都具有几分表演者的本事。这本身不是艺术,但是,我认为,它是一个记号,标志着兴趣并非专门由,也许并不主要由它本身所造成的结果(像它在单纯效率的情形中那样),而是由作为一个过程的成果所把握。存在着完成一则经验的兴趣。有的经验可能对世界有害,它的圆满完成也不合人意。但是,它具有审美的性质。

希腊人将好的行为等同于相称、优雅、和谐的行为,等同于美-善(*kalon-agathon*)的行为,这种等同是道德行动中独特审美性质的一个更为明显的例子。作为道德而通行的东西的一个巨大缺点,在于它的反审美性质。它没有成为一心一意的行动的范例,而是表现为对责任要求勉强逐步退让的形式。但是,种种例证也许仅仅在模糊这样一个事实，即任何实践活动都具有审美的性质，假如它出于自身对完成的渴求而得以整合且运动的话。

倘若我们想象一块正从山上滚下的石头具有一则经验，那么，也许会得到一个一般化的例证。这样的活动当然足够是“实践的”了。石头从某个地方开始运动，只要条件允许，它会一直运动到一个它静止的地方或者状态——到一个终点。让我们凭借想象力为这些外在事实增添一些念头，即这块石头怀着渴望期盼着最终的结果；它对途中所遇到的事物感兴趣，对推动或妨碍其运动并影响结果的条件感兴趣；它根据自己归于这些条件的阻碍或助益功能来对它们作出行动和感受；以及最后的静止与之前所有作为连续运动的高潮而进行的东西相关。于是，这块石头就有了一则经验，并且是具有审美性质的经验。

如果我们从这种想象的情形转到我们自己的经验，那么就会发现，它更接近于在这块石头上所发生的事情，而不是接近于实现幻想所设置的条件。因为在我们的许多经验中，我们并不关心一个事件同前逝和后来东西之间的连接。我们没有兴趣控制对那些应当被组织到正在发展的经验里去的东西而留心拒绝或选择。事情发生了，但它们既没有被明确地包括进来，也没有被决断地排斥出去；我们随波逐流；我们屈服于外部的压力，或者逃避，或者妥协。有开端和停止(beginnings and cessations)，但没有真正的开始和结束(initiations and concludings)。一件事情取代另一件事情，然而没有吸收它并将它继续下去。存在着经验，但却如此弛缓和散漫，以至于它不成为一则经验。不用说，这样的经验是反审美的。

这样，非审美的东西就存在于两极界限之内。其一极是松散的连续，这种连续既不从任何特定的地方开始，也不在任何特定的地方——在中止的意义上——结束。其另一极是抑制和压缩，这种抑制和压缩来自彼此之间只有机械连接的部分。这两种经验存在着多种多样的情况，以至于它们逐渐被无意识地当作所有经验的规范。于是，当审美的东西出现时，它就与那已经形成的经验画面产生了强烈的对比，以至于不可能将其特殊的性质与该画面的特征结合起来，审美的东西被赋予了一种外部的处境和地位。主要从理智和实践上所给出的对于经验的说明意在表明，拥有一则经验并不牵涉这样的对比；正好相反，不管什么种类的经验都不是一个统一体，除非它具有审美的性质。

审美的敌人们既不是实践，也不是理智。它们是单调；目的松散而弛缓；屈从于实践和理智的程序中的惯例。一方面是严格的禁欲、强制服从、严封紧闭，另一方面是放荡不羁、缺乏连贯、毫无目的的放纵，这两个方面在相反的方向上背离了一则经验的统一性。也许，正是这样的一些考虑，促使亚里士多德求助于"比例中项"，以作为那兼具德性与审美特征的东西的适当称呼。在形式上，他是正确的。但是，"中项"和"比例"并非自明而无需解释，也非在先天数学意义上被采用，而是一些属于一则经验的属性，这一则经验具有朝向其自身圆满完成的发展运动。

我已经强调这样一个事实，即每则完整的经验都朝向一个终结、一个终止而运动，因为经验只有在活跃于其中的各种活动能量已经做了它们的适当工作时才中止。能量线路的这种闭合性是抑制的对立面，是停滞的对立面。成熟和固着是完全相反的对立面。当斗争和冲突作为发展一则经验的手段被经验到时，它们本身是可以被喜爱的，尽管也是令人不快的；它们成为将经验带向前进的成分，这不仅仅是因为它们存在在那里。正如后面将会看到的，在每则经验中，都存在着一种所经受的、在广泛意义上感到痛苦的元素。否则，就不会将之前的经验吸收进来。因为在任何生命经验中，“吸收”都不只是将某物放在对早先所知物的意识之上。它包括可能令人不快的重构。必要的经受阶段本身令人愉悦还是令人痛苦，这是由具体的条件所决定的。它对于总体的审美性质是无关紧要的，只有极少强烈的审美经验完全地令人愉快。它们当然无法被描绘成娱乐的，而且当它们重重地落在我们身上之时，它们包括了一种痛苦，这种痛苦与那被喜爱的完整知觉相一致，确切来说是它的一部分。

我已经谈及了审美性质，这种审美性质作为情感性的东西，使一则经验丰满起来并变得完整和统一。这种论述也许会造成困难。我喜欢将情感设想成简单而紧凑的东西，就像我们用以命名它们的词那样。欢乐、悲哀、希望、恐惧、愤怒、好奇，被当作仿佛每一个本身就是一种实存物，这样的实存物作为完全制造好的东西而入场；它可能会持续或长或短的一段时间，但是它的延续或它的成长和经历与它的本性无关。事实上，当情感意味深长的时候，它们就是一则运动和变化着的复杂经验的性质。我说，当它们意味深长的时候，因为否则的话，它们就只不过是一个被打扰的婴儿的爆发和喷发。所有的情感都具有戏剧的性质，它们随着戏剧的发展而变化。据说有时人们会一见钟情，但他们所钟爱的并非是那一片刻的事物。倘若爱被压缩在一个没有珍视和关切余地的瞬间之中，那么，爱将会是什么呢？情感的私密本性在人观看一幕舞台剧的经验中显现出来，或者，在人阅读一部小说的经验中显现出来。它注意情节的发展；而情节需要在其中得以发展的舞台和空间，并需要在其中得以展开的时间。经验是情感的，但是在经验中，并不存在什么被称为情感的孤立之物。

出于同样的原因，在事件和对象的运动中，情感是附属于事件和对象的。除病理学案例之外，它们都不是私人的。甚至“无对象的”情感也要求某种超越自身并且可附属于其上的东西，这样，它旋即就产生出一种缺乏真实之物的错觉。情感毫无疑问是属于自身的。但是，它所属于的这个自身乃是在诸事件的运动中被关注到的，这种诸事件的运动朝向一个被渴望的或不被喜欢的结果。当我们受惊时，会一下子跳起来，就像我们惭愧时会脸红一样。但是，在这样的情形中，惊骇和羞愧并非是情感性的状态。它们本身仅仅是自动的反射。要变成情感性的，它们就必须变为一个包容的、持久的情境的部分，这个情境包括对对象及其结果的关注。当发现或考虑到存在一种必须直面或逃脱的威胁性对象时，惊骇的一跳才会变成情感性的恐惧。当一个人在思想中将他已实施的行动与他人对其的不快反应联系起来时，脸红才会变成羞愧的情感。

从遥远的大地尽头而来的物质被物质性地运输，并且在新对象的构建中物质性地引起彼此作用和反作用。心灵的奇迹在于，某些相似的东西在经验中发生，却无须物质性的运输和装配。情感就是那运动和黏合的力量。它选择相称的东西，并用它的色彩给被选出的东西着色，从而将性质上的统一赋予外部迥异而不同的材料。这样，它就在一则经验各个不同的部分之中，并且通过它们来提供统一性。当这种统一性已然被描绘时，经验就具有了审美的特性，即便它主要不是一则审美经验。

两个人会面，一个是求职者，另一个是处置职位的人。这次面试也许是机械的，由一套问题以及例行公事式的回答所组成。这里不存在两个人会面的经验，而无非是通过接受或者拒绝重复已发生过几十遍的事情。这样的情境被处理得好像是一次记账练习。但是，也许会发生一则新经验在其中得以发展的相互作用。我们应当到哪里去寻找对这样的一则经验的说明？不是在账簿条目中，也不是在经济学、社会学或人事心理学的论文中，而是在戏剧或小说中。它的本性和意义只能为艺术所表现，因为存在着只能够被表现为一则经验的经验统一体。该经验具有充满悬念的材料，并且通过一连串各种各样的事件而走向其自身的圆满完成。申请者这一方的主要情感可能一开始是希望或失望，以及在结束时变成兴高采烈或绝望沮丧。这些情感使经验有资格成为一个统一体。但是，随着面试的进行，次要的情感被发展出来，成为主要的基本情感的变体。甚至每一个态度和手势、每一个句子、几乎每一个词，都有可能产生出比基本情感强度上的一次波动更多的东西；也就是说，产生出其性质中明暗与色彩的变化。雇主依他自己的情感反应来了解申请者的品质。他通过想象将申请者投射到要做的工作之中，并判断他是否胜任，判断的途径则是现场所收集的元素以及它们之间的冲突或适合。申请者的仪容和举止与他自身的态度和愿望，或者是和谐的，或者是冲突的。这样的一些因素在性质上天然是审美的，它们成为将面试的各个元素引向决定性结果的力量。它们进入每一个具有不确定性与悬念的情境的安排之中，无论其主要本性是什么。

因此，在各种各样的经验中有着共同的范型，而无论它们彼此之间在其素材的细节上有多么不同。存在着要被满足的条件，没有这些条件，一则经验就不可能形成。共同范型的纲要乃是由以下事实制定的，即每则经验都是活的生灵与他所生活于其中的世界的某个方面相互作用的结果。一个人做了某件事情，比如，他举起了一块石头。结果，他经受和遭受了某些东西：重量、张力、被举起之物的表面质地。这样被经受的属性就决定了进一步要做的事情。石头太重或棱角太多，不够结实；或者，那些被经受的属性表明，这块石头适合于打算的用途。这个过程会一直持续，直到自我和对象出现一种相互适应，并且这个特定的经验走向终结。在形式上，这个简单例子里为真的东西在一切经验中都为真。行动着的生灵可能是一位沉浸于其研究中的思想者，而他与之相互作用的环境可能由一些观念组成，而不是由一块石头组成。但是，这两者的相互作用构成了他所具有的总体经验，而使它得以完成的终结则是一种感受到的和谐的建立。

一则经验具有范型和结构，因为它并不仅仅是交替地做和经受，而是由它们以关系所组成的。某人把一只手放在火中烧，并不必然会拥有一则经验。行动和它的结果必须在知觉中被连接。这种关系是给出意义的东西；掌握它是所有智力活动的目标。该关系的范围和内容度量着一则经验的有意义的内容。一个孩子的经验可能是强烈的，但是，因为缺少来自过去经验的背景，经受和做之间的关系就把握得不多，而且该经验不具有很大的深度或广度。没人曾经达到这样的成熟状态，即他知觉到所有涉及的连接。(辛顿先生)曾经写过一部叫《忘其所学者》(*The Unlearner*)的浪漫小说。这篇小说描写了一个人在死后无尽绵延的生活，这种绵延的生活是对短暂人世中所发生事件的重温，以及对这些事件中所涉及关系的不断发现。

经验受限于所有那些对知觉经受和做之间关系进行干涉的原因。可能存在着干涉，因为或者做的一方过度了，或者接受的一方、经受的一方过度了。任一方的不平衡都会模糊对关系的知觉，而且会使经验流于偏颇和歪曲，从而使意义变得贫乏和错误。做的狂热、行的渴求，导致很多人的经验几乎令人难以置信地贫乏、浮于表面，尤其是在我们生活于其中的这个匆忙而又急躁的人文环境里。没有一个经验有机会完成自身，因为其他的东西来得如此之快。那些被称为经验的东西变得如此散漫和混杂，以至于简直不值得用这个名称。抵抗被当作一种需要加以克服的障碍，而不是被当作一种对反思的邀约。一个人更多是无意识而不是借助深思熟虑的选择，去寻找他能够在其中以最短时间做最多事情的情境。

经验也会由于过度地接受而无缘成熟。这时，受到珍视的就是这样或那样纯然的经受，而不考虑对任何意义的知觉。许许多多的印象被尽可能挤在一起，这被认为就是“生活”，尽管它们中间的任何一个都不过是匆匆掠过和浅尝辄止。较之那些被行动的渴求所驱使的人而言，感伤主义者和白日梦家也许有更多的幻想和印象穿行于他们的意识之中。但是，他们的经验同样是扭曲的，这是因为，当做和接受之间不存在平衡时，就没有什么东西在心灵中生根。为了建立与世界现实的接触，为了印象可以如此地关联于事实，从而使它们的价值得到检验和组织，某种决定性的行动是必须的。

因为对所做的与所经受的之间关系的知觉构成了智力的工作，并且因为艺术家在他的工作进程中被他对已做与将做之间联系的掌握所控制，所以那样一种想法就是荒谬的，即艺术家没有像科学探究者那样进行专注而透彻的思考。画家必须有意识地经受他每一笔触的效果，否则就无法意识到他正在做什么，以及他的作品会向何处发展。此外，他必须审视做和经受的每一个独特连接，并且做此审视时联系他所渴望创作的整体。理解这样的联系便是进行思考，而且是最为严格的思考方式之一。不同画家的画作之间的差别，完全可以被归因于连续进行这种思考的能力差别，正如它可以被归因于色彩敏感性的差别，以及手法灵巧性的差别。至于绘画的基本性质，确实来说，差别更多地依赖于涉及对关系的知觉的智力性质，而不是别的什么东西——尽管智力当然不能与直接的敏感性脱离开来，而且，它与技巧联系在一起，虽然是以一种更为外在的方式联系在一起。

任何忽视智力在艺术作品生产中的必要作用的想法，都是建基于将思想与某特殊种类的材料使用相等同之上的，比如文字记号与词语相等同。根据性质的关系进行有效的思考是对思想的一种严格要求，它与根据文字和数学的符号来进行思考同样严格。实际上，既然词语容易以机械的方式操作，那么，一件真正的艺术作品的生产所要求的智力，可能会超过大多数所谓的思想所要求的智力，这些思想发生在那些自认为“知识分子”而自鸣得意的人中间。

我在这几章中试图说明，审美不是从外部闯入经验的侵袭者，不管以怠惰奢侈的方式闯入还是以超验理想的方式闯入，而是各种特性得到澄清和加强的发展，这些特性属于每一正常完整的经验。我把这个事实当作唯一安全可靠的基础，在这个基础上，审美理论得以建立起来。该基本事实的一些含义还要继续加以说明。

在英语中，我们没有哪个词明确地包括“艺术的”和“审美的”这两个词所意味的东西。既然“艺术的”主要是指生产活动，而“审美的”主要是指知觉活动和享受活动，那么不幸的是，缺乏一个术语来表示这两个进程的聚合。有时候，结果会把这两者彼此分开，并把艺术当作某种叠加在审美材料上的东西；或者从另一方面来说，会作这样的假设，即既然艺术是一个创造的进程，那么对它的知觉和享受就与创造性活动毫无共同之处。无论如何，存在着某种文字上的笨拙，我们有时候被迫用“审美的”这个术语来涵盖全部的领域，而有时候又被迫将它限制在整个活动的接受知觉的方面。我将这些明显的事实当作预备的步骤来试图说明：有意识的经验的概念，作为一种被知觉到的做和经受之间的关系，如何使我们能够理解这样一种关联，即作为生产的艺术与作为享受的知觉和欣赏是彼此支持的。

艺术表明了一种做或制的进程。无论对于优美艺术还是技术性的艺术而言，情形都是如此。艺术包括陶土的塑形、大理石的凿刻、青铜的浇铸、颜料的覆盖、房屋的建造、歌曲的演唱、乐器的演奏、在舞台上扮演角色、在舞蹈中完成有节奏的运动。每一种艺术在实施时都要借助某种物理的材料、身体或身体之外的某物、使用或不使用介入性的工具，并且着眼于可见、可闻或可触的东西的生产。艺术的活动状态或者说“做”的状态是如此显著，以至于各种词典通常根据有技巧的行动、制作的能力来界定艺术。《牛津词典》援引了约翰·斯图尔特·密尔(John Stuart Mill)的一句话来进行说明：“艺术乃是在制作中追求完美的一种努力”，而马修·阿诺德(Matthew Arnold)则将艺术称为“纯粹而无瑕疵的手艺”。

正如我们已经注意到的，“审美的”一词指作为欣赏的、知觉的和享受的经验。它所表明的是消费者的立场，而不是生产者的立场。它是爱好、趣味；而且，正如烹饪，明显有技巧的行动在准备烹饪的厨师一方，而趣味则在消费者一方。同样，在园艺中存在着园丁和房主之间的区别，园丁栽培和耕种，而房主则享受那完成了的产品。

然而，正是这些阐述以及具有一则经验中所存在的做和经受之间的关系，表明审美的和艺术的之间的区别不能被推得太远，以至于变成一种分离。制作中的完美不能够根据制作来进行度量或界定；它包含了对被制作的产品进行知觉和享受的那些人。厨师为消费者准备食物，而这些准备好的东西的价值尺度则体现于消费之中。在制作中孤立地根据自身来判断的纯然完美，大概是由机器而不是人的艺术才能更好地达成的。单就其本身而言，它至多是技术。有些伟大的艺术家并非是作为技术家而跻身顶尖行列的(塞尚便是一个证明)，正如有些伟大的钢琴演奏家并非在审美意义上伟大，就像萨金特(Sargent)不是一位伟大的画家那样。

从最终的意义上来说，能够成为艺术的手艺必定是“爱”；它必定深深地喜爱那技巧所运用于其上的素材。一位雕刻家心心念念的是他的半身雕像得以奇迹般地精确。面对这些半身雕像的某张照片和作为原物的那个人本身的照片，人们也许难以作出分辨。就艺术上的技巧而言，这些半身雕像是非常出色的。但是，人们怀疑，是否半身雕像的制作者自己和那些观看他的作品的人分享着同样的经验。要想成为真正的艺术，一件作品必须同时也是审美的——也就是说，适合于享受的接受性知觉。当然，对于从事生产的制作者来说，持续的观察是十分必要的。但是，如果他的知觉在性质上并不同时也是审美的，那么，它仅是一种对所做的东西毫无色彩且冷淡漠然的识别；它被用作为一个刺激，刺激在本质上是机械的过程中走出下一步。

简而言之，艺术以其形式将做和经受、支出能量和收入能量这些相同的关系结合在一起，从而使一则经验成为一则经验。由于排除了所有那些对行动和接受因素相互组织没有贡献的东西，并且，由于仅仅选择了那些对它们彼此渗透有贡献的方面和特性，所以产品就成为审美艺术的作品。人们切削、雕刻、歌唱、舞蹈、做手势、浇铸、画素描、涂颜色。当被知觉的结果具有了这样一种本性，即它的性质作为被知觉已经控制了生产的问题时，做或制作就是艺术的。有一种意图想要生产在直接的知觉经验中被享受到的东西，由这种意图所指导的生产活动具有自发的或无控的活动所不具有的性质。当艺术家工作时，他在其自身中体现了接受者的态度。

举例说，我们假定一个精致的物件、一个质地和比例在知觉上令人愉悦的精致物件，曾经被人们认为是某原始民族的一件作品。后来发现的证据却证明，它是一件偶然的自然物品。作为一个外在的事物，它就是它以前所是的东西。然而，它现在却已不再是一件艺术作品，而变成了一件自然的“奇物”。它现在应归入自然历史博物馆，而不是艺术博物馆。这件不寻常的事情是，由此造成的差别并非仅仅是理智的分类。差别在欣赏性的知觉中造成，并且是以一种直接的方式。审美的经验——在其有限的意义上——因而被视作与制作的经验内在地相关联。

眼睛和耳朵在感觉上的满足，当其成为审美的时候，就是如此；这是因为，它并非自身独立，而是与作为结果的活动相关联。味觉的愉悦对于一位美食家来说，与一个仅仅在吃时“喜爱”食物的人，会有质上的差别，而不仅仅是强度上的。美食家所意识到的东西远远超出了食物的味道。毋宁说，有某些被直接经验到的性质进入了味道之中，这些性质依赖于溯及其来源和其与优秀标准有关的生产方式。由于生产必须将作为被其知觉和受其调整的产品性质吸收到自身之中，所以从另一方面来说，当看、听、尝与一种独特活动方式的关联使被知觉的东西适应时，它们就成为审美的了。

在所有的审美知觉中，存在着一种激情的元素。然而，当我们被激情淹没时，就像在极端的愤怒、恐惧、嫉妒中那样，经验定然就是非审美的。对于产生激情的行动的性质而言，并没有什么关系被感觉到。结果，经验的材料就缺乏平衡和比例的元素。因为这些元素能够得以呈现的条件仅仅在于，就像在具有优雅或尊严的行为中那样，活动被对于关系的一种灵敏感觉所控制，而这些关系是行动所维持的——它适应于场合和情境。

进行生产的艺术进程有机地关联于进行知觉的审美——就如同进行创造的上帝俯瞰他的作品，并发现它是好的。艺术家连续不断地塑造以及重塑，直到他在知觉上满意于他所做的东西。制造直到其结果被经验为好的时候方才结束——并且，该经验的产生不是靠纯然理智的和外在的判断，而是以直接的知觉。一个艺术家，与他的伙伴比较起来，乃是这样一个人，即他不仅特别具有制作的能力，而且具有对事物性质不同寻常的敏感性，这种敏感性也指导着他的做与制。

当我们操作时,我们触摸并且感觉;当我们看时,我们看到;当我们听时,我们听到。手随着蚀刻针或画笔而移动,眼睛注意并报告着所做事情的结果。由于这种密切的联系,继起的行为就是累积的,而不是任性而为,更不是例行公事。在一则显著的艺术-审美的经验中,关系是如此之紧密,以至于它同时控制了做和知觉。倘若只是手和眼在忙活的话,这种至关重要的联系上的密切性就不可能被拥有。当它们两者都不充当整体存在者的器官时,就只会有一种感觉和运动之间的机械次序,就像在自动行走的情形中那样。当经验是审美的时候,手和眼就只是工具;通过它们,始终被触动和活跃着的整个活的生灵就运作起来。因此,表现就是有情的,并且由目的所引领。

由于所做与所经受之间的关系,在知觉中就存在着对事物的一种直接领会,它或者是共同归属,或者是冲突不和;或者是巩固加强,或者是妨碍干涉。制造活动的结果在领会中得以反映,它展示出所做的东西究竟推进了付诸实行的观念,还是标志着一种背离和断裂。通过涉及对秩序和完成的关系的这些直接感受,一则经验的发展得到了控制,就此而言,该经验在本性上主要是审美的。对行动的迫切要求变成对那一种类行动的迫切要求,即导致一个在直接知觉中令人满意的对象的行动。陶器制作者给他的陶土塑形,以便制造一个可用于盛放谷物的碗;但是,在某种程度上,他制造这个碗深受对连续的制造行为进行总结的一系列知觉的调整,以至于这个碗打上了永久优雅与魅力的标志。这种普遍情境同样存在于绘制一幅画或浇铸一件半身雕像之中。此外,在每一步,都有对将要发生的东西的预期。这种预期是下一步所做及其感觉结果之间的联系纽带。因此,所做与所经受互惠地、累积地和连续地互为手段。

做可能是精力充沛的，而经受可能是敏锐和强烈的。但是，除非它们彼此相关以至于在知觉中形成一个整体，否则，所做的事就不是全然审美的。例如，制造可能是技术精湛的一种展示，而经受则可能是一种伤感的宣泄或空想。如果艺术家在工作过程中无法使一种新的景象得以完美体现，那么，他就是在机械地行动，重复某种如同蓝图那样固定在他心中的陈旧模式。难以置信的大量观察以及在对定性关系的知觉中所运用的那种智力，刻画了艺术中的创造性作品的特征。关系必须被注意到，这种注意不仅是指彼此相关、两两相对，而且是指关联于建构之下的整体；它们既被运用于观察之中，也被运用于想象之中。枝节旁生起于诱人的分心；离题万里饰以丰富的外观。存在着这样的时刻，即当对主导观念的把握变得软弱无力时，艺术家无意识地被迫注入某些东西直到他的思想再次变得强大。一位艺术家真正的工作便是累积一则经验，这则经验在知觉中是连贯的，同时在其发展中随着连续不断的变化而运动。

当一个作家将已有清晰构思和连贯安排的想法付诸纸上的时候，那真正的作品在此之前就已经完成了。或者，他也许要依靠由活动所引起的更大的可知觉性，以及活动的感性反馈来指导他完成该作品。纯粹的抄写活动在审美上是不相干的，除非它完整地进入一则正在走向圆满的经验的形成之中。甚至在头脑中所构思的因而就身体而言是私人的作品，从其有意义的内容来看也已经是公共的了，因为它是由于涉及一件产品的制作而被构思的，而这件产品是可知觉的，因而属于共同的世界。否则，它就会变成一种失常或一个转瞬即逝的梦。通过绘画来表现所知觉到的一处风景的特质的迫切要求，是与对铅笔或画笔的要求相连的。倘若没有外部的体现，一则经验就会是不完整的。从生理和功能上来说，感觉器官是发动器官，并且是与其他发动器官相联系的；这种联系所借助的手段是能量在人的身体中的分配，而不仅仅是解剖学意义上的。“建造”(building)、“建构”(construction)、“工作”(work)既指一个过程，也指这个过程所完成的产品，这并不是语言上的偶然事件。倘若没有动词的意义，那么，名词的意义就停留在空白之中了。

作家、作曲家、雕塑家或画家在创作的过程中，能够回顾他们先前做的东西。当其在经验的经受或知觉阶段中不令人满意时，他们能够在某种程度上重新开始。这种回顾在建筑的情形中是不容易实现的——这也许就是为什么存在那么多丑陋大厦的一个原因。建筑师不得不在他们的观念向完整知觉对象的转化发生之前，就完成这些观念。他们无法在形成观念的同时达成其客观体现，这就强加了一个障碍。然而，他们也不得不根据体现的媒介和最终知觉的对象来思考他们的观念，除非他们机械刻板、生搬硬套地工作。或许中世纪大教堂的审美性质在某种程度上要归功于这样一个事实，即它们的建造并不像现在的情形那样，被计划和预先定好的工程设计所控制。计划随着建造的发展而发展。但是，即使是一件密涅瓦式的产品，如果它是艺术的，便应该有一段预先的酝酿时期，在这段时期，想象中所设计的做和知觉彼此作用并且相互修正。每一件艺术作品都跟随着一则完整经验的计划和范型，并且使这则经验更加强烈和集中地被感受到。

对知觉者和欣赏者而言，理解做与经受之间的紧密结合不像对制造者那样容易。我们喜欢假定前者仅仅是接受具有完整形式的东西，而不是认识到这种接受包含堪比创造者活动的某些活动。但是，接受并非是被动的。它也是由一系列回应性的行动所组成的一个进程，这些行动累积起来通向客观的实现。否则，就不存在知觉，而只存在识别。这两者之间的差别是极其巨大的。识别是在有机会自由发展前被抑制的知觉。在识别中，存在着知觉行动的开端，但这个开端并不允许服务于发展对所识别的事物的完全知觉。它在这一点上受到抑制，即它将服务于某个其他的目的，正如我们在街上识别出一个人是为了问候他或者躲避他，而不是为了看那儿有什么而看他。

在识别中，我们依赖于某种以前形成的图式，就像依赖于一种原型那样。某个细节或细节的安排充当了最低限度的辨识的提示。在识别中，将这种最低限度的概要当作一种模板应用于在场的对象就够了。有时候，在与一个人的接触中，我们会对一些显著的特点产生深刻的印象，这些特点也许是一些我们以前不知道的身体上的特征。我们认识到以前并不知道这个人；在任何重要的意义上，我们都没有见过他。现在我们开始研究并开始“接受”。知觉取代了最低限度的识别。有了一种重构的行动，而且意识变得新鲜而有活力。这个看的行动包含发动元素的合作，即使它们仍然含蓄而并未变得明显；也包含所有被积累的观念的合作，这些观念可能会服务于完成这幅正在形成中的新画像。识别太容易了，以至于不能唤起生动的意识。在新和旧之间，没有足够的抵抗来保护对所具有的经验的意识。甚至一条看到主人回来便快活叫着并摇着尾巴的狗，就它对它的朋友的反应来说，也比一个仅仅满足于识别的人更富有生气。

当一个适当的标记或标签得到粘附时，最低限度的识别就满足了，“适当的”表示某个东西服务于识别行动之外的目的——如售货员根据一件样品来辨识货物。这里不包括有机体的搅动，也不包括内在的骚动。但是，一个知觉行动却是通过连续延伸并贯穿整个有机体的波动来进行的。因此，在知觉中，不存在诸如看或听加情感的情形。被知觉到的对象或场景始终弥漫着情感。当一种被唤起的情感不渗透于被知觉或被考虑的材料时，它就是预备的或是病态的。

经验的审美阶段或经受阶段乃是接受性的。它包括放弃。但是，只有通过一种可能会变得强烈的受控活动，充分的自我屈服才是可能的。在我们与周围环境的交往中，我们多是退缩的；有时候是由于害怕过度消耗我们储备的能量，有时候是由于专注于其他的质料，正如在识别的情形中那样。知觉是一种为了接受而付出能量的行动，而不是一种能量的保留。要使我们沉浸在一个素材里，必须首先投入其中。当我们仅仅被动地面对一个场景时，它就会淹没我们；而且，由于缺乏应答的活动，我们知觉不到那压倒我们的东西。我们必须召集起能量并在回应键上定好调子，以便去接受它。

每个人都知道，需要经过学徒期才能够使用显微镜或望远镜来进行观察，并且像地质学家观看地貌那样来观察。那种认为审美知觉是偶尔为之的想法，是艺术在我们中间向后倒退的一个原因。眼睛和视觉器官可能完整无损；对象可能在物质的意义上存在，如巴黎圣母院或伦勃朗的《亨德利奇·斯托弗尔的肖像》。从某种坦率的意义上说，后者可能被“看见”。它们可能被看，可能被识别，并且被贴上正确的名称。但是，由于缺乏整个有机体与各对象之间连续的相互作用，它们并没有被知觉，当然没有被审美地知觉。一群参观者由导游带领穿过一家美术馆，注意力被引向这里或那里的某个精彩之处，这并不是知觉；为了素材的缘故而观看一幅画的兴趣只会偶尔得以生动地实现。

因为要知觉的话，一个观看者必须创造他自己的经验。而他的创造必须包括这样一些关系，这些关系可以比得上原初生产者所经受的关系。它们并非在字面意义上相同。但是，就知觉者而言，正像对于艺术家一样，必须有一种对整体诸元素的安排，这种安排在形式上，尽管不是在细节上，与有意识经验到的作品的创造者的组织过程相同。倘若没有一种再创造的活动，对象就不会被知觉为一件艺术作品。艺术家根据他的兴趣来进行选择、简化、澄清、删节以及浓缩，而观看者则必须根据他的观点和兴趣来经历这些运作。在这两者之中，发生着一种提取的活动，这种提取活动是对那有意义的东西的萃取。在这两者中，都存在着在其字面含义上的理解——即把那些物质上分散的细节和特点集合为一个被经验到的整体。有的工作是有知觉能力的人要做的，正如有的工作是艺术家要做的。太懒或得过且过或拘于俗套地履行此项工作的人，不会看到或听到。他的"欣赏"就成为一种混合物，即一片片学识的碎屑与对俗套赞美标准的遵从相混合，并且与一种即使真实但却混乱的情感激动相混合。

上述这些考虑，由于特别强调的缘故，既意味着一则经验在其丰富意义上与审美经验的一致，也意味着它们的不同。前者具有审美性质，否则，它的材料就不会丰满起来并融入一则单一而连贯的经验。在一则充满生命力的经验中，是不可能将实践、情感和理智作彼此的区分的，也不可能使其中一者的属性与其他两者的特性相对立。情感的方面将各部分结合成一个单一的整体；“理智”只不过命名了一个事实，即经验乃是具有意义的；“实践”则指出，有机体乃是与其周遭的事件及对象相互作用的。最为精致的哲学或科学探究，最有雄心的工业或政治事业，当其不同的组成部分构成一则完整的经验时，便具有了审美性质。因为那个时候，它各式各样的部分彼此连接起来了，而不仅仅是彼此相继。而且，这些部分通过它们被经验到的连接而走向了圆满完成和终结，而不仅仅是走向时间上的停止。此外，这个圆满完成并非只在意识中等待整个活动结束。它是始终被期待着的，并一再地被赋予特别强烈的滋味。

不过，这里所讨论的经验主要是理智的或实践的，而非特别是审美的，因为兴趣和目的发动并控制着它们。在一则理智的经验中，结论有其自身的价值。它可以被提取为一则公式或“真理”，并且以其独立的完整性用作其他探究中的因素和向导。在一件艺术作品中，不存在这样单一而自足的沉淀物。结尾与终点的意义不在于它本身，而在于它是各部分的整合。它并没有其他的存在。一出戏或一部小说也并不就是那最后的一句话，即使剧中的人物被安排成从此以后一直过着幸福的生活。在一则与众不同的审美经验中，那些在其他经验中被抑制的特征居于支配地位；那些附属的东西变成主控的了——也就是说，借助这些特征，经验本身成了一则得到整合的完满经验。

在每则完整的经验中，由于存在着动态的组织，所以存在着形式。我之所以将组织称作是动态的，乃是因为要花时间去完善它，因为它是一种成长，有开端、发展和完成。先前经验的结果构成了工作者的心灵，而通过与这些结果生机勃勃的组织相互作用，材料就得以摄取和消化。酝酿的过程将一直继续，直到那被构想的东西得以提出，并且变得可知觉，就像共同世界的一部分那样。先前长期持续的过程的高潮会发展成一个突出的运动，该运动将横扫其他的一切，以至于使人忘记其他的一切；只有在此意义上，一则审美经验才能被挤到一个瞬间之中。那将经验辨别为审美之物的东西乃是一种转化，即抵抗和紧张，以及本身是消遣诱惑的刺激，转变为一种运动，这种运动朝向一个包容的和完成的终结。

经验就像呼吸，它是吸入与呼出的一种节奏。它们的前后相继由于间隔和周期的存在而被不时打断并被做成一种节奏，在这些间隔和周期中，一个阶段正在停止的时候，另一个阶段便正在起步与准备。威廉·詹姆斯恰当地将一个有意识经验的过程比喻为一只鸟儿交替地飞翔与栖息。飞翔和栖息是密切相联的；它们不是许多不相关的停落之后的同样不相关的跳跃。经验中的每个休憩之处都是一种经受，在其中，先前的做的结果得以吸收和领会，并且，除非这种做是那种全然无常或者彻底照例的做，否则，每次做本身就会带有已经被提取和保存的意义。正像随着一支军队前进，所有从已经实现的东西中得到的收获都将被周期性地巩固，并且总是着眼于那下一步要做的东西。如果我们前进得太快，就会远离供给基地——意义增长的基地——而经验则变得无措、单薄和混乱。如果我们在提取净值之后过久地闲荡，那么，经验就会枯萎空洞。

因而，整体的形式呈现于每个成员之中。实现和圆满完成乃是连续的作用，而不仅仅只是驻于某处的终点。一位雕刻家、画家或作家每一步都处在完善其作品的过程中。他必须在每一点上保留和总结那作为一个整体而业已走在前面的东西，并且顾及那个将要到来的整体。否则，在他前后相继的活动中，就不会有连贯性和安全性。经验节奏中的一系列的做给出了变化和运动；它们将作品从单调和无用的重复中挽救出来。经受是节奏中的对应元素，它们提供和谐一致；它们将作品从纯粹一连串刺激的无目的性中挽救出来。对于任何可被称作一则经验的东西而言，只要决定它的诸因素被提升到知觉的阈限之上，并且这些因素是为它们自身的缘故而显现，一个对象就特别并主要是审美的，它产生出审美知觉所特有的快乐。

第四章 表现的行为

THE ACT OF EXPRESSION

每则经验，无论其意义是小还是大，都是随着一个冲动(impulsion)而开始的，更确切地说，是作为一个冲动而开始的。我说的是“冲动”，而不是“悸动”(impulse)。一种悸动是特化[①]的和特定的；即便当其是本能的，也只是某个机制的一部分，这个机制包含在更为完整的对环境的适应之中。“冲动”表示整个有机体一种向外和向前的运动，而特殊的悸动对此乃是辅助性的。这是活的生灵对食物的渴望，而不同于专司吞咽的舌头和嘴唇的反应；作为整体的身体对光的趋向，就像植物的向日性那样，不同于眼睛对一束特定光线的追随。

因为冲动乃是有机体整体上的运动，所以是任何完整经验的最初步骤。对儿童的观察，揭示了许多特化的反应。但是，这些反应因此并不是完整经验的起始。它们进入完整的经验，仅仅像是作为缕缕丝线被编织进一个活动之中，而这个活动使得整个的自我运作起来。倘若忽略这些一般化的活动而仅仅注意到区别，那么，那些使区别更为有效的劳动分工就几乎成了某种源头和起因，即经验解释中所有更深错误的源头和起因。

冲动之所以是完整经验的开始，是因为它们出于需要；出于一种饥渴和要求，这种饥渴和要求一方面属于作为整体的有机体，另一方面只能靠与环境建立一定的关系(积极的关系、相互作用)来获得供给。表皮仅仅以最浅薄的方式而成为一种指示，即有机体在此终止，而其环境则在此开始。有些东西在身体里面但却与身体无关，也有些东西在身体外面但就法权而言却属于身体，如果不是事实上属于身体的话；也就是说，倘若生命要继续下

---

① 特化(specialize)，在这里指相对于整体状况而言的专门化、特殊化。——译者

去，就必须拥有这些东西。在较低的层次上，空气和食料就是这样的东西；而在较高的层次上，则是工具，无论是作家的笔，还是铁匠的砧、用具和家具，以及财产、朋友和习俗——所有那些如果离开它们文明生活就不可能存在的支持物和维系物。在通过环境——并且只是环境——所能供给的东西而要求实现的急迫冲动中，有一种显而易见的需要，这种需要是一种动态的承认，即承认自我就整体来说对其环境的依赖。

然而，活的生灵的命运正是在于，倘若它不在世界上冒险便不能保全那属于它的东西；而且，它既不在总体上拥有这个世界，也不具有对这个世界的所有权。无论何时，只要有机体的悸动超出了身体的界限，那么，它就会发现自己处于一个陌生的世界，而且在某种程度上，把自己的运气托付给了外部环境。它不能只选出它想要的东西，而将那些平庸和不利的东西自动地置之度外。如果并且只要有机体在继续发展，它就一直是受到帮助的，就像跑步者受到顺风帮助那样。但是，冲动在其向外开拓的过程中，也会碰到许多使之偏斜以及与之对立的事物。在将这些障碍物和中立条件转变成有利作用的过程中，活的生灵逐渐认识了隐含在其冲动中的意图。自我，无论成功还是失败，都不仅仅是将自身回复到从前的状态。盲目的奔涌逐渐变成一个目的；本能的倾向转而成为有所筹划的事业。自我的态度被赋予意义。

如果环境总是且处处与我们的冲动的直接实施相适宜，那么这样的环境就会对成长造成限制，如同那总是敌对的环境会造成刺激和破坏一样。冲动永远向其前面的道路推进，它没头没脑地奔波于它的过程，并且对情感麻木不仁。因为它不必根据所遇到的事物来说明自己，而这些事物也就因而不会成为有意义的对象。它能够意识到其本性和目的的唯一办法是，借助被克服的障碍和被使用的手段；在一条磨光上油的前进道路上，那些从一开始就只是手段的手段与冲动太一致了，以至于不允许人们对它们有所意识。如果没有来自周围事物的抵抗，自我也不会意识到自身；它会既没有感觉也没有兴趣，既没有恐惧也没有希望，既没有失望扫兴也没有兴高采烈。完全是阻碍的纯粹对立，会造成愤怒和狂暴。但是，那唤起思想的抵抗，却会产生好奇和热切的关注，并且当它被克服时，最终导致兴高采烈。

有的东西只会阻碍孩子以及缺乏有关经验的成熟背景的人，这种东西就那些先前对足够类似的情境有所经验的人而言，乃是一种刺激物；这种刺激物刺激理智去制定计划，并且将情感转变为兴趣。出自需要的冲动，使一种不知其将何往的经验得以开始；抵抗和阻止则导致一种转变，即直接向前的行动转变为重又弯曲的；而那遭折返的东西是以下两方面之间的关系：一方面是阻碍性的条件，另一方面是自我依靠先前的经验而作为工作资本所拥有的东西。由于所牵涉的能量加强了原初的冲动，就要更为慎重地以对目的和方法的洞见来运作。这便是每个裹以意义的经验的概要。

紧张会唤起我们的能量，总体上缺乏对立无益于正常的发展，这是人们所熟识的事实。一般而言，我们都承认，促进条件和阻碍条件之间的平衡才是事情的可取状态——假如不利的条件与它们所阻扰的东西之间有着内在的关系，而不是任意的和外在的关系。然而，那被唤起的东西并不仅仅是量的，也不仅仅是更多的能量；而是质的，是能量向有思想的行动的一种转化，这种转化通过同化来自过去经验的背景的意义而达成。新和旧的连接不是一种单纯的力量合成，而是一种再创造，在其中，当下的冲动获得形式和可靠性；而旧的、"储存的"材料则真切地复活，并由于不得不遭遇新的情境而被赋予新的生命和灵魂。

正是这种双重的变化，使一个活动转变成表现的行为。而环境中那些否则只是通畅渠道或盲目阻塞的事物，则变成手段，变成媒介。与此同时，从过去经验保留下来的那些事物可能会由于例行公事而变得陈腐，也可能由于缺乏使用而变得惰怠；但是，它们在新的冒险中则变成一些系数，并穿上一件新鲜意义的衣服。这是定义表现所需要的所有元素。如果所提及的特征由于与可供选择的情境形成对比而变得显而易见，那么，定义就将获得力量。并非所有向外的活动都具有表现的本性。在一个极端上，存在着激情的风暴，它突破重重障碍，并扫除介于人与所要消灭的东西之间的任何事物。存在着活动，但从行为者的立场来看，并不存在表现。一个旁观者也许会说："多么动人的一次愤怒表现啊！"但是，被触怒的存在者只是在愤怒，这是一件与表现愤怒完全不同的事情。或者，某位旁观者也许会说："那个人在其所做所言中是多么好地表现了他的主要特性。"但是，这里所讨论的这个人最没有考虑到的事情正是表现他的特性；他只是让步于激情的突然发作。再则，一个婴儿的哭或笑对母亲或保姆来说，也许是表现性的；然而，这并不是婴儿的一次表现的行为。它之所以对于旁观者来说是一次表现，乃是因为它就这个孩子的状况说出了某些东西。但是，孩子只是直接做某事，从他的立场来看，这并不比呼吸或打喷嚏更具表现性——而呼吸或打喷嚏之类的活动，对于这个婴儿状况的观察者来说，却也是表现性的。

将这些例子一般化，可以防止我们避免犯一种已经不幸侵入美学理论的错误，这种错误假定仅仅让步于天生的或习惯的冲动就会构成表现。如果说这样的一种行为是表现性的，那么并不是在于其自身，而只是在于就某些观察者而言的反思性解释——正如保姆可能会把一个喷嚏解释为即将发生的感冒的征兆。就行为本身而言，如果它纯粹是冲动性的，就只是一次爆发而已。一方面，如果没有从里向外的驱策，就没有表现；但是另一方面，这个喷涌而出在它成为一个表现的行为之前，必须借着将先前经验的价值纳入自身之中而得到澄清和安排。而这些价值除开借助环境中的某些对象就不能发挥作用，这些对象就是对情感和悸动的直接释放加以抵抗的对象。情感的释放是表现的一个必要条件，但不是充分条件。

没有兴奋，没有骚动，就没有表现。然而，笑或哭中即刻释放的一次内心激动也就随着它的表达而消逝了。释放是解脱，是消除；而表现则是驻留，是在发展中推进，是达到完满。一股泪水也许会带来轻松，一阵破坏也许会给内心的愤怒以发泄的机会。但是，只要没有对客观条件进行管理，没有为了体现兴奋而对材料进行塑形，就不会有表现。那些有时被称作自我表现的行为，恐怕还是称作自我暴露的行为来得更妥当；它将特性——或者缺乏特性——显露给他人。而就它本身来说，只是一种向外的喷涌。

从一个就外部观察者立场而言具有表现性的行为转变到内在的表现性行为，很容易通过一个简单的例子来加以说明。起先，婴儿的哭如同他转过头去跟随光线那般；这里有一种内在的驱策，但没有表现什么东西。而当这个婴儿长大些后，就知道一些特定的行为会产生不同的后果，比如，如果他哭就会被引起注意，而笑则会引起周围人的另一种明确反应。因此，他开始意识到他所作所为的意义。当他把握住起初全然是出于内部压力而做的行为的意义时，他就有能力从事真正的表现的行为了。咿咿呀呀等的声音转变成语言，这既完美地说明了表现的行为得以产生的途径，也说明了它们与单纯释放的行为之间的差别。

在这些情形中，表现与艺术之间的联系得到了暗示，如果不是确切例证的话。已经知道他曾经的自发行为能对周围人产生效果的孩子，就会"有目的地"去做一个以前是盲目的行为。他开始根据其后果来处理和安排自己的活动。因为做和经受之间的关系被知觉到了，所以由于做而经受到的后果就具体表现为后来的做的意义。孩子现在也许会为着一个目的而哭了，因为他想要得到注意或缓解。他可能会开始将他的微笑用作劝诱或者表示喜爱。此刻就有了萌芽中的艺术。一个过去是"自然的"活动——自发的和无意的——现在发生了转变，因为它被用作达到一个有意考虑的后果的手段。这样的转变是每个艺术事实的标志。转变的结果可能是巧妙的(artful)，而非审美的。奉承时的微笑和问候时的例行假笑只是技巧而已。但是，欢迎时真诚亲切的行为包含了一种态度的变化，即曾经是冲动的盲目和"自然的"显示变成了一个艺术的行为，所做的事情考虑到了它在密切的人际交往过程中的地位或关系。

人为的(artificial)、巧妙的(artful)和艺术的(artistic)之间的区别存在于表面。在前者中，公开所做之事与意欲图谋之事间有着分裂。外表是诚恳的；意图却在博得好感。无论什么地方，只要在所作所为和它的目的之间存在着这种分裂，就会有不真诚，就会有诡计，就会有对本质上另有效果的行为的效仿。当自然的东西和培养而成的东西混为一体时，社会交往的行为就是艺术作品。充满生气的亲切友谊的冲动与所做出的行为完全一致，没有隐秘目的的侵扰。笨拙也许会妨碍表现的充分性。但是，制作精巧的赝品，无论怎样有技巧，都是通过表现的形式来完成的；它并不具有友谊的形式也不寓于其中。友谊的实质并未被触及。

释放的行为或单纯展示的行为缺乏一种媒介。本能的哭和笑并不比打喷嚏和眨眼睛更需要媒介。它们通过某种渠道而发生，但这个排遣的手段并没有被用作某个目的的内在手段。表现欢迎的行为把微笑、伸手、脸上发光用作媒介，这不是有意识的，而是因为它们已经成为在遇到尊贵朋友时表示欢乐的有机手段。最初自发的行为转变为手段，使人际交往更为丰富和亲切——仿佛一位画家把颜料变成表现一则富有想象力的经验的手段。舞蹈和体育运动是这样的活动，在其中，那些曾经是分开来自发做的行为聚集起来，并且从原生的、粗陋的材料转变成富有表现力的艺术的作品。只有在材料被用作为媒介的地方，才有表现和艺术。原始禁忌在局外人看来仿佛纯粹是从外部强加的禁律和约束，但它们对于那些经验着它们的人来说，也许是表现社会地位、尊严以及荣誉的媒介。当其作为媒介而运作的时候，任何事物都依赖于使用材料的方式。

媒介和表现的行为之间的联系乃是内在固有的。一个表现的行为总是使用自然的材料，尽管这个自然也许是在习惯的意义上，以及原始的或天生的意义上而言的。它之所以变成媒介，乃是因为对它的使用考虑到了它的地位和角色，考虑到了它的重重关系、一个包罗广泛的情境——就像音调之所以变成音乐，乃是因为它们被安排在旋律之中。相同的音调可以结合欢快、惊讶或哀伤的态度来发出，从而成为特定情感的自然宣泄。当其他的音调成为这些情感中某一种得以发生的媒介时，它们就表现了这种情感。

从词源上来说，表现的行为乃是挤出或压出。当葡萄在酒榨机中被压碎时，汁液就被榨出/表现(expressed)了；用一个更为无趣的比方来说，某些肥肉在受到高温和压榨时，释放出了猪油和油脂。倘若将原生的或自然的材料排除在外，就没有什么东西会被压榨出来。但是，同样真实的是，原生材料的单单流出或释放并非是榨出/表现(expression)。通过与它外部的某样东西相互作用，如酒榨机或踩踏的人脚，汁液才会作为结果而产生。表皮和种子被分离并保留下来；只有当器械发生故障时，它们才被释放出来。甚至在最为机械的榨出/表现模式中，也存在着相互作用以及随之而来的原始材料的转化；这种原始材料对于艺术产品来说作为原生材料而存在，而这种转化则关系到事实上被压出的东西。既要有酒榨机，又要有葡萄，才能榨-出(ex-press)汁液。同样，既要有包围和抵抗的对象，又要有内在的情感和冲动，才能构成情感的榨出/表现。

塞缪尔·亚历山大(Samuel Alexander)在谈及诗的生产时，这样评论道："艺术家的作品并非来自艺术作品所对应的一则已经完成了的富有想象力的经验，而是来自对于素材的满腔兴奋……诗人的诗靠着那使他兴奋的主题，从他心中挤压而出。"这段话是一个文本，我们可以对它作出四点评论。这其中的第一点可以暂且看作是对前面几章所述要点的强调。真正的艺术作品乃是由完整的经验逐步建立起来的，这完整的经验来自有机体与周围环境和能量的相互作用。第二点则与我们目前的这个话题更为接近:被表现的事物乃是靠着压力从生产者那里挤压而出的,这个压力由客观事物施加到自然的悸动和倾向之上——就此而言,表现源自后者直接而完美的流出。接下来是第三点。构成艺术作品的表现行为乃是时间中的构造,而不是瞬间的喷射。而且,这个陈述所意味的东西,大大超出了画家花时间把他充满想象的构思转移到画布之上,以及雕刻家花时间完成他对大理石的凿刻。它意味着,在媒介之中并且通过媒介而构成艺术作品的自我表现,本身就是从自我流出的某些东西与客观条件之间一种延长的相互作用,就是它们两者取得它们起先所没有的形式和秩序的一个过程。甚至万能的上帝也花了七天的时间来创造天地,而且,如果记录完整的话,那么,我们应该知道,只是在那个阶段的终点,他才意识到他着手做的东西,这些东西是他利用他所面对的混沌的原生材料做出来的。只有一种去势的主观形而上学才会把《创世记》中的动人神话改变成这样一个想法,即造物主进行创造,却无需任何致力于其上的未成形的质料。

最后一点的评论是,当对素材的兴奋越来越深时,它就激发了所贮藏的那些来自先前经验的态度和意义。当它们被唤醒而产生活动时,就变成了有意识的思想和情感,变成了情感化的意象。被思想或场景所灼烧,就是被灵感所激发。那被点燃的东西必定或者将自己烧完,变成灰烬;或者在材料中将自己压出,并使材料从粗制的金属变成精炼的产品。许多人不快乐,内心受折磨,乃是因为他还没有掌握表现行动的艺术。在比较幸运的条件下,那可能是用于将客观的材料转变成强烈而清晰的经验的材料的东西,在难以控制的骚动中沸腾不已,而这种骚动最终会在痛苦的内部分裂之后逐渐平息。

那些由于亲密接触和彼此抵抗而经受燃烧的材料构成了灵感。从自我的一方面来看，由先前经验所产生的元素，在新的欲求、冲动和意象中被激发为行动。这些东西出自下意识，既不是冷冰冰的，也不具有与过去诸细节相同一的形状；同时又不是厚厚的团块，而是熔在内心动荡的火焰之中。它们看起来并非来自自我，因为它们是从一个未被有意识知晓的自我那里流出来的。因而，借用一个恰当的神话来说，灵感被归功于神或缪斯。然而，灵感还只是开头。就其本身而言，它一开始是不完全的。被燃着的内部材料必须得到客观燃料的补给。通过燃料和已经烧着的材料之间的相互作用，精炼而成形的产品就逐渐生成了。表现的行为并不是附着于已经完成的灵感之上的某样东西。它凭借知觉和意象的客观材料，将一个灵感推进到完成。①

如果不是被抛进混乱和骚动之中，冲动就不能导致表现。除非是压在一起（com-pression），否则就不会有什么东西被榨-出。骚动标志着某种场所，在这种场所，内心的悸动以及与环境的接触，在事实上或观念中，遭遇并创造了一场发酵。如果没有逼近的敌人袭击或者将要收割的庄稼，原始人的战争舞蹈和收获舞蹈就不会是从内心流出来的。要产生不可或缺的兴奋，就必须有处

---

① 拉塞尔斯·艾伯克朗比先生（Lascelles Abercrombie）在他有趣的《诗论》（*The Theory of Poetry*）中，在两种灵感观点之间摇摆。其中的一种采取了在我看来是正确解释的东西。在诗中，一个灵感"完整并精妙地界定了它自身"。而在另外的场合，他又说灵感就是诗；"某样自给自足的东西，一个完整而全面的整体"。他说："每个灵感都是某样最初不曾也不能作为语词而存在的东西。"情形无疑如此；甚至一个三角函数也不是仅仅作为语词而存在的。但是，如果它已经是自给自足的了，那么，为什么它还要寻求并找到语词来作为表现的媒介呢？

于危险之中的东西，有事关重大却又并不确定的东西——就像一次战役的结果，或者一次收获的期待。一个确实无疑的东西是不会在情感上把我们唤起的。因此，它并不单单是被表现的兴奋，而是关于某样东西的兴奋；同样因此，甚至单单的兴奋，只要不是完全的惊慌，也会利用那些曾被先前处理对象的活动用旧了的行动渠道。这样，就像一个自动完成其角色表演的演员的动作那样，它模拟表现。甚至一个不明确的不安也在歌曲或哑剧中寻求排遣，努力变成清楚的表达。

关于表现行为的本性的种种错误观点，几乎都来源于这样一种想法，即情感本身是内在完整的，只有在发出时，才会对外部材料产生影响。但是，事实上，情感总是或趋于或出于或关于某种客观的东西的，无论在事实上，还是在观念中。情感隐含在情境之中，而情境的结果是悬而未决的；同时，情境中那被情感所打动的自我是极其要紧的。情境是压抑的、威胁的、难耐的、胜利的。除非是作为自我和客观条件之间的一种相互贯通，否则，那由个人所认同的群体所赢得的胜利中的喜悦就不是内在完整的东西，那对朋友之死的悲痛也就不是能被理解的东西。

联系艺术作品的个性化来看，这后面的事实尤其重要。有一种想法在逻辑上要求个性化成为表面的和外在的，这种想法就是，表现乃是本身完整的情感的直接喷射。因为，根据这个想法，恐惧就是恐惧，欣喜就是欣喜，爱就是爱，每者皆成类，只是由于强度的不同而在内部有所差别。如果这个观念是正确的，那么，艺术作品就必然落到某些类型之中。这个观点已经影响了批评，但是并不有助于对具体艺术作品的理解。除非从名义上来说，否则就不存在诸如某个恐惧、仇恨、爱的情感这样的东西。所经验的事件和情境的唯一且无法复制的特性，印刻在那被唤起的情感之上。倘若言语的功能是再造它所指涉的东西，那么，我们就永远不能谈及恐惧，而只能谈及对这辆特定的迎面而来的汽车的恐惧，以及它在时间和空间上的所有详情，或者在得出错误结论的具体环境中的恐惧，而这个错误结论又是由如此这般的材料而得出的。人一生的时间过于短暂，以至于无法用语词来再造出一个单一的情感。不过，事实上，诗人和小说家在处理情感方面，甚至比专门的心理学家有巨大的优势。因为前者逐步建立起一个具体的情境，并且允许它去唤起情感上的反应。艺术家不是用理智和符号的术语来描述情感，而是“采取行动，而这行动生出”情感。

艺术是选择性的，这成为一个普遍承认的事实。艺术之所以如此，乃是缘于表现的行为中的情感角色。任何占主导地位的情绪都会自动地排斥一切与它不相投合的情绪。情感比任何谨慎盘问的哨兵都更为有效。它伸出触角，寻求那投合的东西，寻求那滋养它并将它带至完善的东西。只有当情感烟消云散或支离破碎时，与之相异的材料才能进入意识之中。借助一系列连续行为中发展着的情感，材料的选择性运作得以强有力地实行，这种选择性运作将质料从众多数量和空间上分离的对象中提取出来，并且将那抽取出来的东西压缩进一个对象之中，这个对象成为所有属于它们的价值的一个集中体现。这种功能创造了艺术作品的“普遍性”。

如果有人考察某些艺术作品冒犯我们的原因，那么，他很可能发现，这个原因在于没有个人感受的情感对所呈现材料的选择和集合进行指导。我们会得到这样的印象，即艺术家，比方说一部小说的作者，设法借助有意识的意图来调整那被唤醒的情感的本性。我们会被这样一种感觉激怒，即作者操纵材料以保证一种事先决定的效果。作品的诸方面，对作品来说不可或缺的多样性，是由某种外部的力量而集合在一起的。各部分的运动和结论揭示不出逻辑上的必然。作者而非素材，成了仲裁者。

在阅读一部小说，甚至是一部由行家里手写的小说时，人们也许早早在故事里获得这样一种感觉，即男女主人公的命运乃是被决定了的，决定他们命运的不是内在于情境和人物中的东西，而是作者的意图，作者使人物成为阐明他自己所珍爱的观念的傀儡。所导致的痛苦感觉是为人所愤恨的东西，这并非因为它是痛苦的，而是因为它借助我们感到是外在于素材变化的东西而硬塞给我们。一件作品可以更具悲剧性，但留给我们一种满足的情感，而不是愤怒。我们之所以接受这个结局，乃是因为我们感到它是内在于所描绘的素材的变化之中的。事件是悲剧性的，但是这些命定的事件发生在其中的那个世界，却并不是一个任意而强加的世界。作者的情感和我们心中被唤醒的情感乃是靠这个世界中的场景而引起的，并且与素材混合在一起。正是出于相似的理由，文学作品中一个道德设计的侵扰会使我们感到厌烦，然而，我们也会审美地接受任何数量的道德内容，如果它与一种控制着材料的真情实感所结合的话。怜悯或愤慨的炽热火焰会找到滋养它的材料，并且，它会将聚集起来的一切熔为一个充满活力的整体。

正是因为情感对生产艺术作品的表现行为来说是本质性的，所以错误的分析就容易误解它的运作模式，并且得出结论说，艺术作品以情感作为其重要内容。一个人在看到他分别已久的朋友时，会高兴地叫喊甚至落泪。这个结果并不是一个表现的对象——除非对旁观者是如此。但是，如果情感引导一个人把与所唤醒的情绪相关的材料收集起来，那么，结果也许就是一首诗。在直接的爆发中，客观情境是情感的刺激或原因。而在诗中，客观材料就变成了情感的内容和质料，而不仅仅是唤起它的机缘。

在表现的行为的发展中，情感的运作就仿佛一块磁铁，将适当的材料吸到它自己身上：之所以适当，乃是因为它与已经运动起来的心灵状态有一种经验到的情感上的亲和力。材料的选择和组织是所经验到的情感的性质的一种功能，同时是一种检验。在观看戏剧、注视图画或阅读小说的时候，我们也许会感到其中的各个部分并没有结合在一起。这或者是由于作者不具有在情感上得到调和的经验，或者在开始时有一种被感受到的情感，但没有维持下去，而一连串不相干的情感强加到作品上。在后一种情形中，注意力摇摆不定并且移来移去，随之发生的便是那些并不调和的各个部分的装配。敏感的观者或读者意识到了连接的接缝，以及任意填塞的漏洞。是的，情感必须起作用。但是，它的工作是要达致运动的连续性，以及多样性中效果的单一性。它对于材料来说是选择性的，而对于其秩序和安排来说是指导性的。但是，它并不就是那被表现的*东西*。倘若没有情感，也许会有技艺，但不会有艺术；情感可以是当下的和强烈的，但如果它是直接显现的，那么结果也不是艺术。

存在一些其他超负荷承载情感的作品。而根据情感的显现即其表现的理论，是不可能超负荷的；情感越强烈，"表现"就越有效。事实上，一个被情感压倒的人，会因此而失去表现它的能力。至少在华兹华斯的"情感于宁静中忆起"这个原则里，存在着真理的成分。当一个人被情感所控制时，就会有太多的经受（用描述具有一则经验所使用的语言来说）和太少的能动反应，以至于不允许达到一种平衡的关系。存在太多的“本性”，以至于不容许艺术的发展。例如，凡·高的许多画，就具有一种拨动心弦的强度；但是，伴随着这种强度，存在一种由于缺乏控制而产生的爆发性。在一些极端的情感状态中，它所起的作用是扰乱而不是理清材料。不充分的情感在一种冷冰冰的“正确”产品中展示自身。过多的情感阻碍了对各部分必要的详细描述和精确定义。

贴切的字眼，正确地点发生的适宜事件，比例的精致，在定义部分时有助于统一整体的准确的音调、色调以及明暗，这些东西的决断都是靠情感来完成的。然而，并非每种情感都能如此，而只有那种灌注着所掌握和聚集的材料的情感才能做到。当情感被间接地花在搜寻材料并赋予其秩序而非被直接消耗时，才会得到灌注并向前推进。

艺术作品常常向我们呈现出一种自发的气氛、一种抒情的性质，它们好像是鸟儿未经事先考虑唱出的歌。但是，人，不管幸运还是不幸，并不是鸟儿。他最自发的情感爆发，倘若是表现性的，就不是瞬间内在压力的泛滥。艺术中自发的东西乃是对新鲜素材的全神贯注，而且正是素材的这种新鲜性把握并支持着情感。质料的陈腐和计算的强加，乃是表现的自发性的两个敌人。反思，甚至是长久而艰苦的反思，也可能是与材料的产生有关系的。不过，如果质料被生动地吸收进当下的经验之中，那么，表现就将显现出自发性。假如先前劳动的结果在与新鲜情感的完全融合中浮现而出，那么，一首诗或一出戏不可避免的自我运动就会与任何数量的这样的劳动相协调。济慈充满诗意地谈到了达到艺术表现的途径，他这样说道："在它达到战栗的、微妙的以及蜗牛触角般的美的知觉之前，无数的合成和分解在理智以及理智的大量材料之间发生。"

我们每个人都会将过去经验中所包含的价值和意义吸收进他自身之中。但我们是在不同的程度上，并且在自我的不同层次上，这么做的。某些东西深深地沉淀，而另外一些东西则停留在表面并容易被取代。旧诗人以传统的方式把司记忆的缪斯当作某个完全外在于他们的东西——外在于他们当下有意识的自我——来加以祈求。这种祈求是一种赞词，它献给那位于最深的地方因而离意识最远的东西的力量，这力量决定了当下的自我，以及这个自我不得不说的东西。下面这种说法是不正确的，即我们只是把那异己和讨厌的东西"忘却"或者扔进无意识中。更为正确的说法是：那些我们最为完全地使之成为我们的一部分的东西，那些我们加以同化以便构成我们的个性而不仅仅作为事件而保留的东西，不再具有一种分离的有意识的存在。某个场合，不管它可能是什么场合，会激起那业已因此而形成的个性。接着，就出现了表现的需要。被表现的东西既不是过去那些已经起到塑形效果的事件，也不是那平铺直叙的现存的场合。就其自发性的程度而言，它是一种密切的结合，即当下存在的特征与过去经验已经在人格中加以吸收的价值之间的结合。直接性和个性乃是标志具体存在的显著特点，它们来自当下的场合；而意义、主旨、内容则来自从过去嵌入自我之中的东西。

布须曼人岩画，非洲

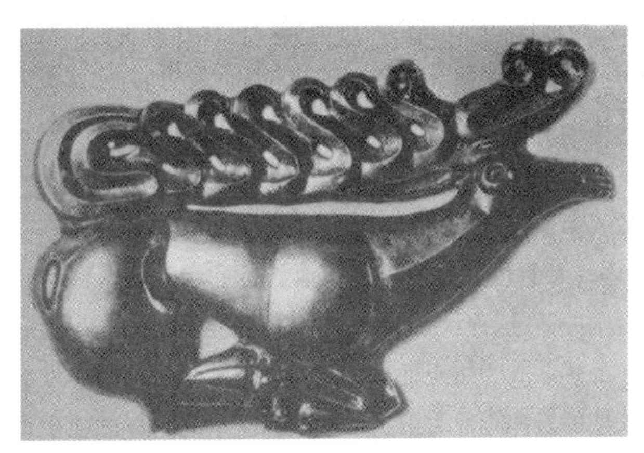

锡西厄人金饰

艾尔米塔什博物馆(The Hermitage)，列宁格勒(今圣彼得堡)

我认为，甚至对幼儿的舞蹈和歌唱的解释也不能完全建立在对当时所存在的客观场合不熟练和未成形的反应之上。显然，必须有某样东西存在于当下并且能唤起快乐。但是，只有当从过去经验中贮藏起来并因而一般化的东西，与当下的条件相结合时，行为才是表现性的。在快乐儿童的表现的情形中，过去价值和当下事件的结合是很容易发生的；几乎没有什么需要克服的障碍、需要治疗的创伤，以及需要解决的冲突。而对于成年人来说，情形则正好相反。成年人很少能达到这种完全和谐一致；但是，如果出现这种情况，它就是在更深的层次上，并且具有更丰富的意义内容。然后，尽管在漫长的酝酿之后，在先前劳动的痛苦之后，那最终的表现也许就随着快乐童年的有韵律言语或有节奏运动的自发性而流淌出来了。

凡·高在给他弟弟的一封信中写道："情感有时是如此之强烈，以至于一个人在工作时对他所做的工作并无知晓，而且，作画时的每一笔都是伴随着次序性和连贯性而发生的，就像讲话或写信中使用词语那样。"然而，这样一种情感上的丰富性以及表达上的自发性的出现，仅仅是对那些已经将自己沉浸在客观情境的经验中的人而言的；是对那些久已专注于对相关材料的观察的人而言的，这些人的想象力忙于重构他们所见所闻的东西已经很久了。否则的话，这种状态就更像一种狂乱的状态，在其中，有秩序的生产的感觉成为主观性和幻觉性的。甚至火山的爆发也是以先前长期的压抑阶段为前提的，并且，如果这个爆发喷射出的是熔岩而不仅仅是零零碎碎的岩石和灰烬，那么，它就包含了那最初原料的变形。"自发性"乃是长期活动的结果，否则，它就空空洞洞，无法成为一个表现的行为。

威廉·詹姆斯所撰写的关于宗教经验的一些东西，也许很好地描写了表现的行为的前提。“一个人有意识的才智和意欲瞄准某些还只是朦胧和不准确想象到的东西。然而，他身上那些纯粹是有机体成熟的力量却始终向着它们自身预想的结果前行，而且，他的有意识的应变放任了场景背后的下意识相关物。它们以它们的方式工作以便达到某种重新安排，这种所有深层的力量都趋向的重新安排无疑是相当明确的，并且绝对不同于他有意识地构想和决定的东西。它也许会因此在事实上被他向真实方向倾斜的自愿努力所干扰（就如同被堵塞）。”所以，正如他所补充的，“当新的能量中心已经下意识地酝酿了如此之久，以至于准备好要开出花朵时，‘请勿动手’恐怕是唯一要对我们说的话了；它必定无须帮忙，以自己的力量绽放出来”。

要找到或给出对自发表现的本性的较好描述是困难的。压力在先，然后汁液从酒榨机中喷涌而出。只有预先做好工作，形成一扇扇新的观念得以进入的正确之门，这些观念才会从容不迫而又敏捷迅速地来到意识之中。在人类奋斗的每条路线上，都是下意识的成熟先于创造性的生产。“才智和意欲”的直接成果从不自然而然地生产出任何非机械的东西；它们的功能是必要的，但这个功能却放弃了存在于它们领域之外的相关物。在不同的时期，我们计较不同的东西；我们所怀有的目的就意识而言乃是独立的，它们各自适合于其自己的场合；我们做出不同的行为，每个行为都有其自己特定的结果。然而，当它们都从一个活的生灵出发时，就在意图的层面下以某种方式结合在一起了。它们在一起工作，并且最终产生某种东西，而几乎不顾及有意识的个性，更与深思熟虑的意欲无关。当耐性完美地起作用时，人就被合适的缪斯掌握了，仿佛是按照某个神的指示去说话和歌唱。

那些按照惯例来说与艺术家隔开的人，比如“思想家”和科学家，并不像在普遍假设的程度上那样依靠有意识的理智和意欲来达到某些东西。他们也是向着某个朦胧而不精确地预想到的目的而奋力推进，他们被引诱着摸索自己的道路；而引诱他们的，乃是他们的观察和反思能畅游于其中的氛围的同一性。只有将事实上在一起的事物分离开来的心理学才坚持认为，科学家和哲学家从事思考，而诗人和画家则跟随他们的感觉。在这两者中，并且在同样的范围内，就他们所具有的可比等级的程度而言，存在着情感化的思考，也存在着其主旨是由被欣赏到的意义或观念所组成的感觉。正如我已经说过的，唯一意义重大的区别涉及情感化的想象所依附的材料种类。那些被称作艺术家的人，对他们的素材拥有直接经验的事物的性质；“理智的”探究者在处理这些性质时已经隔了一层，因为他们要借助符号媒介，而符号媒介是代表性质，而不是在其直接的在场中具有意义。就思想和情感的技巧而言，根本的差别是巨大的。但是，就对于情感化的观念和下意识的成熟的依赖而言，却没有任何差别。直接根据色彩、音调、意象来思想，这是一种在技巧上不同于以语词来进行思想的运作。但是，只有迷信才坚持认为，因为绘画和交响乐的意义不能被转化为语词，或者说，诗的意义也不能被转化为散文，所以思想就被后者所独占。如果所有的意义都能被语词所充分表达，那么，绘画艺术和音乐艺术就无需存在了。有些价值和意义只能被直接的视和听的性质所表达，而且，如果要询问它们在可被译成语词的东西的意义上意味着什么，那么就否认了它们的独立存在。

不同的人对进入他们表现行为的有意识的理智和意欲的相对参与程度是不同的。埃德加·爱伦·坡(Edgar Allan Poe)留下了对那些更具深思熟虑头脑的人所从事的表现过程的一个说明。他谈到在他写作《乌鸦》(The Raven)时发生的事情,他说:公众很少被允许"窥视舞台幕后摇摇晃晃的粗陋之物,其真正的目的要到最后一刻才会被把握住。窥视换布景用的轮子和齿轮等设施、梯子和活门、红油漆和黑布块,这些东西百分之九十九构成了文学演员(histrio)的属性"。

我们并不是要太认真地接受坡所陈述的数字比例。但是,他所说的这些东西的主旨却是对朴素事实的生动形象的表达。经验初始和原生的材料需要重新加工,以便使艺术的表现安全可靠;这个需要在"灵感"的情形中,往往更甚于在其他情形中。在此过程中,被原初材料所唤起的情感在逐渐依附到新材料时,得到了修正。这个事实给了我们一条通向审美情感的本性的线索。

至于那进入艺术作品形成中的物质材料,每个人都知道,它们必须经历改变。大理石必须被凿刻;颜料必须被涂抹在画布上;语词必须被连在一起。并没有被广泛承认的是,一种类似的变形也发生在"内在的"材料、意象、观察、记忆和情感的方面。它们也被逐渐地重组;它们也必须被加以管理。这种修正是一种真正的表现行为的逐步建立。像一种要求表达的骚动那样沸腾的冲动,必须像大理石或颜料那样,像色彩和声音那样,经历同样多、同样仔细的处理,以便得到动人的显现。事实上,并不存在这样两种运作,一种运行于外在的材料之上,另一种运行于内在的和精神的原料之上。

作品之所以为艺术的,乃是就这样的程度而言的,即这两种变化的功能靠一种单一的运作而实现。当画家将颜料安排在画布上时，或者当他想象颜料被安排在那里时，他的观念和情感也得到了整理。当作家以其语词的媒介来写作他想要说的东西时，他的观念对于他自己来说，呈现出了可知觉的形式。

雕刻家不仅仅根据精神，而且根据陶土、大理石或青铜，构思他的雕像。一位音乐家、画家或建筑师在工作时，究竟根据听觉或视觉的意象，还是根据实际的媒介来表达他的原创的情感观念，这相对来说不很重要。这是因为，意象所具有的乃是经历发展的客观媒介。物质的媒介可能会在想象中，或者在具体的材料中得到安排。无论如何，物质的进程发展了想象，而想象则根据具体的材料来构思。唯有将"内在的"和"外在的"材料在彼此的有机联系中逐渐组织起来，才会产生并非是学术文献或对常见事物说明的东西。

出现的突然性属于材料高出于意识阈限之上的显露，而不是属于其产生的过程。如果我们能对任何这样的显现追踪到其根源，并且通过其历史来跟随它，那么，我们会发现一开始比较粗糙和不确定的情感。只有当它本身在想象的材料中通过一系列变化而运转时，我们才会发现它设定了明确的形状。我们大多数人所缺乏的由以成为艺术家的东西，既不是起初的情感，也不仅仅是专门的实施技能。它是作用于模糊的观念和情感并使之符合某种确定媒介的条件的能力。如果表现只是一种移画印花法(decalcomania)，或者只是一种将兔子从其躲藏之处唤出的咒术，那么，艺术的表现就成为一件相当简单的事情了。但是，在怀孕和出生之间存在着一个长长的妊娠阶段。在这个阶段，内在的情感材料和观念材料通过作用于客观材料以及被客观材料所作用，发生了转变；这种转变在程度上，等同于后者在变为表现的媒介时所经历的修正。

恰恰正是这种转变，改变了初始情感的特性，改变了它的性质，从而使它在本性上变成独具审美的。就正式的定义而言，情感之所以是审美的，乃是因为在表现的行为得以定义的意义上，情感依附于由表现性的行为而形成的对象之上。

在开始的时候，情感直接投注于它的对象。爱倾向于珍惜那被爱的对象，正如恨倾向于破坏那被恨的事物。这其中的任一情感都可能撇开其直接的目的。爱的情感也许会寻找并找到这样的材料，即尽管不同于那直接所爱的东西，但却通过使事物亲和的情感而成为共种同源的了。这种其他的材料可能是任何东西，只要它滋养了情感。倘若我们考虑一下诗人的情形就会发现，爱表现在奔涌的激流中，在寂静的池塘中，在等候暴风雨时的焦虑中，在鸟儿飞翔的盘旋中，在遥远的星辰或多变的月亮中。这种材料在性质上不是隐喻性的，倘若"隐喻"被理解成任何有意识比较行为的结果的话。诗里面深思熟虑的隐喻，乃是情感没有浸透材料时的心灵依靠。言辞的表现可以采取隐喻的形式，但是，词的后面所存在着的是情感的辨识行为，而不是理智的比较行为。

在所有这样的例子中，直接的情感对象被某个在情感上类似它的对象代替了。它代替了直接的爱抚、踌躇的接近，以及力图承载的风暴。休姆(Hulme)的陈述颇有几分道理，他说："美是一个受抑制而不能抵其自然终点的悸动的原地踏步、不变的振动，以及故作的狂喜。"[1]如果说这番陈述有什么问题的话，那么，就是

---

① 休姆(T. E. Hulme)：《沉思》(*Speculations*)，第266页。

隐秘地暗示，冲动本来是应当能抵及“其自然终点”的。如果展示两性之间爱的情感的手段，不是转而成为与它的直接对象和直接目的在情感上同类但实际上不相关的材料，那么就完全有理由认定，它仍然停留在动物的水平上。某个悸动就它向着其生理上正常目的的直接运动而言，遭到了抑制；但是，在诗的情形中，这个悸动并没有在一种绝对的意义上遭到抑制。它变成了一种非直接的渠道，在这个渠道中，它找到了其他的材料，而不是“自然地”合乎它的材料；而且，当它与这种材料相融合时，它呈现出新的色彩并具有了新的结果。这就是任何自然的悸动在被理想化或精神化时所发生的事情。那将情人的拥抱提升至超越动物层次的东西正是这样一个事实，即当它发生时，它把这些成为行动中的想象力的迂回偏移的结果，当作它自己的意义而吸收到其自身之中。

表现是混浊情感的澄清；当我们的品味被映照在艺术的镜子里的时候，它们就知道了自己，而在它们知道自己的时候，它们就转变了形象。于是，那独具审美意味的情感就发生了。它不是从一开始就独立存在的感性形式。它是由表现性的材料所引发的情感，而且，因为它被这个材料所唤起并附属于这个材料，所以它由已经变化的自然情感所组成。自然的对象，比如风景，引发了它。但是，它们之所以能够做到这一点，仅仅是因为，当它们成为一则经验的事件时，已经经历了一种类似画家或诗人所达成的变化，即把直接的场景转换为表现所见之物价值的行为的事件。

一个怒气冲冲的人要做某事，他无法靠任何直接的意志行为来平息自己的愤怒，至多只能借着这个企图把愤怒驱赶进地下渠道，在那里，愤怒将更为隐伏地并且更具破坏性地起作用。他必须采取行动以便摆脱它。但是，在显示其状态时，他可以用不同的方式来行动，一种是直接的，另一种是间接的。他不能够平息它，就像他不能够靠意志的命令来破坏电流的运动。但是，他能够驾驭一种或另一种而实现新的目的，从而取消自然作用的破坏性力量。易怒的人并不一定要通过向邻居或家人出气来得到缓解。他也许会记得，一定量的有条理的体育活动即是良药。他认真地收拾他的屋子，摆正歪斜的画，把纸片归类，彻底清理抽屉，使各样东西整齐有序。他利用他的情感，把它转至由先前的职业和兴趣所准备的间接渠道。但是，既然在这些渠道的使用中，有某些东西在情感上类似他的愤怒由以找到直接宣泄的手段，那么，在他整理东西的时候，他的情感也变得有条理了。

这种转变具有下面这种变化的本质，这种变化当全部自然的或原初的情感冲动走间接的表现之途而非直接的宣泄之途时，便会发生于其中。愤怒的释放也许像一支对准靶子的箭，会在外部世界产生某种改变。但是，具有外部效果根本不同于有规则地使用客观条件以便给予情感以客观的实现。唯独后者才是表现，并且，那依附于最终对象或被最终对象所贯穿的情感是审美的。如果我们所说的这个人像例行公事那样整理他的房间，那么，他就是非审美的。可是，如果他起初不耐烦的愤怒情感由于所做的事情而得到整理与平抑，那么，整齐的房间反过来映出在他身上所发生的变化。他并没有感到他已经完成了一件必须做的家务，但他已经在情感上完满地做了某事。他因此而得以“客观化的”情感便是审美的了。

审美的情感因而是某种独特的东西，但是没有一道鸿沟把它与其他的以及自然的情感经验隔绝开来，就像某些理论家在争取它的存在时所使之成为的那样。熟悉最近美学文献资料的人，会意识到一种走一个极端或另一个极端的倾向。一方面，有人假定，至少在一些有天才的人中间，存在着一种最初就具有审美意味的情感；并假定，艺术的生产和欣赏便是这种情感的显现。这样一种设想是所有下面这些态度不可避免的逻辑对应物，这些态度使艺术成为某种秘传的东西，并且把优美艺术归入与日常生活经验隔着鸿沟的领域之中。另一方面，一种意图有益的反作用则反对这个观点并走向了极端，它坚持认为，不存在诸如独特的审美情感这样的事物。爱慕的情感不是通过公开的爱抚行为来运作的，而是通过搜寻一只翱翔的鸟儿的观察资料和影像来运作的。激怒性能量的情感不是破坏或伤害，而是把对象置于令人满意的秩序之中，这些情感在数量上与其原初的和自然的状态并不完全相同。然而，有一种基因上的连续性位于其中。丁尼生(Tennyson)在《悼念》(In Memoriam)这则作品中最终提炼的情感，并不完全等同于在哭泣或悲诉中显现自身的悲痛情感：前者是一种表现的行为，而后者是一种宣泄的行为。不过，显而易见的是两种情感之间的连续性，即这样一个事实，审美情感是通过客观材料来转型的原生情感；而原生情感，正是将它的发展和圆满完成托付给了这个客观材料。

塞缪尔·约翰逊(Samuel Johnson)对熟悉的东西的再生产有着俗气的坚定偏好，他以下面的这种方式批评了弥尔顿(Milton)的《利西达斯》(Lycidas)："它并不被认为是真正的情感的迸发，因为情感没有追逐疏远的暗示和含糊的意见。情感不是从香桃木和常春藤上采集浆果，也不是拜访阿瑞托莎(Arethuse)和闵休斯

(Mincius)，或讲述生着偶蹄的、粗野的萨梯儿(satyr)和法翁(faun)。哪里有闲暇去虚构，哪里就没有悲痛。”当然，约翰逊批评的基本原则会阻止任何艺术作品的出现。它会以严格的逻辑把悲痛的“表现”限制为哭泣和撕扯头发。这样，虽然弥尔顿诗里的独特素材不会被用在今天的哀歌之中，但是它以及任何其他的艺术作品，都注定要处理其某个方面的远离的东西——即远离情感的直接迸发，远离用旧了的材料。悲痛已经成熟并且超越了通过哭泣和哀号来缓解的需要，它将诉诸某种约翰逊称为虚构的东西——富于想象的材料，尽管它可能是与文学作品、古典名著以及古代神话有所差别的质料。在所有的原始民族中，哀号很快就呈现出一种仪式的形式，这种形式“远离”了它的天然的显现。

换句话说，艺术不是自然，但却是变形了的自然；这个变形的手段就是，自然进入到它唤起新的情感反应的新的关系里面。许多演员停留在他们所饰演的特定情感之外。这个事实就是人们所知道的狄德罗的悖论，因为是他首先阐发了这个论题。事实上，唯有从前引的塞缪尔·约翰逊那段话所暗含的立场出发，它才是悖论。更近的探究实际上已经表明，存在着两种类型的演员。有一些演员在情感上“失去”自身而进入其角色时，他们说他们达到了最佳的状态。然而，根据我们陈述过的原则，这个事实并不是表现，因为它只是演员使自己等同一个角色、一个“部分”。作为一个部分，它被构思和处置为一个整体的部分；如果表演中存在着艺术，那么，角色就将居于次要地位，以便占据整体中一个部分的位置。它因此而获得了审美形式的资格。甚至那些极其深切地感受到所扮演的剧中人物的情感的演员，也不应失去这样的意识，即他们身处一个有其他演员共同参演的舞台之上；他们在观众的面前，因而必须与其他表演者合作，以创造某种效果。这些事实要求并意味着原始情感的一种明确的变化。醉酒的表演是喜剧舞台上常见的一种手法。但是，一个实际上醉了的人却不得不设法掩盖自己的状况，如果他不想让他的观众讨厌的话，或者至少不想引起那根本不同于由表演的醉酒所引起的笑声的话。这种两种类型的演员之间的差别，不是以下两者之间的差别，即一者是得到控制的情感的表现，这个控制来自情感进入其中的情境的关系；而另一者是原生情感的显现。它是达成所渴望的效果的方法的差别，无疑关联个人气质的差别。

最后，我们前面所说的东西为一个恼人的问题起到了定位作用，如果不是解决了的话，这个问题就是审美的或美的艺术与其他也被称作艺术的生产方式之间的关系。正如我们已经看到的，所存在的差别事实上并不能借由技巧和技艺的定义来拉平。然而，它们两者都不能借助某种手段而上升为一种不可逾越的障碍，这个手段就是把优美艺术的创造归于一种独特的悸动，这种悸动与那些在通常不被置于优美艺术的标题下的表现模式中起作用的冲动区分开来。行为可以是崇高的，手法可以是优雅的。冲动朝向材料的组织，以便以一种在经验中直接实现的形式来呈现后者，如果这样的冲动不在绘画、诗歌、音乐以及雕刻艺术之外，那么，它就不在任何地方存在；优美艺术也就不存在。

把审美性质赋予所有生产方式的问题，是一个严肃的问题。然而，它是一个适于人来解决的人的问题，而不是一个由人的本性或物的本性中某种不可跨越的鸿沟所决定的无法解决的问题。在一个不完美的社会——没有什么社会是完美的——中，优美艺术在某种程度上会成为对生活主要活动的一种逃避，或者成为对它们的一种外在装饰。不过，在一个比我们生活的社会更有秩序的社会中，比现在的状况无限大的幸福将出现在所有的生产方式里。我们生活在一个有着许多组织的世界之中，但它是一种外在的组织，而不是一种成长经验的有序的组织，不是一种此外还牵涉活的生灵的整体、通向完满结局的组织。艺术作品并不远离普通生活，它们在公众中得到广泛喜爱，它们乃是一种统一的集体生活的记号；在这样一种生活的创造中，它们又起着奇迹般的辅助作用。表现行为中的经验材料的重制，不是仅限于艺术家，以及仅限于这儿或那儿某个碰巧欣赏作品的人的孤立事件。就艺术行使其职责的程度而言，它也是公众经验在更为有序和更加团结的方向上的重制。

第五章 表现性的对象

THE EXPRESSIVE OBJECT

表现，就像建构一样，既意味着行动，也意味着行动的结果。在上一章，我们把它作为行为进行了考察。现在我们所关注的是对我们说出了某些东西的产品，即表现性的对象。如果这两种意义被分隔开来，那么，对对象的察看，就会从生产它的运作中孤立出来，并且因此而远离视觉的个体性，因为行为来自个体的活的生灵。那些抓住了“表现”，仿佛表现仅仅是表示对象的理论，总是坚执于这样一个极端，即艺术的对象纯粹是再现其他已经存在着的对象。该理论忽视了使对象变成某种新东西的个体贡献。它们仔细研究它的“普遍”特性，以及它的意义——这是一个模棱两可的术语，正如我们将看到的那样。另一方面，表现的行为从对象所拥有的表现性那里孤立出来，又导致这样一种看法，即表现仅仅是一个释放个人情感的过程——这是上一章所批评的想法。

酒榨机所榨出/表现(express)的汁液，正是由于前面的行为方才成其为汁液；而且，它成为某种新的和独特的东西。汁液不仅仅是再现其他的事物。不过，它与其他的对象有某些共同之处；而且，它被制造出来，乃是要引起其他人而非生产它的人的兴趣。一首诗和一幅画呈现出经过个人经验提炼的材料，它们并没有已经存在或普遍存在的先例。虽然如此，它们的材料来自公共的世界，并且因此与其他经验的材料有着共同的性质，尽管其产品在其他人中唤醒了对这个共同世界的意义的新知觉。哲学家们曾经为之狂欢的个别和普遍、主观和客观、自由和秩序的对立，在艺术作品中是没有位置的。作为个人行为的表现与作为客观结果的表现，彼此是有机地联系在一起的。

因此，并没有必要进到这些形而上学的问题里。我们可以直接地接近事情。既然一件艺术作品是表现性的，就必定在某种意义上是再现性的。那么，说它是再现性的，到底意味着什么呢？一般而言，说一件艺术作品是或不是再现性的，是没有意义的。因为“再现”这个词具有许多意思：一种对再现的性质的主张，可能在某种意义上是错误的，然而在另一种意义上是正确的。如果“再现的”意味着照实的复制，那么，艺术作品不具有这样的本性，因为这种观点忽视了作品的某种唯一性，这种唯一性应归于场景和事件通过于其间的个人媒介。马蒂斯说，照相机对于画家来说，乃是一个巨大的恩赐，因为它使他们减轻了任何表面上复制对象的必要性。但是，再现可能也意味着，艺术作品把某些东西告诉给那些喜爱它的人，这些东西有关他们自己对世界的经验的本性：它将这个世界呈现在他们所经历到的新的经验之中。

一种类似的模棱两可也出现在艺术作品的意义的问题之中。词乃是再现对象和行动的符号，就其代表它们而言；在这个层面上，词具有意义。倘若一个标识牌标明离某某地方有多少多少英里，并且以一个箭头指明方向，那么，它就具有了意义。但是，这两个例子中的意义都具有一种纯粹外在的指涉；它通过指向某样东西来代表它。意义并不由其自身内在的原因而属于词和标识牌。它们所具有的意义，是在代数公式或密码所具有意义的层面上而言的。可是，也存在着其他的意义，这种意义作为对所经验的对象的拥有而直接呈现自身。这里不需要代码或解释的规则；意义是直接内在于经验之中的，就像花儿在花园中那样。因而，对一件艺术作品的意义的否认，具有两种极其不同的含义。它可能意味着，艺术作品不具有那种属于数学记号和符号的意义——这是一个正确的观点。或者，它也可能意味着，艺术作品乃是没有意义的，就像胡说八道是没有意义的那样。艺术作品当然不具有旗帜用于向其他船只发信号时所具有的意义。不过，当旗帜为一场舞会而用于装饰船只甲板时，艺术作品确实具有此时旗帜所具有的意义。

大概没有人想说，艺术作品没有意义是在毫无意义的层面上而言的，既然如此，那么，看起来他们好像只是想排除外在的意义，即居于艺术作品本身之外的意义。然而，不幸的是，事情并不这么简单。对艺术的意义的否认，通常依赖这样一个假设，即艺术作品所拥有的那种价值（以及意义）如此地独一无二，以至于它与审美之外的其他经验模式的内容没有共性或联系。简而言之，它作为另一种方式，支持了我称为秘传的优美艺术观念的东西。前面几章所阐明的对审美经验的处理，确实暗含了这样一个想法，即艺术作品具有一种唯一的性质，但是，它澄清并集中了在其他经验材料中以分散和削弱的方式所包含的内容。

也许可以通过区分表现和陈述来处理手头的这个问题。科学陈述意义，而艺术则表现它们。完全有可能的是，这个论述本身对我所思忖的差别的说明，要优于任何解释性的评论。然而，我要冒险地做某种程度的扩充。标识牌的例子也许是有帮助的。它给人们指出了通往某个地方，比如说一座城市的路线。它没有以任何方式，甚至没有以替代性的方式提供关于那个城市的经验。事实上，它所做的是陈列出倘要获得那经验便必须完成的某些条件。这个例子中所包含的东西，也许是可以一般化的。陈述陈列出某些条件，在这些条件下，有可能得到关于对象或情境的一则经验。倘若这些条件以这样一种方式得到陈述，即它们可以被用作一个人可能由以获得经验的指导，那么在这个程度上，一个陈述就是好的，也就是说，有效的。而如果一个陈述陈列这些条件的方式是，当它们被用作指导时，它们会产生误导或使人大费周折地接近对象，那么它就是一个坏的陈述。

“科学”意味着那种作为指导是最有帮助的陈述模式。就拿古老的标准例子——今天的科学似乎决计要修正这个例子——来说，水是 H_2O 主要是一个关于水的形成条件的陈述。但它也是对于某些人来说的一个陈述，那些人把它理解为一种指导，指导生产纯水以及检验任何可能被认为是水的东西。它之所以较之那些通俗的和前科学的陈述来说是一个“更好的”陈述，乃是因为在全面而精确地陈述水的存在条件时，它陈列它们的方式是给出关于水的生成的指导。然而，这便是科学陈述的新颖之处以及它目前的声望(最终归结于它的直接效验)，这种声望即科学陈述通常被认为比标识牌拥有更多的功能，并且被认为揭露或“表现”了事物的内在本性。如果它果真做到这一点，那么就进入与艺术的竞争之中，而我们就必须表明究竟拥护哪一边，决定这两者中究竟哪一个公布了更为真实的启示。

与散文性截然不同的诗性，与科学性截然不同的审美艺术，与陈述截然不同的表现，其所做的事情与通向一则经验是有差别的。它乃是构成一则经验。一个旅行者循着标识牌的陈述或者说指导，找到了那被指向的城市。然而，他也许会在他自己的经验中具有这座城市所拥有的某些意义。我们所具有的意义可能达到这样的程度，仿佛这座城市向他表现了自身——就像丁登寺(Tintern Abbey)在华兹华斯的诗中，并且通过他的诗向他表现自身那样。事实上，城市也许会设法在一场庆典中表现自身，出席这场庆典的有华丽的展览以及所有其他的资源，它们呈递了这座城市可以知觉的历史和精神。然后，如果游客自身具有允许其参与的经验，那么就有了一个表现性对象；它不同于地名辞典中的陈述，即使这些陈述可能是多么完整和正确，这就像华兹华斯的诗不同于一位古文物研究者所给出的关于丁登寺的说明。诗，或者画，并不是在正确的描述性陈述的维度上运作的，而是在经验本身的维度上运作的。诗和散文，照实的摄影和绘画，它们在不同的媒介中运作以达到截然不同的目的。散文以命题来阐发；而诗的逻辑，即使在它使用从语法上来说属于命题的东西时，也是超命题的（super-propositional）。命题是有意图的；而艺术是意图的直接实现。

凡·高给他弟弟的信中，充满着对他所观察的事物的说明，以及对许多他所画的东西的说明。我在众多的例子中援引一例。"我有一幅罗纳河桥——川归泰利（Trinquetaille）的铁桥——的景象，在这景象里，天空与河流是苦艾色的，码头现出丁香色的暗影，隐隐约约的人影倚着栏杆，略带着些黑色，铁桥则是浓烈的蓝色，背景里有一种鲜艳的橙黄的调子，以及浓烈的孔雀石绿的调子。"这是一种把他的弟弟引领至一幅相似"景象"的陈述。但是，谁能单单从这些词——"我努力想要得到某种彻底令人心碎的东西"——推断出文森特本人所作出的对某种他渴望在其画中实现的独特表现性的转变呢？这些词就其本身来说，并不是表现；它们只是暗示表现。表现性，审美的意义，在于这幅画自身。但是，场景的描绘和他努力追求的东西之间的差别，也许可以使我们记起陈述和表现之间的差别。

也许这物质性的场景自身有着某种偶然的东西，它留给凡·高某种满目凄凉的印象。然而，意义就在那里；它在那里，仿佛是某种超越了画家私人经验的场面的东西、某种他认为是潜在地为他人而存在于那里的东西。它的结合便是这幅画。词不能够复制对象的表现性。然而，词能够指出，这幅画不是恰恰对罗纳河上那一座特定的桥的“再现”，但也不是对一颗破碎的心，甚至不是对凡·高自己凄凉的情感的“再现”，这凄凉的情感首先碰巧以某种方式被激发起来，然后被场景吸收（并进入）于其中。他的目的在于，通过对任何在场的人都可能“观察到”的材料，成千上万人已经观察到的材料进行绘画的呈现，从而把一种被经验为具有其自身独特意义的新对象呈现出来。情感的骚动和外部的插曲融合在一个对象之中，这对象没有把这两者分开来加以“表现”，但也没有“表现”这两者的机械连接，它所“表现”的恰恰就是“彻底令人心碎”的意义。他没有倾泻这凄凉的情感；那是不可能的。他用一幅景象来选择和组织外部的素材，以达到某种非常不同的东西——这就是表现。而且，从他取得成功的程度来说，这幅画必然是表现性的。

罗杰·弗莱（Roger Fry）在有关现代绘画的典型特征的评论中，曾经作过如下的概括：“自然万花筒的差不多任何一次转动，都可能在艺术家那里建立一种超然和审美的视觉；而且，在他凝望某特定的视野时，形式和色彩的（在审美上）混沌而偶然的关联开始凝结为一种和谐；然后，在这种和谐对艺术家变得清晰时，他实际的视觉由于强调那建立在他心中的节奏而被扭曲了。线条的某些关系对他来说，变得充满意义了；他不再是好奇地，而是热情地去理解它们。同时，这些线条开始受到如此的重视，并且如此清晰地突出于其余的东西，以至于他比他起先看它们时看得更加清楚了。同样，本性上几乎总具有某种含糊和逃避意味的色彩，由于它们现在与其他色彩的必然关系，对他来说变得如此地明确和清晰，以至于如果他选择画出他的视觉，就可以肯定而明确地陈述它。在这样一种创造性的视觉中，照实的对象趋向于消失，倾向于失去它们各自分离的统一性，倾向于作为整体的马赛克式视觉中的许多小块来取代它们的位置。”

在我看来，这段话是对发生在艺术知觉和艺术建构中那种事情的极好说明。它澄清了两件事情：如果视觉是艺术的或构造的（创造的），那么再现就不是属于“照实的对象”，即自然场景中那些当其照直发生或被记起时的项目。它不是那样一种再现，即，比方说，如果一位侦探为他自己的目的而保存现场，那么照相机就可以进行记录。此外，也可以清楚地陈列这个事实的理由。线条和色彩的某些关系变得重要起来并且“充满意义”，而其他每样东西则服从于这些关系中所暗含的东西的召唤，并通过省略、变形、添加和转换来传达这些关系。在前面所说的东西上也许还可以再添加一点。画家不是以空空如也的心灵，而是以从前积累在能力与爱好中的经验的背景，或者以由更新近的经验所引起的骚动来接近场景。他来了，并且怀揣着一颗等待的、忍耐的、意欲接受印象的心，但又不乏视觉上的偏见与倾向。因此，线条和色彩凝结在这种而不是那种和谐之中。这种特殊的和谐模式，并不是线条和色彩的专有结果，而是某种东西的函数，这种东西存在于实际场景与观者随身所带东西的相互作用之中。某种与他自身作为活的生灵的经验流之间的微妙亲和力，促使线条和色彩将自身安排在某一种范型和节奏之中，而不是在另一种之中。标志着观察的激情伴随着新的形式的发展——它是前面谈及的清楚明白的审美情感。但是，它并不独立于某种先前在艺术家经验中搅动的情感；后者通过与属于某种视觉的情感相融而得到更新和再造，这种视觉就是对具有审美性质的材料的视觉。

如果记住了这些考察，那么某种附于这段引文之上的模棱两可就会得到清除。他谈及线条以及它们充满意义的关系。然而，对于任何得到明确陈述的东西来说，他所指涉的意义可能是专门关于其彼此关系中的线条的。于是，线条和色彩的意义就将完全取代所有依附于这个和任何其他自然场景的经验的意义。在这样的情形中，审美对象的意义，就其与所有其他经验到的东西的意义相分离而言，乃是独一无二的。因而，只有在艺术作品表现某样专属艺术的东西的意义上，它才是表现性的。这样一种打算的东西，也许可以从弗莱先生另一段常被援引的陈述推论出来，这段陈述的大意是：艺术作品中的“素材”总是风马牛不相及的，如果不是实际上有害的话。

因而，这段引文把艺术中“再现”的本性问题置于焦点之中。第一段话对新线条和新色彩在新关系中出现的强调是必要的。它解救了这样一些人，他们对它的注意出于某种假设，即假设再现或者意味着模仿，或者意味着符合性的回忆，这种假设通常在实践上格外地关联于绘画，如果不是在理论上关联的话。但是，关于素材是风马牛不相及的陈述却使那些接受它的人受制于一种完全是秘传的艺术理论。弗莱先生继续说道：“艺术家只是把对象看作一个整体视野中的一些部分，而这个整体视野是他自己的潜在理论，就此而言，他不能够说明它们的审美价值。”而且，他又补充道：“……在所有的人中，艺术家最为坚持不懈地敏锐观察其周围环境，并且最少受到它们内在审美价值的影响。”否则的话，如何解释画家倾向于避开那些具有明显审美价值的场景和对象，而转向由于某种怪异和某种形式而搅扰他的事物呢？为什么他更可能去画索霍区，而不是圣保罗教堂呢？

弗莱先生所指涉的倾向是一个实际的倾向，正像批评家倾向于以素材“肮脏”或古怪为理由来谴责一幅画作。然而，同样正确的是，任何真正的艺术家都将避免先前已经在审美上被充分开发了的材料，并且去搜寻在其中他个人的视觉和表达的能力可以自由施展的材料。他把前者留给那些较次的人，他们以细微的变化来诉说那已经被说过的东西。在我们确定这样的一些考察并没有解释弗莱所指涉的倾向之前，在我们得出他所得出的详细推论之前，我们必须回到一种已经被注意到的考察的力量上来。

弗莱先生热切地希望，在平常经验的事物所固有的审美价值与艺术家所关心的审美价值之间，建立起一个根本的区分。他含蓄地表示，前者直接地关联于素材，而后者则关联于离开任何素材的形式，除非那是审美上的偶然事件。对于一位艺术家来说，如果有可能接近场景而不带有来自他先前经验的兴趣态度以及价值背景，那么，他就有可能，在理论上，专门根据它们作为线条和色彩的关系来看待线条和色彩。然而，这是一个不可能实现的条件。此外，在这样的情形中，也不会有任何东西是他所充满热情的。在一位艺术家根据其画作中色彩和线条的特有关系来重构他面前的场景之前，他先要根据由以前经验带给其知觉的意义和价值来观察场景；而当他的新的审美视觉成形时，这些东西就实实在在地得到了重制和变形。但是，它们不会消失，而艺术家则继续察看对象。不管艺术家如何热烈地渴望它，他都不能在他的新知觉中抛弃那些从他过去与其周围环境的交流中所积累的意义，他也不能使自己免除它们施加在他当前之察看的主旨和方法上的影响。倘若他能够并且做到了，那么，在他察看对象的方式中就不会留下任何东西。

他先前对于各式各样素材的经验的诸方面和状态，都已经被锻造在他的存在中了；它们是他用以知觉的器官。创造性的视觉修正了这些材料。它们在前所未有的新经验的对象中占有一席之地。滋养着当下观察的记忆，并不必然是有意识的但却是一些保留，这些保留已经被有机地结合在自我的结构本身之中。它们是实现那所见的东西的营养品。当它们被重新锻造进新经验的质料中时，将表现性赋予新创造的对象。

假定艺术家希望靠他的媒介来描绘某个人的情感状态或持久的特性。通过其媒介的强制性力量，他将，如果他是一位艺术家——就是说，如果他是一位对于其媒介有着受过训练的尊重的画家——的话，修正那呈现给他的对象。他将重新察看对象，而这种重新察看的根据就是线条、色彩、光线、空间——形成一个图画整体的种种关系，也就是说，创造在知觉中直接被欣赏的对象的种种关系。弗莱先生在下面一点上是令人钦佩地正确的，即否认艺术家试图在照直复制颜色和线条等东西的意义上来进行再现，仿佛那些东西已经存在于客体之中。然而，接下来并不能推论出，不存在对无论任何素材的任何意义的再-现，不存在对一个具有其自身意义的素材的呈现，而这个自身意义乃是对其他经验中分散的、迟钝的意义的澄清和集中。倘若将弗莱先生关于绘画的论点加以推广，扩展到戏剧或诗上，后者就不再存在了。

两种再现之间的差别，也许可以参照素描的情形来加以简要说明。一个掌握了诀窍的人，草草几笔便能轻易地勾出暗示恐惧、愤怒、快乐等的线条。他用某个方向的曲线来表示高兴，用相反方向上的曲线来表示悲痛。然而,结果并不是一个知觉的对象。那被见到的东西立刻就消逝在所暗示的东西之中。素描在种类上,尽管不是在其组成成分上,类似于标识牌。对象乃是指出而不是包含意义。它的价值如同标识牌为驾车者给出再往前活动的方向那样。线条和空间的安排之所以在知觉中得到欣赏,不是由于它自身被经验到的性质,而是由于它使我们所记起的东西。

在表现和陈述之间还存在另一个巨大的差别。后者是被普遍化的。说一个理智的陈述是有价值的,这是在它把心灵引向许多相同种类的事物的程度而言的。说它是有效的,则是在它像平坦的人行道那样,把我们顺利地送到许多地方的程度上而言的。相反,表现性的对象的意义,则是被个别化的。那表示悲痛的草图并没有传达某一个人的悲痛;它所展示的,乃是人们在遭受悲痛时普遍显出的那种面部"表现"。而对悲痛的审美描绘,则显示关联于特定事件的一个特定的个人的悲痛。它是被描述的那个悲哀的状态,而不是无所依附的沮丧。它具有一个本地的住所。

至福的状态是宗教画中的共同主题。圣徒被呈现为享受着极乐的状态。然而,在大多数早期的宗教画中,这种状态乃是被指出的,而不是表现的。为了辨识而布置的线条,就好像命题的记号。它们有一套固定而普遍的本性,几乎就好像围绕在圣徒头上的光环。具有启示性质的信息通过符号来传达,就像人们借以区别不同的圣凯瑟琳或者标出十字架脚下的不同的马利亚所用的惯例一样。在普遍的极乐状态与当下所及的特定形象之间并不存在必然的联系,而只存在一种在教会圈子里培养出来的联想。它也许会在那些仍然珍爱相同联想的人中间唤醒一种相似的情感。但是,它不是审美的,而是威廉·詹姆斯所描绘的那种情形:“我记得看到过这样一对英国夫妇,他们在威尼斯学院里那幅著名的提香(Titian)的《圣母升天》画前坐了一个多小时。那时正值严寒刺骨的二月;而我,在被寒冷追赶着走过一个又一个房间之后,终于决定不管那些画而尽快地到阳光下面去。不过,在我离开之前,我满怀尊敬地走近他们,试图知道他们被赋予了怎样高级的感受形式,而我在旁听到的所有东西便是那位女士的喃喃低语:‘她脸上露出的是怎样一副请求宽恕的表情啊!这是怎样的自我牺牲啊!她感到多么地不配她所得到的荣誉。’”

牟利罗(Murillo)画作中的感情的虔诚提供了一个很好的例子,这个例子说明,当一位无疑具有天才的画家将他的艺术感觉附属于艺术上不相干的联想“意义”时会发生什么。在他的画作前面,那类在提香的情形中完全不合适的评论就是中肯的了。但是,它将随之而带着一种审美实现的缺乏。

乔托(Giotto)也画圣徒。然而,他们的脸却比较少地受惯例的约束;他们有着更多的个性,并因而得到更具自然主义的描绘。同时,他们得到了更多的审美呈现。那时,艺术家用光线、空间、色彩和线条这些媒介来呈现对象,这个对象本身归于一种被欣赏的知觉经验之中。独特的人类宗教意义和独特的审美价值彼此渗透并融合;对象成为真正的表现性的。画作中的这个部分明确无误地就是乔托,就像马萨乔(Masaccio)的诸幅圣徒像就是诸个马萨乔那样。极乐并不是从一位画家的作品传递到另一位画家的作品的模板,而是承载着它的个体创造者的标记,因为它既表现了一般而言假设属于圣徒的经验,又表现了他的经验。在个性化的形式里,而不是在图形再现或照直复制里,意义得到了更为充分的表现，甚至是在它本质的天性之中。照直的复制包含着太多不相干的东西；而图形再现又太不确定。一幅肖像里面的色彩、光线和空间之间的艺术关系，不仅比一个大纲式的模板更令人愉快，而且说出了更多的东西。在一幅提香、丁托列托、伦勃朗或戈雅所作的肖像中，我们似乎处在本质特性的面前。但是，这个结果乃是靠严格的造型手段来达成的，而正是处理背景的方法给了我们某种超出个性的东西。线条的扭曲以及对实际色彩的背离，也许不仅增加了审美效果，而且导致了表现性的增加。因为这样一来，材料就不再从属于某种对画中人物所抱有的特定而先行的意义（以及一种只能在特定时刻给出所展示典型的照直复制），而是得到重构和重组以表现艺术家对这个人物整体存在的想象性视觉。

对于绘画来说，更为常见的误解莫过于对素描的本性的误解。一位学会识别但还没有学会审美地知觉的观察者，会在一幅波提切利（Botticelli）、埃尔·格列柯（El Greco）或塞尚（Cézanne）的作品前说："多么可惜啊，这位画家从未学过素描。"然而，素描也许正是这些艺术家所擅长的东西。巴恩斯博士指出了素描在绘画中的真正功能。它不是一种获得一般的表现性的手段，而是一种非常特殊的表现价值。它不是一种靠精确的轮廓和明确的浓淡来辅助识别的手段。素描乃是勾出（drawing *out*）；是提取出素材必须对处于其整合经验中的画家详细诉说的东西。再者，由于绘画是彼此相关的各个部分之间的统一，所以对特定形象的每一笔绘制都必须被勾入（be drawn *into*）与所有其他造型手段彼此加强的关系之中——其他造型手段包括色彩、光线、空间平面和其他部分的安排。这种整合也许，而且事实上，的确包括了一种从真实事物形状的立场来看乃是物理变形的东西。①

用以精确地重现一种特定形状的线条轮廓，在表现性上必然是有限的。它们或者像人们有时候说的那样，“现实主义地”表现某个事物；或者，它们表现一个普遍化的种类的事物，借此可以识别物种——人、树、圣徒，或无论什么东西。审美地“勾画的”线条，随着表现性的相应增加而实现了许多功能。它们体现了体积、空间和位置，以及固定与运动的意义；它们进入画作的所有其他部分的力量之中，而且致力于把所有的部分联系在一起，这样，整体的价值就得到了充满活力的表现。仅凭制图术中的技巧是不能够制出那些实现所有这些功能的线条的。相反，在这方面，孤立的技巧在实践上倒是肯定会以一种结构而告终，在这种结构中，线性的轮廓突现出来，从而损坏了作为整体的作品表现性。在绘画的历史发展中，用素描来确定形状乃是稳步前进的，从为一个特定的对象给出令人愉快的标记到成为一种诸平面间的关系和诸色彩间的和谐融合。

对于我们已经就表现性和意义所说的东西而言，“抽象的”艺术看起来也许是一个例外。有些人断言，抽象艺术作品根本就不是艺术作品；而另外一些人则声称，它们恰是艺术的极致。后者评价它们的依据是，它们远离其照直意义上的再现；而前者则否认它们具有任何表现性。我想，这个问题的解答在巴恩斯博士下面的一段陈述中找到了。“当形式不再是那些实际存在的事物的形式时，对真实世界的指涉并没有从艺术中消失，就像当科学不

① 巴恩斯：《绘画中的艺术》(*The Art in Painting*)，第86页和第126页，以及《亨利-马蒂斯的艺术》(*The Art of Henri-Matisse*)，论素描章，尤其是第81—82页。

再根据土、火、气和水来进行讨论，而以不怎么容易识别的'氢'、'氧'、'氮'和'碳'来代替这些东西时，客观性并没有从科学中消失。……当我们不能在画中找到任何特定对象的再现时，它所再现的东西也许就是所有特定对象都共有的性质，比如色彩、广延、硬度、运动、节奏，等等。所有特定的事物都具有这些性质；因而可以说，用作所有事物可见本质的范式的东西，也许在不断变化中控制着个别化事物以一种更为专门的方法所激起的情感。"①

简而言之，艺术并没有因为如下这个理由而不再是表现性的了，这个理由就是：艺术以可见的形式给出事物的关系，但却没有对有这些关系的细节进行指明，而只对组成整体的必要性进行了指明。每件艺术作品在某种程度上都是从被表现对象的特定性质中"抽象"出来的。否则的话，它就只能依靠精确地模仿来创造事物本身的在场幻象。静物画的基本素材乃是高度"现实主义的"——桌布、盘子、苹果、碗。然而，夏尔丹(Chardin)或者塞尚的一幅静物画却根据知觉中天生喜爱的线条、平面和色彩的关系，呈现出了这些材料。倘若没有对物理存在的某种尺度上的"抽象"，那么，这种重新安排就不可能发生。事实上，正是在二维平面上呈现三维对象的企图，要求对它们存在于其中的通常条件加以抽象。没有什么先天的规则来决定抽象可能被带到多远。"布丁好坏一吃便知"，这句谚语也存在于艺术作品之中。在塞尚的一些静物画中，诸多对象里面的某一个实际上是漂浮着的。然而，对于一位有着审美视觉的观察者来说，整体的表现性乃是得

① 《绘画中的艺术》，第53页和第52页。该想法的起源归于布尔迈耶(Buermeyer)博士。

到了提高，而不是降低。它进一步延伸了每个人在观看一幅绘画时都认为理所当然的特性；亦即，在绘画中，没有哪一个对象是被另一个对象物理性地支撑着的。它们彼此之间所给出的支撑，存在于它们各自对知觉经验所作的贡献之中。对于即将运动的对象的那种准备就绪的表现，尽管暂时维持在平衡之中，但却由于从物理的和外部的可能条件中抽象出来而得到了加强。“抽象”通常关联于独特的理智的工作。实际上，它在每一件艺术作品之中。科学和艺术的差别在于兴趣，抽象正是在兴趣之中并且为着兴趣的目的而在科学和艺术中各自发生。在科学中，它的发生乃是为着有效的陈述，就像前面有所界定的那样；在艺术中，则是为着对象的表现性，而艺术家自身的存在和经验则决定了那应当被表现的东西，并因此而决定了所发生的抽象的本性和程度。

普遍接受的一个观点是，艺术涉及选择。选择的缺乏或者不受指导的关注，导致未加组织的混杂物。选择的指导来源是兴趣；兴趣是对我们生活于其中的这个复杂而多样的宇宙的某些方面和某些价值一种无意识但却有组织的偏爱。艺术作品绝不能与自然的无限具体性相匹敌。一位艺术家在他进行选择时乃是无情地遵循他的兴趣的逻辑，尽管他在其被吸引的意义或方向上给自己的选择性倾向添加了一些花絮或“丰富性”。而一个必定不能跨越的界限是，要保持对外界事物的性质和结构的某种指涉。否则的话，艺术家就是在纯粹私人的指涉框架中工作，其结果是没有意义的，即使鲜艳的色彩或响亮的声音是在场的。科学形式和具体对象之间的距离显示了艺术所能达到的某种程度，即不同的艺术可以既带有它们选择性的转化，同时又不失去对客观参照框架的指涉。

雷诺阿(Renoir)的裸体画给出了喜悦,而没有色情的暗示。肉体的丰满性感的性质得到了保留,甚至是加强。但是,裸体的物质性存在的条件被抽象掉了。通过抽象并且依靠色彩的媒介,那种与赤露身体的平常联想被转化到一个新的领域之中,因为这些联想乃是消失在艺术作品中的实际刺激。审美的东西驱逐物质的东西,同时,对肉体和花朵的共同性质的强调撵走了性欲的东西。关于对象具有固定不变价值的观念是一种偏见,而艺术要把我们从这种偏见中解放出来。正是由于惯常联想的移除,事物的内在性质才以令人吃惊的活力和新鲜而显露出来。

关于艺术作品中丑的地位是一个悬而未决的问题,不过,在我看来,当这个问题的一些术语在这个语境中来加以了解时,它可能会得到解决。"丑"这个词所适用的是处于其习惯联想中的对象,这些联想已经渐渐显得像是某个对象的固有部分。它并不适用于在图画或戏剧中所呈现的东西之上。由于浮现在一个具有其自身表现性的对象之中,所以就存在着一种转变:正像在雷诺阿的裸体画的例子中那样。某种在其他的条件即通常的条件下是丑的东西,当它变成一个表现性整体的一部分时,就从使它令人厌恶的状况中被提取出来,并且在性质上得到了改变。在它的新的框架中,与以前的丑的鲜明对照,增加了痛快和生趣;而且,这种对照以严肃的质料通过一种几乎难以置信的方式增加了意义的深度。

悲剧在结尾的时候留给我们一幕和解的场景,而不是一幕恐怖的场景,这是悲剧所独具的力量,这种力量形成了有关文学艺术最古老讨论之一的议题。[1] 我引用一个与当前的讨论有关的理论。塞缪尔·约翰逊说:"悲剧的快乐来自我们的虚构意识;如果我们认为谋杀和叛逆是真实的,那么,它们就不再让我们高兴了。"这个解释看起来似乎是在这样一种模型上构造起来的,即一个男孩说别针救了许多人的性命,"因为他们没有吞下它们"。事实上,戏剧性事件中真实性的缺席,乃是悲剧效果的否定性的条件。但是,虚构的杀害并没有因此而成为令人愉快的。肯定性的事实是,现存的一个特定素材从它的实际语境中移出来,并作为某个新整体一个不可或缺的部分进入这个整体之中。在它的新关系中,它获得了一种新的表现。它变成一个新的定性设计的定性部分。科尔文(Colvin)先生在引用刚才所援引的约翰逊的这段话之后,补充说道:"同样地,我们在观看《皆大欢喜》(*As You Like It*)中击剑赛时所独具的愉悦意识,也依赖于我们的虚构意识。"在这里,否定性的条件也是被当作肯定性的力量来看待的。"虚构意识"是表现某种本身为强烈肯定的东西的一种间接方式:这是对一个整合总体的意识,在其中,一个事件获得新的定性的价值。

在讨论表现的行为时,我们看到,直接宣泄的行为向表现的

---

① 我不得不认为,那些为着寻找亚里士多德净化(catharsis)说的巧妙解释而贡献的大量思想,毋宁应归于这个话题的魅力,而不是归于由亚里士多德所阐发出的精妙。人们已经给了它六十种或更多的意义,不过,这些意义看起来似乎都是不必要的,如果我们考虑到他自己字面上的陈述的话。他的陈述是:人们沉溺于过多的情感,而既然宗教音乐可以治疗处于宗教狂热中的人们,"就像人们得到药物的治疗那样",那么同样地,过多的胆怯和怜悯,以及所有来自过分强烈的情感的痛苦,也都可以由优美的旋律来加以荡涤,而痛苦的缓解则使人感到惬意。

行为转变依赖于某些条件的存在，这些条件阻止直接的显示，并且把它转换到一种它得以与其他冲动相协调的渠道之中。对原生情感的抑制，并不是对它的一种镇压；在艺术中，克制并不与强制完全相同。冲动被一些并行的趋向所修正；这种修正给予它附加的意义——这是整体的意义，而它从此以后就成了这个整体的一个组成部分。在审美的知觉中，存在着两种并行与合作的反应的模式，它们包含在从直接的宣泄到表现的行为的变化之中。这两种从属和加强的方式解释了被知觉对象的表现性。借助这些手段，一个特定的事件不再是对直接行动的刺激，而是变成被知觉对象的价值。

这些并行因素中的第一个，乃是先前形成的运动倾向的存在。外科医生、高尔夫球手、球类运动员，以及舞蹈家、画家、小提琴手，都拥有某些身体运动系统，并且由它们所指挥。倘若没有它们，那些复杂的技巧动作就无法得以展示。一个不老练的猎人在突然遇到他所追踪的猎物时，会有一种新手所特有的紧张兴奋。他不具有准备就绪并等待调遣的运动反应的有效路线。因此，他的行动倾向会发生冲突并彼此妨碍，结果便是混乱，晕头转向而糊里糊涂。狩猎老手在遇到猎物时也会产生情感上的激动，但他沿着预先准备就绪的渠道来指导自己的反应，从而渐渐控制自己的情感：他稳住手、眼以及枪的准星，等等。如果我们代之以画家或诗人，他在绿色的、日光斑驳的森林中突然遇到一只优雅的鹿，在这样的情形下，也会存在从直接反应到并行渠道的转换。他并没有准备好去射击，但他也不允许自己的反应胡乱地扩散到全身中。那些由于先前的经验而准备就绪的运动协调，立刻使他对情境的知觉变得更加敏锐和强烈，并把赋予其深度的意义合并于其中，同时它们使得那所见的东西落于适宜的节奏之中。

我已经从行为者的立场进行了讨论。但是，类似的考察也完全可以从知觉者的方面来加以把握。在一个真正看画或听音乐的人的情形中，必定存在着预先准备好的间接和并行的反应渠道。这种运动准备是任何特定兴趣范围里审美教育的一个主要部分。知道看什么以及如何看它，这从运动装备的方面来说是一件有所准备的事情。一位有技巧的外科医生，是一个能够欣赏其他外科医生手术的艺术性的人；他感同身受地跟随着它，尽管没有显露出来的。倘若一个人知道一点钢琴演奏者的动作与音乐从钢琴中的产生之间的关系，那么，他就会听到纯粹的外行所知觉不到的某种东西——就好像老练的表演者在读乐谱的同时“用手指弹奏”音乐那样。一个人不必太多地了解调色板上混合的颜料，以及将颜料转移到画布上去的笔触，也可以观看绘画创作。但是，必然存在准备就绪的运动反应的确定渠道，这部分归于与生俱来的构造，部分归于通过经验而来的教育。情感的激起也许与知觉的行为不相干，就像它与陷于新手所特有的紧张兴奋之中的猎人的行为不相干一样。下面的说法是一点也不为过的，即在运作上缺乏合适运动路线的情感是如此地没有指导，以至于迷惑和扭曲知觉。

然而，必须有某种东西与确定的反应运动路线相协调。一个没有准备的人在剧院里，可能十分乐意在那进行着的剧情中扮演一个积极的角色——帮助男主人公，挫败反面角色，就像他在现实生活中所愿意做的那样——以至于他看不成戏。但是，一位厌烦享乐的批评家可能会允许他受过训练的技术反应模式——最终总是运动——来控制自己，以达到这样一种程度，即尽管他在技巧上熟知事情是如何做的，但是并不关心什么得到了表现。要使一件作品对于有知觉能力的人来说可能成为表现性的，还需要其他的因素，这个因素就是意义和价值；它们从先前的经验中提取出来，并且通过与艺术作品中直接呈现的性质相融合的方式而得到积累。技巧上的反应，如果没有与这些次要的补充材料保持平衡的话，它们就纯粹是技巧上的，以至于对象的表现性极其有限。然而，如果以前经验的相关材料没有直接地与诗或画的性质相混合的话，它们就仍然是外在的暗示，而没有成为对象本身的表现性的一部分。

我曾经避免使用"联想"这个词，因为传统的心理学假定，被联想到的材料和唤起它的直接的色彩或声音之间保持着彼此分离的状态。它不允许有这样的可能性，即有一种融合是如此的完全，以至于把这两个部分合并到一个单一的整体之中。这种心理学认为，直接的感官性质是一种东西，而它所唤起或暗示的观念或意象则是另一种独特的精神存在。建基于这种心理学之上的美学理论不能承认，暗示和被暗示的东西也许可以相互渗透并形成一种统一，在其中，当下的感觉性质带来实现的生动性，而被唤起的材料则补充内容和深度。

这里所涉及的问题对于审美哲学来说，有着比其乍看起来大得多的重要性。存在于直接感性材料和由于先前经验而与它合并的材料之间的关系的问题，触及了一个对象的表现性的核心。倘若没有看到所发生的东西不是外在的"联想"，而是内在的或固有的整合，那么就会导致两种对立而却同样错误的关于表现的本性的想法。根据一种理论，审美的表现性属于直接的感官性质，暗示所添加的东西只是使得对象更加有趣，而并没有变成它的审美的存在的一部分。另一种理论则采取了相反的策略，把表现性完全归因于所联想到的材料。

线条仅仅作为线条的表现性提供了这样一种证明，即审美的价值本身自发地属于感觉性质；它们的地位也许可以用来对理论进行检验。不同种类的线条，直线和曲线，以及直线中的水平线和垂直线，曲线中的封闭线和下垂线及上升线，具有不同的直接的审美性质。关于这个事实不存在什么疑问。但是，这里所考察的理论却认为，对它们所独具的表现性的解释，可以不需要任何超出直接牵涉到的直接感觉器官之外的指涉。它认为，一条直线的枯干僵硬应归于这样一个事实，即观看的眼睛倾向于变化方向，倾向于沿切线运动，所以当它不得不沿直线运动时就是在强迫之下行动，因此被经验到的结果使人不愉快。另一方面，曲线则是使人愉快的，因为它们符合眼睛自身运动的自然倾向。

可以承认，这个因素大概的确与经验的单纯愉快或不愉快有点儿关系。但是，表现性的问题并没有被触及。尽管视觉器官也许在解剖学的分类上是单独的，但它从不是单独地发挥作用的。它连同手一起运作以伸手拿东西，以及探索它们的表面，指导对事物的操作，引导移动。这个事实的结果是另一个事实，即依靠视觉器官而给予我们的感觉性质，乃是同时与那些由对象通过并行活动而给予我们的感觉性质密切联系的。被看到的圆是球的圆；被知觉到的角，不仅是眼睛运动的变化的结果，而且是被触摸到的书本和盒子的属性；曲线是天穹，是房屋的拱顶；水平线被看作地面的伸展，是我们周围事物的边缘。这个因素是如此连续和如此无尽地包含在眼睛的每一次使用之中，以至于视觉上所经验到的线条的性质或许不可能被认为仅仅与眼睛有关。

换句话说，自然并不单独地向我们呈现线条。当它们被经验的时候，乃是对象的线条、事物的边界。它们限定了我们平常用以识别周围对象的形状。因此，甚至当我们试图忽视别的一切而单独地凝视线条时，它们也承载着那些曾经是其组成部分的对象的意义。它们表现它们已经为我们界定的自然场景。尽管线条划定和界定了对象，但是也集合和连接了对象。倘若某人撞上了尖锐而突出的墙角，他就会意识到“锐”角这个术语的贴切性。有着宽广延展线条的对象常常具有那种敞开的性质，它是如此乏味以至于被我们称之为“钝”。也就是说，线条表现了事物彼此作用，以及作用于我们的方式；以这些方式，当对象共同行动时，它们就增强和干扰。出于这个理由，线条是摇摆的、笔直的、倾斜的、弯曲的、宏伟的；出于这个理由，它们看起来似乎在直接知觉中就具有甚至是道德上的表现性。它们既是讲实际的，又是有抱负的；既是亲密的，又是冷淡的；既是迷人的，又是讨厌的。它们随身携带着对象的属性。

线条的习惯属性无法被摆脱，甚至在努力将对线条的经验与其他一切隔离开来的实验中，也是如此。线条所界定的对象的属性，以及它们相关运动的属性，乃是深深地嵌在一起的。这些属性是众多经验的共鸣，在其中，当我们关注对象时甚至意识不到线条。不同的线条和不同的线条关系已经下意识地承担了所有的价值，这些价值由它们在我们的经验之中、在我们与周围世界每一次接触中所做的一切而产生。绘画中的线条和空间关系的表现性，不能在除此之外任何别的基础上得到理解。

另一种理论否认直接的感觉性质具有任何表现性；它认为，感觉仅仅适合作一种外在运载工具，借此，其他的意义被传递给我们。弗农·李(Vernon Lee),一位确实具有敏感性的艺术家,始终如一地阐发了这种理论,而她所借助的方法尽管与德国的移情理论有某些共同之处,却避免了这样一种观念,即我们的审美知觉乃是一种投射,把对于对象属性的内部摹拟投射到对象之中;而当我们注视对象时,就戏剧性地演出了这种投射——这一理论,反过来说,无非是古典的再现理论的一种万物有灵论版本。

根据弗农·李以及美学领域中其他理论家的想法,“艺术”意味着一组活动,这些活动分别是记录的、构造的、逻辑的和交流的。就艺术本身而言,并不存在什么审美的东西。“适应于一个具有其自身理由、标准和命令的完全不同的欲求”,这些艺术的产品就成为审美的。这个“完全不同的”欲求是对形状的欲求,而这个欲求之所以产生,乃是由于我们运动意象模式中的一致关系需要得到满足。因此,像色彩和音调那样的直接感官性质,是无关紧要的。当我们的运动意象重新扮演体现在对象中的关系时,对形状的要求就得到了满足——比如,“急剧收敛的线条以及空中细细描出的山的轮廓线排列得像扇子似的,每隔一段距离就加快到达锐利的顶部,然后在长而陡的凹曲线中落下,而这落下是为了再次向上猛冲”。

感觉性质之所以被说成是非审美的,乃是因为与我们积极扮演的关系不同,它们是被强加到我们之上的,而且倾向于压倒我们。可以算数的是我们所做的东西,而不是我们所接受的东西。审美中的本质之物乃是我们自己的精神活动,这些活动包括启程、游历、回到起点、把握过去、携之前行;注意力的运动既向后又向前,因为这些行为是靠运动意象的机制来实施的。作为结果的关系界定了形状,形状完全是关系而已。它们“把否则就会成为感觉的无意义并置或者排序的东西变成一些有重要意义的实存物，这些实存物能够被记起和识别，甚至在其组成部分的感觉完全改变，即变成形状的时候”。结果便是在其真正意义上的移情。它所处理的并非“直接地就是情绪和情感，而是进入情绪和情感之中并且由它们而得名的动态条件。……由线条、曲线和角所构成的各种各样、各式组合的戏剧性事件，并不发生在体现预期形状的大理石或颜料之中，而唯独发生在我们自身之中。……既然我们是它们唯一真实的演员，那么，这些线条的移情戏剧性事件就必定会感染我们，无论作为对我们生命需要和习惯的确证，还是对它们的阻扰”。

该理论有着重大的意义，这个重大意义是就它彻底分离感觉和关系、质料和形式、主动和受动、经验的阶段而言的，也是就它在它们分离之时对所发生事情作逻辑性陈述而言的。由我们所作出的对关系角色和行动角色的识别（后者很可能由我们的运动机制从生理上来加以中介）是受欢迎的，这与那些仅仅把感觉性质识别为被动接受和被动经受的理论形成了对照。有一种理论把画中的色彩看作审美上无关紧要的，并且认为，音乐中的音调只是审美关系叠加于其上的东西。不过，这种理论看起来几乎不需要驳斥了。

这两种曾经被批评的理论乃是彼此补充的。但是，审美理论的真理无法靠把一种理论机械地加到另一种之上而达到。艺术对象的表现性应归于这样一个事实，即它呈现了经受材料和行动材料彻底而完整的相互渗透，而行动材料包括对来自我们过去经验的质料的一种重新组织。因为，在相互渗透中，行动材料不是经由外部联想而增添的材料，也不是经由感觉性质之上的叠加而增添的材料。对象的表现性乃是对某种完全融合的报道和庆祝，这种完全融合的一个方面是我们所经受的事物，另一个方面是我们专注的知觉活动带入我们由感觉所接受的东西里的事物。

对我们生命需要和习惯的确证的指涉，是应当受到注意的。这些生命需要和习惯纯粹是形式的吗？它们能够仅仅通过关系来获得满足吗，或者，它们要求靠色彩和声音的质料来得到滋养吗？后者似乎被暗中承认了，当弗农·李继续说"艺术非但不是使我们从真实生活的感觉中解放出来，反而是加强和扩大了那些在我们普通的实际生活过程中只被给予太少、太小和太混的例子的宁静状态"时，的确如此。但是，艺术加强和扩大的经验并不只存在于我们自身之中，也不是由远离质料的关系所组成的。生灵既最为活跃又最为镇静和专心的时刻，便是与环境最充分交往的时刻，在其中，感官的材料和关系得到了最为完整的融合。如果艺术退缩到自身，那么，它就不会扩大经验，而由这样的退却所产生的经验也不会是表现性的。

所考察的这两种理论都把活的生灵与它生活于其中的世界分离开来了；通过一系列有关的做和经受来相互作用的生命，在它们被心理学所图式化的时候，成了运动和感觉。第一种理论，在脱离世界事件与场景的有机体活动中，找到了某些感觉的表现性本性的一种充分原因。另一种理论通过运动关系在"形状"中的上演，将审美元素定位于"只是在我们自身之中"。然而，生活的过程却是连续的；它之所以具有连续性，因为它是一个永远更新的过程，这个过程既作用于环境又受作用于环境，连同所做的东西与所经受的东西之间的关系情境。因此，经验必然是累积的，而它的素材则由于累积的连续性而获得表现性。我们已经经验的世界变成了自我所不可或缺的一部分，它作用于同时又受作用于进一步的经验。就其物质性的发生而言，被经验到的事物和事件经过并离去了。但是，它们的某些意义和价值却作为自我所不可或缺的一部分而保留了下来。通过与世界交往中所形成的习惯(habit)，我们也就居住于(in-habit)世界之中了。它变成了一个家，而家乃是我们每一则经验的一部分。

那么，经验的对象如何能够避免变成表现性的呢？然而，冷漠和迟钝借着在对象周围建造外壳而把这种表现性隐藏起来。熟悉招致冷淡，偏见使我们盲目；自负倒拿着望远镜来看，把对象所拥有的重要意义看小，而将自我的所谓重要性看大。艺术去掉掩藏所经验事物的表现性的盖子，使我们从常规的迟缓中苏醒过来，并且使我们忘记自身，因为我们发现自己处于经验周围世界中多样性质和形式的快乐之中。它截取在对象中所发现的每一种表现性形式，并且在一种新的生活经验中安排它们。

因为艺术的对象是表现性的，所以它们起着交流作用。我并不是说，与他人进行交流是艺术家的意图。然而，这是他的作品的结果——当作品在他人的经验中起作用时，它确实就只是活在交流之中。如果艺术家意欲交流一则专门的信息，那么他往往就会因此而限制其作品对他人的表现性——不管他想要交流一条道德的训诫，还是交流他自己的一种机灵感。冷淡地对待直接观众的反应，是所有要说出点新东西的艺术家的一个必要的特征。但是，他们被一个深深的信念所鼓舞，这个信念就是：既然他们只能说他们必须说的东西，那么问题就不是在于他们的作品，而是由于那些视而不见、听而不闻的接受者。可交流性与流行性无关。

我只能认为，托尔斯泰(Tolstoi)关于直接感染是艺术性质的检验的说法在很大程度上是错误的，而他关于那种可被单独交流的材料的说法也是狭隘的。但是，如果时间跨度被延长的话，那么下面这句话就是正确的了，即没有谁是雄辩的，除非当某人在聆听时被打动了。那些被打动的人感到，正像托尔斯泰所说的，作品所表现的东西仿佛是某人自己曾经渴望表现的东西。其间，艺术家的工作在于创造他确确实实与之进行交流的观众。最后，艺术作品是人与人之间在充满隔阂与壁垒的世界中得以交流的唯一媒介，这些隔阂与壁垒限制着经验的共同体，而这样的交流却是完整、全面而不受妨碍的。

第六章 主旨和形式

SUBSTANCE AND FORM

因为艺术的对象是表现性的，所以它们是一种语言。更确切地说，它们乃是多种语言。因为每一门艺术都具有自己的媒介，而这种媒介尤其适合某一种交流。每一种媒介都说出了任何其他说话方式所不能同样说好或说全的东西。日常生活的需要赋予某种交流的模式、言语的模式以高级的实践重要性。不幸的是，这个事实导致这样一种流行的印象，即建筑、雕刻、绘画以及音乐所表现的意义可以被翻译为语言；而且，这个翻译只有极其少的损失，如果说有损失的话。事实上，每一门艺术都说一种习语，这种习语传达着另一种语言所不能照原样说出的东西。

语言仅仅存在于它被听和说的时候，听者是必不可少的伙伴。只有当艺术作品在他人的经验而不是在创造它的人的经验中起作用时，它才是完整的。因而，语言牵涉到一种逻辑学家称之为三元关系的东西。存在着说话者、所说的事物，以及听话者。外在的对象，如艺术产品，是艺术家和观众之间的连接环节。甚至在艺术家孤独地工作的时候，所有这三项也都是在场的。作品就在那里，并且在进展之中，艺术家不得不以不同的方式来变成接受的观众。他之所以能够说话，仅仅是因为他的作品通过他所知觉的东西引起了他的兴趣，就像引起听话者的兴趣那样。他像一个第三者可能注意和解释的那样，去观察和理解。据说马蒂斯曾经说：“当一幅绘画被完成时，它就像一个新生的孩子。艺术家本人必须花时间来理解它。”我们必须同它一起生活，就仿佛我们同一个孩子一起生活，倘若我们想要把握他的存在的意义的话。

所有的语言，无论它的媒介是什么，都牵涉到它说什么以及它如何说，或者说主旨和形式。有关主旨和形式的一个大问题：是质料作为现成的东西首先到来，接着再寻求发现一种随后到来对它加以体现的形式吗？或者，艺术家全部的创造性努力是尽力赋予材料以形式，以使它在实际上成为一件艺术作品的真正主旨吗？这个问题是深远的。而对它的回答决定了审美批评中许多其他争论点的结果。是否有一种审美价值属于感觉材料，而另一种审美价值属于使它们获得表现性的形式？是否所有的主题都适合审美的对待，或只有少许主题由于它们固有的高级特性而被挑选出来得到这种对待？“美”是从外部像一种超验本质那样降临到材料之上的形式的另一个名称吗？或者，它是当材料被赋予形式时就以一种使其获得充分表现性的方式而显现的审美性质的一个名称吗？形式，在其审美的意义上，是某种从一开始就把某个对象领域独独划为审美的东西吗？或者，它是每当一则经验达到其完全发展时所浮现出的东西的抽象名称吗？

所有这些问题都已经暗含在前面三章的讨论中了，并且已经通过暗示而得到了回答。如果一件艺术产品被当作自我表现的产品，并且自我被视为某种单独完整而自足的东西，那么，主旨和形式当然就是分离的。根据基本的假设，把自我暴露笼罩于其中的东西乃是外在于被表现的事物的。无论两者中的哪一者被视为形式，哪一者被视为主旨，这种外在性是持久存在着的。同样清楚的是：如果没有自我表现，没有个性的自我表演，产品就必然只是某个种类中的一个实例；它会缺乏只见于那些依靠它们自己而具有个性的事物中的新鲜性和原创性。这是一个可由以处理形式和主旨的关系的要点。

一件艺术作品所由以组成的材料属于共同的世界而非个人，可是在艺术中存在着自我表现，因为自我以一种独特的方式同化了此材料，从而使它以一种构成新对象的形式重新流到公共的世界之中。作为其结果，这个新的对象就那些知觉它的人来说，也许具有对古老而共同的材料的相似重构和再创造，并且因此而迟早被确立为公认世界的一部分——确立为“普遍的”。被表现的材料不可能是私人的；否则，就是疯人院的情形了。然而，对它进行言说的方式是个别的，而且产品如果要成为艺术作品的话，它就是不可复制的。生产方式的同一性规定了机器的作品，而它的审美对应物则是学院式的东西。一件艺术作品的性质乃是独具一格的，因为一般的材料得以呈现的方式把它转变成了一种新鲜而活泼的主旨。

对于生产者来说是正确的东西，对于知觉者来说也是正确的。他也许会学院式地知觉，寻找他已经熟悉的同一性；或者，他也许会学术式地、学究式地寻找适合他要写的一段历史或一篇文章的材料，或多愁善感地寻找某个情感上所心爱的主题的例证。但是，如果他审美地知觉的话，就会创造一则其内在主题和主旨为全新的经验。英国批评家布拉德利(A. C. Bradley)先生曾经说：“诗意(poetry)成为诗(poem)，我们会照一首诗实际存在的那样来考虑它；而一首实际的诗是我们阅读一首诗时所历经的一连串经验——声音、意象、思想……一首诗在无数的程度上存在着。”同样正确的是，它也在无数的性质或者种类上存在着，根据“形式”或者对它的反应方式而言，没有两个读者会具有恰好同样的经验。每一个诗意地阅读的人都创造了一首新的诗——不是说它的原生材料是独创的，因为我们毕竟生活在同样的旧世界之中；而是说每一个人在践行他的个别性时，都随身带着一种查看和感知的方式，这种方式在其同旧材料的相互作用中创造了某样新东西、某样先前并不存在于经验中的东西。

一件艺术作品无论多么古老和经典，只有当它活在某种个别化的经验中时，它才实际地而非潜在地是一件艺术作品。作为一张羊皮纸、一块大理石、一块帆布，它始终保持着（常遭受时间的破坏）自我同一。然而，作为一件艺术作品，每当它被加以审美地经验时，都得到了再创造。没有人会在乐谱的演奏中怀疑这个事实；人们会认定纸上的线和点只是唤起艺术作品的记录手段。不过，对它来说正确的东西，对于作为一座建筑的帕台农神庙来说同样是正确的。去问一位艺术家什么东西是他的产品所"真正地"意味着的，这是荒谬的；他本人也许会在不同的时日和他自己发展的不同阶段发现其不同的意义。如果他是能说会道的，他就会说，"我的意思就是那个，而那个意味着你或者任何人能够真诚地，也就是说，借助你自己的鲜活经验，从它之中获得的任何东西"。任何其他的观念，都使那被自夸的艺术作品的"普遍性"成为单调同一性的同义词。帕台农神庙，或者无论什么东西，之所以是普遍的，乃是因为它能够连续地激发经验中新的个人实现。

今天的确不可能还会有人像当时虔诚的雅典公民经验帕台农神庙那样来经验它，同样地，即使对于今天一位虔诚的天主教徒来说，12 世纪的宗教雕像也不可能在审美上意味它恰在古老岁月中对崇拜者所意味的东西。没有变新的"作品"不是那些普遍的作品，而是那些"过时的"作品。持久的艺术产品也许曾经而且可能是被某样偶然的东西所唤起的，是被某样有它自己的时间和地点的东西所唤起的。然而，所唤起的东西乃是一个主旨，它必须被赋予形式以便能够进入他人的经验之中，并且使他们具有更为强烈和圆满的自身经验。

这就是具有形式的意思。它标识出一条设想、感觉以及呈现所经验质料的道路，这样，对那些比原创造者缺少才华的人来说，它非常容易和有效地变成构建充足经验的材料。因此，除在反思中之外，形式和主旨之间是不可能划出区分的。作品本身就是那赋有形式从而成为审美主旨的质料。然而，批评家和理论家作为艺术产品的反思的研究者，不仅可能而且必须在它们之间划出区分。我想，拳击手或高尔夫球手的任何熟练的观察者，都会在做什么和如何做之间设立区分——区分击倒和出击的方式；区分球被击出多少多少码到如此如此一条线和完成这一击的方式。艺术家作为致力于做的人，在他对改正一个习惯的错误感兴趣时，或者对学习如何更好地取得一个既定效果感兴趣时，他就实现了一种类似的区分。然而，行为本身恰恰由于它如何做而成了它是什么。在行为中不存在什么区分，而只存在手段和内容、形式和主旨的完美整合。

刚才所引的那位作者，即布拉德利先生，在一篇《为了诗而诗》(Poetry for Poetry's Sake)的文章中，划出了主题和主旨之间的区分，这也许形成了我们对这个问题作进一步讨论的良好起点。我认为，这个区分也许可以解释为艺术生产所享(for)的质料和艺术生产之中(in)的质料之间的区分。主题或者"所享的质料"能够在其他的样式而不仅是艺术产品本身的样式中得到指出和描述。而"之中的质料"即实际上的主旨，就是艺术对象本身并因此而不能以任何其他的方式来表现。正如布拉德利所说，弥尔顿《失乐园》的主题是与天使的叛乱有关的人的堕落——这个题目早已流行在基督教圈子中了，而且易于被任何熟悉基督教传统的人所认同。而这部诗的主旨，审美的质料，则是诗本身；是主题经过弥尔顿的想象性处理所变成的东西。同样地，一个人可以用语词把《古舟子咏》(Ancient Mariner)的主题告诉别人。但是,要把它的主旨传给他,就必须使他接触这部诗,让诗本身吸引他。

布拉德利对诗的划分,同样适用每一门艺术,甚至是建筑。帕台农神庙的“主题”是帕拉斯·雅典娜(Pallas Athene),是处女神,是雅典城的守护神。倘若有人感受了各种各样为数众多的艺术产品,并且把它们牢记足够长的时间以便给每个都分配一个主题,那么他就会看到,艺术作品的主旨对相同“主题”的处理是无限多样的。在所有各种语言中,有多少诗是以花,乃至就是玫瑰花,为它们的“主题”的?因此,艺术产品中的变化并不是任意的,并不是出自未加训练的人要生产新奇而震惊东西的不受管制的愿望,甚至在极具革命性的时候(如某派批评家总是假设的那样)也如此。它们不可避免地作为世界中的公有物而在不同的文化和个性中被经验到。对公元前4世纪的雅典公民有如此意谓的主题,在今天差不多只是一个历史事件了。一位17世纪的英国新教徒能充分地玩味弥尔顿史诗的话题,但他也许对但丁《神曲》的话题和背景没有同感,以至于不能够欣赏后者的艺术性质。而今天“不信教的人”也许是一个对这些诗在审美上极其敏感的人,这恰恰就是由于不关心它们先前素材的缘故。另一方面,许多绘画的观察者现在并不能就其内在的造型性质来完全公正地对待普桑(Poussin)的画作,因为它的古典题目是如此地格格不入。

正如布拉德利所说,主题乃是外在于诗的;而主旨则是内在于它的,可以说,它就是诗。然而,“主题”本身是在一个广阔的范围内变化着的。它可能差不多只是一个标签;可能是唤起作品的机缘;或者,可能是作为原材料进入艺术家新经验中并得到变形的素材。济慈和雪莱咏云雀和夜莺的诗或许根本不是单单以这些鸟儿的歌声为诱发刺激的。因而，为着清晰的缘故，不仅要把主旨同题目或者话题区别开来，而且要把这两者同先前的素材区别开来。《古舟子咏》的“主题”是一只信天翁被一名水手杀死，以及由之而来所发生的事情。它的质料就是诗本身。它的素材是一位读者随身所带的与一个活的生灵有关的凄惨和怜悯的经验。艺术家本人几乎不可能单单从一个主题开始。如果他这么做，那么，他的作品肯定会遭受矫揉造作之苦。首先来到的是素材，接着是作品的主旨或者说质料，最后是话题或者题目的确定。

先前的素材并不是瞬间就在艺术家心中变成一件艺术作品的质料。它是一个发展的进程。正如我们已经看到的，艺术家乃是由于他以前所做的东西而发现他要去何方；也就是说，同世界的某种接触所产生的原初刺激和搅扰经历了连续的转变，而他已经达到的那种质料状态又升起了实现的要求，并且制定了限制进一步运作的框架。随着把素材转变为艺术作品的主旨的经验的进行，一开始所描绘的那些事件和场景可能会退出并被另一些取代，它们由于那唤醒原初兴奋的定性材料的吸引而被收回。

另一方面，除为实际辨识的目的以外，题目或者主题也许根本不会具有意义。我曾经看到一位讲绘画的演讲者展示了一幅立体主义的画作，请观众猜它是关于什么的，借此从观众那里获取廉价的笑声。接着，他说出了它的标题——好像那就是它的素材或者它的主旨。艺术家借一位历史名人的名字给他的画作贴上标签，这乃是出于他自己最为知晓的某种理由，不管是为了使资产阶级震惊（*pour épater les bourgeois*）还是因为它的机缘，或者是因为某种微妙的性质上的亲和力。演讲者和观众的笑暗示着，标题和所见到的画作之间的明显不一致莫名其妙地成了后者的审美性质的反映。没有人愿意让他对帕台农神庙的知觉受到这样一个事实的影响，即他恰巧不知道用以称呼这座建筑的这个词的意义。然而谬误，尤其是与绘画有关的谬误，以许多更加狡猾的方式存在着，而不止是这次演讲事件所例证的样子。

可以说，标题是社会性的事情。它们把对象辨识出来以便容易指涉，这样，当贝多芬的一首交响乐被称为"第五"或者提香的《下葬》(Entombment)被提及时，人们会知道它意味着什么。华兹华斯的一首诗也许会被定以名称，但它既可能以称作《露西·格雷》(Lucy Gray)来得到辨识，也可能作为某版本中某页上所发现的诗来得到辨识。伦勃朗的画作可以被叫作《犹太婚礼》(Jewish Wedding)，或者，也可以被叫作是挂在阿姆斯特丹美术馆某特定展室某堵墙上的那幅画。音乐家通常以数字来称他们的作品，也许同时再指出调子。画家则更喜欢模糊的标题。因此，艺术家也许会无意识地努力逃避某种普遍的倾向，这就是把一个艺术的对象连接听者或观者据他们以前经验来加以识别的某个场景或事件过程。一幅画也许在目录上仅仅登作《暮色下的河》。即便如此，许多人也会认定，他们必须把所记得的某条曾经在那特定时分见过的河带入他们对它的经验之中。然而，通过这样的处理，图画在此范围内就不再是一幅图画，而变成了一个详细目录或者文件，仿佛它是为历史或地理的目的而拍摄的，或者为服务于一个侦探的事务而拍摄的彩色照片。

所做的这些区分是初步的；但是，它们在审美理论中是基本的。当主题和主旨的混淆结束时，已经讨论的例如关于再现的模棱两可也就结束了。布拉德利先生要我们注意一种共同的倾向，即把一件艺术作品仅仅当作某样东西的提示物。对此，他作了如下的举例说明：美术馆里的某位观光者边往前走边评论说，“这幅画多像我的堂兄弟”，或者，那幅画“画的是我的出生地”，以及这位观光者“满意于知道某幅画是关于以利亚（Elijah）之后，便继续欣喜于发现主题并且只是下一幅画的主题”。除非主题和主旨之间的根本差异得到察觉，否则，不仅偶然的参观者会误入歧途，而且批评家和理论家也会根据他们关于艺术素材应该是什么的成见来判断艺术对象。就在并不久远的过去，把易卜生的戏剧说成“肮脏”还是一桩正当的事情；而那些以包括扭曲物理形状的方式来根据审美形式的要求对素材进行修正的绘画，则被谴责为是任意的和无常的。画家对这种误解的公正反驳，可见诸马蒂斯的一则评论。当有人向马蒂斯抱怨她从未看到过一个像他作品中女人那样的女人时，他回答说：“女士，那不是一个女人，那是一幅图画。”那些把外部的素材——历史的、道德的、感伤的，或者假借规定适当题目的既成准则的——硬拉进来的批评家，也许在学识上极大地高于美术馆里的引导者，后者所说的东西并不涉及作为画作的画，而是涉及大量它们由以生产的机缘，以及它们所引发的感伤的联想，勃朗峰的雄伟或者安妮·博林（Anne Boleyn）的悲剧；然而从审美上来说，它们乃是站在相同水平上的。

童年生活在乡村的城里人喜欢购买这样的画，画上画着绿色的牧场，还有吃草的牛和涓涓的小溪——尤其是溪流中还有可以游泳的水潭。他从这样的画中获得了童年某些价值的复苏，同时减去了那伴随而来的极为艰苦的经验，事实上，加上了一种由于同当下富裕状态的对照而产生的附加的情感价值。在所有这样的情形中，画并没有被看到。画被用作一种为着达到感伤的跳板，这些感伤由于外部的素材而使人愉快。童年和青年经验的素材,不过是许多伟大艺术一种下意识的背景。然而,要成为艺术的主旨,必须依靠所使用的媒介而被做成一种新的对象,而不仅仅以一种回忆往事的方式来得到暗示。

艺术作品中形式和质料联系在一起的事实,并不意味着它们是同一的。它所意味的是:在艺术作品中,它们并不使自己作为两种截然不同的东西出现;作品乃是赋有形式的质料。不过,当反思嵌入的时候,它们就得到了正当的区分,就像在批评和理论中所作的那样。于是,我们就被迫去探究作品的形式结构,而要将这种探究明智地继续下去,就必须对形式一般来说是什么有一个想法。这个词的一种习惯用法使它等同于形状或者外形,从这个事实出发,我们也许可以得到这个观念的一把钥匙。形式,尤其与图画有关的形式,常常被简单地等同于由形状的线条轮廓所界定的范型。既然形状只是审美形式中的一个元素,那么,它并不构成审美形式。在平常的知觉中,我们通过事物的形状对它们进行识别和辨识;甚至词和句也具有形状,当我们看和听时。请想一想,较之任何其他种类的发音错误来说,一个重音的错误如何更干扰识别。

因为与识别有关的形状并不限于几何的或者空间的属性。后者只有当它们服从于适应一个目标时,才发生作用。我们心中那些与任何功能都没有联系的形状,是难以把握和保持的。勺子、小刀、叉子、日常用品、各种家具的形状都是辨识的手段,因为它们是同目的联系在一起的。这样,在某一点上,形状就其艺术的意义而言,乃是同形式相结盟的。在两者之中,都存在着对诸组成部分的组织。在某种意义上,甚至一个器具和工具的典型形状也指出了进入诸部分中以限定它们的那个整体的意义。这个事实导致一些理论家，比如赫尔伯特·斯宾塞，把"美"的源头等同于诸部分对整体功能有效而经济的适应。在有些情形中，适合性事实上如此精致，以至于构成了独立于任何功利思想之外的可见的优美。然而，这个特殊的例子指出了某种方式，在这种方式之中，形状和形式一般是不同的。因为，在"笨拙"意谓对目标的无效适应的意义上来说，在优美中就有超出仅仅是不笨拙之外的东西。在这样的形状中，适应乃是被内在地限制于一个特定的目标上的——就像勺子的目标就是为着要把液体送到嘴里。而另外具有那种被称为优美的审美形式的勺子，则不承载这样的限制。

很多理智的努力已经花在把对特定目标的有效性和"美"或审美性质等同起来的尝试之中了。然而，这些尝试必定是失败的，幸运的是，这两者在某些情形中是一致的，而且人们愿意它们总是相宜的。因为对一个特定目标的适应常常是(在复杂事务的情形中则总是)某样被思想所知觉的东西，尽管审美效果乃是在感觉-知觉中被直接地发现的。一把椅子所服务的目的也许是提供舒适和保健的座位，而并不同时服务于眼睛的需要。相反，如果它在经验中妨碍而不是促进视觉的作用，那么就是丑陋的，不管它用作一个座位是多么的合适。没有什么预定的和谐来保证满足某一套器官需要的东西，会实现所有其他那些在经验中起作用的结构和需要，从而使它作为所有元素的一个联合体来得以完成。我们可以说的是：在没有干扰性语境的情况下，如为了私人利润的最大化而生产对象，往往会倾向于达到一种平衡。这样，对象对于作为整体的自我来说，就是令其满意的——从严格意义上来说，是“有用的”——即使有特殊效能在过程中被牺牲。在这样的程度上存在着一种倾向，即动态的形状（不同于赤裸裸的几何图形）倾向于同艺术的形式相混合。

在哲学思想史的早期，使对象的界定和分类得以成为可能的形状的价值就被注意到了，并且被作为关于形式本性的形而上学理论的一个基础。人们完全忽视甚至否认了一个经验事实，它是对于关系的一个经验事实，通过把各部分安排于一个明确的目标和用途——如勺子、桌子或杯子的目标和用途——而得以实现。形式被当作某种内在的东西，当作由形而上学的宇宙结构而来的事物本质。沿着导致这种结果的推论过程前进是很容易的，倘若形状与用途的关系被忽视的话。正是依据形式——在合适形状的意义上来说——我们才能在知觉中既辨识又区别事物：椅子区别于桌子，枫树区别于橡树。既然我们以这种方式来进行注意——或者说“知道”它们——并且，既然我们相信知识是事物真实本性的一种揭示，那么就可以得出结论说：事物乃是由于内在地具有某些形式而存在的东西。

此外，既然是这些形式使得事物可知，那么就可以得出结论说，形式乃是世界中的对象和事件的理性的、可理解的元素。这样，它就与“质料”相对置了，后者是非理性的，生来就混沌无序和动摇不定，形式在其上面打上印记的原料。形式是永恒的，正如质料是易变的。这种对于质料和形式的形而上学的区分，体现在统治欧洲思想长达若干世纪的哲学之中。由于这个事实，它仍然影响着与质料相关的形式的审美哲学。它是支持它们分离的那种偏见的源头，特别是当其以这样的方式出现时，即假定形式具有一种质料所缺乏的高贵和稳定。事实上，如果不是由于这种传统的背景，那么也许就要怀疑，是否有人想到在它们的关系中存在着问题，以及是否清楚，艺术中唯一重要的区分乃是不充分赋形的质料和完全而连贯赋形的材料之间的区分。

工业艺术的对象具有形式——适应它们特殊用途的形式。不管这些对象是毯子、壶或者篮子，当材料得到安排和调整以直接服务于某个人的直接经验的丰富，而这个人的关注知觉又恰指向这则材料时，这些对象就呈现了审美的形式。原生的材料必须经受一种变化，这种变化使得各个部分具有形状，并着眼于整体的目的来对这些部分进行彼此关涉的安排；而在此之前，没有什么材料能够适应一个目标，不管是作为勺子还是地毯的使用目标。因此，对象乃是在一种决定性的意义上具有形式的。当这个形式从一个专门目标的限制中解放出来并服务于一个直接而鲜活的经验的目的时，形式就是审美的而不仅仅是有用的。

“设计”这个词有着双重的意义，这是非常重要的。它既意味着目的，又意味着安排，即构成的模式。一所房子的设计是一个计划，根据这个计划，房子是为服务于那些居于其中的人们的目的而被建造起来的。一幅绘画或一部小说的设计乃是其诸元素的安排，凭借这个安排，作品成为直接知觉中的一个表现性的统一体。在这两个例子中，存在着许多组成元素的有序关系。艺术设计的特色，是把各部分聚在一起的关系的亲密性。在一所房子中，我们有着房间，而且有着它们彼此相关的安排。在艺术作品中，各种关系如果离开了它们所关系到的什么就无法被道出，除非在事后的反思之中。如果它们处在分离之中，那么一件艺术作品就是贫乏的，正如在一部小说里，其中的情节——设计——被感觉到是叠加到事件和人物之上的，而不是它们彼此的动态关系。要理解一架复杂机器的设计，我们不得不知道这架机器旨在服务的目的，以及各个部分如何装配以达成这个目的。设计好像是被叠加在材料之上，而材料并没有实际参与其中，这就如同参加战役的士兵，他们在将军对战役的“设计”中只有被动地参与。

只有当一个整体的组成部分所具有的唯一目标乃是促成有意识经验的圆满完成时，设计和形状才会失去叠加的特性而变成形式。只要它们服务一个专门的目的，就不能够做到这一点；虽然，当它们不单独地突出而同艺术作品的其他所有属性相融合时，它们是可以服务于具有一则经验这个综合性目的的。在论及绘画形式的意义时，巴恩斯博士说出了这种混合的完整性的必要性，即“形状”以及范型与色彩、空间和光线彼此渗透。正如他所说，形式乃是“所有造型手段的综合和结合……它们的和谐融合”。另一方面，狭义上的范型，或者说计划和设计，“仅仅是一副骨架，在它上面，诸造型单元……得以移植”[①]。

如果我们所讨论的对象乃是要服务于其统一生命力中的整体创造物，那么，媒介的所有属性的这种相互融合就是必要的。它因而界定了所有艺术中形式的本性。至于专门的功用，我们可以把设计的特征刻画为关联这个和那个目标。一把椅子具有适合于提供舒适的设计；另一把适合于保健；第三把适合于王室的华丽。只有当所有的手段彼此扩散时，整体才充满部分，以至于构成一则由包容而不是排斥所统一的经验。这个事实巩固了前一章中关于某种联合的立场，这种联合就是直接的感官生动的性

① 《绘画中的艺术》，第 85 页和第 87 页，参阅第 2 卷第一章。就限定的意义而言，形式乃是“价值的标准”，如同在那里所展示的那样。

质与其他表现的性质之间的联合。只要“意义”是一件联想和暗示的事情，它就会脱离感官媒介的性质，而形式也就受到了搅扰。感官性质是意义的运载者，不过，这不像运货的车辆，而是像怀子的母亲，此时孩子乃是她自身有机体的一部分。艺术作品就像词一样，在字面上孕育着意义。在过去经验中有其源头的意义乃是手段，凭借这手段，在一幅特定画上做标记的独特组织得以实现。它们不是被“联想”附加上去的，而要么是灵魂，色彩是其身体；要么是身体，色彩是其灵魂——根据我们碰巧对那幅画所关注的东西而定。

巴恩斯博士曾经指出，不仅理智意义承袭过去的经验从而增加表现性，而且那些增加情感刺激的性质也是这么做的，不管这个刺激是平静还是强烈。正如他所说：“在我们动摇不定的心中存在着大量的情感态度，它们是准备在合适的刺激到来时便再度兴奋起来的感情；而且，不是任何别的东西，而正是这些形式，这种比普通人心中更完满更丰富的经验残余，构成了艺术家的资本。那被称为艺术家的魔术的东西存在于他的一种能力之中，即把这些价值从一个经验的领域转移到另一个领域，把它们加在我们普通生活的对象之上，并靠他富有想象力的洞见使这些对象变得深刻和重大。”[①]色彩不是质料或形式，感觉性质也不是，但这些彻底浸润和饱和着转移价值的性质却是的。于是，根据我们兴趣

---

① 参看《亨利-马蒂斯的艺术》(*The Art of Henri-Matisse*)一卷中关于转移价值的一章；引文来自第 31 页。在这一章，巴恩斯博士说，马蒂斯的绘画中有多少的直接情感效果是无意识地从某些情感价值转移而来的，这些情感价值首先关联于织锦、海报、玫瑰形饰物(包括花纹)、瓷砖、诸如旗帜上的斑纹和条带，以及许多其他的对象。

《客西马尼》 埃尔·格雷科(El Greco)作
国家美术馆,伦敦

的指导，它们或者是质料或者是形式。

尽管某些理论家由于刚才所提及的形而上学的二元论而区分感官价值和借入价值，但是其他的理论家作此区分则是唯恐艺术作品被不适当地理智化。他们关心的是强调某种事实上乃是一种审美必要性的东西：审美经验的直接性。非直接的东西就不是审美的，这个断言并不至于很过分。错误在于假定只有某种特殊的事物——那些仅仅依附于眼睛、耳朵等的事物——才能够被定性地和直接地经验到。如果下面的论述是正确的，即只有单独通过感觉器官到达我们的性质才是被直接经验到的，那么，当然，所有相关的材料就都是被一种外来的联想所添加的——或者根据某些理论家，被一种思想的"综合"行动所添加。从这个观点出发，组成比如说一幅绘画的严格的审美价值的东西，就只是除了与对象关联外彼此支持的色彩的某些关系以及关系的秩序。它们作为水、石、云等的色彩而在场，而借此所获得的表现性则被归于艺术。在这个基础上，审美的东西和艺术的东西之间就总是存在着一种隔阂，属于两个截然不同的类。

作为这个分歧的基础的心理学，事先被威廉·詹姆斯在作如下陈述时推翻了。他指出，对于诸如"如果"、"那么"、"而且"、"但是"、"来自"、"随同"这样的关系，存在着直接的感觉。他表示，没有什么关系如此包罗万象，以至于可以不变成直接经验的一个质料。事实上，每一件曾经存在过的艺术作品都是与现在讨论的这个理论相矛盾的。完全正确的是，某些事物，也就是说某些观念，行使了一种中介的功能。但是，只有一种遭到扭曲和发育不全的逻辑才会坚持认为，因为某种事物是被中介的，所以就不能够被直接地经验到。事情正好相反。直到我们已经感觉和感受到观念，仿佛它就是一种气味或颜色，我们才能掌握观念即中介器官，才能在其全部力量中拥有它。

那些把思考当作一种职业而沉溺于其中的人，当他们对思想的过程加以观察，而不是根据辩证法来决定它们必须是什么的时候，就会意识到，直接的感觉并没有被限制在它的范围之中。不同的观念有着不同的“感觉”，它们的直接定性方面，就和其他别的东西差不多。一个对其穿过复杂问题的道路进行思考的人，依靠概念的这种属性为他的道路找到指导。当他误入歧途时，观念的性质就阻止他；而当他找到正途时，这些性质就送他向前。它们是理智的“停止与行进”的标志。如果一位思考者不得不推论式地得出每个观念的意义，他就会迷失在一个既没有尽头又没有中心的迷宫之中。无论何时，只要一个观念失去了它直接被感觉到的性质，就不再是一个观念，而是变成了一个像代数符号那样仅仅执行运算而无须思考的刺激。出于这个理由，某些导向它们适当圆满完成（或者结局）的观念序列就是美的或者优雅的。它们具有审美的特性。在反思中，通常必须作出感觉的质料与思想的质料之间的区别。但是，这个区别在所有的经验模式中都不存在。当科学探究和哲学思辨中存在真正的艺术性时，一个思考者不是依据规则来进行思考，也不是盲目地进行思考，而是依靠像有着定性色彩的感觉那样直接存在着的意义进行思考。[①]

感觉的性质、触觉和味觉的性质以及视觉和听觉的性质都具

---

① 关于这种质料，不仅涉及这一特定的话题，而且涉及所有和作为艺术家特征的智力有关的问题，我参考了收于《哲学与文明》(*Philosophy and Civilization*)卷中那篇《质化思维》的文章(《杜威全集·晚期著作》，第5卷，第243—262页)。

有审美的性质。然而，它们不是在孤立之中，而是在其联系之中具有这种性质的；作为相互作用，而不是作为简单而分离的实存物。这些联系也没有局限于它们自己的类之中，颜色限于颜色，声音限于声音。甚至科学控制方式中的最高极限，也从未成功地获取一种“纯粹”的颜色或者纯粹的色谱。在科学控制下所产生的一束光不会清晰和均匀地得以完成，它有着模糊的边缘以及内部的复杂性。另外，它被投射到一个背景之上，唯其如此，它才能进入知觉。而这个背景并不仅仅是其他色调以及深浅中的一个，它有着自己的性质。甚至连最细的线所投出的阴影也不是非常均质的。不可能把一种颜色从光线中分离出来，以便不发生折射。甚至在最始终如一的实验室条件下，一种“简单的”颜色在其边缘泛蓝的程度上而言也是复杂的。那些在绘画中所使用的色彩就不是纯粹的光谱色了，而是颜料；不是投射在空无之上，而是涂抹在画布之上。

这些基本观察是根据某种企图作出的，该企图就是把关于感觉材料的所谓科学发现转接到美学之中。它们表明，甚至在所谓的科学基础之上，也不存在对“纯粹的”或“简单的”性质的经验，也不存在对局限于某个单一感觉的范围内的性质的经验。但是，无论如何，在实验室的科学和艺术作品之间存在着不可逾越的隔阂。在一幅绘画中，色彩是作为天空、云朵、河川、岩石、草地、宝石、丝绸等的色彩而得以呈现的。经过人为训练的眼睛会把色彩看作色彩，剔除色彩修饰的事物；然而，即使是这样的眼睛，也不能够排除这些对象的应有价值的共鸣和转移。对色彩性质而言，尤为正确的是：在知觉中，它们就是它们在与其他性质的对比与和谐关系中所是的东西。那些根据其线条制图术来对图画进行测量的人，正是在这个基础上攻击配色师。他们指出，与线条的稳定不移相反，色彩从来不会有两次的相同，它随着光线以及其他条件的每一个变化而改变。

与把解剖学和心理学所错置的抽象放进审美理论中去的企图相反，我们也许要好好听听画家们所说的东西。例如，塞尚说："设计和色彩并非是截然不同的。设计存在于色彩被真正地涂画的程度。色彩越是彼此和谐，设计就越是得到界定。色彩最丰富的时候，形式也就最完整。设计的秘密，由范型所标记的一切事物的秘密，就是色调的对比和关系。"他赞同地援引了另一位画家德拉克洛瓦(Delacroix)所说的话："给我街上的泥土，并且，如果你愿意把力量也留给我，以便照我的趣味把它围起来，那么，我将用它做成一个有着美妙色泽的女人肉体。"在一般的心理学理论和哲学理论中有一个错误，这就是，把性质当作直接的和感性的，把关系当作纯然间接的和理智的，从而使性质和关系处于对立之中。在优美艺术中，这是荒谬的，因为一件艺术产品的力量依赖于两者完全的彼此渗透。

任何一种感觉的行动都包括那些应归于整个有机体的态度和倾向。属于感觉器官本身的能量作为原因，进入被知觉的事物之中。一些画家引进"点彩派"(pointillist)的技法，即依靠视觉器官的能力，把画布上那些从物理角度来说分离的色点融合在一起。这个时候，他们说明了而不是发明了一种把物理存在转变为被知觉对象的有机体的活动。不过，这种修正是基本的。并非仅仅是视觉器官，而是整个有机体，都在与环境相互作用，这种相互作用存在于除例行公事之外的所有行动之中。眼睛、耳朵或者无论什么，都只是渠道，通过它，总体的反应得以发生。人们所看到的一种颜色，总是被许多器官的暗中相互作用，以及交感神经系统和触觉的暗中相互作用所限制的。它是总体能量得以放出的漏斗形通道，而不是其源头。色彩之所以奢华和丰富，正是因为一种总体的有机体共鸣深深地暗含在它们之中。

更为重要的是这样一个事实，在经验对象的生产中有所反应的有机体，其观察、欲求和情感的倾向都是由先前的经验所塑造的。它在自身中承载着过去的经验，这种承载不是靠有意识的记忆，而是靠直接的命令。这个事实说明，某种程度的表现性存在于每个有意识的经验的对象之中。这已经说过了。与审美主旨的话题有关的东西取决于一种方式，在这种方式中，载于当下态度之上的过去经验的材料，连同由感觉所提供的材料一起运作。例如，在全然的回忆中，把这两者分开是必需的；否则的话，记忆就被扭曲了。在纯然自动获得的行动中，过去的材料就其根本没有在意识中出现而言，乃是从属性的。而在其他情况下，过去的材料进入意识之中，但作为工具被有意识地利用以处理某个当前的问题和困难。它被限制于服务某个特别的目标。如果经验主要是研究的经验，那么就会具有提供证据或者提出假设的地位；如果主要是"实践的"经验，那么就具有为当前行动供给提示的地位。

相反地，在审美经验中，过去的材料既没有像在回忆中那样填满注意力，也没有从属于一个特别的目的。在那到来的东西上的确存在着强加的限制。但是，它所限制的是此时所具有的一则经验的直接质料的成分。材料并没有被用作通向下一步经验的桥梁，而是被用作当前经验的一种增加和个性化。用以度量一件艺术作品范围的东西，乃是来自过去经验的元素的数量和种类，它们被有机地吸收到此地此时所具有的知觉之中。它们给予艺术作品以其形体和暗示性。它们所来自的源头常常过于模糊，以致无法以任何有意识记忆的方式来加以辨识，因而它们创造了艺术作品浮游于其中的光韵和半影。

我们通过眼睛来看画，通过耳朵来听音乐。因而在反思上，我们非常喜欢假设在经验本身中视觉或听觉的性质照样处于中心地位，如果不是处于独占地位的话。这就导致把最初的经验当作其直接本性的一部分，而不管后来的分析会在其中找到什么，这是一个谬误——詹姆斯把这个谬误称为那种心理学的谬误。在看一幅画时，真实的情况并非是：视觉的性质照样或者有意识地处于中心地位，而其他的性质以一种附属的或联想的方式被安排在它们周围。没有什么比这个更远离事实了。无论是看一幅画，还是读一首诗或一篇哲学论文，真实的情况都并非如此，因为在阅读的时候，我们并没有以任何独特的方式意识到字母或语词的视觉形式。这些东西乃是刺激，对于这些刺激，我们以取自我们自己情感的、想象的和理智的价值来作出回应，这些刺激因而就借着同那些通过语词中介而呈现的东西进行相互作用得到安排。在一幅画中所看到的色彩被认为是源于对象，而不是源于眼睛。单单出于这个理由，它们在情感上所取得的资格有时达到了催眠力量的程度，而且成为有意义的或表现性的。解剖学和心理学知识的使用对之有所帮助的研究表明，器官在以经验为条件的时候，在因果关系上成为主要的东西；而这个器官在经验本身中也许是不显眼的，就像如眼睛般被牵涉进来的大脑神经束那样，只有训练有素的神经病学家才会对此有所了解——当他全神贯注地看某样东西的时候，甚至他对此也是毫无意识的。当我们借助作为原因辅助物的眼睛来知觉冬日里水的流动、冰的寒冷、石的坚固、树的裸露时，眼睛性质以外的其他性质在知觉中确实是显而易见并起着控制作用的。同样确实的是，任何可能是那些光学性质的东西都不会独自地凸显出来，而任由触觉的和情感的性质依附于它们周围。

刚才所讲的这一点，并不是一种遥远的技巧理论。它同我们的主要问题，即主旨和形式的关系问题直接相关。这种相关有着许多方面。其中之一就是感觉与生俱来的扩张倾向，要进入同其他事物而不止是它本身的亲密关系之中，并因而由于它自己的行动而呈现形式——而不是由于被动地等待形式来强加于它之上。由于其有机的联系，任何的感官性质都倾向于伸展和融合。当一种感觉性质停留在一开始出现的相对孤立的平面上时，它就会这么做。这是因为某种特殊的反作用的缘故；也是因为，它是为着特殊的理由而得到培养的。它不再是感官的(sensuous)，而是变成了肉欲的(sensual)。感觉的这种孤立不是审美对象的特征，而是为着感觉的直接兴奋而放纵的诸如迷幻药、性高潮以及赌博等东西的特征。在正常的经验中，感觉的性质乃是关联其他的性质的，并以这样的一种方式去界定对象。处于焦点上的感受器官，把能量和生气加给意义，否则的话，意义就只是回忆的、陈腐的或者抽象的。没有哪位诗人比济慈更能触动人的感官。但是，也没有哪位诗人在写诗时，比他更紧密地使感官性质为客观的事件和场景所渗透。表面上看起来，那激发弥尔顿灵感的东西对今天的绝大多数人来说是一种干巴巴的、令人生厌的神学。但是，他充分地浸润在莎士比亚的传统之中，所以他的主旨就是在宏伟的规模上所构成的直接戏剧的主旨。如果我们听到一个洪亮圆润而不易忘怀的声音，会直接把它感觉为某类名人的声音。而假如我们后来发现，这个人事实上有着一种贫乏和肤浅的本性，那么就会感到自己仿佛被欺骗了。所以，当一个艺术对象的感官性质和理智属性接不上时，我们总是会在审美上失望。

当我们在主旨和形式相整合的语境中进行考察时，那悬而未决的装饰性和表现性之间的关系问题就得到解决了。表现性倾向意义的一边，而装饰性倾向感觉的一边。眼睛有着一种对于光线和色彩的饥渴；当这种饥渴得到食物时，就会产生一种独特的满意。墙纸、地毯、挂毯、天空和花朵那变幻色彩的绝妙上演，满足了这种需要。阿拉伯式的图饰和鲜艳的色彩在绘画中有着一种相似的职能。某些建筑结构的魅力——由于它们既有尊严又有魅力——来自这样一个事实，即在它们线条和空间的精巧适应中，满足了感觉运动系统一种相似的有机需要。

然而，在所有这一切中，不存在特定感觉的单独运作。可以得出的结论是，独特的装饰性质应归于一种感觉神经束不同寻常的能量，它为它所关联的其他活动提供鲜活性和吸引力。哈得逊是一位对世界的感性表面有着非凡敏感性的人。当他谈及自己的童年时，他这样说道："就像一只用其后腿四处乱跑的小野兽，对发现自己身处其中的这个世界惊异地感着兴趣。"他继续说道："我欣喜于色彩和气味，欣喜于品尝和触摸：天空的湛蓝，大地的葱郁，河面上的粼粼波光，牛奶、水果和蜂蜜的滋味，干土或湿土、风和雨、香草和花的气息；仅仅是摸着一片草叶，也使我感到幸福；还有些声音和芳香，尤其是花、羽毛和鸟蛋的那些颜色，比如鹁蛋紫色光亮的外壳，使我陶醉于喜悦之中。当我骑马走在草原上时，发现一片鲜红的马鞭草正在怒放。这蔓延的植物覆盖着好几码的空地，湿润而油绿的草皮上洒满了闪亮如浮雕般的花朵，我会欢呼着从马上跳下，躺在草地上，躺在这些花朵中间，让我的目光尽享它们鲜艳的色彩。”

没有人可以抱怨在这样的一则经验中缺乏对直接感官效果的识别。它是更为值得注目的，因为它没有装出那种对嗅、味、触性质的高傲态度，而这种态度是自康德以来一些著作家所采用的。然而，要注意的是，“色彩、气味、品尝和触摸”并不是孤立的。所享受的乐趣有着对象的色彩、触感和气味：一片片草叶、天空、阳光和水、鸟儿。那被直接诉诸的视、嗅和触乃是手段，通过这些手段，那个男孩的全部存在都纵情于对他所居于其中的这个世界的性质的敏锐知觉里面——这里的性质是被经验到的事物的性质，而不是感觉的性质。一个特定感觉器官的积极作用参与到性质的生产之中；但是，该器官并没有因为这个理由而成为有意识经验的焦点。性质与对象的联系是内在于一切有意义的经验之中的。如果除去这种联系，那么就不会有什么东西保留下来，而只有一连串毫无意义和难以辨识的短暂激动。当我们具有“纯粹的”感觉经验时，它们是以突兀的瞬间和强制的注意而走向我们的：它们是震惊，甚至通常是致力于鼓动好奇心去进行探究的震惊，而这种探究所针对的是那突然打断我们先前工作的情况的本性。如果条件坚持不变，且没有能力把所感觉到的东西投入对象的属性之中，那么结果就是全然的愤怒——一种远离于审美愉悦的东西。把感觉的病理学弄成审美愉悦的基础，这不是一桩有前途的事业。

马鞭草在草地上蔓延，阳光在水面上粼粼闪烁，鸟蛋泛出闪亮的光泽。倘若把这些东西所带来的乐趣转化成活的生灵的经验，那么，我们所发现的东西恰恰就是孤立地起作用的单一感觉的对立物，或者恰恰就是大量仅仅把其分离性质加在一块儿的感觉的对立物。后者借着它们与那些对象的共同关系而协调在一个充满活力的整体之中。正是这些对象，过着一种充满激情的生活。艺术有点像哈得逊在回味童年经验时的那个样子。不过，艺术还要通过选择和集中来进一步地指涉一个对象，指涉超越单纯感觉的组织和秩序，这些东西原是隐含在孩子的经验中的。因而，有着其连续和累积特性（这些属性的存在乃是由于“感觉”有着在普通世界中得到安排的对象，而并非仅仅是短暂的兴奋）的原生经验，为艺术作品提供了一个指涉的框架。有一种理论认为最初的审美经验具有单独的感觉性质，如果这种理论是正确的，艺术就不可能把联系和秩序添加到它们之上了。

刚才所描述的情形，给了我们一把理解艺术作品中装饰性和表现性之间关系的钥匙。如果欣赏所关涉的只是单单的性质，那么装饰性和表现性就彼此毫无瓜葛了：它们一个来自直接的感觉经验，另一个来自艺术所引进的关系和意义。既然感觉本身同关系混在一起，装饰性和表现性之间的差别就是侧重点的差别了。《生活的欢乐》（*Joie de vivre*）——不计翌日的放纵，织物的奢侈，花朵的华美，水果成熟的浓艳——就是通过直接从感官性质的充分表演中跳出的装饰性质而得到表现的。如果艺术中表现的范围是包罗万象的，那么，某些有价值的对象必定得到装饰性地呈现，而其他的则必定得不到如此地呈现。一个快乐的皮耶罗（Pierrot）小丑会在葬礼上同其他人相冲突。而当一个宫廷小丑被画入他主人的丧礼图时，他的外表必然至少是适合这个场合所要求的。过度的装饰性质在特定场景中有着它自己的表现性——就像戈雅在他当时的一些皇亲国戚的肖像中，把这种装饰性质夸张到了这样一种程度，即他们的华丽夸耀变成了滑稽可笑。而要求所有的艺术都成为装饰性的，这同样是一种限制，即限制艺术的材料以排除对忧郁的表现，就像清教徒要求所有的艺术都是严肃庄重的那样。

装饰的表现性与主旨和形式的问题有一种特殊的关系，这就是，它证明了那些把感觉性质孤立起来的理论是错误的。因为在装饰效果孤立地得到实现的程度上，它变成了空洞的雕饰、做作的修饰——就像蛋糕上的糖画图案那样——以及外在的装扮。我无需不嫌其烦地去谴责那种用装饰品来隐瞒弱点并掩盖结构缺陷的不真诚。不过，必须注意的是，在把感觉和意义分离开来的审美理论的基础上，对这样的谴责不存在艺术的根据。艺术中的不真诚有一种审美的而不只是道德的源头；哪里的主旨和形式分崩离析了，哪里就可以找到它。这个陈述并不意味着，所有结构上必需的元素对于知觉来说都是明显的，就像建筑学中一些极端的“功能主义者”坚持认为它们应该的那样。这样一种论点混淆了颇为枯燥的道德概念和艺术。① 因为在建筑中，正如在绘画和诗歌中，原材料通过与自我相互作用而得到重新安排，以使得经验成为令人愉快的。

当花朵与房间的家具以及用途彼此和谐而没有增添一种不真诚的调子时，房间中的花朵就增加了房间的表现性——即使这些花朵掩盖了某些结构上所必需的东西。

---

① 杰弗里·斯科特(Geoffrey Scott)在他的《人本主义的建筑学》(*Architecture of Humanism*)中，已经充分揭露和说明了这种谬误。

质料的真相在于，在一种联系中是形式的东西，在另一种联系中则是质料，反之亦然。色彩在关于某些性质和价值的表现性时是质料，而在它被用于传达精美、显赫、快乐时则是形式。这话的意思并不是说，某些色彩具有一种功能，而其他的色彩具有另一种功能。以委拉斯凯兹（Velásquez）的画作《孩子玛格丽塔·特丽萨》为例，即在那女孩的右边有一瓶花的那幅画。这幅画的优雅和精美是无法超越的；这种精美弥漫于每一个方面和每一个部分——衣服、珠宝、脸庞、头发、手、花；然而，恰恰同样是这些色彩，不仅表现了织物的材质，而且表现了委拉斯凯兹成功作品中总带有的一种人的内在的高贵；这种高贵甚至在王室人物中也是内在的，从而不是王权的一种陷印。

当然，接下来并不是说，所有的艺术作品，甚至那些有着最高质量的艺术作品，都必须拥有装饰性和表现性之间这样一种完全的彼此渗透，就像在提香、委拉斯凯兹和雷诺阿的作品中常常展示的那样。艺术家也许仅在这个或那个方面伟大，但仍然是伟大的艺术家。几乎从一开始，法国的绘画就被标记上了一种活泼的装饰感。朗克雷（Lancret）、弗拉贡纳尔（Fragonard）、华铎（Watteau）是那种也许有时到了脆弱的精美，但他们几乎从未展示出表现性和外部修饰之间的分裂，而这几乎总是布歇（Boucher）的标志。他们更喜欢那些要求以精美细致和亲切微妙来呈递其全部表现性的主题。比起他们来说，雷诺阿在他的画作中有着更多的关于普通生活的主旨。但是，他使用一切造型手段——在它们本身以及它们彼此关系中的色彩、光线、线条和平面——来传达一种与普通事物交流中极富乐趣的感觉。据说，认识他所使用的模特儿的朋友们有时会抱怨，他把那些模特儿画得比他们真实的样子漂亮许多。不过，看这些画的人没有谁会得到一种他们被"修补"过或雕琢过的感觉。那被表现的东西乃是雷诺阿本人所具有的关于知觉世界的乐趣的经验。马蒂斯在当今的装饰性配色师中是无可匹敌的。最初，他也许会给观看者一个震惊，因为那些本身过于鲜艳的色彩被并置在一起了，也因为物质上的空白最初看起来是非审美的。然而，当人们学着去看的时候，他们就会发现有一种性质得到了奇迹般地呈现，这种性质是典型的法国式的——清晰明朗。如果对它进行表现的尝试没有获得成功——当然，它并不总是这样——那么，装饰的性质就会单独地突出来，并且是压制性的——就像放了太多的糖那样。

因此，在学着去知觉一件艺术作品的时候，一种重要的才能——一种连许多批评家都不拥有的才能——就是把握那使一位特定的艺术家格外感兴趣的对象状况的能力。静物画也许会像大多数风俗画那样空空如也，倘若它没有在大师的手下，通过重要的结构因素的装饰性质本身而变成表现性的，就像夏尔丹以亲切悦目的方式来呈现体积和空间位置那样；塞尚以水果成就了不朽的性质，正如瓜尔第(Guardi)在相反的方面，以一种装饰性的光辉使不朽的东西充满在大楼之中。

随着对象从一种文化媒介传送到另一种文化媒介中，装饰性质也呈现出新的价值。东方地毯和碗具有一些范型，这些范型在装饰性的半几何图形中得到表现，而它们最初的价值通常是宗教的或政治的——作为部落的徽章。西方观察者在前者上的收获，并不多于对最初关联佛教和道教的中国绘画中的宗教表现性的把握。造型的元素得到保持，并且有时会给出装饰性与表现性分离的错误感觉。地方元素是一种由以支付入场费的媒介。在地方元素被去除之后，内在的价值仍然得以保持。

美，按照惯例被假定为是美学的特别题目，它几乎不被提及先前的东西。它完全是一个情感的术语，尽管它所表示的是一种特有的情感。在直接强烈地抓住我们的一片风景、一首诗或者一幅画面前，我们被感动得喃喃细语或者失声喊道“多么美啊”。这种突然的喊出正是一种赞词，它献给对象那种唤起接近崇拜的赞美的能力。美最大限度地远离分析的术语，因而也远离一种可以在理论中充当解释手段或者分类手段的概念。不幸的是，它被僵化成一个特殊的对象；情感的狂喜隶属于哲学称为实体化的东西，而结果便是作为直觉的一种本质的美的概念。对理论的目的来说，它就变成了一个碍事的术语。万一这个术语在理论中被用来标明一则经验的总体审美性质，那么，当然最好是对经验本身加以研究，并说明这性质来自何处又如何进行。在此情形中，美乃是对某种东西的一种回应；这种东西对反思来说，就是通过其内在关系而整合于一个单一定性整体之中的质料的圆满完成的运动。

这个术语有另外一种和更为有限的使用，在这种使用中，美用来反衬审美性质的其他模式——反衬崇高、喜剧、怪诞。从结果来判断，这种区分并不是一个恰当的区分。它倾向于使那些研究它的人陷入概念的辩证操作之中，陷入一种妨碍而不是辅助直接知觉的鸽笼式分类格架之中。现成的划分不是支持人们去听任对象，而是导致人们怀着一种比较的意图去接近对象，从而导致他们把经验限定为对统一整体的部分把握。对这个词的常用案例的考察，除了揭示出上面所提到的它的直接情感意义之外，还揭示出，该术语的一个重要意义乃是装饰性质的显著在场，以及对感觉的直接魅力的显著在场。另一个意义则是指出整体诸成员的合适关系和相互适应的明显在场，无论它是对象、情境还是行为。

因此，数学证明以及外科手术都可以说是美的——甚至一个病例在其特有关系的展示上也可能如此之典型，以至于被称作是美的。这两种意义，即感官魅力的意义和各部分和谐属性的显现的意义，标志着人类形式中最佳的样本。理论家们所做的把一种意义化约为另一种意义的努力，说明通过固定的概念来接近素材是徒劳无益的。这些事实阐明了形式和质料的直接融合，阐明了被当作形式或主旨的东西在一种特定情形中的相对性，以达到使反思性分析具有生气的目的。

全部讨论的总结就是：那些把质料和形式分离开来的理论，那些努力在经验中寻找各自特殊位置的理论，尽管它们彼此对立，但都是相同基本谬误的案例。它们依靠活的生灵与居于其中的环境的分离。有一种派别造成了意义或者关系的趣味中的分离，这种派别当其含意被表示为公式时就变成了哲学中的“唯心主义”派别。而另一种派别，即感觉-经验的派别，则为着感觉性质的首要地位而造成这种分离。人们不曾相信，审美经验会为着解释艺术而产生它自己的概念。这些概念是通过来自那些思想系统的现成结转而叠加上来的，而这些思想系统的架构并没有指涉到艺术。

没有什么比讨论质料和形式的问题更具有灾难性的后果了。也许可以很容易地用来自某些美学论著者的引文来填满这一章的空页，这些论著者主张质料和形式的一种原初二元论。我只援引一例：“我们称一座希腊神庙的正面是美的，这特别是指它那令人赞慕的形式;然而,在断言一座诺曼底式城堡的美时,我们所指的却是那城堡所意味的东西——对它往昔骄傲自豪的力量,以及这力量被岁月的无情击打慢慢征服的想象效果。”

这位独特的作者把“形式”直接指涉为感觉,而把质料或者“主旨”指涉为想象的意义。把这种处理方法颠倒过来,是很容易的。废墟如画;这说的是,废墟那长满常春藤的直接范型和色彩,对感觉来说引起了一种装饰性的兴趣;而人们也会争论,希腊神庙的正面效果应归于对比例关系的知觉,等等,这更多地涉及理性的而不是感性的考察。当然,乍看起来似乎更为自然的是把质料归于感觉并把形式归于间接的思想,而不是反过来。而事实是,这两种方向上的区分都是同样武断的。在一种语境中是形式的东西,在另一种语境中则是质料,反之亦然。此外,它们在同一件艺术作品中随着人们兴趣点和注意力的变换而改变位置。就拿《露西·格雷》中的以下几节来说:

> 却有人主张直至今日,
>   这孩子依然活在世上;
> 你也许会见着甜甜的露西·格雷,
>   在那寂寥的荒野之上。
>
> 无论崎岖平坦她穿越向前,
>   从来不曾向后顾盼;
> 且唱起那一首寂寞之歌,
>   歌声啸啸在风儿里面。

有哪个审美地感受着这首诗的人会有意识地——在同时——区分感觉和思想，区分质料和形式？如果是这样的话，他们就不是在审美地阅读或者聆听了，因为这些诗节的审美价值在于两者的整合。尽管如此，在全神贯注地欣赏这首诗之后，人们可以进行反思和分析。人们可以考察，语词、节奏和韵脚、短句的运动的选择如何有助于产生审美的效果。不仅如此，那样一种由着对形式更为明确的理解而作出的分析可能会进一步地丰富直接经验。在另一种场合，如果把这些相同的特点联系华兹华斯的阐发，联系他的经验和理论，那么，它们可能就会被当作是质料而不是形式。于是，这段情节，这个“守信至死的孩子的故事”，就用作为华兹华斯体现他个人经验材料的一种形式。

既然形式和质料在经验中得以结合的最终原因乃是经受和做之间的密切关系，而这种关系又处在活的生灵同那自然与人的世界的相互作用之中，那么把质料和形式分离开来的理论的最终源头就在于对这种关系的忽视。于是，性质被当作是由事物所造成的印象，而提供意义的关系则或者被当作印象之中的联想，或者被当作某种由思想所引入的东西。这里存在着形式和质料的结合的敌人。然而，它们乃是来自我们自己的局限；它们不是内在固有的。它们源于漠不关心、狂妄自大、自艾自怜、不冷不热、恐惧害怕、惯例俗套、例行公事，源于那些阻塞、偏离和妨碍活的生灵与他居于其中的环境进行生机勃勃的相互作用的因素。只有平常无动于衷的人，才会发现艺术作品中单纯的短暂兴奋；只有消沉沮丧、不能面对周遭情境的人，才会仅仅为着药物式的慰藉去求助艺术作品，而这种慰藉是通过那些他不能在他的世界中找到的价值来达成的。然而，艺术本身不只是沮丧者意气消沉中的一种能量搅动，也不只是烦恼者心绪狂乱中的一种平静安宁。

通过艺术，对象的意义得到了澄清和集中，否则就是不能说话的、未得到发展的、饱受限制的、遭到抵制的；而且，这澄清和集中不是靠致力于它们之上的艰苦思考，也不是靠躲避到一个只有感觉的世界之中，而是靠一种新的经验的创造。有时候，扩充和加强得以实现的手段是：

>……某一首哲学之歌，
>来自珍爱我们每日生活的真理；

有时候，它得以达成乃是由于一次去向远方的游历，即一次冒险，这冒险去向

>敞开于泡沫之上的窗扉，这泡沫
>来自那被遗弃仙境中的危险之海。

然而，无论艺术作品追踪哪条道路，它都将使那经验普通世界的力量保持其完全的活跃，因为它就是一种完全而强烈的经验。它这么做所凭借的，便是把那种经验的原材料化约为通过形式而得到安排的质料。

第七章 形式的自然史

THE NATURAL HISTORY OF FORM

形式作为把材料组织进艺术质料之中的某种东西，已经在前一章得到了考察。所给出的这个定义告诉我们：当形式得到完成时，当形式存在于艺术作品中时，形式是什么。但是，它没有告诉我们，形式是如何生成的，亦即它的产生条件。形式根据关系来加以定义，而审美形式则根据所选媒介中的关系的完整性来加以定义。不过，"关系"是一个模棱两可的词。在哲学话语中，它被用来指称一种在思想中所建构的联系。因此，它意味着某种间接的东西、某种纯粹是理智的甚至逻辑的东西。但是，"关系"在其习惯用法中则表示某种直接的和积极的东西、某种动态的和有力的东西。它把注意力固定于事物彼此影响的方式，即它们的冲突和联合，固定于它们彼此实现和阻扰、促进和延迟、刺激和抑制的方式。

理智的关系存在于命题之中；它们陈述那些术语的彼此联系。在艺术中，正如在自然和在生活中，关系是相互作用的模式。它们是推和拉，是收缩和膨胀；它们决定轻和重、起和落、和谐和不和谐。朋友关系、夫妻关系、父母和子女关系、公民和国家关系，就像引力作用以及化学作用中物体与物体的关系那样，也许可以由术语或概念来加以符号化，并因而以命题来加以陈述。但是，它们乃是作为事物在其中得到修正的作用与反作用而存在的。艺术进行表现，而不是进行陈述；它与那些由它们被知觉到的性质而来的存在有关，而不是与那些由术语加以符号化的概念有关。一种社会关系是一个爱与义务、交合、生育、影响和彼此修正的事件。当"关系"被用来定义艺术中的形式时，它正是在这个意义上被理解的。

就形式而言，各个部分在构建一个整体时的彼此适应，乃是一种刻画艺术作品之特征的关系。每一台机器、每一件器具都适度地具有一种相似的互惠适应，在各自的情形中都有一个目的得到实现。不过，这仅仅是一种功用，它满足特定的和有限的目标。审美艺术作品满足许多目的，它们中没有哪一个是预先被规定的。它服务于生活，而不是指定一种被界定的和受限制的生活模式。如果各个部分没有以种种独特的方式集聚在审美的对象之中，那么，这种服务将是不可能的。在构建这种整体时，每个部分怎样才是动态的部分，也就是说，怎样扮演一个积极的角色，这是出现在我们面前的一个问题。

马克斯·伊斯特曼（Max Eastman）在他的《诗歌欣赏》（*Enjoyment of Poetry*）中，用一个巧妙的例子道出了审美经验的本性。这个例子说的是一些渡河人，我们假定他们乘渡船进入纽约市。有些人简单地把它看作是一次把他们带到他们要去的地方的旅行——一种需要忍受的手段。所以，也许他们会读读报纸。一个无所事事的人可能会看看这座或那座大楼，分辨大都会塔、克莱斯勒大厦、帝国大厦，等等。而另一个急于到达的人，或许会眺望界标以判断与目的地接近了多少。还有人是头一次旅行，他热切地东张西望，被眼前展现的繁多的对象弄糊涂了。他既没有看到整体，也没有看到部分。他就像进入一所陌生的工厂的外行，在这所工厂里，许多机器正在忙活着。另外一个人对房地产感兴趣，他在注视大楼以天空为背景映出的轮廓线时，也许看到大楼高度的证明，看到土地价值的证明。或者，他也许会让自己的思考在巨大的工商业中心的拥塞中游荡。接下来，他也许认为这种安排的无计划性是一个证明，证明了在冲突而不是合作的基础上组织起来的社会的混乱。最后，由这些大楼所赋予形式的场景可能被看作是一个个色彩和光线的三维物体，它们彼此关联且关联于天空与河流。这个时候，他就是在审美地看，一个画家可能就是这样看的。

现在，这最后列举的视觉的特征和其他所提及的形成了对比，它所关注的乃是一个由各相关部分所构建起的知觉整体。并没有一个单一的轮廓、外表或者性质被挑选出来，以作为达到所欲求更多外部结果的手段，或者以作为也许可以被引出的推论的一个记号。帝国大厦也许会被单独地认出。但是，当它像图画那样地被看时，它被看作是一个在知觉上组织起来的整体的相关部分。它的价值，它被看到的性质，得到整体场景其他部分的修正，而且反过来修正整体中其他部分作为知觉的价值。此时就有了艺术意义上的形式。

马蒂斯曾经以下面一种方式来描绘实际的绘画过程："如果在一张干净的画布上，我每隔一段距离就画上蓝、绿和红的色块，那么随着我一笔笔地添上去，那先前所画的每一笔都在失去重要性。如果我要画一幅内景；我看到前面有一个衣柜，它给我一种鲜明的红色的感觉；我把这使我满意的特定的红色画到画布上。这个时候，这种红和画布的白之间的一种关系就确立起来了。当我此外再画上绿色，又画上黄色，以再现地板时，这种绿和黄与画布上的颜色之间就会形成更进一步的关系。但是，这些不同的色调彼此减弱。我所使用的不同色调，必须以一种它们彼此不破坏的方式达到平衡。为了做到这一点，我不得不使自己的想法条理分明；色调之间的关系必须以树立它们而不是拆除它们的方式建立起来。色彩之间一种新的结合将会继承一开始的那一种，并且将给出我的构思的整体性。”①

此时，倘若房主留意查看的话，这里就没有什么东西在原则上不同于房间布置中所做的一切。桌子、椅子、毯子、灯、墙壁的颜色，以及它们上面那些图画的间距得到了如此的选择和安排，以至于它们不是冲突而是形成了一个整体。否则，就会存在混乱——也就是说，知觉上的混乱。在那时，视觉不能够完成自身。它分解成一串不连贯的行为，此时看看这，彼时看看那，而仅仅成串并不是一个系列。当团块得到平衡、色彩得到和谐、线条与平面适当地相会与交叉时，知觉就会成为系列的以至于可以把握整体；而且，每个连续的行为增进并加强了那以前的东西。甚至乍看起来，存在着某种定性的统一的感觉。那里存在着形式。

简单地说，形式并不独独在贴有艺术作品标签的对象中被找到。知觉在哪里没有变得迟钝和反常，哪里就有一种不可避免的倾向，即倾向于参照完整统一的知觉的要求来安排对象和事件。形式是每个成为一则经验的经验的特性。艺术以其特定的意义，更为审慎和全面地颁布了实现这种统一的条件。形式因而也许可以被定义为诸力量的运作，这种运作把对事件、对象、场景以及情境的经验带向其自身的完整实现。这样，形式和主旨之间的联系就是内在固有的，而不是从外部强加的。它标志着一则圆满完成的经验的质料。如果质料属于一种欢乐的类别，那么适合于悲惨质料的形式就是不可能的。如果在诗里面进行表现，那么，节拍、运动的速度、所选的语词、整个的结构都将是不同的；而如果

---

① 引自1908年出版的《画家手记》(*Notes d'un Peintre*)。在另一种联系中，人们可能会凝神思考论及“使想法条理分明”的必要性的短语的含意。

在画里面进行表现,那么,同样如此的就将是色彩和体积关系的整体调配。在喜剧中,一个忙于垒砖的人身着晚礼服是适当的;这种形式适合于这种质料。同样的素材会把另一种经验的运动带向灾难。

因而,这样两个问题就一致了:一个问题是发现形式的本性,另一个问题是发现一则经验推向其圆满得以实现的手段。当我们知道这些手段时,就知道了形式是什么。尽管确实如此的是,一切质料都有它自己的形式或者是私密个人的,但是存在着一些普遍的条件,这些条件包含在任何有序地发展到其完成的素材之中,因为只有当这些条件得到满足时,一种得到统一的知觉才会发生。

某些形式的条件已经顺便提及过了。除非有一种价值的逐渐聚集,有一种累积的结果,否则就不可能有向着圆满终结的运动。倘若不对那已经走在前面的东西的含义进行保存,这个结果就不可能存在。此外,要保证所需的连续性,累积的经验必须就是这样,以便创造出对解决的焦虑和预期。累积同时也是准备,就像一个活的胚胎的每一个发育阶段那样。只有把这作为先导的东西继续下去;否则的话,就会存在抑制和破裂。由于这个理由,圆满完成就是相对的;它不是一劳永逸地出现在某个给定的点上,而是反复出现的。节奏性的停顿预期着最终目标,尽管目标只是以一种外在的方式成为最终的。因为,当我们从诗或小说的阅读中转开时,或者从图画的观看中转开时,那结果会在更进一步的经验中奋力向前推进,即使只是下意识地。

诸如连续、累积、保存、紧张和预期这样的特征,因而就是审美形式的形式上的条件。在这一点上,抵抗的因素值得特别关注。如果没有内在的紧张，就会有一股洪流直冲目标，而不存在任何可被称为发展和完成的东西。抵抗的存在界定了一件优美艺术对象的生产中的智力的位置。在达成各部分之间适当的互惠适应时，有一些需要加以克服的困难，这些困难构成了在理智的作品中成为问题的东西。正如在处理主要是理智事务的活动中，那构成问题的材料必须被转变为一种促其解决的手段，它不可能被回避。然而在艺术中，较之在科学中来说，所遭遇的抵抗以一种更为直接的方式进入作品里。知觉者以及艺术家都必须去知觉、直面、克服问题；否则，欣赏就是短暂的，并且负担了过重的感伤。因为要进行审美地知觉，他必须重塑他过去的经验以使它们被整合进一个新的范型之中。他不能够遗散他过去的经验，也不能够像过去曾是的那样居于它们之中。

对最终产品一种严格的预先决定，无论由艺术家还是观看者作出，都将导致一种机械的或学院式产品的生产。在这些情形中，种种用以获得最终对象和最终知觉的过程，并不是在圆满经验的构建中前行的手段。后者所具有的毋宁说是一种模板的本性，尽管用以制造这个模板的副本存在于心灵之中，而不是作为一种物质性的事物。关于艺术家不在乎他的作品如何实现的说法，并不完全准确。不过，他确实关心作为先行之物的完成的归宿，这不是因为它与现成的先行方案相符合或不符合。他愿意把结果留给它由之引起并得到总结的手段的合适性。就像科学探究者一样，他允许他的知觉的素材连同它所呈现的问题一起去决定结局，而不是坚持它与预先决定的结论相一致。

经验的圆满完成的阶段——既是最终的，也是居间的——总是呈现出某种新的东西。赞叹总是包含着一种惊奇的元素。正如一位文艺复兴时期的作家所说:“不存在没有一定比例的新奇性的卓越之美。”那意料之外的转变,某种艺术家本人没有明确预见到的东西,乃是一件艺术作品的得体性质的条件;它使艺术作品避免了机械性。它赋予在其他情况下可能成为计算结果的东西以某种未曾预期之物的自发性。画家和诗人就像科学探究者一样,懂得发现的乐趣。那些把他们的工作当作预先形成的论题的演示而进行工作的人,可能会有以自我为中心的成功的快乐,但这不是为着自身的目的而完成一则经验的快乐。在后面一种情况下,他们通过工作来学习,在他们所进行的工作中,查看和感受那尚未成为他们原先计划和意图的一部分的东西。

圆满完成的阶段在一件艺术作品中自始至终地反复出现,而且,在对一件伟大艺术作品的经验中,它出现的地点在对它的连续观察中发生变化。这个事实在机械的生产及使用与审美的创造及知觉之间设置了不可逾越的障碍。在前者之中,除非最终的目标被达到,否则就不存在什么目标。因此,工作往往成为劳动,而生产则往往成为苦差。然而,在一件艺术作品的欣赏中,并不存在最终的界限。它持续地开展着,并且既是最终性的又是工具性的。那些否认这个事实的人对“工具性”的意义进行了限制,把它限制为致力于某种即使不是卑劣的也是狭隘的功效职能的过程。在事实没有被命名时,他们承认它。桑塔亚那谈及被“对自然的沉思带到一种对理想的生动信念”。这个陈述可以像用于自然那样用于艺术,而且,它指出了一种被艺术作品所行使的工具性的功能。我们被带到一种对普通经验的环境和紧迫的重新振作的态度之中。对一件艺术对象所做的工作,就其为工作而言,并没有在直接的知觉行为停止时而停息。它继续在那些间接的渠道中运作。事实上，那些在提到与艺术有关的“工具性”时就退却的人，恰恰常常会赞颂艺术所带来那份持久的平静从容、心旷神怡，或者它所引起的对视觉的重新培养。真正的麻烦是言辞上的。这些人习惯于把语词与出于狭隘目的的工具性联系在一起——就像伞对于免遭淋雨来说是工具性的，或者，收割机对于收割谷物来说是工具性的那样。

某些乍看起来无关的特征，事实上是属于表现性的。因为它们推进了一则经验的发展，以便给予突出的实践以特别的满意。例如，与众不同的技艺以及手段使用的简洁在它们同实际的作品整合起来时，就是一个明证。因而，技艺不是作为艺术家外部装备的一部分，而是作为属于对象的一种增强表现而得到赞美的。这是因为，它推动一个连续的进程达致其自身清晰而明确的结尾。它属于产品，而不仅仅属于生产者，因为它是形式的一个组成部分；就像一条猎狗的优雅乃是它所做出的运动的标志，而不是该动物所拥有的某种外在于运动的特征。

正如桑塔亚那曾经指出的，昂贵也是表现性的一个元素，它是一种与购买力的庸俗显摆毫无共同之处的昂贵。稀有利于加强表现性，无论这个稀有是由于坚韧劳动的少有发生，还是因为它有一种远方地域的魅力并把我们带入简直一无所知的生活方式。这些关于昂贵的例子是形式的一部分，因为它们的运作仿佛使所有新颖和意外的要素都能够促进一则唯一经验的逐步建立。那所熟悉的要素可能也具有这种效果。与查尔斯·兰姆(Charles Lamb)相比，其他有些人特别敏感于驯服了的东西的吸引力。不过，他们是赞颂那所熟悉的东西，而不是以蜡像来再生产出它的形式。旧的东西披上新的打扮，在这打扮里，对那所熟悉的东西的感觉从通常由习惯招致的漠视中得到拯救。高雅也是形式的一部分,因为它是每当素材以不可避免的逻辑运动至其结尾的作品的标记。

这里所提及的某些特色,常常更多地指向技巧而不是形式。无论何时,只要所讨论的性质是指向艺术家而不是他的作品,这种归因就是正确的。存在着突出的技巧,就像一位写作大师的华饰那样。如果技艺和简洁使人想起它们的作者,那么就把我们带离了作品本身。而使人想起其生产者技艺的作品特色尽管在作品之中,但却并不是作品所享的。它们不被作品所享的原因恰恰就是我所强调的要点的反面。它们没有把我们带到统一的、发展着的经验的习俗中的任何地方;它们不是像内在力量那样运作以便把它们声称是其一部分的对象送抵圆满完成。这样的特色就像其他多余或累赘的元素一样。技巧不同于形式,但也不是完全地独立于形式。准确地说,它是那些构成形式的元素由以得到管理的技艺。否则,它就是卖弄,或者是一种脱离表现的精巧手艺。

因此,技巧上获得了重大进展,这与种种解决问题的努力分不开,但这些问题不是技巧而是由新的经验模式的需要而来的。这话对于审美的艺术和技术性的东西同样正确。存在着仅仅与老式运载工具的改良有关的技术上的改进。但是,它们同那种从马车到汽车的技术变化比较起来就无关紧要了,此时,社会需要呼唤着一种由个人所控制的快捷运输,这种快捷运输甚至是火车也不能做到的。如果我们考察文艺复兴期间以及文艺复兴以来主要绘画技巧的发展,那么我们就会发现它们是同解决某些问题的种种努力联系在一起的,这些问题来自绘画中所表现的经验,而不是来自绘画的技艺本身。

所存在的第一个问题是从平面式马赛克中的轮廓描绘到“三维”呈现的转变。直到经验扩大到要求表现某种不只是教会法令所规定的宗教题目的装饰性表演，才会存在某样激发这种变化的东西。在其自身而言，“平面”绘画的老套路与任何其他的老套路是一样好的，就如同采用某一种方法的中国透视画与采用另一种方法的西方绘画的透视法一样完美。引起技巧上变化的力量，乃是在艺术之外的经验中的自然主义的成长。这同样可以应用于下一个巨大的变化，即掌握呈现空气透视和光线的手段。第三个巨大的技巧变化是，威尼斯画派对色彩的使用影响到了其他画派，尤其是佛罗伦萨画派依靠雕刻般的线条所完成的东西——该变化表明了价值的一种大规模世俗化，这伴随着其对经验中的奢侈华丽和温文尔雅的颂扬的要求。

然而，我所关心的并不是一门艺术的历史，而是要指出技巧如何着眼于表现的形式而起作用。有意义的技巧依赖于对表现某些独特经验模式的需要，这种依赖由通常随新技巧的出现而出现的三个阶段得到证明。首先，存在着艺术家方面的实验，这种实验有着对新技巧将要适应的因素相当程度的夸张。确实如此的情形是用线条去界定对圆的价值的识别，就像曼特那(Mantegna)那样；这对着眼于光线效果的典型的印象派艺术家来说，是确实的。存在着公众方面的普遍谴责，即谴责艺术中这些冒险的意图和素材。在接下来的阶段，新规程的成果得到吸收；它们被采纳并实现了对旧传统的某些修正。这个时期确立了新的目标并因而确立了具有“经典”效力的新技巧，而且伴随着一种延续到随后诸时期之中的声望。第三，存在着这样一个时期，其时，平稳时期大师技巧的特别之处被用于模仿，并且被做成目的本身。提香那戏剧性的运动特点的处理，以及丁托列托的更多处理，主要是依靠光线和阴影做出的，而这种处理在17世纪晚期被夸张到矫揉造作的程度。在圭尔奇诺(Guercino)、卡拉瓦乔(Caravaggio)、费蒂(Feti)、卡拉齐(Carracci)和里贝拉(Ribera)那里，戏剧性地描绘运动的企图导致了摆好姿势的舞台造型，并使自己遭受了失败。在这第三个阶段(当创造性的作品获得普遍的承认之后，这个阶段便尾随着它而来了)，技巧被借用但却丝毫无关于那一开始把它唤起的急迫经验，结果便导致了学院的和折衷的东西。

我在前面说过，单单的技艺并不是艺术。现在要补充的一点是，艺术中的技巧对于形式的彻底相对性常常被忽视了。早期哥特式雕刻被赋予其特殊的形式，中国绘画被赋予其特殊的透视，这都不是由于缺乏灵巧的缘故。艺术家乃是凭借他们所使用的技巧，把他们必须说的东西说得更好，而不是凭借其他的东西。那种对我们来说迷人的天真烂漫，对他们来说则是表现一种所感觉到的素材的简单而直接的方法。由于这个原因，尽管任何的审美艺术中都不存在重复的连续性，但也并不必然存在着前进。希腊雕刻就其自身而言，永远是无与伦比的。托尔瓦德森(Thorwaldsen)不是菲迪亚斯(Pheidias)。威尼斯画派的画家们所成就的东西将无可匹敌地矗立。而对哥特式大教堂建筑的现代复制总是缺乏那原作的性质。在艺术的运动中所发生的是，要求表现的新的经验材料浮现出来，并因而在它们的表现中牵涉到新的形式和技巧。马奈(Manet)返回到过去成就他的绘画风格，但是他的返回所包含的并不仅仅是对旧技巧的模仿。

技巧对于形式而言的相对性，在莎士比亚那里得到了再好不过的证明。在莎士比亚作为全才文学艺术家的声名确立起来之后，批评家们认为有必要假定有一种伟大性蕴含于其所有作品之中。他们在特殊技巧的基础上建立起了关于文学形式的种种理论。而当一门更为准确的学问表明，那许许多多被赞美的东西乃是借自伊丽莎白时代的惯例时，他们就震惊了。对于那些使得技巧等同于形式的艺术家来说，结果就是莎士比亚的伟大性被缩减了。然而，莎士比亚的实质性的形式却仍然只是它一直曾是的东西，以及不受他的局部适应所影响的东西。对他技巧的某些方面的承认，确实只应当把注意力集中于他艺术中有意义的东西上。

我们一点儿都没有夸大技巧的相对性。它随着各种各样几乎与艺术作品毫无关系的环境——也许是一种对颜料产生影响的新的化学发现——而变化。有意义的变化，乃是那些在其审美感觉上对形式本身产生影响的变化。技巧对于工具而言的相对性，常常是被忽视的。在新的工具成为文化中的——亦即被表现的材料中的——一个变化记号时，它才变得重要起来。早期的陶器很大程度上是被陶工的转轮所决定的。地毯和毛毯应把它们的许多几何图样归功于编织工具的本性。这些东西本身就像艺术家的体格——就仿佛塞尚希望他具有马奈那样的肌肉。只有当这些东西涉及文化和经验中的变化时，它们才会超越古文物研究式的兴趣。那些很久以前在洞穴壁上作画的人的技巧，以及雕刻骨头的人的技巧，都是为由条件所提供或强加的目的而服务的。艺术家总是曾经使用并且总是将要使用各种各类的技巧。

在另一边，外行的批评家中存在着一种把实验限制在科学家的实验室里的倾向。然而，艺术家的本质特征之一却是，他天生就是一个实验者。倘若没有这个特征，他就会变成一个或劣或优的学者。艺术家之所以被迫成为一名实验者，乃是因为他不得不通过那些属于普通和公共世界的手段以及材料来表现一种强烈个性化的经验。这个问题无法被一劳永逸地解决掉。它在每一件着手的新作品中都会碰到。否则的话，一位艺术家就会重复自己，并且在审美上死去。正是因为艺术家实验性地进行着工作，他才能打开新的经验领域，并发现那些熟悉的场景和对象中的新方面和新性质。

如果不是说"实验的"而是说"冒险的"，那么可能会赢得普遍的赞同——词的力量是如此之伟大。因为艺术家是纯粹经验的热爱者，所以他避开那些已经饱和的对象，并因而总是处在事物成长的锋口之上。根据该情形的本性，他不满意那已确立起来的东西，就像一位地理探险者或者科学探究者那样。"古典"在它被生产出来时就打上了冒险的标记。这个事实是被那些反对浪漫主义的古典主义者所忽视的，浪漫主义者着手新价值的发展，且通常并不拥有适于其创造的手段。现在成为古典的东西之所以成为古典的，乃是由于冒险的完成，而不是冒险的缺乏。一个从审美上来进行知觉和欣赏的人，在阅读任何古典名著时总会产生冒险的感觉，这种冒险的感觉是济慈在阅读查普曼(Chapman)的《荷马》时所具有的。

具体的形式只能联系实际的艺术作品来加以讨论。这些东西不可能在一本关于美学理论的书籍里面得到呈现。但是，完全专注于艺术作品以至于排斥分析，也是不可能持久的。存在着一种屈从与反思的节奏。我们中断我们对对象的臣服，转而考问它通向何处以及如何通向那里。这样，我们在某种程度上就开始把注意力集中于一种具体形式的形式性条件之上了。事实上，在我们谈论作为审美经验的形式性特征的累积、紧张、保存、预期以及实现时，已经提及了这些形式的条件。如果一个人足够远地离开艺术作品以避免其总体的定性印象所产生的催眠效果，那么，他就不会使用这些词，也不会清楚地知道它们所代表的事物。但是，他所区分出的作为给予作品以其凌驾于他之上的力量的那些特征，可以被化约为已经有所述及的这种形式的条件。

总体的震慑性印象首先到来，将这印象俘获住的也许是蓦然一幅景色的壮观，或者是进入一座大教堂时在我们身上所产生的效果。其时，暗淡的灯光、供神的熏香、彩画的玻璃，以及宏伟的比例，融合成一个无法区分的整体。说一幅画打动了我们，这是真实的。存在着一种效果，这种效果先于对这幅画所关涉的东西的一切明确识别。正如画家德拉克洛瓦对这种最初的和前分析的阶段所谈论到的，“在知道图画所再现的东西之前，你就被它魔术般的和谐一致所俘获了”。对大多数人而言，这种效果在音乐中特别显著。任何艺术中由一种和谐整体所直接造成的印象，往往都会被描述为那门艺术的音乐性质。

然而，不仅不可能无限期地延长审美经验的这个阶段，而且也不值得这么做。只有一样东西能保证这种直接的俘获是在一种高层次之上的，这就是经验它的人的教养程度。就其本身来说，它也许是并且常常是廉价手段使用在浮华材料上的结果。而把这种层次提升到具有内在价值保证的层次的唯一方法，就是通过插入判别的阶段。产品中的区别密切地联系着进行辨别的过程。

尽管最初的俘获和随后的批评性判别都同等地要求各自的

完满发展，但不应忘记的是，直接的和非理智的印象是首先到来的。围绕这样的场合，存在着某种具有风的性质的东西，而风随着意思吹（bloweth where it listeth）。它有时候来，有时候又不来，甚至在同一对象的面前也是如此。它不能被勉强，而且，在它没有到来的时候，靠直接行动去寻求恢复那最初的美好狂喜是不明智的。审美理解的开端，乃是保持这些个人的经验并发展它们。这是因为，它们的培育最后将进入判别。判别的结果往往会使我们确信，所讨论的特定事物并不值得引起这样痴迷的突然迸发；事实上，这种突然迸发乃是由那些对于对象本身来说是外在的因素引起的。然而，这个结果自身就是对审美教育一个确切的贡献，而且把下一个直接印象提升到一个更高的层次。为了有利于判别以及被对象直接捕获，一个可靠的手段就是：当某种在其强烈时像一种神性的疯狂的东西没有到来的时候，拒绝模仿和伪装。

审美欣赏节奏中的反思阶段是处于萌芽状态的批评，那最为精致和有意识的批评只是它的合理扩充。对这个特定题目的阐发在别的地方。[1] 但是，属于这一般性题目之下的一个话题必须至少在这里触及一下。许多纠缠不清的问题，五花八门的含混，种种历史性的论争，都被牵涉到艺术的主体性和客体性问题之中。然而，如果已经采用的看待形式和主旨的立场是正确的，那么至少存在一种重要的意义，在这个意义上，形式必定同它所限制的材料一样是客观的。如果原生材料为呈现一则统一在导致其内在实现的运动中的经验而得到有选择的安排时，形式就显现

---

① 参看本书第十三章。

出来，那么，客观的条件当然是艺术作品生产中的控制性力量。一件优美的艺术作品，雕像、建筑、戏剧、诗、小说，当其完成时，便是客观世界的一部分了，就如同一辆机车或一台发电机。并且，和后者差不多，优美艺术作品的存在从原因来说，是以外部世界的材料和能量的协调为条件的。我的意思并不是说，这就是艺术作品的全部；甚至工艺产品也被做得服务于一个目的，并且，当它在生产超越其朴素的物质存在之上的结果的条件下运作时，它就在实际上而不是潜在地成了一辆机车；也就是说，它仿佛是在运输人和货。不过，我的意思是想强调，不可能存在脱离对象的审美经验，以及对于一个成为审美欣赏的内容的对象来说，它必须满足那些客观的条件，倘若没有那些条件，那么累积、保存、加强、跃迁到更为完善的东西中就是不可能的。我在几个段落前谈到的审美形式的一般条件，从其属于物质性材料和能量的世界的意义上来说，乃是客观的：尽管物质性材料和能量对于审美经验来说并不足够，但它们是其存在的必要条件。而证明该陈述之真实性的直接艺术证据在于两个方面：一方面是当每个艺术家观察他周遭世界时便将他迷住的趣味，另一方面是他为着他借以工作的物质媒介而献出的关切。

那么，那些深深地根植于世界本身之中的艺术形式的形式性条件是什么呢？该问题并没有牵涉到我们尚未考虑过的材料。环境同有机体之间的相互作用是所有经验直接或间接的源头，而且，从环境中产生出阻碍、抵抗、促进，当这些东西以适当的方式同有机体的能量遭遇时，它们就构成了形式。周遭世界使艺术形式的存在得以成为可能的首要特征就是节奏。在诗歌、绘画、建筑和音乐存在之前，自然界中就已经有节奏了。假如不是这样的话，作为形式之本质属性的节奏就仅仅是被叠加在材料上面，而不是材料由以在经验中达到其自身顶点的一种运作。

更为宏大的自然节奏是如此密切地关联于人的最为基本的生存条件，以至于一旦人意识到他的职责以及使职责有效的条件，那些生存条件就不可能逃脱人的注意了。黎明和日落、白天和黑夜、雨天和晴日这些交替性因素，都与人类有直接的关系。

季节的循环过程几乎对每一种人类利益都有影响。当人开始从事农业时，季节的节奏性过程必然是与共同体的命运相一致的。月亮在形状和运行中的不规则的规则性循环，看起来对人、畜、庄稼的繁荣充满了神秘的重要性，并且不可避免地关联到生殖的神秘。与这些更为宏大的节奏密切关联的是那样一些节奏，即种子成熟并再生出种子的永恒循环；动物的繁殖，雄与雌的关系；永不中断的生死轮回。

人类自身的生命受到醒与睡、饥与饱、作与息之节奏的影响。随着手艺的发展，土地耕作的漫长节奏进入到细小且更直接的可知觉的循环之中。随着对木头、金属、纤维、陶土的加工，原生材料通过技术控制的手段向圆满结果的变化客观地显现出来。在对这些质料进行加工时，拍、凿、塑、削、敲的节拍反复出现，这些节拍在尺度上对工作进行划分。然而，更为重要的是在为战争或种植而做准备的时刻，以及在庆祝胜利和丰收的时刻，在这样的时刻，一行一言都具有了抑扬顿挫的形式。

这样，人在自然节奏中的参与，一种较之任何为着知识的目的而对这些节奏所做的观察来说要亲密得多的伙伴关系，或早或晚，会引导他把节奏加诸那些尚未出现的变化之上。按比例排好的苇管、拉紧的绳线、绷紧的兽皮通过歌舞使得行动的尺度成为有意识的。对战争、狩猎、播种和收割、植物的死去与复活、周行于警醒的牧羊人之上的星辰、多变月亮的不变回复的种种经验在哑剧中再生，从而产生出生活如戏剧的感觉。当巨蛇、麋鹿、野猪的神秘运动在舞蹈中得到表演、在石头上得到凿刻、在银器上得到锻造，或者在洞壁上得到描画时，它们便处于节奏之中；而正是这些节奏，使这些动物的生命本质得以实现。给有用之物塑形的造形性艺术（formative arts）与嗓音和自洽的身体运动结合在一起，由这种结合所产生的技术性的艺术便获得了优美艺术的性质。于是，所领会到的自然节奏就得到了使用，即被用来将明显的秩序引入人类混杂的观察与意象的某个方面之中。人不再使他的活动必然地遵从自然循环的节奏性变化，而是利用那些由必然性强加在他身上的东西来颂扬他与自然的关系，仿佛自然将其王国中的自由授予了他。

自然变化的秩序的再造以及对这种秩序的知觉起先是紧密联系在一起的，联系得如此紧密以至于在艺术和科学之间不存在任何区别。它们都被称作艺术（*technē*）。哲学是用诗文来写就的，并且在想象的影响之下，世界变成了宇宙（cosmos）。早期的希腊哲学所讲述的是自然的故事，而由于故事有开端、发展和高潮，所以故事的主旨就要求审美的形式。在故事之中，小的节奏变成了大的节奏的部分，这大的节奏所关涉的是产生与毁灭、生成与消逝、缓和与浓密、凝聚与分散、巩固与分解。法则的观念是随着和谐观念而出现的，而那些今天是平淡无奇的老生常谈的想法则是作为在语言艺术中得到解释的自然艺术的部分而出现的。

自然中存在着节奏的大量例证，这是一个人们所熟识的事实。经常被引证的有潮汐的涨落、月亮变化的循环、血流中的脉搏，以及一切生命进程中的合成代谢与分解代谢。一般不被知觉到的是，自然中每一种变化的一致性和规律性都是节奏。“自然法则”和“自然节奏”这两个术语是同义的。就自然对于我们不只是一股在其不定变化中缺乏秩序的洪流而言，就自然不只是一个混乱的漩涡而言，它乃是被节奏所标识的。这些节奏的公式构成了科学的法规。天文学、地质学、动力学以及运动学记录了各式各样的节奏，这些节奏是不同种类的变化的秩序。分子、原子以及电子这些概念正是出于一种公式化的需要，即把所发现的那些更细小和更微妙的节奏加以公式化。数学是可以想到的对应于最普遍获取节奏的最为一般化的陈述。计数的一、二、三、四，线和角对于几何图案的构成，矢量分析的最高阶段，都是记录节奏或施加节奏的手段。

自然科学进步的历史就是对这样一些活动的记录，即提炼我们对最早吸引古代人注意力的那些粗糙而有限的节奏的把握，并使它更加全面详尽。这种发展达到一定程度时，科学和艺术就分道扬镳了。今天，自然科学所颂扬的节奏显然只是对于思想而言的，而不是对于直接经验中的知觉而言的。它们被呈现于符号之中，而这些符号在感觉-知觉中并无任何意义。它们使自然的节奏仅仅对那些经历过长期而严格训练的人显现。然而，对节奏的一种共同兴趣仍然是维系科学和艺术之间亲缘关系的纽带。由于这种亲缘关系，这样的一天就有可能到来；在这一天，今天的素材会变成诗的主旨并因而成为所享受到的知觉的质料，而这素材在今天仅仅为艰苦的反思而存在，仅仅诉诸那些训练有素以便解释对感觉来说只是象形文字之物的人。

因为节奏是一种普遍的存在图式，它构成了所有变化着的秩序实现的基础，所以遍布于一切艺术门类：文学、音乐、造型艺术和建筑艺术以及舞蹈等等。既然人只有在使其行为适应自然秩序时才能获得成功，那么，他的那些随着抵抗与斗争而来的成就与胜利也就变成了所有审美素材的母体；在某种意义上，它们构建起了艺术的共同范型、形式的最终条件。它们累积的连续秩序如果没有明确的意图，就成为人们用以纪念和庆祝其经验之最为强烈而完满的瞬间的手段。在每门艺术的节奏之下，在每件艺术作品的节奏之下，都存在着活的生灵与其环境之间关系的基本范型，就仿佛是一种在下意识深处的基质。

因此，人之所以喜爱有节奏的描绘和呈现，并非仅仅是由于血液流动时的心脏收缩与舒张，或者呼吸时交替的吸气与呼气，运动时腿与臂的摆动，也不是由于自然节奏的任何特定范例的结合。这样的一些考察是十分重要的。但是，归根结底，喜悦来自这样一个事实，即这些东西乃是那些决定自然而成功的生活过程的关系的实例。有一种假定认为，那种支配着优美艺术对节奏的兴趣只能简单地基于生命体的节奏性进程而得到解释，这无非是有机体与环境相脱离的另一个案例。早在人对自身的有机进程作诸多观察或思考之前，并且当然也早在他发展对其自身精神状态的专注兴趣之前，他就参与到环境之中了。

在哲学以及艺术之中，自然主义是一个具有许多意义的词。就像大多数的主义——艺术中的古典主义和浪漫主义、理想主义和现实主义——那样，它已经变成一个情感的术语、一个派系的战斗口号。在艺术中，形式上的定义使我们变得冷冰冰的，这甚至胜于在哲学中的情形；在我们获得这些定义的时候，那些实实在在地使人热血沸腾并且唤起赞叹的元素就化为乌有了。在诗里面,“自然”常常与一种趣味联系在一起,这种趣味与那种来自人们交往生活的质料截然不同,如果不是说与它相对立的话。因而,正如在华兹华斯那里,自然乃是一个人为着慰藉和安宁所转而与之交流的东西:

> ……当那无益的烦人搅扰
> 以及世界的狂热
> 悬于一次次心跳之上时。

在绘画中,“自然主义”意指转向大地、天空和水域更为偶然的,以及好像是非正式的、更为直白的方面,从而与那些着意于结构关系的画作区别开来。但是,就自然之最广和最深的意义而言,自然主义对于所有伟大的艺术,甚至对于最合宗教惯例的绘画以及抽象的绘画,还有涉及城市环境中的人类行动的戏剧来说,都是必不可少的。所能作出的区别仅仅是根据对自然的特定方面及阶段的指涉,而在这特定方面及阶段之中,那标志着一切生活关系及其环境的节奏得以展示。

无论如何,自然的和客观的条件必须被用来将价值的表现推向完整,而这些价值属于一则在其直接性质上得到整合的经验。然而,自然主义在艺术中所意味的东西,不只是说所有的艺术都必须使用自然的和感官的媒介。它意味着一切可被表现的东西都是人与其环境的关系的某个方面,而且,当刻画这两者之间相互作用的基本节奏被恣意依赖和托付时,这种素材就达到了它与形式的完美联姻。人们常常断言,“自然主义”意味着忽视所有那些不能被化约到物质性东西和动物的价值。但是,如此来构想自然乃是将周遭条件当作自然的全部而孤立起来，并且将人从事物的图景中排除出去。艺术的存在本身作为一种使用自然材料和媒介的客观现象，证明了自然所意味的不亚于是这样一种完整的复合体，即人是带着他的记忆和希望、知性和欲求与世界相互作用的结果的复合体，而片面的哲学只将“自然”限于那个世界。自然的真正反题不是艺术，而是武断的奇想、空想以及老套的惯例。

虽然如此，也存在着鲜活的和自然的惯例。艺术在某些时间和地点是被仪式和礼仪的惯例所控制的。然而，它们在那时并没有必然地变得贫乏单调和缺乏美感，因为惯例本身活在共同体的生活之中。甚至当它们呈现为指定的僧侣式的和礼拜式的外形时，可能也表现了群体经验中积极的东西。当黑格尔断言艺术的第一阶段总是“象征的”时候，他从自己的哲学而言，暗示了一个事实，即某些艺术曾经只能自由地表现那些得到牧师或王室批准的方面的经验。不过，它仍然是一个得到表现的经验的方面。此外，这种特征描述作为一种普遍化是错误的。因为在所有的时间和地点，都存在像唱歌、跳舞、讲故事以及作画这样的通俗艺术，它们在官方批准和指导的艺术之外。然而，世俗的艺术更为直接地是自然主义的；并且，每当世俗主义侵入经验的时候，它们的性质就在自然主义的方向上改造了官方的艺术。要是不出现这种改造的话，那曾经鲜活的东西就退化了。例如，人们可以在西南欧的公共广场上找到退化了的巴洛克的证据，其典型的例子就是将丘比特装扮成小天使，这无聊到了轻佻的程度。

真正的自然主义有别于对事物和特性的模仿，正如它有别于对艺术家的工作程序的模仿。时间授予这些艺术家似是而非的权威——之所以似是而非，乃是因为并非源于对它们所经验以及所表现的事物的经验。它是一个对比性的术语，意味着对存在的节奏的某个方面，较之那先已存在的节奏，有更深更广的敏感性。它之所以是一个对比性的术语，乃是因为它意味着在某些细节上，个人的知觉已经被惯例代替。请让我重提一下先前就绘画中受福的表现所谈到的东西。有关某些确定的线条代表特定的情感的假设乃是一种惯例，而这种惯例并非是从观察中产生的；该假设妨碍了反应的敏锐感受性。当受情感影响的人类特征的无定性被知觉到时，当这些特征自身多种多样的节奏得到反应时，真正的自然主义就紧随其后而到来。我并不打算将限制性的惯例仅仅局限于教会的影响。当艺术家们沾染上学院气息时，比如后来的意大利的折衷派绘画以及18世纪的许多英文诗歌，更多的牵制性惯例就在艺术家们本人之中产生了。我出于方便的考虑而称作“现实主义”艺术（这个词虽随意但事情是存在的）以区别于自然主义艺术的东西，尽管再现了细节但却错失了其运动节奏和组织节奏。仿佛磨损了的照片，无非是记录了单调的事实。它之所以被磨损了，乃是因为对象只能从一个固定的视角来接近。而那些形成一种微妙节奏的关系，则促成了从变换的视角来的进路。何其多的有个性的各式各样的个人经验利用了这样一种节奏，这种节奏在形式上是相同的，尽管在实际上由于其构成艺术作品主旨的材料而有所不同！

与弥尔顿死后在英国盛行的所谓诗意措辞相反，华兹华斯的诗是一种自然主义的反抗。有一种假定（由于对华兹华斯所写作的某些东西的误解而产生）使他的实际作品变得一文不值，该假定认为，这种反抗的本质乃是常见习语词的使用。因为该假定认为，他继续了早期诗歌的形式与主旨分离的特征，只不过是使它改头换面一下而已。而事实上，这种反抗的意义当其与他自己的一个评论联系起来时，就在早期的两行诗中得到了证明。

> 面对明亮的西方，那橡树使
> 它暗黑的枝枝叶叶以更强的线条缠绕。

这是韵文而不是诗。这是未被情感触及的直白描述。正如华兹华斯本人对它所说的那样："这场景所得到的是虚弱无力和不够完美的表现。"但是，他继续补充说："我清楚地记得这场景第一次打动我的那个地点。它是在霍克斯黑德和安布雷塞德之间的路上，它给了我极度的愉悦。那一瞬间在我诗人的历史上是非常重要的；因为我从中确定了我关于无限多样的自然外貌的意识，而这尚未被任何时代或国度的诗人所注意，就我对他们的了解而言；我做了一个决定，要在某种程度上弥补这不足。那时，我还没有过 14 岁。"

这是一个鲜明的例子，即从惯例的东西，从源于并导致不完善知觉的抽象普遍化的东西，过渡到自然主义的东西——过渡到更加微妙和敏感地符合自然变化之节奏的一则经验。因为他想要表现的多样和流变不是纯粹的，而是具备有秩序的关系——枝枝叶叶的特色与阳光的诸般变化之间的关系。地点和时间的细节，那特定橡树的细节，都消失不见了；而关系则保持了下来，这个保持不是抽象的而是确切的，尽管在这个特定例子中的体现有点平淡无奇。

这个讨论并没有偏离作为形式之条件的节奏的话题。其他人也许更喜欢用另外的词而不是"自然主义的"来表达脱离惯例转向知觉。然而，无论用什么词，如果它对于审美形式的更新来说是真实的，那么就必须强调对自然节奏的敏感性。这个事实把我带向对节奏的一个简短定义：节奏乃是有秩序的不同变化。始终如一的平静流动倘若没有强度或速度的变化，就没有节奏。存在着停滞，即便它是无变化的运动的停滞。同样地，当变化没有被安置(place)的时候，也没有节奏。“发生”(take place)这个短语有着丰富的暗示。变化不仅来到而且还驻下；它在一个更大的整体中有其确切的位置(place)。最为明显的节奏的例子关系到强度上的变化，这就如同前面所引华兹华斯的韵文中，某些形式逐渐变得强大，与其他枝枝叶叶的较弱形式形成对照。在不发生搏动和休止的变化的地方，不管如何的精致和广阔，都不存在任何种类的节奏。但是，这些强度的变化并没有在任何复杂的节奏中成为质料的整体。它们服务于界定变化的数量、范围、速度，以及内在性质的不同，如色调、音调等。也就是说，强度的变化是相对于直接经验到的素材而言的。区分整体之部分的每一个节拍都增加了那先行的东西的力量，同时造成了对要求来到的东西的牵挂。它不是一个单一特征中的变化，而是对全部弥漫性和统一性的定性基质的调节。

均匀地充满在容器之中的煤气，冲破一切抵抗的湍急洪水，一潭死水的池塘，未开垦的沙滩荒地，以及单调的吼叫，都是没有节奏的整体。泛着涟漪流动的池塘，叉状的闪电，风中树枝的摆动，鸟儿翅膀的拍打，花萼和花瓣的轮生体，牧场上云影的变化，都是简单的自然节奏。[①] 这其中必定存在着彼此抵抗的能量。其

① 我们将它指认为“轮生体”(whorl)的事实说明，我们是下意识地知道有关能量的张力。

中的每一个都获得某一阶段的强度，但也因此而压缩了某种对立的能量，直到后者在其扩充时能够克服那逐渐放松下来的另一者。然后，运作就颠倒过来了，这并不必然在相等的时间阶段之中，但却在某种被感受为有秩序的比率之中。反抗累积能量；它开始保存，直到释放和扩张继之而起。在颠倒的那一刻，存在着间歇、暂停、休止，通过它，对立能量的相互作用得到界定并且变为可知觉的。暂停是对抗性能量的一种平衡或者说对称。这是节奏性变化的一般图式，只是该陈述没有考虑到扩张和收缩同时发生的次要变化，这些变化发生在有组织的整体的每个阶段和方面；同时，该陈述也没有考虑到这样一个事实，即连续的波动和搏动本身就是着眼于最终圆满完成的累积。

至于人类的情感，直接的宣泄对于表现而言是致命的，对于节奏而言是有害的。这里没有足够的抵抗来造成张力，以及因此而来的周期性累积和释放。能量没有得到保存，以便贡献给一种有秩序的发展。我们会哽咽抽泣或尖声叫喊，挤眉弄眼，愁眉苦脸，扭来扭去，狂乱挥拳。达尔文题为《情感的表现》(*Expression of Emotions*)——更准确地说，是情感的宣泄——的书中就充满了这样的例子，即当只是有机体状态的情感以直接外显的行动在环境中释放时会发生什么。倘若完全的释放被推迟，而且，它的最终达到乃是通过一连串有秩序的累积和保存的阶段，通过一个个由反复出现的平衡暂停而划分出的间歇，那么此时，情感的显现就变成真正的表现，并获得审美的性质——也只有在那时才是如此。

情感的能量继续工作，但现在是在真正地工作；它完成了某种东西。它唤起、集合、接受和拒绝记忆、意象、观察，并使它们进入一个由同样直接的情感性感觉而得到完全调和的整体之中。因此，一个得到统一和区别的对象呈现出来了。针对情感直接表现的抵抗，恰恰是要强迫其采取有节奏的形式。实际上，这是柯尔律治对诗歌中韵律的解释。他说，它的起源“可上溯到由一种自发的努力所实现的心灵中的平衡，这种自发的努力试图控制情感的作用……这种有益的对抗恰恰得到了它所抵制的状态的帮助，而这种对抗者之间的平衡则被一种随同发生的意欲行为或判断行为组织进了韵律之中，这种组织是有意识的并且是为着所预见到的愉悦目的的”。存在着“一种激情和意欲、自发冲动和自愿目的的相互渗透”。韵律因此“倾向于增加一般感觉以及注意力的活泼性和感受性。它产生这种效果所凭借的东西，一者是持续的惊奇刺激，另一者是好奇心在得到满足和再受刺激之间的迅速互换，这两者实际上太轻微了，以至于在任何一个时刻都不能成为清楚意识的对象，但它们在其聚合的影响中变得相当客观”。音乐使停止和加强这一愉快的往复对抗过程变得复杂和强劲，在那里，各种不同的“声音”既彼此反对又相互回应。

桑塔亚那曾经正确地作过这样一段评论：“知觉在心灵中的保持并不像封印和石蜡的陈腐比喻所暗示的那样被动且不变，直到时间磨去它们粗糙的边沿并使它们慢慢消失。不，知觉落于头脑之中，毋宁像种子落于犁过的田野之中，甚至更像火星落于火药桶之中。每一个意象都繁育出另外一百个意象，这繁育有时候是缓慢而隐匿的，有时候（像激情的导火索点燃时）是奇思妙想的一种突然迸发。”甚至在抽象的思想过程中，与最初的动力装置之间的联系也并非是完全割断的；而且，动力机制是同交感系统和内分泌系统中的能量储存相连接的。一个观察，一个闪进心中的念头，开启了某样东西。结果也许是一种过于直接以致缺乏节奏的宣泄；也许存在着一种粗鲁而未加规训的力量的展示；也许存在着一种软弱性，它允许能量在怠惰的白日梦中挥霍自身；也许存在着某些渠道的过大开放性，因为习惯已经变成了盲目的常规——当活动有时候采取的形式完全与“实际的”行为同一时。倘若一个世界不利于那些支配性的欲求，那么，对这个世界的无意识恐惧，就会抑制一切行动或者把行动限制在熟悉的渠道之内。有许许多多的途径在不冷不热的无动于衷和粗鲁狂暴的迫不及待两极之间变化着，在这些途径中，那曾经被唤醒的能量未能进入累积、反对、中止和暂停的有序关系之中，未能向着一则经验最终的圆满完成而进发。后者因而是不成熟的、机械的，或者是松散而不集中的。这些例子从反面界定了节奏和表现的本性。

从物理上说，如果你稍微拧了一下水龙头，那么，对水流的抵抗就会迫使一种能量得到保存，直到抵抗被克服为止。然后，水就会一滴一滴并在有规律的间隔中流出来。如果一股水流落下有足够的距离，就像大瀑布那样，那么表面的张力就会使水流以单一的水滴抵达底部。能量的极性或对立，对定义和界定来说是普遍需要的，这定义和界定使得否则就是均匀的团块和广域分解成个体的形式。同时，这种对立的能量的平衡分配提供了尺度或秩序，这尺度或秩序防止变化变成一种无秩序的异质性。绘画以及音乐、戏剧和小说都具有张力的特征。在其明显的形式之中，它可见于互补色彩的使用，前景和后景的对比，以及中心物体与外围物体的对比。在现代绘画中，明与暗之间必要的对比和关系并非是通过使用棕色与褐色的阴影来达成的，而是通过使用本身就鲜艳的纯色来实现的。彼此相似的曲线被用于界定轮廓，不过是以上和下、前和后的相反方向。单一的线条也展现出张力。正如列奥·斯坦因(Leo Stein)曾经评论的:“如果一个人注视花瓶的外形并留意到它用以弯曲轮廓线条的力量,那么,他也可以观察到线条中的张力。这将依赖于线条的表面弹性、先前部分所给予的方向和能量,等等。”在艺术作品中,间歇的普遍运用具有重要的意义。这些间隙不是断裂,因为它们既导致个体化的定界,也导致成比例的分布。它们在作出区分的同时,也建立了联系。

能量借以起作用的媒介决定了最终的作品。在唱歌、跳舞以及戏剧表演中,有待克服的抵抗部分地在于有机体自身,如窘迫、害怕、笨拙、害羞、缺乏活力,另外部分地在于听讲的观众。抒情的讲述和舞蹈,乐器所奏出的声音,使气氛或背景活跃起来。它们不必遭遇在外部材料的改造中所发现的反对。抵抗是个人的,而且其结果无论在生产者还是在消费者那里也直接是个人的。然而,雄辩的言论并非入水无痕。那些有机体,那些被牵涉到的人,在某种程度上得到了改造。较之演员、舞者和音乐演奏者来说,作曲家、作家、画家、雕刻家借以工作的媒介乃是更为外在的,而且离观众更为遥远。虽然他们避开了由直接的观众所施加的压力,但改造了一种提供抵抗并在内部设置张力的外部材料。这种不同还可继续深入。它可诉诸气质和天资上的不同,以及观众中的不同情绪。绘画和建筑不可能领受由戏剧、舞蹈以及音乐演奏所博得的那种即时发生的直接的兴奋喝彩。由雄辩术、音乐以及戏剧演出所建立的直接的亲身接触是自成一格的。

造型艺术和建筑艺术的直接效果不是有机体的,但却存在于永恒的周遭世界之中。它更为间接,同时更为持久。以字母记录的歌曲和戏剧,写出的音乐,在造形性艺术中有着它们的位置。

在造形性艺术中所引起的客观修正的结果是双重的。一方面，在人和世界之间存在着张力的直接减损。由于人处在一个他参与建造的世界之中，所以他发现自己更有在家的感觉。他变得习惯起来，并且相对地安逸起来。在某些情况下，并且在某些范围内，人和环境彼此之间作为结果的更加适应，对于进一步的审美创造来说是不利的。事情现在太顺畅了；没有足够的不规则性来创造新展现的要求以及新节奏的机会。艺术变得因循守旧，并且满足于把细小的变化加到就风格和方式而言是旧的题目之上，而这些题目之所以讨人喜欢乃是因为它们是愉快回忆的渠道。到了这个程度，环境从审美上来说，已经耗尽了，用坏了。学院派和折衷派在艺术中的重现，是一个不能被忽视的现象。而且，假如我们通常把学院派与绘画和雕刻联系起来，而不是与比如诗歌或小说联系起来，那么，下面的情形依然如实地存在着，即诗歌或小说对现有场景的依赖，人们所熟悉的情境的变化，易被认出的人物类型的乔装打扮，这些都具有可让我们称作学院派绘画的显著特征。

但是最后，恰恰是这种熟悉性在一些人的心中引起了抵抗。熟悉的事物得到吸收并变成一种沉淀物，在这种沉淀物中，新条件的种子或火星会引起骚乱。在旧的东西还没有得到结合的时候，结果就只是怪诞。然而，伟大的原创艺术家却把传统吸收到他们自身之中。他们不是避开它而是消化它。然后，恰是传统与他们本身之中以及环境之中的新东西之间所产生的冲突创造出了一种张力，这种张力要求一种新的表现模式。莎士比亚也许只了解“很少的拉丁语以及更少的希腊语”，但他对容易取得的材料却是一位贪得无厌的饕餮者，以至于如果材料没有通过一种关涉

《浴女》 奥古斯特·雷诺阿(Auguste Renoir)作
巴恩斯基金会

到他周围生活的同样贪得无厌的好奇心而与他的个人创见既对抗又合作的话，那么，他就成了一个剽窃者了。现代绘画中的伟大革新者们更多的是往昔画作的勤勉学生，而不是那些树立当代时尚的模仿者。但是，他们个人创见的材料的运作是反对旧的传统的，而且从交互的冲突和加强中产生出了新的节奏。

这些事实指出了一种审美理论的基础，这种指出乃是建立在艺术之上，而非外部的成见之上。理论只能建基于对内在与外在能量的核心作用的理解之上，以及建立在对能量的某种相互作用的理解之上，这种相互作用伴随着累积、保存、暂停和间歇而设立起对立，同时在一则有秩序的或者说有节奏的经验中设立起趋于实现的合作运动。然后，内在的能量就在表现中得到释放，而能量在质料中的外在体现则具有了形式。在这里，我们有一个有机体与环境的做和经受之间的那种关系的更为完满且更为明晰的例子，而该关系的产品就是一则经验。对做和经受之间不同关系而言的特殊节奏，乃是导致知觉的直接性和统一性的诸元素得以分布和分配的源头。适当关系和适当分布的缺乏，会产生一种妨碍知觉的单一性的混乱。唯有关系方才产生一件艺术作品由以激动和平静的经验。做引起激动，而经受的结果则带来一个宁静的阶段。一种彻底的并且相关的经受会实现能量的累积，而这是在活动中进一步宣泄的源头。作为结果的知觉是有序而清晰的，同时在情感上得到调和。

对艺术中的宁静性质进行夸大是有可能的。没有什么艺术会缺乏与对象中的设计和组织相应的镇静。但是，也没有什么艺术会缺乏抵抗、紧张和兴奋；否则的话，所引起的平静就不是满足意义上的平静。事物在概念中是被加以区分的，而在知觉和情感中则是同属的。感觉的和观念的、表面和内容或意义的区分，兴奋和平静的区分，在艺术作品中并不存在，尽管它们变成了哲学反思中的反题；而且，它们的不存在不是因为概念上的对立得到了克服，而是因为艺术作品存在于一种经验的层次上，在这个层次上并没有出现反思所作出的区别。兴奋也许出自多样性，但是在纯粹的多样性中并不存在有待克服并引起停顿的抵抗。再没有什么东西比散乱在人行道上等待运货车的家具更多样化了。然而，当这些东西在运货车中被强行放在一起时，却没有出现秩序和宁静。它们必须得到彼此相关的分布，就像给一间房间布置家具，以组成一个整体那样。分布和统一的共同运作，导致了那种引起激动的变化运动，以及带来平静的满足。

在自然和艺术中存在着一个有关美的古老公式：多样性之中的统一。所有的一切，都依赖于如何理解“之中”这个介词。一个盒子之中也许有许多物件，一幅单一的绘画之中也许有许多形象，一个口袋之中也许有许多硬币，一个保险箱之中也许有许多文件。这种统一是外在的，这种繁多是不相关的。重要之点在于：当对象或场景的统一成为形态的和静态的之时，统一和繁多就总是会有这种状况或者近似于这种状况。只有联系一种能量关系而对这个公式的术语进行理解时，这个公式才是有意义的。倘若没有特别的区分，就不会有完满，也不会有许多的部分。然而，只有在那些区别依赖于相互的抵抗之时，它们才具有审美的性质，就像乐句得到丰富的情形那样。只有在抵抗创造了一个由对立能量的合作性相互作用所决定的中止之时，才会有统一。这个公式的“一”，便是由那些抵抗中各自能量的互动部分而来的实现。而“多”，则是由最终支撑起一种平衡的对立力量而来的确切个性化的展现。这样，下一个题目就是艺术作品中能量的组织。因为作为艺术作品之特征的多样性中的统一，乃是动态的。

第八章　能量的组织

THE ORGANIZATION OF ENERGIES

在艺术产品(雕像、绘画或其他什么别的东西)和艺术作品之间存在着一种差别,这一点已经被反复指出。艺术产品是物质的和潜在的;艺术作品是活跃的和被经验的。作品是产品所做的东西,是它所起的作用。因为没有什么东西会赤裸裸和无所陪伴地进入经验之中,不管它是一桩仿佛无形式的意外事件,一个在理智上得到系统化的题目,抑或是一个凭借得到统一的思想与情感的钟爱关照而精心制作的对象。事物的进入正是一种复杂的相互作用的开端;最后经验到的事物的特性依赖于这种相互作用的本性。假如对象具有如此一种结构,以至于它的力量可与来自经验本身的能量愉快地(但并不容易地)进行相互作用;假如它们彼此的亲和力和对抗力一起运作从而产生一个主旨,这个主旨累积地并且稳妥地(但不是太过稳定地)朝着种种冲动和紧张的完成而发展,那么,艺术作品就确实存在了。

在前一章里,我强调了这种最终的作品对自然中所存在的各种节奏的依赖;正如我所指出的,它们成了经验中形式的条件,并因而成了表现的条件。但是,审美的经验,即得到实现的艺术作品,却是*知觉*。只有当这些节奏,即使是体现在本身是艺术产品的外在对象中,变成经验本身中的节奏时,它们才成为审美的。而且,所经验之物中的这种节奏全然有别于对外部之物中的节奏的理智识别:正如对生动和谐的色彩的感性乐趣,有别于科学探究者对这些色彩进行界定的数学方程式。

通过运用这个考察,我开始去除关于节奏的一种错误想法,这种错误想法无论如何严重地影响了审美理论。这个误解源于未能考虑到这样一个事实,即审美的节奏是一件知觉的事情,因而包括了由自我在积极的知觉过程中所贡献出的任何东西。然而奇怪的是，这个误解与以下这些陈述并存，即认为审美经验乃是有关知觉的直接性的事务。我所提及的这种想法把节奏等同于变化着的诸元素中反复出现的规律性。

在直接讨论这个观念之前，我想指出它对理解艺术所产生的影响。空间对象诸元素的秩序，作为空间性的和物质性的东西，远没有进入那引起经验的相互作用之中，故而至少是比较固定的。除开缓慢的侵蚀之外，一座雕像的线与面将保持不变，一所建筑物的构造和间隙也是如此。从这一事实可以得出以下结论，即存在着两种优美艺术，一种是空间的，另一种是时间的，而只有后者才具有节奏的特征；这种错误对应的是，只有建筑和雕像才具有对称性。如果这种错误仅仅影响理论的话，那么，它将是严重的。事实上，对绘画和建筑中的节奏的否认，妨碍了对它们审美效果中绝对不可缺少的性质的知觉。

节奏与照实重现的等同，与同样元素的有规律回归的等同，乃是将重现设想成静态的或者说解剖学式的，而不是功能性的，因为后者对重现进行解释的基础是，通过元素的能量来促进一则完整且圆满的经验。既然那些坚持该理论的人特别喜爱的一个例证是时钟的滴答作响，那么，不妨将它称作滴答理论。尽管只消片刻的思考便可明白，如果有可能经验一种均质系列的滴答声，那么其结果或者使我们昏昏欲睡，或者使我们生气发怒，但是，这样一种规律性的构想却被用来提供初步设计，这个初步设计然后被认为可以借助大量每个本身同样有规律的节奏的叠加而变得复杂起来。当然，在数学上也许有可能将一个实际经验到的节奏分析为基本规律性的结合，而在这个基本规律性之上覆盖着大量细微且均质的重复。但是，其结果仅仅是对有生命的或表现性的节奏的一种机械接近。与此相近的是这样一些企图所带来的结果,即企图根据许多曲线的排列组合来构建审美上令人满意的曲线(就像希腊花瓶上的那些曲线),而这许多曲线中的每一条都是根据严格的数学计算而构建起来的。

一位研究者借助记录仪对歌唱家的嗓音展开探究。他发现,有成就的艺术家的嗓音,等级较高的艺术家的嗓音,在记录线条上略高或略低于表示精确音调的线条,而尚处于训练中的歌手则更可能唱出严格符合准确音程记录的声音。这位研究者于是认为,艺术家们总是“随意对待”音乐。事实上,这些“随意”标志着机械的或纯客观的构造与艺术的生产之间的不同。因为节奏包括连续不断的变化。在把节奏当作能量显现的有秩序变化的定义里,变化不仅像秩序一样重要,而且是审美秩序中一个不可缺少的系数。变化越大,结果就越有趣,假如秩序能够得到维持的话——这个事实证明这里所讨论的秩序不是根据客观的规律性来加以陈述的,而是要求另一个可对其进行解释的原则。这个原则,重述一遍,乃是根据经验本身的整合性而向一则经验的实现作累积进展的原则——经验本身的这种整合性无法以外部的条件来加以度量,尽管假如不使用所观察到的或所想象到的外部材料,也不可能达到。

我也许可以略微有些随意地选取一段诗来进行举例说明,我打算选取那些尽管有趣却并非是最上乘的诗句。华兹华斯的《序曲》中的一些诗句可以起这样的作用:

……风,还有夹雪的雨,

以及恶劣天气的所有能事,

孤单的羊，还有枯死的树，
以及来自那古老石墙的凄凉的音乐，
树林与水的喧闹，还有薄雾，
氤氲于这两条道路各自的线条上，
那线条前行于这无可置疑的形状之中。

把诗变成一篇被认为可以解释其意义的散文，这里面总有某种愚蠢的东西。不过，在这里，我给出散文式分析的目的不是要解释这些诗句，而是要强化一个理论要点。因此，我们首先注意到，没有哪一个词可以重复那种可能是词典中所列出的固定意义。“风、雨、羊、树、石墙、薄雾”乃是得到表现的整体情境的一种功能，并因而是那个情境的一个变量，而不是一个外部的常量。同样的情形适用于那些形容词：夹雪的、孤单的、枯死的、凄凉的、无可置疑的。决定它们意义的，乃是正在建立起来的个别的悲凉经验；每一样东西都对该经验的实现有促进作用，尽管反过来又是经验使每一样东西有资格作为能量供给元素而进入那个构造之中。因而，在物体中存在着变异，某些相对不动的东西与某些运动的东西形成对照；看到的事物与听到的事物，雨和风，墙和音乐，树和喧闹。于是，只要物体处于支配地位，就会存在相对缓慢的步调，这个步调随着事件，随着“树林与水的喧闹”而加速，并在无情前行的薄雾的推动中达到高潮。正是这影响每个细节的变异，使诗句与互文的对句之间形成了不同。然而，“秩序”得到了保持，但不是对主旨或形式进行如实重复的保持，而是积极的保持，因为每个元素都推进了一个完整经验到的情境的建立，其中没有浪费，也没有冲突和破坏的不协调。对于审美目的来说，秩序可由功能的和操作的特征来加以界定和度量。

将这些诗句，比方说，与某一首成千上万人已经从其韵律与节奏中得到基本审美满足的福音赞美诗进行对比。后者相对外在的和物理的特性在这样一种倾向中是显而易见的，即倾向于以物理上的合拍来作出反应；正是由于质料以及质料之加工相当均质，情感就变得贫乏了。甚至在民谣里面，叠句在经验中也不会具有那种它们在隔离状态中所具有的均质性。因为当它们进入变化着的语境中时，就具有了一种进行累积性保存的变化效果。就一位艺术家而言，他有可能利用某种外表上全然重复的东西来传达对无情命运的一种感觉。但是，这个效果有赖于一种超越定量增加之上的东西。因而，在音乐中，一段重复的乐句，一段也许是在某部交响曲的开头抛给我们的乐句，之所以会获得力量，乃是因为它现于其中的那个新语境为其着色并且给予其新的价值，即使仅仅是对一个主题更加持续、清晰和累积地阐明。

当然，没有重现就不会有节奏。但是，假若重现被解释为照实的重复，不管是材料的重复还是原有间隔的重复，那么，自然科学的反思性分析就取代了艺术的经验。机械的重现是物质单位的重现。而审美的重现则是进行总结和推进的种种关系的重现。照原样重现的单位将注意力吸引到它们作为孤立部分的自身，这样就远离了整体。因此，它们削弱了审美的效果。重现的关系则致力于对各个部分进行界定和限定，并给予它们以其自身的个性。不过，它们也是有联系的；由于那些关系，它们所划分出的单个实存物要求与其他的个体发生联系并且相互作用。因此，这些部分乃是生气勃勃地效力于一个扩张的整体的构建之中的。

野蛮人在鼓上的敲击也可被当作节奏的模式，这样，“滴答”

理论就变成了“咚咚”理论。在这里，也可以认为，敲击的简单而相当单调的重复是一种标准；并且可以认为，它由于其他本身均质的节奏的加入而发生了改变，同时，借助无节奏变化的使用，把活泼有趣引了进来。对于该理论所假定的客观基础来说，不幸的是，咚咚地敲击并不是单独出现的，而是作为一个复杂得多的整体中的因素而出现的，这个整体是一个各式各样的唱歌和跳舞的整体。而且，那里所存在着的并非是重复，而是一种发展，从相对缓慢而平静的运动开始，逐渐达到一个更大程度的兴奋，也许是狂热。甚至更为重要的是，音乐的历史表明，原始的节奏，如非洲黑人的节奏，比文明人的音乐节奏有更多的巧妙变化和更少的均质性，正像美国北方黑人的音乐节奏通常要比南方黑人的音乐节奏更遵循惯例。合奏的紧急与和声的潜力运作起来，把存在于直接的强度变奏中的节奏状态化约为更大的均质性，而现在所讨论的理论则要求一种相反的运动。

活的生灵在他的生活中要求秩序，也要求新奇。混乱令人不愉快，无聊也是如此。把魅力提供给一个有规则场景的“无秩序触碰”，只是从某种外部标准来看才是无秩序的。从实际经验的立场来看，只要它没有妨碍从一个部分到另一个部分的累积性推进，那么就增加了强调和区别。假如它被经验为无秩序，那么就会产生一种未解决的冲突并使人不愉快。另一方面，一个短暂的冲突也许可以成为抵抗的因素，它鼓起能量以便更加积极和成功地进行下去。只有那些在早年生活中被宠坏的人，才会喜欢始终柔软的东西；那些充满活力的人则更喜欢生活而不是满足于活着，他们发现过于容易的东西是令人厌恶的。只有在它不是挑战能量而是压倒和阻止能量时，困难才会引起反对。有些审美产品当即会成为时尚，它们是其时代的“畅销品”。它们是“轻松容易的”，因而迅速产生了吸引力；它们的流行招来了模仿者，一时在戏剧、小说或歌曲中树立起时尚。但是，它们太容易被同化到经验之中，正是这一点迅速地耗尽了它们；它们产生不出新的刺激来。它们有它们的日子——而且只有那段日子。

比如，把惠斯勒(Whistler)的一幅画同雷诺阿的一幅画作比较。在前者里面——大多数情形中——可以发现相当大幅的色彩伸展，这种伸展尽可能接近均质。节奏带有其必要的对比因素，仅仅依靠大幅色块的对立来加以构建。而在雷诺阿的绘画中，仅仅一平方英寸中也不会发现两条性质完全同一的毗邻线。我们看画的时候，也许不会意识到这个事实，但是，会意识到它的效果。它为整体的直接丰富性作出了贡献，也为对每个继起步骤作出新回应的新刺激提供条件。这种连续变化的元素——如果动态的增强和保存关系得到满足的话——是使一幅画或任何艺术作品得以保持的东西。

在大的方面可靠的东西，同样在小的方面可靠。均质间隔中的均质个体的重复，不仅是无节奏的，而且是与节奏的经验相对立的。一个棋盘式的效果较之以下两种情形是更为令人愉快的：一种情形是一个巨大的空白的空间；另一种情形是一个布满胡乱蜿蜒的线条的空间，这些线条不是界定外形，而是干扰视觉的推进。因为对这种棋盘格子式安排的经验，并不像物理学与几何学研究的对象那样有规则。当眼睛移动的时候，它接受新的和增强的平面；而仔细的观察会表明，新的范型几乎是自动地构建的。这些正方形的排列一会儿是垂直的，一会儿是水平的，一会儿往这边斜，一会儿往那边斜；较小的正方形则不仅组成了较大的正方形，而且组成了长方形以及有着阶梯状轮廓的图形。有机体对于多样性的要求便是如此，这使它在经验中得到加强，甚至无须太多的外部机缘。即使时钟的滴答声在它被听到时也是有变化的，因为被听到的东西乃是物理事件与有机体反应的变化搏动之间的一种相互作用。人们对音乐和建筑经常所作的比较依靠这样一个事实，即较之其他艺术来说，这两门艺术更为直接地证明了，有机的重现乃是由累积性的关系而非诸单位的重复所达成的。我们的好些大厦，尤其是美国城市中那些沿街的大厦，由于千篇一律而在审美上变得庸俗，导致这种千篇一律的是形式上有规则的重复以及均匀的间距，建筑师仅仅依靠外部的装饰来产生多样性。一个甚至更为显著的例子，可见于我们糟糕的内战纪念碑和许多的市镇雕像之中。

我曾经说过，有机体既渴望秩序，也渴望变化。可是，这个陈述太过无力了，因为它提出的是一种次要的属性，而不是主要的事实。有机体的生活进程*就是*变化。在威廉·詹姆斯经常引用的那些词中，它标志着一个“曾经而不完全”的实例。如此的渴望只有当这种自然倾向被不利的环境所阻碍时，被过度贫穷或过度奢侈的千篇一律所阻碍时，才会出现。经验在完善自身中的每一次运动都重现其开端，因为它是对起着激励作用的初始需要的满足。然而，重现是有着差异的；它承担着那个从开端出来并离开的旅程所造成的所有差异。随意举几个例子：多年之后回到童年时代的老家，经由推理过程所证明的命题与一开始所宣布的命题，分别之后与一位老友的相逢，音乐中乐句的重现，诗歌中叠句的重现。

对多样性的要求显示了这样一个事实，即既然我们活着，就要追求生活，直到我们被恐惧所威吓或被常规弄得迟钝。生活的需要本身，把我们推向那未知的境界。这是浪漫文学的永久真理。它也许会出于自身的缘故而退化为运动和兴奋中无形式的放纵，并且被伪浪漫主义加以表现。但是，口头的古典主义，即鼓吹而不是规定那真正变成经典之物的古典主义，始终建立在对生活的恐惧之上，建立在对生活的危急与挑战的退缩之上。浪漫主义在其得到适当节奏的安排时就会变成古典主义，无论什么时候，只要所进行冒险的领域足以检验并唤起人的能量：《伊利亚特》和《奥德赛》就是永久的明证。节奏是在性质中的合理性。未开化的人们对最低等级节奏的保持表明，有的秩序是在存在的搅扰中被欲求的。甚至数学方程式也证明，变化在最大极限的重复中也是被欲求着的，因为它们所表现的乃是等值而非精确的同一。

审美的重现，简而言之，是有生命的、生理上的、功能上的。所重现的是关系而不是元素，这些关系在不同的语境中重现并且有着不同的结果，因而每次重现既是纪念品又是新奇物。在其满足被唤醒的期待的同时，它又建立起新的渴望，激动起新的好奇，确立起变化的悬念。这两种职能当它们在抽象的概念中时是对立的，而它们整合的完善则是对生产和知觉的艺术性的度量；而且，这种整合的完善所凭借的是同样的手段，而不是用一种策略来唤醒能量，用另一种策略来制止能量。一个管理良好的科学探究随着它的检验而有所发现，并且随着其探索而有所证明；它是借助一种结合两种功能的方法来做到这一点的。而谈话、戏剧、小说和建筑的结构，如果存在一则有秩序的经验的话，它们就达到了这样一种阶段，即在记录的同时总结那先行的东西的价值，并且唤起和预言将要来到的东西。每一次结束都是一次唤醒，而每一次唤醒都安排某些东西。这种情形界定了能量的组织。

节奏中对变化的坚持，看起来好像是对显而易见的东西的一种劳作。我的辩解是：不仅有影响的理论轻视了这个属性，而且存在着一种将节奏限制在艺术产品某一方面的倾向，比如限制在音乐中的速度、绘画中的线条、诗歌中的节拍、限制在雕刻中或平或滑的曲线。这样的限制总是倾向于鲍桑葵称为“容易的美”的东西，当它无论在理论还是在实践中合乎逻辑地来推进时，就会导致某种被遗弃的无形式的质料，以及某种被任意强加在质料之上的形式。

在波提切利的《春》和《维纳斯的诞生》里，人们很容易感受到蔓藤花纹与线条在节奏性图案中所具有的魅力。它的魅力也许容易诱使一位观众无意识地而非明确地将这种节奏状态当作判断其他绘画经验的标准。这样就导致了在与其他画家进行比较时对波提切利的一种过高评价。这本身是一桩小事，因为对形式某一方面的敏感要好于仅仅将图画判断为插图说明。更为重要的东西是，它倾向于造成对某些产生节奏的方式的不敏感性，这些方式是更为牢固同时更为细致的：例如没有得到明确描绘的平面关系、色块关系、色彩关系。此外，希腊雕塑作为通过使用或平或圆的平面来表现人类形象的一种手段具有恰当性，这种恰当性配得上菲迪亚斯的雕像所引起的赞美。然而，当这种独特的节奏模式被确立为唯一的标准时，事情就不好了。这样的话，知觉就弄不清楚下面这些东西的典型特征了，比如埃及雕刻中通过大团块之间的关系而得到的最佳作品，又如有着尖锐棱角的黑人雕刻，再如像爱泼斯坦(Epstein)那样极大地依赖于由频繁断裂的表面而产生的光线节奏的作品。

当节奏被限制于一个单一特征中的变化和重现时，同样的例子也可以说明主旨和形式的分离的产生。熟悉的观念，标准化的道德忠告，像某个叫达尔比的小伙子爱上某个叫琼的姑娘这样传统浪漫文学的主题，像玫瑰花和百合花这样的对象所具有的已被确认的魅力。这些东西被披上节奏的外衣并被有韵律的摆动所强调时，都会变得更加令人愉悦。但是，在这些例子中，我们最后只是以一种适合的方式记起经验过的东西，引发一种短暂的呵痒愉悦。当所有的材料被节奏所渗透时，题目或"主题"就转化为一种新的素材了。存在着某种出乎意料的魔术，它给予我们内心启示的感觉，这种启示带给我们某样应该被悟得透透的东西。简而言之，我们已经注意到的使对象构成为艺术作品的那种部分和整体之间的相互渗透，在下面的情形中会得以实现，即作品的所有要素，无论图画、戏剧、诗歌还是建筑，都处于和所有其他同类成员——线条和线条，色彩和色彩，空间和空间，绘画中的照明和光影——有节奏的联系之中；而且，所有这些独特的因素作为建立起一则完整复杂的经验的变化而彼此增强。一个人倘若作出如下的否认便是学究迂腐且胸襟狭窄，即否认一个在某个方面以节奏为标志的对象的所有审美性质，这些节奏对那些被牵涉到具有一则经验的过程中的能量进行巩固和组织。但是，伟大性的客观尺度恰恰在于因素的种类与范围，它们在一一对应地成为有节奏的时候仍然累积性地彼此保存和促进，从而建立起实际的经验。

人们曾经试图依靠"优美性"和"伟大性"的对比来支持艺术作品中主旨和形式之间的区分。据说，当形式完美无瑕时，艺术就是优美的；而艺术之所以伟大，则是由于所处理素材的内在范围与重量，即使处理它的方式不怎么优美。简·奥斯汀（Jane Austen）的小说和沃尔特·司各特（Walter Scott）爵士的小说曾经被当作例子来说明这种所谓的区分。我并不能够发现它是有效的。如果司各特的小说比起奥斯汀小姐的小说，尽管在优美方面有所不如，但在范围和幅度上则更为伟大，那么这是因为，虽然所使用的手段没有在哪个方面像在奥斯汀所擅长的媒介中那样完美，但是存在着一个更为宽广的素材范围，在这个范围中可以达到某种程度的形式。这不是一个形式对素材的问题，而是共同工作的形式关系的种类的数量问题。一个清澈的池塘、一块宝石、一幅小型画像、一份泥金写本、一部短篇小说都具有它们各循其类的完美。在每个种类中起支配作用的单一性质，比起具有更大范围和复杂性的对象中的任何单一关系系统，也许能够得到更为充分的贯彻。然而，当后者中的效果导致一种统一的经验时，这些效果在后者中的倍增就使后者变得"更伟大"。

倘若这件事情所关涉的是技术、家庭经济或社会行政组织，那么就用不着人家告诉我们，对合理性即可理解性的度量所凭借的，乃是走向一个共同目的的手段的有秩序的相互适应。一路走到其完成的相互抵消是荒谬的事情，而在得到成功实施时就变成了审美的或"可笑的"。我们以一种相应的方式意识到，决定一个人实践能力的乃是他这样一种才能，即以经济的最大限度调动起多种手段和尺度，从而产生一个巨大的结果；当经济作为一种单独的因素而被强加于注意力之上时，它在审美上就会变得令人不愉快，而倘若存在一种相应宽泛的结果，手段的范围就是华丽而不愚蠢的展览。同样，我们也意识到，思想在于对各种各样的意义进行整理以便使它们走向一个结论，这个结论得到所有的支持并使所有的东西在其中得到总结和保存。我们也许很少知道，这种有所累积地走向一个最终整体的能量的组织乃是优美艺术的本质，因为在那个最终整体里，所有手段和媒介的价值都得到了具体的体现。

在日常生活的实践和推理中，组织是不怎么直接的；而且，至少相比较而言，结论或圆满完成的感觉只是在最后才到来，而不是含于每一个阶段之中。当然，这种完成感的延迟，这种连续完美的缺席，反过来又把所使用的手段化约为纯然的手段状态。它们是不可缺少的前提条件，但并不是目的的内在组成要素。换句话说，在这些例子中，能量的组织是一片一片的，一片取代另一片；而在艺术的进程中，它是有所累积和有所保存的。这样，我们被再次带向了节奏。无论何时，向前的每一步同时是对那先行的东西的一种总结和实现，而每一次圆满完成都将携着期待紧张地向前进发，这就有了节奏。

在日常生活中，我们许多的向前行动都是由外部的需要来推动的，而不是一种像海浪那样的向前运动。类似地，我们许多的休息乃是要从筋疲力尽中恢复过来；它也是被外部的东西所强迫的。在有节奏的安排里，每一个结束和暂停，都像音乐中的休止那样，既划分界限和赋予个性，又起着连接的作用。音乐中的休止不是一个空白，而是一个节奏性的沉默，它对已做的东西进行加强，同时又传达一种向前的冲动，而不是止于它所界定的那个点上。在看一幅画，或者读一首诗，或者看一出戏剧时，我们会感受到同样的特征；这种感受有时候在其限定和闭合的性质中，有时候在其过渡的职能之中。正常的情况之下，我们感受这些特征的方式，依赖于我们的兴趣对经验中独特之点的指向。然而，存在这样一些艺术产品，在其中，一种元素坚持只以一种方式来加以感受。这样，就存在某种由于夸张而现于绘画中的限制，比如佛罗伦萨画派对线条的夸张、列奥纳多以及受列奥纳多影响的拉斐尔对光线的夸张、彻底的印象派画家对氛围的夸张。要达到起结转作用的融合与起强调及界定作用的暂停之间的一种精确平衡，是极其困难的，而我们可以从并未完成这种平衡的对象中得到真正的审美满足。但是，在这些例子中，能量的组织依然是局部的。

活跃的东西不同于行动和经受的节奏的形态学特性，也不同于规定休息和向前冲动的节奏的形态学特性，这在艺术中被以下的事实所阐明，即艺术家使用某种通常被认为是丑的东西来达到审美的效果，如不调和的色彩、不和谐的声音、诗中的杂音、绘画中看起来黑暗而模糊的地方甚或一处处彻底的空白——就像在马蒂斯那里似的。这是事物发生联系的很重要的方式。一个人们所熟悉的实例可适用于此，这个实例就是莎士比亚在悲剧中间使用喜剧。它不只是减轻观众方面的紧张，还具有一种更为内在的职能，因为它对悲剧的性质作出了强调。任何其性质不属非常“容易”之类的产品，都显示出通常相连之物的脱节和分裂。见于绘画之中的扭曲，服务于某种独特节奏的需要。但是，它所做的还不止这些。它产生了种种明确的知觉价值，这些价值由于成为习惯而隐蔽在普通的经验之中。如果要唤起一则审美经验所要求的能量等级的话，普通的先入之见就必须打破。

不幸的是，人们在进行有关审美理论的写作时，被迫以一般化的术语来说话，因为不可能对这样的作品进行介绍，即在该作品中，材料乃是以其个别化的形式而存在的。但是，我将在一幅实际的绘画上作图解式的说明。[1] 在看这幅我所想的特定对象时，注意力首先被那些其中的色块向上指的对象所吸引：第一印象是从下向上的运动的印象。这个陈述并不是说，观众明确地意识到了垂直的节奏，而是说，如果他停下来进行分析，那么，他就会发现，决定那最初和主要印象的乃是由节奏所这样构成的范型。其间，尽管兴趣停留在上升的范型上，但眼睛在图画上横向运动。于是，停顿、抑制和打断性的暂停就会在下面的时刻出现，即视线进入一个明确色块之上相对的较低角落，它不是适合垂直的范型，而是把注意力转向水平布置的色块的重量。如果图画的构成是糟糕的，变化的运作就会成为经验中的一个干扰性的打断、一个破裂，而不是成为兴趣和注意力的重新定向，从而扩大对象的意义。实际上，秩序的一个阶段的终结给予期待以一种新的安排；而且，这种期待将随着视线的回归，由一系列主要在水平方向上相称的着色区域所完成。接着，当知觉的这个阶段完成了自身，注意力就被吸引到这些色块的色彩特点中的有序变化。然后，随着注意力重新指向垂直的范型——在我们由此出发的点上——我们略去由色彩所构成的设计，并且发现注意力指向由一系列后退的和纠缠的平面所决定的空间间隔。知觉中的深度印象一开始当然是不明晰的，但这种独特的、有节奏的秩序使它明晰起来。

在这种图示知觉的逐步建立中，融合在最初总体印象里的四种有机体的能量被召唤进特殊的行动强度之中，可是在经验中并

---

① 巴恩斯的《绘画中的艺术》、《法国原始派及其形式》(*French Primitives and Their Forms*)、《亨利-马蒂斯的艺术》都给出了许多有关图画的详细分析。

不存在断裂。事情尚未到此打住。当一个人更加意识到那些构成空间深度的因素时，一幕遥远距离上的场景凸显出来了。这幕场景，考虑到它的指示距离，乃是以其所标识的发光度为特征的。这样，视线得到调整以便更为明确地知觉发光度的节奏，这些节奏将得到提高的价值赋予作为整体的图画。这里大约有五种节奏体系。如果加以进一步考察的话，就会发现，其中的每一种里都有更小的节奏。每一种节奏，较大的或较小的，都与所有其他的节奏相互作用，从而使有机体能量的不同体系啮合在一起。然而，它们还必须以这样的方式彼此相互作用，即能量一以贯之地既得到唤起又得到组织。有时候，在一个新类别的对象中，人们会感到一种令人慌乱的惊异。这种情况会发生在怪诞以致无甚价值的对象之中，也会发生在那些有高度审美价值的作品的第一次显现中。人们需要花时间去辨别，这震惊究竟是由对象的组织中与生俱来的断裂所造成的，还是由知觉者的缺乏准备所造成的。

以上所说的看起来也许是对知觉的时间方面的夸大。毫无疑问，我使那些通常或多或少被压缩的元素得到了伸展。然而，要不是处于一个在时间上发展着的进程之中，绝不可能存在对一个对象的知觉。如果是纯然的刺激，倒是可能的；但如果是作为被知觉到的对象，就不可能了，它不只是作为一个所熟悉的种类中的一员而被认出来。如果我们对世界的看是由一连串瞬间的一瞥所组成的，那么，它就不是对世界的看，也不是对世界上任何东西的看。如果尼亚加拉瀑布的怒号和湍流局限于一种猝然的喧嚣和瞥视，就不会有任何对象的声音或景象被知觉到，更不用说那个被称作尼亚加拉瀑布的特定对象了。它甚至也不可能作为喧嚣而被捕捉到。击打耳膜的外部喧嚣的那种仅仅孤立的连续不会导致任何东西,除非是越来越多的混乱。没有什么东西会被知觉到,除非在不同的感觉彼此相关地起作用的时候,除非在某一个“中心”的能量与其他能量相通的时候。此时,新的运动反应模式得到了激发,而且这些模式反过来激起新的感觉活动。如果这些多种多样的感觉-运动能量不能够彼此协调,那么就不会有被知觉到的场景或对象。但是,当——凭借一种事实上不可能实现的条件——一个单一的感觉孤立运作时,同样也不会有任何被知觉到的东西。如果眼睛这个器官从根本上来说是主动的,那么,色彩的性质受到早先经验中其他显然主动的感觉的那些性质的影响。它以这种方式受历史的影响;那存在着的对象有它的往昔。而那些被涉及的诸运动因素的冲动,则实现了进入未来的延展;因为它为即将到来的东西做好了准备,并且在某种意义上预言了将要发生的东西。

那种对图画、建筑以及雕像中的节奏的否认,或者认为节奏只是隐喻性地存在于其中的断言,依赖于对一切知觉的固有本性的无知。当然,也存在着事实上是瞬间发生的识别。但是,这些东西只发生在这样的时候,即,通过一系列过去的经验,自我在某些方面已经成为内行,他只消简单地一瞥,就能看出某个对象是桌子,或者某幅绘画是某位特定的艺术家比如马奈所作。由于当下的知觉利用了过去连续作出的能量组织,所以没有理由把时间因素从知觉中剔除。而且,无论如何,如果知觉是审美的,一个瞬间的辨识就只是这个审美知觉的开端。在对一幅图画的辨识中,并不存在这样或那样与生俱来的审美价值。辨识也许会引起注意并导致对绘画的凝思,其方式就是各个部分和关系被召集起来组成一个整体。

当我们说某幅画或某部小说是死的，而另一幅画或另一部小说具有生命的时候，几乎意识不到任何隐喻的东西。要解释我们这么说究竟意味着什么，这并不是一件容易的事情。然而，有的意识是自发产生的，比如意识到某样东西是柔软的，另一样东西有着无生命物体的沉重的惰性，而还有的看起来似乎在内部运动。在对象之中，必定存在着某种促成它的东西。既然将活与死划分出来的东西不是熙攘和纷扰，那么，一幅画在字面意义上的运动也无法作出这种划分。活的存在物的特征是拥有过去和现在；并且把它们作为当前的占有物来加以拥有，而不仅仅是外在地拥有。我认为，正是当我们从艺术产品中得到那种安排一段生涯、一段历史的感觉的时候，我们才拥有了生命的印象，而那种感觉恰是在这一段生涯、一段历史的发展中的某个特别之点上被知觉到的。那死的东西不会延伸到过去中，也不会激起对将要到来之物的任何兴趣。

所有的艺术，无论是技术的还是有用的，其共同的元素都是作为产生结果之手段的能量的组织。在那些仅仅作为有用的东西而打动我们的产品之中，我们所关注的只是那超越该事物的东西，而如果我们并不对进一步的产品感兴趣的话，那么对这个对象本身就会漠不关心了。它也许会被匆匆地看过，但并没有被我们真正看见，或者，我们也许会走马观花地看看，就像漫不经心地看待据说非同寻常的稀罕之物那样。在审美的对象中，对象的运作——就像某个有着外部有用性的对象也可能运作的那样——乃是要使能量凝聚在一起；这些能量曾经分散地忙碌于处理不同场合的诸多不同事物，并且赋予它们以特定的有节奏的组织，我们曾经(在考虑效果而不是其实行的模式时)将那种组织称作澄清、强化、集中。那些就彼此来说处于潜在状态但就自身来说是现实的能量,直接为所导致的经验而彼此唤起和强化。

对于有原创性的生产来说为真的东西,对于有鉴赏力的知觉来说也为真。我们谈到了知觉以及它的对象。然而,知觉以及它的对象乃是在完全一样的连续运作中得到建立和完成的。那被称作该对象、该云朵、河流,以及衣服的时候,已经将一种独立于现实经验的存在归于其之上了;该碳分子、该氢离子,以及一般科学的实存物,更是如此。然而,知觉的对象——更确切地说,是知觉之中的对象——并不是一般而言的某类别中的某一个,不是云朵或河流的一个样本,而是这一个个别之物,它存在于此地此时,有着陪伴和标识此般存在的所有不可重复的特性。以其知觉对象的能力,它存在于恰恰同样的与活的生灵的相互作用之中,而这活的生灵便是那构成知觉活动的生灵。而在外部环境的压力之下,或者由于内部松弛的缘故,我们普通知觉的大多数对象都是缺乏完整性的。当存在识别时,也就是说,在对象被辨识为某类别中的某一个时,或者被辨识为某类别里的某一种时,它们被切断了。因为这样的识别足以使我们能够为着惯常的目的来利用对象。知道这些对象是雨云,从而促使我们带上伞,这就够了。对它们仅仅所是的那个别云朵的完全的知觉领会,也许会妨碍把它们用作一种明确的、有限的行为类别的标记。另一方面,审美知觉所命名的乃是一种完全的知觉以及它的相关物,即一个对象或事件。这样一种知觉的完成,伴随着,或毋宁说,存在于其最纯粹形式中的能量的释放;它正如我们所见,乃是有组织的因而是有节奏的。

因此，当我们说一幅画是活的，而画里的人物以及建筑和雕塑的形式显现出运动时，我们无须感到自己的谈论是隐喻性的，也无须为泛灵论而辩白道歉。提香的《下葬》远远不只暗示忧伤的沉重承载；它也传达或表现了这种东西。德加(Degas)的芭蕾舞女演员，事实上是以足尖在舞蹈；雷诺阿画中的孩子专注于他们的阅读或缝纫。在康斯太伯尔(Constable)那里，青葱的草木是潮湿的；而在库尔贝(Courbet)那里，幽谷中的滴水和岩石泛起寒凉湿润的光泽。当鱼儿们不飞快地游动或懒洋洋地平衡自己时，当云儿们不飘浮或疾飞时，当树儿们不映出阳光时，它们就无法唤起与对象所有能量的实现相称的能量。接下来，如果对知觉进行弥补的乃是缅怀往事，或者那些来自文学作品的伤感联想——就像绘画通常被认作是有诗意的例子那样——那么，一种假冒的审美经验就出现了。

在整体或局部上看起来是死的绘画，乃是那些其中之间歇仅仅是抑制，而非又是结转的绘画。它们是“洞”，是空白。我们称作死区的东西，从有知觉能力的人来说，乃是对输出的能量的一种偏颇或受抑的组织进行加强的东西。有的艺术作品仅仅是提供刺激，在这些作品中，活动被唤醒了，但却没有满足的镇静感，也没有根据媒介而来的实现。能量没有被组织起来。于是，戏剧变成了闹剧；裸体画变成了色情画；所阅读的小说使我们对这个我们被迫生活于其中的世界感到不满，在这个世界里，唉，我们没有机会去经历故事书中所讲的那种浪漫的冒险奇遇和崇高的豪侠行为。有些小说里的人物是作者的傀儡，在这样的小说中，我们的厌恶来自一个事实：生活被伪装而非被展现。靠生动活泼的表演而来的对生活的假冒，留给我们的是愤怒，这种愤怒与那种对喋喋不休的空谈所产生的不完整性的愤怒是一样的。

对于有些人而言，我或许以对称为代价来夸大节奏的重要性。就显而易见的字面而言，我的确这么做了，但也仅仅是就字面而言。因为有组织的能量这个观念，意味着节奏和平衡是不可分割的，尽管它们也许可以由思想来加以区分。简单扼要地说，当我们格外留意那完成的组织得以展示其中的各个特征和方面时，就会特别强调对称，这种一事物关联另一事物的度量。对称和节奏乃是同一个东西，只是由于注意的兴趣才感到侧重点的不同。当界定休止和相对完成的间歇成为专门刻画知觉特性时，我们就意识到了对称。当我们关注运动，关注来和去而不只是抵达时，节奏就脱颖而出。但是，不管怎么说，既然对称是中和能量的均衡，它就涉及了节奏，尽管只有当运动被休止的地方所分隔并因而涉及度的时候节奏才会出现。

当然，有的时候，这两者会在艺术产品中分离开来。但是，这个事实表示该产品在审美上并不完善：一方面，存在着空洞和死点；另一方面，存在着动机不明且未加解决的刺激。在反思的经验之中，譬如在有问题的情境所引起的调查之中，存在着一种找寻和发现之间的节奏、一种追求可靠结论和达到至少是试验性结论之间的节奏。但是，作为一种规则，这些阶段并非是主要的，以至于不会对有着显著审美性质的进程产生影响。当它们得到强调并和素材统一时，就会产生与任何艺术性构造的呈现中所存在的意识相同的意识。另一方面，在仅仅是假冒的和学院式的艺术之中，平衡并不与素材相一致，而是一种装腔作势，它由于孤立在运动之外而最终变得非常令人讨厌。

强度和广度的联系以及两者与张力的联系，不只是口头上说说。在压缩和释放交替的地方之外，不存在节奏。抵抗阻止了直接的宣泄，并且累积起使能量变得强烈的张力。从这种阻抑状态而来的释放必然采取一种有顺序展开的形式。在一幅画中，冷色和暖色、互补色、光和影、上和下、后和前、右和左，概略地说，都是手段；借助这种手段，那种在一幅画中导致平衡的对立就得以产生了。在早期的绘画中，这种对称的实现主要是借助位置中右和左的对立，或者借助一种明显的对角线排列。因此，既然甚至在这些绘画中也存在位置的能量，那么，对称就不仅仅是空间上的了。但这种对称是脆弱的，正如13世纪和14世纪的剪影画，重要的人物被放在正当中，而那些几乎彼此一样的人物则被放在差不多正好是侧面相对应的位置。后来，锥体形式为人们所依赖。这样排列的大部分力量应归功于图画之外的因素。对象的稳定感乃是通过使我们想起取得平衡的那些常见模式来实现的。因此，图画中的对称效果是联想的，而不是内在的。图画里的倾向是关系的发展，这样，平衡就是整幅图画的一种功能，而不能依靠特定人物的选择而得到地形学意义上的显示。图画的"中心"不是空间上的，而是相互作用的力量的焦点。

以静力学的术语来定义对称恰与另一种错误形成了对应，即节奏被构想为诸元素的重现。平衡乃是平衡的达成，是着眼于重力彼此作用的方式而对它们进行的一种分配。当它们彼此作用的推和拉得到校准时，天平的两个托盘就达到了平衡。而只有当天平的托盘着眼于达到均衡而彼此反对地运作时，天平才现实地（而非潜在地）存在。既然审美的对象依赖于一种逐渐发生的经验，平衡或对称的最终尺度就是整体的这样一种能力，即把最为多样以及范围最大的对立元素结合在整体自身之内。

平衡与重量的压力之间的联系，是与生俱来的。在任何领域中，完成工作所依靠的都只是对立力量的互相作用——正如依靠肌肉结构的对抗系统那样。因此，在一件艺术作品中，所有的一切都依赖于试图达到的平衡——这也是从崇高到荒唐只差一步的原因。不存在诸如本身就是强力或弱力、大力或小力这样的东西。微缩品和四行诗有着它们自身的完美，而单纯的巨制则会由于空洞的自命不凡而令人讨厌。说绘画、戏剧或小说中的一部分太弱，乃是表明某个相关的部分太强——反之亦然。绝对地说，没有什么东西是强或弱的，这只是它起作用与被作用的方式。有时候，在一个建筑远景中，人们会惊讶地看到，某栋低矮的楼房得到了多么正确地安置，竟将周围的幢幢高楼聚集在一起，而不是被它们湮没。

在那些要求被称作是艺术作品的作品中，最为常见的毛病是靠着夸大某一元素来努力获取力量。起初，就像对任何行业中暂时的畅销品那样，存在着一种即时的响应。但是，这样的作品并不耐久。随着时光的流逝，愈发明显的是：曾经被视作力量的东西从抗衡因素的方面来说意味着虚弱。任何感觉上的魅力，倘若它关联于其他因素而得到中和的话，那么，无论在总量上有多大，都不会令人腻烦。但是，倘若单独品尝，糖味是最快地被耗尽的性质中的一种。文学作品中的“男子汉”风格很快就会使人疲倦，因为显而易见地（纵然只是下意识地）是，尽管有暴力动作，但真正的力量却并没有得到展示，中和的能量仅仅沦为纸糊的和泥捏的形象。某种元素看起来强，乃是以其他元素的弱为代价的。甚至一部小说或舞台剧的轰动效应，也只是指影响整体性质的关系的一种缺乏，而不是任何事件本身。一位批评家曾经这样评论奥尼尔(O'Neill)的戏剧:它们遭受着某种折磨,即缺乏延宕;所有的一切都运动得太快因而太容易,其结果就是一种过度的拥挤。画家们在工作时不得不这里画一笔那里画一笔,而不是一下子画完一整幅。而且,他们意识到,有必要"控制"自己在特定时刻所画的那部分。每一位作家也不得不解决同样的问题。除非这个问题被解决了,否则,其他的部分就不会"跟上"。在大多数情形下,除那些处于同样片面狂热状态中的人们之外,直到产生疲倦厌烦而非恢复活力之前,那种出于审美而对艺术作品中的道德剂量、经济或政治宣传剂量所做的反对,经过分析后会发现,乃是以牺牲其他价值为代价来过度强调某些价值。

单一能量形式的孤立显现所导致的是不协调的运动,而事实上,人类有机体是复杂的,因而要求许多各种不同因素的调节。在行动的暴力和强烈之间存在着巨大的差别。看看那些有意在游戏中活动的幼儿,就会观察到一连串不相关的动作。他们比划手势,跌倒打滚,各干各的,而几乎不管别人在做什么。甚至同一个孩子的行为,也没有什么先后次序。这样一个例子通过对比的方式,说明了强度和广度之间的艺术关系。因为能量并不受那些既对抗又合作的其他元素的限制,所以行动乃是靠猛然的促动和突然的发作来进行的。存在着不连续性。哪里的能量由于相互的对立而变得紧张,哪里的能量就在有序的延伸中展现。结构良好且表演良好的戏剧在孩子气的胡闹的映衬之下,显出一种极度的反差,这种反差会以较小的尺度而现于所有形成对比的审美价值之中。绘画、建筑、诗歌、小说都具有不同程度的容量(volume)——这不可与体积(bulk)相混淆。它们在审美上成为厚的和薄的、牢的和碎的、密的和疏的。这种延伸的属性、相关变化的属性，乃是一个动力学的阶段，这个阶段标识着那些在有秩序的静止间歇中受到抑制的能量的释放。但是，再重复一遍：这些（构成作品对称性的）间歇的秩序，并非是以时间单位或空间单位为基础而得到调节的。当这个秩序得到如此确定时，效果就是机械的，就像押着一种叮当之韵的跷跷板。在一件艺术作品中，每当间歇被关联于统一和总体效果的各部分之间的彼此加强所决定时，就呈现出了规则。这就是在把对称称作动态性的和功能性的时候所意味的东西。

在看一幅绘画或一幢大厦时，存在着一种来自时间中的累积的压缩的过程，这同样存在于听音乐时，读一首诗或一部小说时，以及看一部上演的戏剧时。没有哪一件艺术作品能够在瞬间被知觉到，因为那样一来就没有机会去保存和增加紧张，并且因此而没有机会去进行那种给予艺术作品以容量的释放与展开。在大多数理智的作品中，在除了那些确实是审美闪现之外的所有理智作品中，我们必须进行向后的追溯；我们必须有意识地回顾先前的步骤，并且清晰地回忆起那些特定的事实和观念。在思想中走在前面，要依靠那些进入往昔之中的有意识的记忆之旅。然而，只有当审美的知觉被打断（无论由于艺术家的差错还是由于知觉者的差错而被打断）时，我们才会被迫向后返回，比如在看一部正在上演的戏剧时，问问自己前面演了些什么，以便得到情节进展的线索。从过去保留下来的东西嵌入于现在所知觉到的东西之中，这种嵌入是如此之深，以至于它凭借它在那里的压缩，迫使心思向前伸展到那即将来临的东西。从连续系列的先行知觉而来的压缩越厉害，当下的知觉就越丰富，向前的冲动也就越强烈。由于浓缩深度的缘故，被抑制的材料的释放在其展现时会给随后的经验以更宽的跨度，这个跨度由更大数量的受到规定的特性所组成：我称作延伸和容量的东西对应于由于增多的抵抗而产生的能量的紧张。

由此可以断定，节奏和对称彼此之间的分离，以及艺术被分为时间的和空间的，都不仅仅是聪明才智遭到了误用。它乃是基于一个就其受关注的范围而言对审美理解具有破坏作用的原则。此外，它现在已经失去了一度假定拥有的来自科学方面的支持。这是因为，物理学家们已经由于他们自身素材的特点而被迫看到，他们的单位不是空间的和时间的，而是时-空的。而艺术家从一开始，若不是在有意识的思想中的话，就是在行动中取得了这个姗姗来迟的科学发现。这是因为，他必定总是要处理知觉的材料而不是概念的材料；而且，在被知觉到的东西中，空间和时间这两个方面总是彼此伴随的。我们可以有趣地注意到，这个发现在科学中的取得发生于这样一个时刻，即人们发觉，概念的抽象化进程倘若不对证实的可能性加以破坏，就不可能达到排除观察行为的程度。

因此，当科学的探究者不得不联系他的素材来考虑知觉行为的后果时，他就从空间和时间走到了一种他只能描述为时-空的统一体。这样，他也就遇到了一个在每个普通知觉中都得到例证的事实。这是因为，一个对象的延伸和容量，即它的空间属性，不能在数学般精确的刹那被直接地经验到——或者知觉到；而且，事件的时间属性也不能够被经验到，除非当某种能量以一种大规模的方式来展示自身时。因此，艺术家根据知觉材料的时间和空间性质来加以处理的东西，只是他根据普通知觉的所有内容来加以处理的东西。他借助形式来进行挑选、强化和浓缩：当材料经历艺术的澄清和整理的运作时，节奏和对称就必定成为材料所采用的形式。

除了失去假定的科学的认可之外，优美艺术中的时间和空间的分离还总是笨拙的。正如克罗齐曾经说的，只有当我们从知觉走到分析的反思时，才在音乐和诗歌中特别地(或者单独地)意识到了时间的序列，而在建筑和绘画中则相应地意识到了空间的共存。有一种假定认为，我们直接听到乐音在时间中*存在*，我们直接将色彩看作是空间中的*存在物*，这种假定乃是在对直接经验的读解中加入了一种后来由于反思而对它进行的解释。我们看到绘画中的间歇和方向，并且听到音乐中的距离和容量。如果音乐中的运动以及绘画中的静止是被单独地知觉到的，那么，音乐就将完全没有结构，而绘画则只不过是枯骨。

然而，既然所有的艺术对象都是知觉的质料，而知觉又不是瞬间发生的，那么，空间艺术和时间艺术之间的区分就是错误地作出的。尽管如此，较之其他艺术来说，音乐也许以其明显的对时间的强调更好地阐明了一种感觉，在这种感觉中，形式乃是一则经验的运动整合。在音乐中，甚至音乐性的东西，也必须为形式而寻找空间性的语言，而且常常把形式视作一种结构，这样的形式随着对音乐的聆听而发展起来。音乐发展中的任何一个点，也就是说，任何一个音调，之所以在那个音乐对象——或者知觉——中成为其所是，乃是缘于那已先行的东西以及在音乐上碰撞着的或被预言的东西。一首旋律是由主音的音符所决定的，对于它来说，回复的期待乃是作为一种注意的紧张而建立起来的。音乐的“形式”变成聆听之职中的形式。另外，音乐的任何部分以及它的任何截面，都在和弦及和声中精确地具有平衡和对称，就像一幅绘画、一座雕像或一幢大楼那样。一个旋律是在时间中展开的和弦。

“能量”这个术语在本章的讨论中已经多次使用。或许，坚持认为能量与优美艺术相关联，对有些人来说似乎是不适当的。但是，有些恰当地关联优美艺术的常识可能会变得不可理解，倘若能量的事实没有得到重视的话：它的运动和激发的力量、平静和安定的力量。而且毫无疑问，除非节奏和平衡是与艺术无关的特性，否则，由于它们的基础作用，艺术只有作为能量的组织才是可界定的。关于艺术作品对我们以及为我们所做的东西，我只看到两种选择：或者，艺术之所以起作用，乃是因为某种超越的本质(通常称作“美”)从外部降临到经验之上；或者，审美效果之所以产生，乃是由于艺术具有世界上诸般事物的能量的唯一转录本。在这两种选择之间，我不知道仅仅凭论证如何能够来决定选择。不过，可以知道的是，在作选择时什么东西会被牵涉进来。

我的立场是：只要经验是统一的，那么，审美的效果和所有经验的性质就是联系在一起的。从这个立场出发，我要问，倘若不是通过选择和安排事物借以对我们起作用以及使我们感兴趣的能量，艺术如何能够是表现的而不是模仿的或盲目再现的？如果艺术在任何意义上都是再生产的，但却既不再生产细节也不再生产类的特征，那么由此必然得出结论：艺术乃是通过选择事物中的某些潜力来起作用的，借助这些潜力，一则经验——任何经验——得以具有意义和价值。淘汰去除了那些使人迷惑、分心和呆板的力量。而秩序、节奏和平衡就意味着，对于经验来说的重要的能量得到了最佳的发挥。

"理想"这个术语已经变得廉价了,这是由于它感伤的流行用法,由于它在哲学论文中为辩护的目的而用于掩盖那些存在着的不和与残忍。但是,也存在一种明确的意义——即刚刚所指出的意义,在这个意义上,艺术是理想的。通过选择和组织,那些使任何经验值得作为一则经验而拥有的特性,由艺术为着相称的知觉来进行筹备。尽管自然对人类的利益有着种种的冷漠和敌意,但是必定还有自然与人的某种适合,否则的话,生命就不可能存在了。在艺术中,那些意气相投的力量,那些不是支持这种或那种特殊目的而是支持所享受的经验进程本身的力量,得到了释放。这种释放给予它们理想的性质。这是因为,人能够坦诚地抱有什么样的理想呢?除非是一个环境的观念,在这个环境中,所有的事物共同促成对那些偶尔和部分经验到的价值的完善和支持。

一位英国作家,我想是高尔斯华绥(Galsworthy),曾经在某处将艺术界定为"能量的想象性的表现,它通过感觉和知觉在技术上的具体化,借助激发个人身上非个人的情感,趋于使个人的东西与普遍的东西相和解"。那些构建起世间对象和事件并因而决定我们经验的能量乃是"普遍的东西"。在直接的非论证的形式中,"和解"是人和世界在完整经验中和谐协作的阶段的实现。因而所产生的情感则是"非个人的",因为它并非系于个人的运气,而是系于自我献身于建构的对象。欣赏在其情感性质上同样是非个人的,因为它也牵涉到客观能量的建构和组织。

第九章 各门艺术的共同主旨

THE COMMON SUBSTANCE OF THE ARTS

什么样的素材是适于艺术的？有什么材料天生就合适，而另外一些材料天生就不合适？或者，关于艺术处理，没有什么共同的和不良的东西？各门艺术本身的回答，已经稳定和逐步地处在这样一个方向上，即给予最后那个问题以一个肯定的回答。然而，也存在一种持久的传统，这种传统坚持认为，艺术应当作出招人反感的区分。因此，对这个题目的简要概述，也许可以充当本章专题的一个导论，这就是对于所有艺术来说都共同的艺术的质料方面。

在另一处场合，我曾经有机会提及一个时期的通俗艺术与官方艺术之间的不同。甚至当受垂青的艺术从教士和统治者的庇护和控制下走出来时，类的区分仍然得到保持，尽管“官方的”已不再是一个恰当的称呼。哲学理论只关注那些被拥有社会地位和权威的阶级盖上认可图章和印记的艺术。通俗艺术肯定是繁荣过的，但它们并没有得到文人学士的注意。它们在理论的讨论中并不值得提及。也许，它们甚至没有被看作是艺术。

不过，我并非要论述艺术中一种不公平区分的早期构想，而是要选择一个现代的代表，然后简要地指出那把曾经竖立起来的藩篱加以拆除的反叛的某些方面。乔舒亚·雷诺兹（Joshua Reynolds）爵士给了我们这样一个陈述，即既然适合在绘画中进行处理的主题只是那些“一般地令人感兴趣的东西”，那么，它们就应当是“英雄行为或英雄苦难的某个明显例子”，例如“希腊和罗马的神话和历史中的伟大事件。《圣经》中的主要事件也是如此”。根据他的陈述，所有那些往昔的伟大画作，都属于这种“历史画派”。并且，他继续说道，“在这个原则之上，罗马画派、佛罗伦萨画派、波伦亚画派已经形成了它们的实践，并因此理所当然地获得了最高的赞誉”——若要作为一个从严格艺术方面所作的充足评论，这里还遗漏了威尼斯画派和佛兰德斯画派，一起被遗漏的还有对折衷画派的推荐。如果他能够预见到德加的芭蕾舞女演员、杜米埃(Daumier)的火车车厢(railway-coaches)——实际上是《三等车厢》——或者塞尚的苹果、餐巾和盘子，那么，他会说些什么呢?

文学中占统治地位的理论传统也相类似。人们不断声称，通过宣布贵族和位高者的不幸是悲剧的合适材料，而普通人的不幸天生适合次要的喜剧样式，亚里士多德已经一劳永逸地为悲剧这一最高文学样式的范围划定了界限。当狄德罗作出以下这番表述时，他实际上宣告了理论中一次历史性的革命。他的表述是：存在着对于资产阶级的悲剧的需要，以及，不再仅仅只有国王们和王子们在舞台上演出，平民也受到那些激起怜悯和恐惧的可怕厄运的支配。而且，他断言，家庭悲剧尽管有着不同于古典戏剧的另一种格调和情节，但也能够拥有它们自己的崇高性——一个无疑被易卜生实现的预言。

19世纪初，在豪斯曼(Housman)称作假冒诗或伪造诗，即以韵文冒充诗的时代之后，华兹华斯和柯尔律治的《抒情歌谣集》(*Lyrical Ballads*)引领了一场革命。柯尔律治对激励这本诗集作者们的一条原则作了如下的陈述：“诗里面有两个根本的要点，构成其中之一的便是忠实地追随这样一些人物和事情，当有一颗沉思和感触的心灵去寻求它们，或者在它们呈现自身时去注意它们的时候，会在每一个村落及其邻近的地方找到它们。”我几乎不需要指出，早于雷诺兹时代很久，一场类似的革命就在绘画中展开了。当威尼斯人在赞美他们生活的奢华之外给予名义上的宗教主题以明显世俗的处理时，这场革命就跨了一大步。在荷兰风俗画家之外，佛兰德斯派画家例如老勃鲁盖尔（Breughel the elder），以及像夏尔丹这样的法国画家们，真诚地转向了日常的主题。随着商业的发展，肖像画从贵族阶层扩大到了富有的商人那里，并接着扩大到了不怎么引人注目的人们那里。到19世纪末，就造型艺术而言，所有的条条框框都被扫除了。

小说已经成了在散文文学中引起变化的重要工具。它使注意的中心从宫廷转到资产阶级，接着转到“穷人”和体力劳动者，再转到不管什么身份的普通人。卢梭把他在文学领域中的大部分永恒的巨大影响归于他对“人民”（*le peuple*）的充满想象的兴奋；确实，更多地要归于这个原因，而不是他的形式理论。民间音乐所起的作用，尤其在波兰、波希米亚和德国，在音乐的扩展和更新上的作用是众所周知的，以至于不需要更多地加以注意。甚至在所有艺术中最为保守的建筑也已经感受到一种转变的影响，这种转变与其他艺术所经历到的相类似。火车站、银行大楼和邮政局，甚至教堂，都不再被专门地建造成为希腊神庙和中世纪大教堂的仿制品。既定“秩序”的艺术受到了对社会等级固化的反抗的影响，这种影响与水泥和钢筋中的技术发展所产生的影响程度相当。

上述简短概述的唯一目的在于指出，尽管有形式的理论和批评的规则，但还是发生了那样一次并不是倒退的革命。超越所有外设界限之上的冲动，正是艺术家的工作本性中的固有部分。它属于充满创造力的心灵的品质，这种充满创造力的心灵要伸展开来并捕捉任何能激动它的材料，这样，那材料的价值也许就会被挤压出来，并变成一则新的经验的质料。拒绝承认惯例所设立的界限，这是一些艺术对象频频被谴责为不道德的原因。然而，艺术的功能之一，恰恰就是要逐渐削弱一种道德主义的胆怯；这种胆怯使心灵躲开某些材料，并且拒绝让它们进入到清晰而纯净的灵敏意识的光线之中。

艺术家的兴趣乃是加诸材料使用之上的仅有限制，而这种限制并不是约束性的。它只是陈述内在于艺术家工作中的显著特性，即真诚的必要性；这是一种他不可以伪造和妥协的必要性。艺术的普遍性非但不是拒绝由充满生机的兴趣而来的选择原则，反而是依赖于兴趣的。不同的艺术家有着不同的兴趣，而且凭借他们不被固定而先行的规则所拖累的集合性工作，经验的所有方面和阶段都得到了覆盖。只有当兴趣不再坦诚时，它才变成片面的和病态的，变成胆怯害羞的和偷偷摸摸的——就像它在当代人对性的很多利用中无疑所做的那样。托尔斯泰把真诚与原创性的本质等同起来，这个做法补偿了他论艺术的短文中的许多古怪东西。在他对诗歌中单纯惯例性的抨击里面，他宣称其中的许多材料都是借来的，艺术家们彼此为食，就像同类相食的动物那样。他说，组成常备材料的，乃是“各种传说、传奇和古老的传统；少女、武士、牧羊人、隐士、天使、各种魔鬼；月光、雷声、山脉、大海、悬崖、花朵、长发；狮子、羔羊、鸽子、夜莺——因为从前的艺术家在他们的创作中曾经常常使用过它们”。

托尔斯泰渴望将艺术的材料限制于那些取自普通人、工厂工人，尤其是农民的生活的主题；在他的这个渴望中，描绘了一幅不成比例而又受惯例限制的图画。但是，他的这个渴望中的正确成分却足以担当艺术的一个首要特征的实例：不管怎样缩小适用于艺术的材料的范围，它也是将个体的艺术家的艺术真诚包含在里面的。这没有给予艺术家充满生机的兴趣以公平的施展和排遣。这迫使艺术家的知觉陷入墨守成规的窠臼，并且剪短了他的想象力的翅膀。有一种观点认为，艺术家有道德义务去处理“无产阶级的”材料，或者，对任何材料的处理都要立足于关系无产阶级的机会和命运；在我看来，这种观点乃是要努力回到艺术在其成长的历史中已经超越了的一种立场。但是，只要无产阶级的兴趣标志着注意力的一个新方向，并且涉及对先前忽视的材料的观察，那么，它确实唤起了那些未曾被先前材料所感动并进而去表现的人的行动，而且，它也揭示了并因而有助于打破他们先前所未曾意识到的界限。我有些怀疑莎士比亚所谓的个人贵族偏见。我想，他的限制是符合惯例的，是人们所熟悉的，因而既适宜剧院后座的人，也适宜剧院前座的人。但是，无论其原因是什么，都限制了莎士比亚的“普遍性”。

艺术的历史性运动废除了那些曾经以所谓的理性根据而得到证明的对艺术素材的限制，但是，这并不能作为证据来证明在所有门类艺术的质料中存在着某种共同的东西。不过它暗示着，随着艺术的范围大大地延伸，以至将任何东西和一切东西都（潜在地）包括进来，倘若没有一个共同主旨的核心，那么，艺术也许会失去它的统一性并分散成各种有联系的艺术，直到这样一种程度，即只见树却不见林，只见枝却不见树。对于这个暗示的推论，显而易见的回答是：艺术的统一性存在于它们的共同形式之中。然而，对这个回答的接受，却把我们交付给了形式和质料相分离的观念，并且因而把我们引回到这样一个主张，即艺术产品是有形式的主旨，以及在某个兴趣最为突出时而于反思中显现为形式的东西，在兴趣的变化转向另一个方向时则显现为质料。

撇开某种特殊的兴趣而言，每一件艺术产品都是质料，而且仅仅是质料。这样，差别就不是在质料和形式之间，而是在相对来说尚未形式化的质料和已经充分形式化的质料之间。反思在绘画中发现独特形式这个事实并不能与绘画仅只是由布置在画布上的颜料所组成这个事实相抗衡，因为它们所具有的任何安排和设计毕竟都是主旨的属性，而不是任何其他东西的属性。相类似地，文学就其存在而言全都只是词，说出的和写出的词。"原料"指一切东西，而形式是当注意力主要转到质料的某些方面时对这些方面的命名。艺术作品是能量的组织，而且这种组织的本性是极重要的，这是事实。但是，这个事实不能够妨碍另外一个事实，即它是被组织的能量；而且，这种组织不在能量之外存在。

在不同的艺术中得到承认的形式的共同性，本身含蓄地带有一种相应的主旨的共同性。我现在要探讨和阐发的正是这种含蓄性。我前面已经注意到，艺术家和知觉者同样开始于可以被称作一种总体把握的东西，即一个尚未连接也未区分成分的包容性的质的整体。席勒在谈及他的诗歌的起源时说："就我而言，知觉首先没有一个清晰而明确的对象。这要到后来才成形。先行的东西乃是心灵的一种独特如音乐般的情绪，接着的才是诗的观念。"我对这个说法的解释是，它意味着刚才所陈述的那类东西。此外，"情绪"不仅是首先到来，而且还在区分出现之后作为基础而得到延续；事实上，这些区分是作为它的区分而出现的。

甚至在一开始，总体的和大块的性质就具有其唯一性；甚至在模糊和不明确的时候，它也正是其所是，而非其他的东西。如果知觉继续下去，那么，区别就会不可避免地到来。注意力必定要运动，而且，随着它的运动，部分和成分就从背景中显露出来。另外，如果注意力在一个统一的方向上运动而不是到处漫游，那么，它就会被弥漫着的质的统一性所控制；注意力之所以被它所控制，乃是因为，它是在其内部运作的。韵文就是诗，是诗的主旨，这样的自明之理等于什么也没说。但是，这个自明之理所记录的事实可能并不存在，除非诗意地感觉到的质料首先到来，并且是以一种统一的和大量的方式到来以便决定它自己的发展，即它标定为各个不同的部分。如果有知觉能力的人意识到艺术作品中的接缝和机械连接点，那么，这是因为主旨没有被一种弥漫的性质所控制。

这种性质不仅必定处于所有的“部分”之中，而且能够被感觉到，也就是说，被直接经验到。我并不试图描述这个性质，因为它不能够被描述，甚至也不能够被特定地指出——因为任何在艺术作品中被标定的东西都是它的分化之一。我只是试图将注意力引向某种每个人都知道存在于其对艺术作品的经验中的东西，但是，这种东西是如此地全面彻底和无所不在，以至于它被认为是理所当然的了。“直觉”曾经被哲学家用来称呼许多东西——其中有些东西是可疑的。不过，贯穿艺术作品的所有部分并把它们系于个性化整体的那种渗透的性质，倒是只能够在情感上被“直觉到”。艺术作品的不同元素和特定性质，以一种物理事物所不能够赶超的方式混合并融合在一起。这种融合是一种被感觉到的存在，即所有部分中相同性质的统一体的存在。“部分”是被辨别的，而不是被直觉的。但是，倘若没有被直觉到的统括的性质，各个部分就是彼此外在的，是被机械地联系起来的。然而，艺术作品这种有机体，却并非是与其部分和成分不同的东西。它就是作为成分的部分——该事实再次将我们带向某种弥漫的性质，这种性质在被区分时仍然保持着相同的性质。作为结果而产生的总体性的感觉是纪念性的、期待性的、暗示性的、预兆性的。[1]

它没有被赋予什么名称。由于它带来了活跃与生气，所以它是艺术作品的精神。当我们感到艺术作品的真实完全依靠它自身而不是作为现实的展览时，它就是它的真实性。它是风格，特定的作品在风格中得到构成和表现，风格在作品上标出个性。它是背景，背景不止是空间的，因为它进入并限定处于焦点中的每一样东西，被区分为部分和成分的每一样东西。我们习惯于认为，物理对象具有划定界限的边缘，比如像石头、椅子、书本、房子这样的事物；贸易和科学以其在精确度量方面的成就巩固了这种信念。于是，我们无意识地将所有经验对象都具有划定界限的特征的这个信念（这是一个最终在我们处理事情的实践性急切需要中建立的信念）带入我们对经验本身的构想之中。我们假定，经验具有与它所牵涉到的事物相同的明确界限。但是，任何经验，包括最普通的经验，都具有一种不确定的总体环境。事物、对象只是一个不确定地伸展着的总体中的此时此地的焦点。这就是定性的"背景"，这个背景在特定的对象和标定的属性及性质中得到界定并被明确地意识到。有某种神秘的东西与"直觉"这个词相联系，而且，经验在对无限外层的感觉和感触变得强烈的情形下，也会变得神秘起来——就像在对艺术对象的经验中可能发生的那样。正如丁尼生说的：

---

① 我借此机会再次提一下《质化思维》的文章，前面曾经提及过（第 145 页）。

经验是一道拱门，透过它
那人迹未止的世界隐约闪现，而其边缘逐渐消退
永远，永远，当我举步之时。

这是因为，尽管存在着一道划定界限的地平线，但这地平线随着我们的移动而移动。我们从未完全摆脱这样一种感觉，即有某种东西在界限之外存在着。在直接见到的有限世界中，存在着一棵树，树脚有一块石头；我们将我们的目光集中于这块石头，接着，集中于石头上的苔藓；也许后来，当我们拿来显微镜的时候，还看到了一些极小的地衣。但是，无论视域是大还是小，我们都把它经验为一个部分、一个更大的并且包括一切的整体的一个部分、我们的经验现在所对准的一个部分。我们的视域或许会由窄变宽。但是，无论视域变得多么宽阔，它都无法被感觉为整体；边缘渐渐消退为那种无限的扩张，它外面便是想象力所称的宇宙。这种对包容性整体的感觉隐含在普通经验之中，而在一幅画或一首诗的框架内则变得强烈。正是它，而不是任何特殊的净化，才使我们甘心地接受悲剧的事件。象征主义者曾经利用过艺术的这种不确定的方面；坡（Poe）谈到过"模糊之物的一种暗示的不确定性以及因而所造成的精神效果"；而柯尔律治则说，每一件艺术作品都必定具有某种包围着它的未被理解的东西，以便获得其完全的效果。

在每一个明确的和聚焦的对象周围，都存在一种向着没有被理智地把握到的含蓄之物的后退。在反思之中，我们称其是黯淡的、模糊的。但是在原初的经验中，它却并不被认作是模糊之物。当它为了被解作模糊而不得不如此时，它是整体情境的一种功

能，而不是其中的一个元素。在黄昏时分，薄暮是整个世界最为令人愉快的性质。它是世界的适当显现。只有当它妨碍清晰的知觉以及我们所希望看清的东西时，才变成一种特化的和可憎的性状。

一则经验未加界定的弥漫的性质将所有得到界定的元素结合在一起，将我们集中意识到的对象结合在一起，并使它们成为一个整体。这一情形的最好证明是：我们始终有着对事物是否为附属的感觉，有着对关联的感觉，这是一种直接的感觉。它不可能是反思的产物，尽管它有赖于反思来发现某个特定的考虑是否贴近我们正在做的或思的东西。这是因为，除非感觉是直接的，否则就无以引导我们的反思。对一个广泛而根本的整体的感觉乃是一切经验的语境，而且，它是健全心智的本质。有些东西对于我们来说，是从共同语境中撕扯下来的，是单独而孤立地矗立着的；但是，这些东西对于疯子以及精神失常者来说，却像是发生在一个与我们世界完全不同的世界中的必然事物。若无一个不定和未明的环境，任何经验的材料都会变得语无伦次。

艺术作品引出并突出了这样一种性质，即成为一个整体，并且从属于某个更大的、包括一切的整体，也就是我们生活于其中的宇宙。我认为，这个事实解释了当一个我们以审美强度来加以经验的对象在场时，我们所具有的那种极其明白清晰的感觉。它也解释了那种伴随着强烈审美知觉的宗教感觉。可以说，我们被引入了一个超越这个世界之外的世界，不过它只是我们以平常经验生活于其中的这个世界更深的现实。我们被带到我们自身之外去发现我们自身。艺术作品以某种方式运作以加深对伴随于一切日常经验的那个统括性的、不确定的整体的感觉，并把这种感觉提升到无比清晰的程度。除此之外，我无法看到一则经验的这些属性有任何心理学的基础。然后，这个整体作为我们自身的一种扩充而被感觉到。这是因为，一个人只有在他所渴望的特定对象上受到挫折，并且他的这个渴望是以他自身为赌注的，就像麦克白(Macbeth)那样，他才会发现，生命是一个由白痴讲述的故事，充满了喧哗与骚动，却没有任何意义。在唯我论没有成为现实和价值的尺度的地方，我们是这个超越于我们之上的巨大世界的公民；而且对这个世界与我们一起在场并在我们之中在场的领会，带来了一种对统一的独特满足感，这个统一既在于这个世界本身也连同我们自己。

每一件艺术作品都具有一个特定的媒介，借助该媒介，并且在其他事物的围绕中，定性的弥漫整体得以承载。在每一则经验之中，我们都通过某种特殊的触角来接触世界，通过一个专门的器官来与它交流从而了解它。整个有机体连同它所掌管的所有过去的、多样的资源一起运作。但是，当它与眼睛、耳朵和触觉相互作用时，它的运作所凭借的却是一个特定的媒介，即眼睛的媒介。优美艺术抓住了这个事实，并且把它推到其意义的最大值。在平常的视知觉中，我们借助光来看；我们借助反射和折射的颜色来进行辨别；这是一个起码的常识。但是，在平常的知觉中，这种颜色媒介是混合的、掺杂的。当我们看的时候，我们也在听；我们感觉到压力以及热或冷。在一幅绘画中，颜色在没有这些混合与杂质的情况下，渲染出场景。这些混合与杂质是在得到加强的表现行为中被榨出并留下来的废料部分。媒介就变成了单单的颜色，而且，既然单单的颜色现在必须承载运动、触觉、声音等在平常视觉中凭借其自身而获得物理在场的性质，那么，颜色的表现性和能量就得到了加强。

因此，据说，照片对原始人来说，具有一种可怕的巫术性质。立体和生动的事物能够得到如此地呈现，这是非同寻常的。有证据表明，任何种类的绘画刚露面之时，都被认为具有巫术般的力量。它们的再现力量只可能来自一种超自然的源头。对于一个没有被与图画再现的频繁接触而弄得麻木不仁的人来说，仍然有某种奇迹般的东西，以一个缩小的、扁平的、均质的事物的力量，来描绘充满有生命物和无生命物的宽广而多样的宇宙：可能正是出于这个理由，“艺术”才一般地倾向于指称绘画，而“艺术家”则指称那些画画的人。当声音被当作词来加以使用时，原始人也会把一种权力归于声音，这种权力就是对人的行为和秘密进行超自然的控制；并且，假如存在着正确的词的话，还要去指挥自然的力量。在文学中表现一切事件和对象的纯粹声音的权力，同样是不可思议的。

诸如这样的一些事实在我看来，似乎暗示着艺术媒介的角色和意义。乍看起来，每一种艺术都有它自身的媒介，这仿佛是一个不值得记录的事实。那么，为什么要白纸黑字地记下这些事实，即绘画离开色彩就不能存在、音乐离不开声音、建筑离不开石木、雕像离不开大理石和青铜、文学离不开词、舞蹈离不开活的身体呢？我相信，答案已经被指出了。在每一则经验中，弥漫着根本的定性的整体，这个整体对应并显示了构成神秘的人性架构的种种活动的整体组织。但是，在每一则经验中，这种复杂的、得到区分并进行记录的机制，却是通过那些占主要地位的特殊结构来进行运作的，而不是通过那种所有器官同时而上所造成的散乱——除非在恐慌之中，那时，就像我们如实所说的，一个人丧失了他的头脑。优美艺术中的“媒介”表明了一个事实，即一个特定经验器官的专门化和个性化会达到其所有可能性被充分利用的程度。唯有最为活跃的眼睛和耳朵才使得一则经验成为可能，而它们作为一则经验的承载者，并没有失去它们特有的品质以及特殊的适合度。在艺术中，那分散和混杂在平常知觉中的看或听得到浓缩，直到特殊媒介的独特职能从心神分散中摆脱出来，并以全部的能量来进行运作。

“媒介”首先意味着一种中间物。“手段”一词的意义也是同样的。它们是居中的事物、介入的事物，通过它们，某种现在是遥远的东西会得以发生。不过，并非所有的手段都是媒介。存在着两种手段：一种是在被实现的东西之外；另一种是被所产生的结果吸收进去并内在地保留于这些结果之中。存在着仅是受欢迎的停止的目的，也存在着先行之物的完成的目的。一个劳动者的辛勤劳作，往往只是他领受工资的一个前提条件，正如汽油的消耗仅是运输的手段。当“目的”达到时，手段就不再起作用了；一般说来，一个人要是既能得到结果而又无须使用手段，他会很高兴的。手段只不过是脚手架罢了。

这样一种外在的或者说纯粹的手段，正如我们对它们的恰当称呼，通常属于一种可被其他手段替代的类型；某些得到使用的特定手段是被某种外部的考虑所决定的，比如廉价。但是，当我们说“媒介”的时候，我们所指的是那种在结果中得到具体体现的手段。甚至砖头和灰浆也成了它们被用以建造的房子的一部分；它们对于房子的矗立来说，并非是纯粹的手段。色彩就是画作；音调就是音乐。水彩画具有不同于油画的性质。审美效果从本质上来说，属于它们的媒介；当用另一种媒介来进行替代时，我们所得到的是一种花招，而不是一个艺术的对象。甚至当替代是靠着最好的艺术鉴别力来实施时，或者是为着那种所欲达到的目的之外的原因来实施时，产品也仍然是机械的或艳俗的假货——就像在大教堂的建筑中，把木板刷上漆以便肖似石头，因为石头不仅在物理上是完整的，而且对审美效果来说也是完整的。

外在运作和内在运作的不同，贯穿于所有的生活事务之中。一个学生是为了通过考试、得到晋升而学习的。而对于另一个学生来说，作为手段的学习行为，与其所产生的结果完全是同一个东西。结果、教导、启发与过程是同一个东西。有时候，我们是为着抵达另一个地方而旅行，因为我们在那个地方有事情要办；而且，假使有可能的话，我们很乐意将这一段旅行去除掉。而在另外的时候，我们的旅行是为着四处转悠以及看看我们所见之物的乐趣。手段与目的合到了一起。如果我们在心中回想一下大量这样的情形，很快就会看到，所有那些在其中手段和目的彼此外在的情形都是非审美的。这种外在性甚至可以被看作非审美性的一个定义。

为了逃避惩罚而成为“善良”的，无论这个惩罚是进监狱还是进地狱，都会使行为变得不可爱。这如同麻醉药进入牙医的手术中，是为了避免持久的伤害。当希腊人对行动中的善和美进行辨识时，他们以其对正确行为中的优雅和比例的感觉，显露出对手段和目的融合的知觉。海盗的历险至少有一种浪漫的吸引力，而在守法之人不辞辛劳的收获中缺乏这种吸引力，其原因仅仅在于他认为这样做最终会更加合算。道德理论中对功利主义的流行反感，有一大部分是由于它对纯粹计算的夸大。曾经由于审美而具有嘉许意义的“端庄”和“得体”，开始显现出一种轻蔑的含义，因为它们被理解为表示一种由于欲求外在目的而采取的拘谨或骄矜。在所有的经验范围内，手段的外在性都是对机械性东西的界定。被称作精神性的东西中也有许多是非审美的。然而，这种非审美的性质是因为该词所指称的事物也例证了手段和目的的分离；“理想”与现实相断绝以致变得索然无味，因为“理想”只有依靠现实才能被努力企及。只有当“精神”体现在对实际事物的感觉中时，它才得到一处本地的居所，并且获得审美性质所要求的形式的稳固性。甚至连天使也不得不在想象中被配备以身体和翅膀。

我曾经不止一次地提到或许本质上也存在于科学著作中的审美性质。对于外行人来说，科学家的材料往往是令人生畏的。而对于探究者来说，那里有着一种令人愉快和满足的性质，因为结论将总结并完善那些得出它们的条件。此外，它们有时候具有一种简洁甚至朴素的形式。据说，克拉克-麦克斯韦（Clerk-Maxwell）曾经引入一个符号以便使一个物理方程式成为对称的，而且只是在后来实验结果才给予这个符号以意义。我猜想，同样真实的是，如果商人像抱有反感的局外人通常所认定的那样仅仅是守财奴的话，商业就不会像现在这样具有吸引力了。在实践中，它呈现出游戏的属性，甚至当它对社会有害时，它对于那些被它所迷住的人来说必定仍然具有审美的性质。

于是，当手段不仅仅是准备性的或初步性的时，它们就成了媒介。作为一种媒介，色彩乃是介于以下两个方面之间的一位中间人，一个方面是普通经验中稀释而分散的价值，另一个方面是由绘画所引起的新的浓缩的知觉。留声机的唱片不过是效果的传播工具，仅此而已。而出自唱片的音乐也是一个传播工具，但它并非仅此而已；它是一个与它所承载的东西融为一体的传播工具；它与它所传递的东西结合在一起。从物理的角度来看，画笔以及在画布上着色的手的移动，对于一幅绘画来说是外在的；但从艺术的角度来看，情形却并非如此。当一幅绘画被知觉时，这一笔笔都是这幅画的审美效果所不可或缺的部分。有些哲学家曾经提出这样一个观念，即审美效果或者说美乃是一种缥缈的本质，这种本质出于对肉体的适应，被迫将外在的感觉材料当作传播工具来加以使用。这条教义暗示，假如灵魂不是被囚禁在身体之中，那么，图画就可以无需色彩而存在，音乐无需声音，文学无需词语。然而，除开那些一方面告诉我们他们如何感觉、另一方面不根据所使用的媒介来讲述或了解他们为何如此感觉的批评家之外，除开那些将倾泻和欣赏等同起来的人之外，媒介和审美效果是完全融合在一起的。

对于作为媒介的媒介来说，敏感性正是所有艺术创作和审美知觉的核心。这种敏感性并非是把外部的材料用力拖进来。例如，当绘画被看作历史场景、文学作品、常见场景的图解时，它们就不是根据它们的媒介来被知觉到的。或者，当它们被简单地参照为了使它们成为其所是而使用的技巧来看待时，它们也不是在审美上被知觉到的。因为在这里，手段也是与目的相分离的。对前者的分析，变成了对后者的欣赏的替代物。确实，艺术家本人看起来往往只是从技巧的立场来着手处理艺术作品——而且，其结果在服用了一剂被认作“欣赏”的东西之后就至少变得提神醒脑了。然而实际上，就绝大部分情形而言，他们的确感觉到了整体，以至于并不必然要用语词来对目的以及整体作出详细论述，这样的话，他们就可以自由地思考后者是如何被生产出来的。

媒介是一种中介者，它是艺术家和知觉者之间的中间人。有着道德上的先入之见的托尔斯泰，常常作为艺术家来发言。当他作出前面已被援引的关于艺术联合的评论时，他赞美了艺术家的这种功能。对于艺术理论来说，重要的东西是：这种联合的实现，乃是通过将特别的材料当作媒介来加以使用。就气质而论，也许就爱好和志向而论，我们都是艺术家——从某种程度上来说。所缺少的是那种在实施中将艺术家标识出来的东西。这是因为，艺术家有能力去抓住一种特别的材料，并把它变成真正的表现媒介。而我们这些剩下来的人，需要许多的途径和大量的材料来表现我们想要说的东西。于是，所使用的种种介质就会彼此妨碍，并且使表现变得混乱不堪；而所使用的纯粹量上巨大的材料，则使它变得乱七八糟和笨拙粗野。艺术家遵循他所选择的器官及其相应的材料，因此，那根据媒介而单独且集中地感觉到的观念就明显地表现出纯粹和清晰。因为严格，他得以热情地玩这个游戏。

德拉克洛瓦(Delacroix)对他那个时代的画家所说的某些东西，也可以广泛地用在低劣的艺术家身上。他说，他们是在染色(coloration)而不是在着色(color)。这个说法的意思是，他们将色彩加给他们所再现的对象，而不是使得它们从色彩中显现出来。这个过程意味着，作为手段的色彩与被描绘的对象以及场景是分开的。他们没有完全忠实地将色彩当作媒介来加以使用。他们的心灵与经验分离了。手段和目的没有结合在一起。当色彩被结构性地加以使用时，绘画史上最伟大的审美革命便发生了；那个时候，图画不再是加上颜色的素描。真正的艺术家根据他的媒介来观察和感受，而已经学会审美地知觉的人便仿效这种运作。其他人则把一些先入之见带进他们对图画的看和对音乐的听之中，这些先入之见是从那些妨碍和混淆知觉的来源中形成的。

优美艺术有时候被定义为创造幻象的力量。就我所能够了解的程度而言，这个说法乃是以一种决计无知且令人误解的方式来陈述一个真理——即艺术家借着一种唯一的媒介来创造效果。在平常的知觉中，为着理解我们正在经历的东西的意义，我们须依赖出自各种各样来源的贡献。而媒介在艺术上的使用则意味着，那些不相干的辅助被排除掉了，某种感觉性质得到了集中而强烈地使用，它被用来做那种通常是靠着多种辅助而松散地做的工作。但是，把结果叫作幻象，混淆了那些应当得到区分的质料。如果衡量艺术价值的尺度乃是这样一种能力，即在桃子上画一只苍蝇，结果使得我们要拂去它，或者在画布上画一串葡萄，结果鸟儿来啄食它们，那么，当一个稻草人成功地吓跑乌鸦时，它就是一件卓绝的优美艺术的作品了。

我刚才所谈及的混乱能够得到澄清。存在着某种物质的东西，在其普通的现实存在的意义上而言。存在着构成媒介的色彩或声音。并且存在着具有真实感的经验，非常可能是得到提高的经验。如果这种感觉像是附属于对媒介的现实存在的感觉之上的话，那么，它就是虚幻的。但是，它是非常不同的。在舞台上，媒介，也就是演员以及他们的声音和姿势，千真万确就在那里；它们存在着。有教养的观众，结果拥有了一种得到提高的感觉（假定这出剧确乎是艺术的），即对普通经验中的事物真实性的感觉的提高。只有无教养的戏迷，才会拥有一种对所演之物的真实性的幻象；这种幻象即他把所演之物与由演员的物质性在场所显现的那种真实性等同起来，以至于他试图加入到剧情之中。一幅画着树木或石头的画，也许会使树木或石头特有的真实性比它以前的样子更加强烈。但是，这并不意味着，观者要参与到这幅画中从而使之成为一块他可以睡或坐的实际的石头。材料之所以成为媒介，乃是在于它被用来表现一种意义；这种意义不同于它借着其赤裸裸的物质性存在而具有的意义；该意义不是它在物质上所是的那个东西的意义，而是它所表现的那个东西的意义。

在对经验的定性背景的讨论中，在对独特的意义和价值由以投射于其上的特殊媒介的讨论中，我们正面对着各门艺术的主旨中所共有的东西。在不同的艺术中，媒介也是不同的。但是，它们都拥有媒介。否则，它们就不会是表现性的了，而且如果没有这种共同主旨，它们也就不能够拥有形式。我在早些时候提到，巴恩斯博士将形式定义为色彩、光线、线条以及空间通过关系而得到的整合。色彩显然是媒介。但是，其他的艺术不仅具有相应于色彩的媒介，而且具有它们主旨的属性，这种属性所行使的功能与线条和空间在图画中所执行的相同。在后者之中，线条进行划分和界定，而结果则是独特的对象、形象或形状成了手段；借助这手段，那否则可能毫无区分的团块得以被界定为可辨认的对象、人物、山脉和草地。每一门艺术都具有个性化的、被界定的成分。每一门艺术都这样来使用它主旨性的媒介，以便将各部分的复杂性提供给它的创造物的统一性。

若以我们对线条的初步思考，我们有可能分配给它的便是形式的功能。线条实施着联系和连接，是确定节奏所不可或缺的一个手段。然而，再一考虑则表明，那在某一个方向上只给出关系的东西，在另一个方向上却构建着各部分的个性。假定我们来看一张普通的“自然的”风景画，构成这幅画的有树、灌木、草地，还有背景里的几座小山。这个场景便是由这些部分所组成的。但是，就整个的场景来看，它们并没有得到良好的组合。那些小山和某几棵树安排得不恰当；我们想要重新安排它们。有些枝条也不适当；而且，尽管某些矮树丛形成了一种良好的环境，但是这幅画的其他部分却起着混乱妨碍的作用。

就物质性的角度而言，那些提到的事物确是该场景的组成部分。但是，如果我们把这个场景当作一个审美整体的话，这些事物就不是它的组成部分了。此时，若从审美上来观看质料，我们的第一倾向也许就是将缺陷归于形式，归于轮廓、色块和安排之间的不足关系以及纷扰关系方面。而且，我们会丝毫不差地感觉到，扰乱以及干涉是出自这个源头。可是，如果我们将分析作进一步的推进，就会看到，从一个方面来说是关系上的缺陷，从另一个方面来说则是个别的结构和明确性上的缺陷。我们会发现，我们为着得到更好的组织而作出的变化，也可用作在知觉中为各部分提供一种它们以前所不具有的个性化和明确性。

同样的事情也发生在对着重与间歇的讨论中。它们被某种必要性所决定，这种必要性就是对将各部分结合成一个整体的诸种关系的坚持。而且，如果没有这些元素，各部分就会变成一团糟，彼此之间毫无目的地穿插交织；它们就会缺乏能够形成个性化的划界。在音乐或诗文中，会存在没有意义的间隔。如果一幅画要成为一幅图画，那么必须不仅存在节奏，而且色块——色彩的共同基础——也必须被界定为形象；否则的话，那就是污点、污渍和污迹。

在有些图画中，色彩被减弱了，然而画作却给我们一种光辉和壮丽的感觉；而在其他的画作中，尽管色彩被用到了喧嚣的程度，但总体的效果却是单调无趣的。生动明亮的颜色，除非在艺术家的手中，否则就理所当然地使人想起彩石印版。可是在艺术家那里，一种本身是艳俗花哨甚或灰头土脸的色彩也可能会提高能量。对诸如这般事实的解释是：艺术家用色彩来确定一个对象，并且在这中间彻底地实现了个性化，以至于色彩和对象融合在了一起。色彩具有了对象，而对象的全部性质也都通过色彩得到了表现。这是因为，正是对象在发光——宝石和阳光；而且，正是对象是华丽的——王冠、礼服以及阳光。除非色彩通过成为普通经验材料的有意义的色彩性质来表现对象，否则的话，色彩只会引起短暂的兴奋——就像红色起着激动的作用，而另一种颜色起着平静的作用。随便人们拿什么艺术来说，它都会让我们看到，媒介是表现性的，因为它被用来赋予个性化并起到界定的效果；而且，这不仅是在物理外形的意义上而言的，也是在表现某种性质的意义上而言的，这种性质带有对象的特性；它通过强调而使特性明确起来。

倘若没有不同的人物、情境、行动、观念、动作、事件，那么，一部小说或戏剧将会怎样？这些东西在技术上被区分开来，该区分所借助的是戏剧中的表演和场景、各种各样的入口和出口，以及舞台设备的所有装置。但是，后者只是使各个元素产生突出效果的手段，这个突出效果是，比如各个元素从它们自身出发来完成对象和情节——仿佛音乐中的休止符并不是空白，而是在将节奏继续下去的同时，对个性化所进行的加强和建立。倘若没有一种对团块的区分，一种不止是物理和空间的区分，而只有一种界定诸如窗、门、屋檐、支柱、屋顶等各个部分的区分，一个建筑的结构将会怎样？然而，靠着对一个总是出现在任何复杂重大整体中的事实的不当凝思，看起来我好像把人们最为熟悉的经验搞得神秘化了——对于我们来说，没有什么整体是意义重大的，除非它由这样一些部分构成；这些部分本身即便脱离它们所属的整体来说，也是意义重大的——简而言之，没有什么意义重大的共同体可以存在，除非它是由那些意义重大的个人所组成的。

美国的水彩画家约翰·马丁(John Martin)曾经这样谈论艺术作品："一致性像不寻常的最后希望那样突然出现。而且，正如自然在塑造人时曾严格坚持一致性那样，头、身体、四肢以及它们各自的内容本身之中就有一致性；一致性使每一个部分在其自身之中，并且通过和伴着其他的各部分即它的邻居们一起运作，以便最好地接近美的平衡。这样一来，这件艺术产品便是由相邻的一致性所组成的。并且，如果这个组成中的某个一致性不胜任其位置和角色，那么，它就是一个坏邻居。而如果联系各位邻居的纽带不胜任它们的位置和角色，那么，这就是一项坏的服务、一条坏的契约。所以，这件艺术产品本身就是一个村落。"这些一致性乃是这样一些部分，这些部分在艺术作品的主旨中本身就是个别的整体。

在伟大的艺术中，对于部分中的部分的个性化并没有设立什么界限。莱布尼茨讲过，宇宙乃是无限有机的，因为每一个有机物都是由其他的有机体无限地构建起来的。就对宇宙的考虑而言，人们也许可以怀疑这个命题的真实性，但作为衡量艺术成就的一个尺度，事实的确是，艺术作品的每个部分至少潜在地是这样构建起来的，因为它容易受到未曾限定的知觉差别的影响。我们看到在有些大楼中，那些组成部分很少或根本不能够吸引人们的注意力——除非就十足的丑陋而言。[1] 我们的眼睛只是浏览和扫视。在轻浮的音乐中，部分只是继续下去的手段；它们并没有作为部分把握住我们，而且，当那继续得以进行的时候，我们也没有将那先行的东西当作部分来加以把握；正如审美上低劣的小说那样，我们也许是被情节的刺激所“踢动”的，但那里并不存在什么值得留驻的东西，除非存在着一种个性化的对象或事件。另一方面，当清楚的表达遍及每一个特定部分时，散文也可能会具有一种象征的效果。对部分所做的界定给予整体的贡献越多，这种界定本身就越重要。

倘若看一件艺术作品是为了看到某些规则如何如何好地得到遵循，是为了看到教规，那么，这将使知觉变得贫瘠。而另一种做法却能够使审美知觉变得敏锐，并使它的内容变得丰富，这种做法就是去注意某些条件得以实现的方式。例如媒介用以表现和支撑确定部分的有机手段，以及充分个性化的问题如何得到解决。这是因为，每位艺术家都以他自己的方式完成工作，而从来不会在他的任何两件作品中原封不动地自我重复。他有资格获得用以达到效果的所有以及任何技巧手段，而了解他这样做的特有方法就算入了审美理解之门。一位画家在详细地给出个性时所依靠的，是流动的线条，是融合，而不只是像另一位画家那样满足于得到最鲜明勾勒的轮廓。有人用明暗对照法来做另一个人借助高光亮法所达成的东西。有一件事情并非不同寻常，即，我

① 有一个事实是：那些本身丑陋的事物也许可以为整体的审美效果作出贡献。对这一事实的说明，无疑常常又应归于另一个事实，即这些事物被用来促成整体中各个部分的个性化。

们发现，在伦勃朗的素描中，形象里面的线条比起那些从外部来限制形象的线条更加地强有力——可是却获得了个性，而不是牺牲了个性。一般来说，存在着两种对立的方法，一种是对比的、断续的、突然的方法，另一种是流动的、融合的、细微渐变的方法。由此，我们可以进而发现不断增长的微妙精致。我们可以把列奥·斯坦因所援引的例子当作这两种方法的一般例子。他说："比较一下莎士比亚的这行诗'在粗暴专横的波涛的摇篮中'与另一行诗'当冰柱悬于墙上时'。"首先，这里有诸如摇篮—波涛、专横—粗暴这样的对比，也有元音的对比以及步速的对比。另外，他说："每行诗都像是轻巧地悬挂着的链条上的一个环，甚至像是悬臂，很容易与它的同伴相联系。"事实是，突然的方法本身更为直接地适合于进行界定，而连续的方法则适合于建立联系；这个事实也许可以作为一个理由来说明为什么艺术家喜欢对过程进行颠倒，并因而增加所引出的能量的总额。

对于知觉者和艺术家都可能存在的情形是：为着一种实现个性化的独特方法而将他们的偏好发展到这样一种程度，即他们把方法和目的混淆起来；并且，当用以达成目的的手段使他们感到厌恶时，他们就否定目的是存在着的。从观众的方面来看，这个事实可以通过以下一种现象得到大幅的说明，即在艺术家不再用明显的描影法而改用色彩关系去勾画形象时，人们对绘画予以接受。而从艺术的方面来说，这个事实在一个人身上特别明显，这个人在绘画（不过尤其是在素描）中意义重大，而且在诗歌中也卓绝伟大，他就是布莱克。他否认通常赋予鲁本斯（Rubens）、伦勃朗以及威尼斯画派和佛兰德斯画派的审美价值，因为它们是用"断裂的线条、断裂的团块和断裂的色彩"来工作的——这些因素恰恰是19世纪末时绘画的伟大复兴的特征。他补充道:“艺术的伟大的金科玉律,就如同生命的伟大金科玉律,乃是这样的:边界线越是清晰、鲜明、纤细,艺术作品就越是完美;而越是不怎么热切、鲜明,就越证明是无力的想象、剽窃、拙劣。……这种确定和限定的形式的缺乏证明艺术家心中缺乏主意,并证明在其所有的分支中都有剽窃存在。”这段话之所以值得援引,是因为它着重承认了对艺术作品中各组成部分的个性化加以确定的必要。但是,它也表明了一种局限,即随着一种特定的视觉模式在其变得强烈时所产生的局限。

也存在另外一种质料,这种质料对于一切艺术作品的主旨来说是共有的。空间和时间——或者可以说时-空——可以在一切艺术产品的质料中被找到。在各门艺术中,它们既不是空的容器,也不是形式上的关系,尽管某些哲学派别有时候把它们描绘成这样。它们是实质性的,是艺术表现和审美领会中所采用的各种材料的属性。想象一下,在阅读《麦克白》时企图将女巫与石楠丛生的荒野分离开来;或者,在济慈的《希腊古瓮颂》的内容中,将祭司、少女、小母牛的具体形象与那被称作灵魂或精神的东西分离开来。在绘画中,空间当然要涉及;它帮着建立起形式。但是,它也作为性质而被直接地触摸到、感觉到。如果它不是这样,那么,一幅图画就会满是裂口,以至于将知觉经验瓦解掉。在威廉·詹姆斯给出更好的教导之前,心理学家们一直习惯于只寻找声音中的时间性质,他们中的有些人甚至把这变成了一种理智关系,而不是一种性质、一种像任何其他声音特征那样与众不同的性质。詹姆斯指出,声音也有空间上的容量——这个事实已经被每一位音乐家在实践中采用和展示,而不管他是否在理论上对它作出了清楚的阐述。就像我们谈到过的其他的主旨属性那样，优美艺术找寻并引出我们所经验的一切事物的这种性质；并且，较之这种性质由以所出的那些事物来说，优美艺术对这种性质进行了更为有力和清晰的表现。正如科学家取得定性的空间和时间，并把它们化约为进入方程式中的各种关系，艺术也使它们作为一切事物的主旨的重要价值而在其自身的意义上得到丰富。

直接经验中的运动是对象性质中的更迭，而所经验到的空间则是这种性质变化的一个方面。上和下、后和前、去和来、这边和那边——或右和左——此处与彼处，感觉起来是各不相同的。其之所以如此的原因是：它们不是某个本身静止的事物中的静止的点，而是运动中的对象，是价值的性质变化。这是因为，“后”就是向后的简略形式，而前就是向前的简略形式。速度也是如此。从数学上来说，并不存在诸如快和慢这样的东西。它们只是在数字刻度上标识出较大和较小。当它们被经验时，在性质上就有所不同了，这种不同就像闹与静、热与冷、黑与白的不同。为一个重要事件的发生而被迫等待漫长的时间，这种漫长完全不同于那种由时钟指针的运动所度量的漫长。它是某种具有性质的东西。

时间和运动在空间中还有另一个意义重大的回旋。它不仅由方向上的趋势——例如上和下——所组成，而且由相互的接近和退却所组成。近和远、亲和疏常常蕴含着悲剧性质的意味——也就是说，当它们被经验到的时候，不仅仅是由科学中的尺度来加以陈述的。它们意味着放松和收紧、扩大和缩小、分离和紧密、翱翔和下坠、上升和落下、扩散和分散、盘旋和徘徊、不实的轻松和巨大的打击。这样的作用和反作用正是组成我们所经验的对象和事件的材料。它们可以在科学中得到描绘，因为它们在那里被化约为只在数学上有所不同的各种关系，而科学所关心的是遥远的和同一的或重复的事物，这些事物是实际经验的条件，而不是经验本身。但是，在经验之中，它们是无限多样的并且不能够被描绘，尽管它们在艺术作品中得到了表现。这是因为，艺术选择了那些至关重要的东西，而拒绝了无关紧要、一模一样的悸动，这样一来，至关紧要的东西就得到了精简和加强。

例如，音乐给予我们以事物落下与升起、汹涌与退却、加速与延迟、收紧与放松、突然提出与逐渐暗示的本质。这表现是抽象的，因为它从对这或那的依附中摆脱了出来，而与此同时，它是非常直接和具体的。我认为，也许有人会作出这样一种似乎合理的断言，即倘若没有艺术，对性质变化的容量、团块、外形、距离和方向的经验就仍然是初步的，是某种被含含糊糊地理解的东西，而且几乎不能得到清楚的表达。

尽管造型艺术的重点在于变化的空间方面，而音乐和文学艺术的重点在于时间方面，但是，这种区别只是共同主旨里面的重点之一。每一个都拥有另一个所积极采用的东西，而且这种拥有成了一种背景；没有这个背景，那些由强调所突出的属性就会炸裂得空空如也，消散成知觉不到的同质性。一种差不多确切的对应可以建立在以下两方之间，一方是贝多芬《第五交响曲》的开始小节，另一方是塞尚的《玩纸牌者》中的重量的顺序及沉闷容量的顺序。结果，它们两者都具有容量的性质，交响乐和绘画都具有力量、强度以及坚固性——就像一座结实的、建造精良的石桥。它们两者都表现持久的东西，这种东西在结构上是坚固的。两位艺术家通过不同的媒介将岩石的本质置于不同的事物之中，一个是图画，另一个是一系列复杂的声音。一位艺术家用色彩加空间来工作，另一位艺术家用声音加时间来工作，而且其中具有巨大的空间容量。

这是因为，被经验到的空间和时间不仅仅是定性的，而且在性质中是无限多样的。我们可以将这种多样化化约为三个一般性的主题：场所、广延、位置——空旷性、空间性、分隔性——或者用时间的术语来说——变迁、持久、日期。在经验中，这些特性将彼此限定在一种单一的效果之中。然而，一个往往支配另一个，而且，尽管它们彼此不分地存在着，但是可以在思想中进行区分。

空间就是场所，即德语中的 Raum；而场所就是广阔性，是一个存在、生活和运动的机会。“呼吸空间”这个词，暗示了当事物被束紧时所导致的窒息和压抑。愤怒看起来是在抗议对运动的固定限制时的一种反应。缺乏场所就是对生命的拒绝，而空间的打开则是对生命潜在性的肯定。过度拥挤，即便还没有妨碍到生命，也是令人愤怒的。对空间来说真实的东西，也适用于时间。我们需要一种“时间的空间”，以便在其中成就有意义的东西。由环境的压力强加在我们身上的过度忙碌是可恨的。当我们受到来自外面的逼迫时，始终如一的呼喊是：给我们时间吧！的确，大师是在各种限制中展现出自身的，而在一个完全无边无际的场所中行动则意味着彻底的分散。不过，这些限制必须承受与动力的一定比例；它们包含合作的选择；它们不能被强迫。

艺术作品把空间表现为运动和行动的机会。它所关涉的是在性质上被感觉到的各种比例。当一部自诩的史诗错失它时，一首抒情颂歌也许拥有了它；当大幅的绘画带给我们一种限制和拘束的感觉时，小幅的绘画却把它展现了出来。对空旷性的强调，是中国绘画的一个特点：它们没有为了框架的需要而集中起来，而是向外运动，全景的卷轴画展现了一个世界；在这个世界中，平常的界线转而成为前进的邀请。不过，通过不同的媒介而高度集中的西方绘画也创造出那种广阔整体的感觉，这个广阔整体围绕着一个得到仔细界定的场景。甚至一个内景，比如凡·艾克（Van Eyck）的《让·阿诺费尼夫妇》，也可以在一个被限定的范围中表达墙壁另一边的户外的清晰感觉。提香在个人肖像里绘出背景，这样，无限的空间而不只是画布就出现在人物的后面了。

然而，完全不确定的场所、机会以及可能，仅仅是空白和空虚。经验中的空间和时间也是占有和充满——而不仅仅是某种从外部被填充的东西。空间性是团块和容量，正如时间性乃是持久性，而不止是抽象的延续。声音像色彩一样地收缩和膨胀，色彩也像声音一样地上升和下落。正如我在前面特别提到的，威廉·詹姆斯澄清了时间的容量性质；而且，这并不是什么隐喻，因为声音就是以高和低、长和短、薄和厚来命名的。在音乐中，声音既前进，又回复；既显出连续，又显出间隔。其理由就如同在考察绘画中色彩的璀璨和黯淡时已经提到的那个理由。它们属于对象；它们既非漂浮不定，也非形单影只；而且，它们所属的对象存在于一个具有广延和容量的世界之中。

小溪的喃喃低吟，树叶的簌簌私语，水波的阵阵涟漪，海浪和雷声的咆哮，风儿的叹息与呼啸……诸如此类，无穷无尽。通过这个陈述，我并不意指，我们将长笛音调的单薄以及风琴的沉重轰鸣直接地与特定的自然对象联系在一起。但是，我的确要说，这些音调表现了广延的性质，因为只有理智的抽象才能够将时间中的一个事件与开始或经历变化的一个延展对象分离开来。作为虚空的时间，并不存在；作为一件实在之物的时间，也不存在。

那存在着的乃是行动与变化的事物，它们的行为的一个恒常性质就是时间性。

容量，就像广阔性一样，是一种独立于单纯的尺寸和大小之外的性质。有一些小幅的风景画传达出了自然的丰富性。塞尚的一幅由梨和苹果所组成的静物画，向着彼此以及周围的空间传达出了动态平衡中的容量的本质。薄弱的、脆弱的东西不一定成为审美虚弱的样本，它们也可以是容量的具体表现。小说、诗歌、戏剧、雕刻、建筑、角色、社会运动、辩论，还有图画和奏鸣曲，都被标上了坚固性、厚重性以及相反的方面。

倘若没有第三种属性，即分隔性，占有就会变成一种混乱。地点、位置通过分隔性而由间隔的分布所决定，并且是导致我们已经谈及的诸部分的个性化的一个重大因素。但是，所采取的位置具有直接的定性价值，并且本身成了主旨的内在组成部分。对能量的感受，尤其不是对一般能量的感受，而是对具体之物中这种或那种力量的感受，紧密地联系于位置安排的正当性。这是因为，既存在着运动的能量，也存在着位置的能量，后者在物理学中有时被称作势能，以区别于像前者那样实际存在因而可以被直接感受到的动能。事实上，在造型艺术中，它是表现运动的手段。有些间隔（在所有方向而不仅是横向上被规定的）有利于能量的展现；另一些间隔阻扰能量的运作——拳击和摔跤是明显的例子。

事物也许会离得太远，也许会靠得太近，或者会被布置在彼此关联的错误角度上，这都无法容许行动的能量。结果就是组织上的笨拙，不管是人还是建筑、散文或绘画。诗歌里的节拍把它那更为微妙的效果归于它为各种要素妥善安排正确的位置——

一个明显的例子在于它频繁地倒转散文的次序。有些想法如果用扬扬格而不是扬抑格来分隔就会遭到破坏。小说和戏剧中太遥远的距离或太模糊的间隔都会使注意力偏移游荡甚或沉沉睡去，而彼此接踵而至的剧情枝节和人物角色则减弱了它们全体的力量。区分有些画家的某些效果，依赖于他们对分隔的优良感觉——这非常不同于用平面来表达容量和背景。正如塞尚是后者的大师那样，柯罗（Corot）具有对前者的老练手法——与他通俗但相对较弱的银色风景画相比，这尤其体现在肖像画和所谓的意大利绘画之中。我们特别会联系音乐来考虑变换，但是从媒介的方面来说，这同样是绘画和建筑的特征。在不同的语境中构成变换的各种关系——不是各种要素——的重现，乃是定性的并且因而在知觉中被直接地经验到。

各门艺术的进展——这并不一定是前进，从实践来说，永远不是所有方面的前进——展示了表现性位置从更明显手段向更微妙手段的转变。在较早的文学中，位置是与社会习俗以及经济和政治的等级相一致的（正如我们在另一处联系中所指出的那样）。正是社会地位意义上的位置，使较早的悲剧中地点的力量得到了固定。距离已经在戏剧之外得到了确定。在以易卜生为显著例子的现代戏剧中，丈夫和妻子的关系、政治家和民主的公民权的关系、老年人和侵犯性的年轻人的关系（不管以竞争的方式还是引诱的方式）、外部习俗和个人冲动的对比，都强有力地表现了位置的能量。

现代生活的忙乱和张惶，使艺术家对人物的周密安排变得非常难以实现。节拍过于快速、事件过于拥塞，以至于无法容许决断——这是一个在建筑、戏剧和小说中都可以发现的缺陷。材料

《静物　桃》 保罗・塞尚(Paul Cézanne)作
巴恩斯基金会

的过量和活动的机械力妨碍了有效的分配。由强调而构建的更多地是激烈而非强烈。当注意力缺乏对其运作来说必不可少的缓解时，就会由于防御反复出现的过度刺激而变得麻木。我们只是偶尔才能发现该问题的解决——比如在曼(Mann)的小说《魔山》(*Magic Mountain*)中，以及在纽约市布什大楼的建筑中。

我曾经说过，空间和时间的三种性质在经验中彼此影响并相互限定。除非空间被活跃的容量所占据，否则就是空洞的。当一个个的停顿既没有突出团块也没有将形象界定为个体时，这些停顿就是裂口。如果延伸没有与地点相互作用以呈现出清晰的分布，那么，它就是杂乱无序的扩展并最终会麻木瘫痪。团块不是某种固定的东西。它根据它与其他那些空间性和持久性的事物的关系来进行缩小和扩大，维护自身和作出让步。尽管我们可能会从形式、节奏、平衡和组织的立场来看待这些特性，但是，被思想把握为观念的关系却是作为性质而在知觉中呈现的；而且，它们也正是内在于艺术的主旨之中的。

这样的话，在艺术的质料中就存在着共同的属性，这是因为，有些普遍的条件是经验所必须具有的，否则的话，经验就将成为不可能。正如我们在前面所看到的，基本的条件乃是有机体和环境相互作用时所感受到的做和经受的关系。位置表现了活的生灵泰然自若地准备就绪，即准备好迎接周围力量的冲击，以便坚持下去和持续下去，以便通过经受某些力量来延伸和扩展，而这些力量若无生灵的回应便是冷淡和敌意的。通过走出来到环境中去，位置展现为容量；通过环境的压力，团块退回为位置的能量，而当质料紧缩时，空间就保持为进一步行动的机会。整体中各种要素的区别以及各种成分的连贯，乃是对智力进行界定的功能；艺术作品的可理解性依赖于某种意义的在场，这种意义使整体里面部分的个性和部分的关系直接呈现给在知觉中得到训练的眼睛和耳朵。

第十章 各门艺术的多样主旨

THE VARIED SUBSTANCE OF THE ARTS

艺术既是做的性质，也是被做的东西的性质。因此，它只有在表面上才能被标为一个实体性的名词。既然它依附于做的方式和内容，那么，它在本质上就是形容词性的。当我们说打网球、唱歌、表演以及其他许多的活动是艺术时，是以一种省略的方式道出的，在这些活动的实施之中存在着艺术；并且道出，这种艺术对被做的和被造的东西进行限定，以便诱导那些对它们进行知觉的人们的活动，在这些活动中也存在着艺术。艺术产品——神庙、绘画、雕像、诗歌——并不是艺术作品。作品是在这样一个时刻发生的，即人与产品相合作而产生一种经验，这种经验由于它解放的和有序的属性而令人喜爱。从审美上来说，至少

> ……我们所收到之物便只是我们所给出之物，
> 自然仅仅生活在我们的生活之中；
> 她的婚服就是我们的婚服；她的尸布就是我们的尸布。

如果"艺术"指示对象，如果它果真是个名词，那么，艺术对象可能会被划分为不同的等级。于是，艺术就被区分成属，而这些属又被区分成种。这种区分被运用在了动物的身上，只要人们相信动物是一些本身固定不变的事物。但是，当人们发现动物是生命活动之流中的分化时，这种分类系统就不得不改变了。分类变成遗传学的了，并且尽可能精确地标明地球上生命连续性中特定形式的特别地位。如果艺术是活动的一种内在性质，我们就不能够进行区分和再区分，而只能在活动碰撞不同的材料、使用不同的媒介时循着其分化而抵达不同的模式。

性质作为性质本身并不适合区分，甚至对甜和酸的下属类别

进行命名也不可能。这样一种企图最终将被迫在世界中枚举每一种甜或酸的事物,其结果,所谓的分类就只是一个目录,这个目录用"性质"的形式毫无意义地重复先前那种以事物的形式被知晓的东西。这是因为,性质是具体而存在的,而且,既然性质渗透着个体的唯一性,那么性质就是随着个体而变化的。我们的确可以谈论红,接着谈论玫瑰或者日落的红。但是,这些术语从本性上来说是实践的,它们对在何处转向给出一定的说明。在生活中,两次日落不会具有正好同样的红。除非一次日落在绝对完整的细节上重复了另一次日落,否则,它们就不可能具有同样的红。这是因为,红总是那次经验的材料的红。

逻辑学家为某些目的而把像红、甜、美等之类的性质认作共相。作为形式逻辑学家,他们并不涉及那些恰是艺术家所涉及的存在质料。因此,画家知道,在一幅画中没有两处红是完全一样的,每一处红在它出现于其中的个别整体里,都受着其语境中无限细节的影响。当"红"被用来表示一般而言的"红色"时,它就是一个把手、一种接近的方式、一种对既定区域内的行动的定界。比如,为一座谷仓买红色的油漆,在那里,界限内的任何一种红都是可以的;或者又如在购买货物时,为了与样本相配而买红色的油漆。

语言根本不足以与自然变化多端的外貌相匹敌。不过,作为实践手段的语词却成了中介,通过这些中介,当自然存在的不可言喻的多样性在人类经验中运作时,就被化约为可加以处理的秩序、名次和等级。语言不可能复制所存在的那些个别化性质的无限多样性,不仅如此,它也完全不适宜且不需要这么做。一种性质的独一无二性,可以在经验本身中被找到;它就在那里并且是充分的，没有在语言中进行复制的需要。当语言指导如何在经验中遭遇这些性质时，它就是在服务于它的科学的或理智的目的。这个指导越是一般化和简单就越好；越是事无巨细地详细就越是混乱，而不是有所引导。但是，语词也服务于它们的诗意的目的，这种服务是就以下程度而言的，即它们召集和唤起那些每当我们对性质有所经验时就会呈现的生命反应，并使这些反应积极地运作起来。

一位诗人最近谈到，诗对于他来说，似乎“更多地是身体的而不是理智的”；并且继续说道，他是通过一些身体的症状来对诗进行辨别的，比如毛发直立、脊背寒颤、喉咙收紧，以及一种像济慈所说的“长矛将我穿透”的胸口感觉。我并不认为，豪斯曼先生的意思是说，这些感觉就是诗意的效果。作为一件事物而存在与作为这件事物的在场记号而存在，是不同的存在方式。但是，这样的感觉，以及其他作家称作有机的“卡嗒声”的东西，乃是完整的有机参与的总体标记；同时，正是这种参与的充分性和直接性构成了经验的审美性质，如同正是它们对理智的东西进行了超越。出于这个理由，我想问的问题是：诗*更多地*是身体的而非理智的说法有什么严密的真理性？说它超越了理智，因为它将理智的东西吸收到直接的性质之中，这些性质是通过那些属于生命体的感觉而被经验到的，这对于我来说是如此地不容置疑，以至于证明了这种说法中所包含的夸张乃是对以下这种想法的反对，即认为性质是由智力直觉到的共相。

当定义本身被做成目的而不是用作以经验为目的的工具时，定义的谬误就成了严格分类谬误和抽象谬误的另一个方面。当一个定义是明智的时候，它就是好的；而当它指明我们能够由以朝着拥有一则经验而迅速运动的方向时，它就是明智的。物理学和化学凭借其任务的内在必然性让人们认识到，一个定义就是要向我们指出，事物是如何做成的；并且在这个程度上，使我们能够预见它们的发生，检测它们的存在，有时候甚至靠我们自己把它们做出来。理论家和文学批评家已经远远落后了。他们在很大程度上还受制于古老的本质形而上学，根据这种形而上学，如果一个定义是“正确的”，那么，它就作为永恒不变的一个种的成员，向我们揭示了使得事物成为其所是的某种内在现实。然后，这个种就被宣布为比个体更加真实，或者毋宁说它本身才是真正的个体。

我们出于实践的目的而从种类的角度来进行思考，就像我们从个体的角度来进行具体的经验。因此，一个外行大概以为，对元音进行定义是一件简单的事情。但是，与实际素材的密切接触却使语音学家被迫认识到，一个严格的定义乃是一种幻象，这里所说的严格是就这样一种意义而言的，即从一切方面把某种类别的事物与其他类别的事物区分出来。只存在大量或多或少有用的定义；说它有用，是因为它在连续的发音过程中把注意力指向那些重要的倾向——这些倾向如果被带到一个离散性的边界，就会产生这种或那种“精确的”定义。

威廉·詹姆斯对事物详尽分类的单调乏味进行了评论，这些事物原是像人类情感那样混合和变化着的。对我来说，那些旨在对优美艺术进行精确而系统分类的企图仿佛也是这样单调乏味。列举式的分类可以提供便利，并且对易于查考的目的来说是必不可少的。但是，对诸如绘画、雕像、诗歌、戏剧、舞蹈、园林、建筑、声乐、器乐之类的东西所进行的编目分类，也没有伪称可以阐明所列事物的内在本性。它听任阐释从其唯一可能来的地方而来——个体的艺术作品。

严格的分类是笨拙无当的(如果它们被严肃对待的话),这是因为,它们使注意力从审美上的基础之物那里分散了出来——这基础之物是艺术产品在性质上独一无二的东西,以及构成整体所必需的特性。但是,对于一个审美理论的学生来说,它们也是误导性的。理智的理解里有两个令人困惑的重要之点。它们不可避免地会忽视过渡性和连接性的环节;其结果,它们在对任何艺术的历史发展的智力探求中设置了不可逾越的障碍。

有一个曾经时兴的分类是根据感觉器官作出的。我们稍后将看到这种划分模式中可能有什么样的真理元素。不过,如果按照字面并严格地来看的话,它根本不可能产生一个前后连贯的结果。近来的著作家们已经对康德的这种努力作出了充分的论述,即努力把各门艺术的材料限制在“较高的”理智感官即眼睛和耳朵中。在这里,我无须重复他们颇具说服力的论证。但是,当感觉的范围以最为广泛的方式得到扩展时,仍然保持正确的是:一个特定的感觉只是一个总体有机活动的前哨,在其中,所有的器官,包括自主神经系统的运作,都参与了进来。眼睛、耳朵、触觉在一个特定的有机体进取计划中起着带头的作用;但是,它们不再是排他性的东西,甚或并不总是最为重要的中介物,如同哨兵并不是完整的军队一样。

就诗歌来说,人们可以找到由视觉艺术和听觉艺术的划分所造成混乱的一个具体例子。诗曾经是吟游诗人的作品。就我们所知,那时候的诗歌无法脱离诉诸耳朵的说话声音。它是某种歌唱和吟诵的东西。不言而喻,自从书写和印刷被发明出来之后,大量的诗已经多么远地离开了歌唱。现在甚至有了这样一种企图，即要把由印刷形式所制成的形象设计用来加强我们对诗的感觉，因为这种形象设计可以给眼睛以深刻印象——就像在《爱丽丝梦游仙境》(*Alice in Wonderland*)中的老鼠尾巴那样。但是，撇开任何夸大之词，尽管默读诗时听到的"音乐"仍然是一个因素(这是对上节所证明的一个论点的例证)，但是诗作为一种文学的样式，现在从外观上看显而易见是视觉性的。那么，在过去的两千年中，诗从一个"类"迁移到了另一个"类"了吗?

然后，还存在着前面提及的空间艺术和时间艺术的划分。即使是现在，如果这种划分是正确的，它也是从外部来追寻事件，而且没有阐明任何艺术作品的审美内容。它对于知觉没有什么帮助;它没有道出要寻找什么，也没有道出如何看、听和欣赏。此外，它还有一个严重的缺陷。正如前面所指出的，它否认节奏存在于建筑结构、雕像以及绘画之中，对称存在于歌、诗以及雄辩之中。而且，这个否认暗含着拒绝承认对审美经验来说最为基本的东西——即它是知觉的。这种划分是建立在作为外部物质存在的艺术产品的特性之上的。

一位论述美的艺术的作者在某一版的《不列颠百科全书》(*Encyclopaedia Britannica*)中对这个谬误作了非常漂亮的阐述，所以在这里援引一段是非常恰当的。在证明艺术划分为空间的和时间的是正当的时，他谈到雕像和建筑，说道:"眼睛从任何视角去看的东西，都是顿时看到的;换句话说，我们所看到的任何事物的各个部分都只充满或占据着空间而非时间，而且是在一个单一的、同时的知觉中从空间的各个点出发而影响我们的。"他还补充道:"它们的产品(即雕刻和建筑艺术的产品)本身是固态的、静止的、永久的。”

这寥寥几句话中充斥着大量的模棱两可以及由此而产生的误解。首先是关于这个“顿时”。空间中的任何对象（并且所有对象都是空间性的）都是顿时发出振动的，而且，对象的各个物质部分都是顿时占据空间的。但是，对象的这些特性并没有就一种知觉与另一种知觉的区分说出或者做出任何东西。空间占据是任何事物存在的一般条件——甚至是鬼的存在的一般条件，如果说有鬼的话。对于拥有任何和一切“感受”来说，它都是一个因果条件。同样地，从一个对象发出的振动，是一切知觉的因果条件；因此，这些振动并没有把一种知觉与另一种知觉划分出来。

因此，“同时影响我们”的东西至多是知觉的物理条件，而不是作为被知觉到的对象的组成部分。只有通过“同时”和“单一”的混淆才能推论出后者。当然，所有由于对象或事件而对我们产生影响的印象，都必须被整合成一个知觉。不管对象在空间还是在时间之中，唯一可供知觉的单一性所选择的只能是快照的不连贯接替，这些快照甚至不能形成事物的典型实例。心理学家称之为感受的那种难以捉摸和支离破碎的东西与知觉之间的区别，在于后者的单一性、得到整合的统一性。物理存在以及生理接受的同时性，都与这种单一性没有关系。正如刚才所指出的，只有当一个知觉的因果条件与这个知觉实际内容混淆起来时，它们才会被当作一回事。

不过，根本的错误在于将物质产品与审美对象混淆起来，而审美对象才是那知觉到的东西。从物质的角度来说，一座雕像就是一大块大理石，仅此而已。它是静止的，而且就时间的破坏所允许的范围而言，它是永恒的。但是，要把物质的团块与作为艺术作品的雕像等同起来，要把帆布上的颜料与一幅画等同起来，则是荒唐可笑的。光投在建筑物之上，伴随着阴影、强度、色彩的不断变化，伴随着变幻不定的反光，如何看待这一切呢？如果说建筑或雕像在知觉中是“静止的”，就像它在物质的存在中那样，那么，它们就会变得死气沉沉，以至于目光不会停留于其上，而只是一扫而过。这是因为，对象是被一种累积的相互作用的系列所知觉到的。眼睛作为整体存在的主要器官，产生出一种经受、一种回复的效果；这就在审美对象的连续建立中，以新加盟的补充唤起了另一次看的行为，而所补充的则是意义和价值的另一次增加。被称作艺术作品之不可穷尽性的东西，便是这种总体知觉行为的连续性。“同时产生的视觉”是对知觉的一个绝妙定义，它几乎不是审美的，以至于甚至不成其为知觉。

我可以想象，建筑结构提供了艺术作品中时-空相分的完美反证。如果有什么东西是以“空间占有”的方式存在的，那么就是建筑。但是，除非是当时间的性质进入其中，否则的话，即便是一间小房子也不能够成为审美知觉的质料。一座教堂，不管多么大，都会给人以一个瞬间的印象。一旦它通过视觉器官而与有机体相互作用，一个总体的定性的印象就从其中产生。然而，这只是基础和框架，在其中，相互作用的连续进程引入各种丰富和明确的元素。匆匆忙忙的观光客对圣索菲亚或鲁昂大教堂是没有审美的视觉的，就像以每小时 60 英里开车飞驰的人只看到迅速掠过的风景。人们必须在教堂里到处走动，进进出出，并通过反复参观，使得这座建筑在不同的光线中，并且在与人们变动着的情绪的关联中，逐渐被交付给人们。

看起来，我好像是用不必要的长度论述了一个并不非常重要的陈述。但是,所引这段话的含义影响了整个作为经验的艺术的问题。瞬间的经验是不可能的,从生物学和心理学上来说都是如此。经验是一种产品,几乎可以说是一种副产品,它是从有机的自我与世界的连续而累积的相互作用中产生出来的。审美理论和批评不可能建立在其他的基础之上。当个体不允许这种过程获得自身圆满的结束时,他就近乎抑制地开始以无关的私人想法来排挤对艺术作品的经验。下述这番话准确地描述了那种让审美理论和批评如坐针毡的东西:"当累积性相互作用的连续展开过程及其结果被忽视时,对象就只是在其总体的一个部分中被看到的,理论的其余部分也就变成了主观的空想,而不是一种成长。它在对部分的细节进行初步的知觉之后就止步不前了;而过程的其余部分则全部是大脑的——这是一件只从内部获取动力的片面之事。它并不包括来自环境的刺激,而这种刺激可以通过与自我的相互作用来替换空想。"①

无论如何,把艺术分成空间的和时间的必须被另外一种分类所补充,这种分类把艺术分成再现性的和非再现性的;根据这种分类,建筑和音乐就被归入后一类之中。亚里士多德给予艺术是再现性的这个想法以其古典形式,他至少避免了这种区分的二元论。他更为宽泛和聪明地对待"模仿"这个概念。因此,他宣布,音乐是所有艺术中最具再现性的——而这门艺术恰恰被一些现代的理论家归于完全非再现的一类。他并不是愚蠢地认为,音乐再现了鸟儿的啾啾、牛儿的哞哞,以及溪流的汩汩。他的意思是说,音乐凭借声音再生出了感情,再生出了情感的印象,这些东西

① 引自巴恩斯博士给作者的私人信件。

本是由勇武的、悲伤的、胜利的、性兴奋的对象和场景所产生的。具有表现意义的再现,包括了任何可能的审美经验的性质和价值。

如果我们用“再现”这个术语来理解为了再造自然形式而对自然形式所进行的再造,那么,建筑不是再现性的——就像有些人曾经假定大教堂“再现”了森林中高大的树木。但是,建筑远不仅仅是利用自然的形式,拱形、柱形、圆柱、矩形、球形的某些部分。它们在观察者身上表现出它们特有的效果。有一个问题必然有待那些认为建筑是非再现性的人来解释,这个问题是:倘若建筑不使用和再现重力、压力、推力等自然能量,那么,建筑将会成为什么东西?不过,建筑并不是要把再现结合到这些质料和能量的性质之中。它也表现了人类集体生活的持久价值。人们建造房屋是为了庇护家人、为神祇提供祭坛、设立制定法律的场所、建立抵御攻击的要塞,而建筑正是“再现”了这些建造者的记忆、希望、恐惧、目标和神圣的价值。如果建筑不是极大地表现了人类的利益和价值,那么,它们为什么会被称为宫殿、城堡、家、市政厅、会场,就变成了一个谜。撇开大脑的空想,不言而喻,每一座重要的建筑都是名垂史册的记忆的宝库,都是对未来所怀期待的纪念碑式的记录。

再者,建筑与诸如绘画和雕刻这些艺术的分离(在这一点上,音乐也是如此),也扰乱了艺术的历史发展。雕刻(它被公认是再现性的)在很长时间里都是建筑的一个有机部分:帕台农神庙的檐壁、林肯和夏特尔大教堂上的雕刻都是证明。我们并不能说,雕刻逐渐独立于建筑——随着雕像被分散在公园和公共广场中,以及胸像被放置在过于拥挤的房间的底座上——与雕刻艺术的任何进展相一致。绘画最初是附着在洞穴的墙壁上的。它在很长时间里一直在神庙和宫殿的外墙和内墙上起着装饰的作用。壁画被用来启迪信仰，恢复虔敬，向崇拜者讲授有关其宗教的圣徒、英雄和殉道者的事迹。当哥特式建筑几乎没有给壁画留下墙壁空间时，彩色玻璃和后来的板面画取代了壁画的位置——它们仍然是建筑整体的诸多组成部分，就像祭坛和屏风上的雕刻那样。当贵族和富商们开始收集画布上的绘画时，他们常常用它们去装饰墙壁——这种装饰甚至到了这样的程度，即绘画常常被切割和修剪，以便更好地适合墙壁装饰的目的。音乐同歌唱相联系，它有所区分的样式适应于巨大的危机和重要的事件——如死亡、婚姻、战争、敬神、宴会——的需要。随着时间的流逝，绘画和音乐都不再屈从于特殊的目的了。既然所有的艺术在其自身媒介的使用上往往会达到独立的程度，那么这个事实就可以用来证明各种艺术中没有哪一种就严格的字面意义而讲是模仿性的，而不是用来提供在它们之间划出死板界线的理由。

此外，一旦这些界线被划出，设立它们的理论家们就发现，有必要制定例外，引入过渡形式，乃至说某些艺术门类是混合的——比如舞蹈，它既是空间的，又是时间的。既然任何艺术的本性就是成为单一而统一的自身，那么，“混合的”艺术这个概念也许就可以被稳妥地看成是对整个严格分类的一个反证。这样的分类，对浮雕中的高浮雕和低浮雕能够做出什么，对坟墓前的大理石人像能够做出什么，对木门上的雕刻和铜门上的浇铸又能做出什么？柱帽、檐壁、檐口、顶盖、托架的雕刻又怎么说？那些次要的艺术，如象牙制品、雪花石膏制品、塑模石膏制品、赤陶制品、金银器、铁艺托架、招牌、铰链、屏风和烧烤架，又如何得以容纳？同样的音乐，当它在音乐厅演奏时是非再现性的，而当它作为教堂圣典的组成部分时具有再现性吗?

严格的分类和定义的企图,不仅限于艺术。一种相似的方法也被运用到审美效果之上。许多巧妙的努力花费在了这样一桩事业上,即在美本身的"本质"得到阐明之后,对不同种类的美进行列举:崇高、怪诞、悲剧、喜剧、诗意,等等。现在,无疑存在着这些术语得以运用于其上的事实——正如恰当的名字被用到一个家庭中不同的成员身上那样。对于一个有资格的人而言,他可能会对崇高、雄辩、诗意、幽默说出一些东西来,这些东西实际上提高和澄清了对对象的知觉。这也许有助于理解某个叫乔尔乔涅(Giorgione)的人事先就拥有对于什么是抒情诗的明确感觉;并且,在聆听贝多芬《第五交响曲》的主题时,可以获得艺术中什么有力量以及没有什么力量的清晰概念。但是,不幸的是,审美理论并不满足于在个别的整体中把性质阐释为强调的质料。它把形容词上升为实体性的名词,然后在所出现的固定概念上演奏起辩证法的曲调。既然严格的概念化被迫发生在某些原则和观念的基础之上,而这些原则和观念是在直接的审美经验之外被架构出来的,那么,所有这些都是"大脑空想"的良好的样本。

然而,如果把诸如生动、崇高、诗意、丑陋、悲剧之类的术语看作各种倾向的标识,并因而把它们看作形容词性,就像漂亮的、甜的、可信的这些术语一样,那么,我们就被引回到了一个事实,即艺术乃是一种活动的性质。就像任何一种活动模式一样,艺术也是由这个方向和那个方向上的行动所标识的。这些行动也许可以在这样的方式中得到辨别,以使我们与现在所讨论的这个活动的关系变得更好理解。一种倾向,一个运动,总是发生在对其方向有所规定的界限之中。但是,经验的倾向并不具有精确固定的界限,或者说,这些界限不是没有宽度和厚度的数学线条。经验过于丰富和复杂了,以至于不允许这样的精细限制。倾向之间的界标乃是带而不是线,而且,刻画其特征的性质所形成的乃是光谱,而不能被分配在各自独立的鸽笼式分类格架中。

因此,任何人都能够挑选出一些文学作品的段落,并且毫不犹豫地说:这是诗意的,那是散文式的。但是,这种性质的指定并不意味着,有一种实在的东西叫作诗,而另一种叫作散文。再次重申,它所意味的乃是朝某个界限运动的某个被感觉到的性质。所以,这个性质存在于许多程度上和许多形式中。这种性质的某些较低程度会在料想不到的地方显现自身。海伦·帕克斯特(Helen Parkhurst)博士从一则气象报告中援引了下面一段话:"低气压盛行于落基山脉以西,爱达荷州、哥伦比亚河以南,直到内华达州。飓风继续沿着密西西比河谷前进,并且进入墨西哥湾。北达科他州和怀俄明州报告有暴风雪,俄勒冈州有雪夹冰雹,密苏里州气温在零度。强风正从西印度群岛向东南方向吹去,巴西海岸沿线的船只已经收到警报。"

没有人会说这段话是诗。但是,只有学究式的定义才会否认它里面存在着某些诗意的东西,这部分地归因于地理术语的悦耳之音,而更多地则是归因于"转移价值";归因于种种暗示的积累,这积累创造了一种感觉,而该感觉指向大地宽广的空旷性,遥远而陌生国度的浪漫,尤其在飓风、暴风雪、冰雹、雪、寒冷和风暴中的自然力的变化动荡的神秘。但是,这些词承担起了一种重荷,这种重荷给予这些词以朝向诗意的冲动。我猜想,甚至由化学符号所组成的方程式,在某种将洞察力延伸到自然的情况下,对于某些人来说，可能也具有一种诗意的价值，尽管在这样的情形中，其效果是非常有限且带有个人特性的。但是，预先确保会发生的是：那些具有朝向不同种类结局的不同材料和不同运动的经验，有着像两极那样遥远的不同，其中一极是最直白的散文性，另一极是最兴奋的诗性。这是因为，在某些情形下，倾向处在作为一则经验而得以实现的经验的方向上；而在其他情形下，朝某一方向运动的结果只是一种可以被另一个经验所用的储备。

我认为，对有关喜剧和幽默的文学作品的考察会显示出两个相同的事实。一方面，附带和侧面的评论使某种特定的倾向变得更加清晰，并且使读者在实际的情境中变得更加活跃和更具辨别力。这些例子等同于一个形容词性的性质即一种倾向得到考察的情形。不过，也存在着一些精心计划和不辞劳苦的努力，这些努力乃是要建立一个可以被大量例子所阐明的严格定义。存在着多种多样的倾向，尽管它们只是被所使用的少数几个术语所标明：可笑的、荒唐的、下流的、逗乐的、好笑的、欢笑的、滑稽的、娱乐的、机智的、欢闹的；说笑话的、开玩笑的、取笑的、嘲笑的、愚弄的、放松的；对于这些倾向，属和种的分类如何能够把它们化约为概念上的统一体呢？当然，足够聪明机智的人也许能够从一个定义出发，如不协调性；或者从一种相反运作的逻辑和比例的意义出发，然后为每个种类找到一种特定的种差。然而，非常明显的是，这样我们就参加到一个辩证的游戏之中了。

如果我们只把自己限制在一个方面，如荒唐、笑（*le rire*），那么喜剧就是指我们所嘲笑的东西。但是，我们会随同别人一起笑；我们的笑会出于得意，极其高昂的情绪、和蔼可亲、宴饮交际，出于鄙视以及尴尬。为什么将所有这些多样的倾向限制在一个单一而死板的概念之中呢？不是说这些概念不是思考的要点，而是说它们真正的职责在于作为工具来研究具体材料的变化活动，而不是把这些材料束缚在严格的不动性上。既然是附带的材料而不是正式的定义在特定的经验中对知觉起强化的作用，那么侧面的评论就行使了概念的真正职责。

最后，在这一点上，固定等级的想法和固定规则的想法不可避免地相互伴生。比方说，如果文学中有如此之多的独立类型，那么就存在某种不可改变的原则，这种原则可以划分出每一种类型，并且定义出可以确保每一个种都是其所是的内在本质。这样一来，这种原则必须被遵守；否则，那属于艺术的“本性”就会被违背，而结果就是“坏的”艺术。艺术家不是自由地以他的所能来处理手边的材料以及在他控制下的媒介，而是注定要在熟悉规则的批评家的责难惩罚下，遵循产生于基本原则的戒律。他不是遵从素材，而是遵从规则。这样，分类就给知觉设立了界限。如果构成其基础的理论是有影响的，那么，这个理论就限制了有创造力的作品。这是因为，新作品，就它们是新的而言，并不适合那些已经提供的鸽笼式分类格架。它们在艺术之中，就像异端在宗教中那样。无论如何，足够多的障碍物阻挡着真正的表现的道路。而顾忌分类的种种规则，增加了更多的妨碍。固定分类的哲学就其流行于某些批评家(不管这些批评家知道还是不知道它，他们都是一种或另一种由哲学家加以更为明确地阐述的立场的主体)之中而言，鼓励所有的艺术家，不包括那些有着异乎寻常的活力和勇气的艺术家，把“安全第一”当作他们的指导原则。

前面所说的主要意思，并不像乍看起来那样是否定性的。这是因为，它乃是在以一种间接的方式唤起对媒介的重要性的注意，唤起对媒介不可穷尽的多样性的注意。我们也许可以从一个事实来可靠地开始对各门艺术的多样质料的讨论，这个事实就是媒介的起决定作用的重要性：不同的媒介具有不同的效力并适合不同的目的。我们不会用油灰来造桥，也不会用我们所能找到的最不透明的东西来充当透光的窗户玻璃。单单这个否定的事实，就迫使我们要在艺术作品中作出区分。从肯定的方面来说，人们认为，色彩在经验中起着某种特定的作用，而声音则起着另外的作用；乐器的声音起着不同于人的嗓音的作用，等等。同时，我们要注意的是：任何媒介功效的确切界限都不能够被任何先天的规则所决定，并且，每位伟大的艺术创始者都打破了某种先前曾被认为是内在固有的障碍。再者，如果我们把讨论建立在媒介的基础上，那么，我们就会认识到，它们形成了一个连续体、一个光谱；并且，尽管我们可能会对艺术进行区分，就像我们区分七种所谓的基色那样，但是没有人企图确切说出一种颜色开始和另一种颜色结束的地方。还有，如果我们把一种颜色从它的背景中取出来，比如说一条特定的红色带，那么，它就不再是以前的那种颜色了。

当我们从表现媒介的立场出发来看待艺术时，所面对的大致差别就是这样两个方面之间的差别：一个方面是把艺术家的人类有机体，即身心，当作其媒介的艺术；另一个方面是那些在相当大的程度上依赖于身体之外的材料的艺术，这也就是所谓的自动艺术和造形艺术（shaping arts）之间的区别。[①] 舞蹈、歌唱、讲故

① 我想，是桑塔亚那在他的《艺术中的理性》（*Reason in Art*）中第一次阐明了这种差别的重要性。

事——与歌曲相联的文学艺术的原型——是“自动”艺术的样本。同样如此的是身体的划痕和刺青等，还有希腊人在运动会和健身房中所进行的身体锻炼。另外一个例子是，为了在社会交际时增添风度而对嗓音、姿势以及姿态所进行的培养。

既然造形艺术首先必须等同于技术性艺术，那么，它们就与工作联系起来，并且与某种即便是轻微程度的外部压力联系起来。相比之下，自动艺术则是自发的，是闲暇的自由伴随物。因此，希腊思想家们把它们排得高于另外一些艺术，这些艺术使身体的使用从属于以工具为中介来处理外在的材料。亚里士多德将雕刻家和建筑师——哪怕是帕台农神庙的建筑师——看作工匠，而不是在自由意义上的艺术家。现代的趣味倾向于把那些对材料进行重塑的优美艺术看得更高，在那里，产品是持久长存而非转瞬即逝的，并且能够诉诸更广的范围，包括尚未出生的人；相比之下，唱歌、舞蹈和讲故事就是被局限在直接的观众那里。

然而，所有较高和较低的等级划分终归是不恰当和愚蠢的。每种媒介都有它自身的功效和价值。我们所能够说的是，技术性艺术的产品在下面这种程度上会变成优美的，即它们把自动艺术某些自发性的东西带入自身之中。除了由操作员机械地操纵机器加工产品的情形，个人身体的运动都进入全部的材料重塑之中。这些运动在对物理上的外部质料进行处理时，使得来自自动艺术内部的有机推动持续下去，此时，它们在这个程度上就变成了“优美的”。具有生命力的自然表现的节奏的某种东西，为舞蹈和哑剧所具有的某种东西，必定进入雕刻、绘画、雕像制作、建筑设计和故事写作之中；而这就多了一个理由来说明要使技巧从属于形式。

甚至在艺术门类的这种巨大差别的情形下，我们所面对的仍然是一种光谱，而不是各自独立的类。倘若没有簧片、丝弦和鼓的帮助的话，抑扬顿挫的演说就不会往音乐的方向深入发展；而这种帮助不是外在的，因为它本身就对歌曲的质料进行了修改。音乐形式的历史的一个侧面就是发明乐器和演奏器乐的历史。乐器不像留声机唱片那样，仅仅是传播手段，因而完全是媒介，这一点可以通过以下的方式得到明证，比如钢琴就起到了把现在普遍使用的音阶加以固定的作用。同样，印刷术也对文学内容的深层修正起了作用——或者说反作用；通过一张单幅的插图来修正那些形成文学媒介的语词。这种变化由于一种日益增长的倾向而被标在不适宜的方面，而这种倾向就是把“文学的”当作一个贬义的术语来使用。在印刷和阅读被普遍应用之前，口头语言从来就不是“文学的”。然而，从另一方面来说，即使人们承认没有哪一部文学作品可以超过比方说《伊利亚特》（尽管这部作品作为对先前分散的材料进行组织的产物，无疑也有必要借助书写和大规模出版），印刷除了强迫形成一种先前不存在的组织以外，也已经造成了巨大的扩展，这种扩展不仅在量的上面，而且在质的多样性和精致性上面。

然而，我并不想在这个问题上进一步深入下去，而是要指出，即使在不同的艺术大致可以分为自动的和造形的情况下，我们所面对的也是中介的形式、转变过渡以及相互影响，而不是档案柜式地分隔。重要的是，一件艺术作品将它的媒介开发到了最大的限度——牢牢记住，材料并不是媒介，除非它在被用作表现的器官时。自然的材料和人类交往的材料是多方面的，以至于达到无穷无尽的程度。无论什么时候，只要材料找到可以在经验中表现其价值——亦即它的想象的和情感的价值——的媒介，那么，它就变成了艺术作品的主旨。因此，持久的艺术奋斗就是要把那些在平常经验中结结巴巴或默默无语的材料转变成雄辩的媒介。请记住，艺术本身意味着一种行动的性质和被做成的事物的性质，每一件真正的新的艺术作品在某种程度上本身就是一种新的艺术的诞生。

因此，我要说，在我们现在所讨论的问题上存在着两种解释上的谬误：一种是把各门艺术完全地分离开来，另一种是把它们杂糅在一起。后一种谬误常见于这样一些批评家所给出的解释，他们满足于把佩特的一句话引作标签，这句话是：所有的“艺术孜孜以求地渴望音乐的状态”。在这里，我说的是这些解释，而不是佩特本人的意思；因为完整的这段话表明，他的意思并不是说，每种艺术都要发展到这样一种程度，即它会给出与音乐相同的效果。他认为，音乐“最为完美地实现了形式和质料完全统一的艺术理想”。这个统一是其他艺术所渴望的“状态”。不管他相信音乐最为完美地实现了主旨和形式的融会贯通正确与否，都不应该将其他的观念归结给他。因为，除了别的东西之外，这显然是错误的。既然他写道，绘画以及音乐本身都在建筑性的方向上前进，而远离在其有限意义上的“音乐性”，那么，在相当大的程度上，不仅绘画，而且诗歌也是这样的。值得注意的是，佩特谈到，每门艺术都进入其他艺术的条件之中，比如音乐具有图形，“曲线、几何形式、交织”。

简而言之，我要提出的是，诸如诗意的、建筑的、戏剧的、雕刻的、图画的、文学的——就表示文学最有效产生的性质的意义而言——这些词都是表示倾向的，而这些倾向在某种程度上属于每一门艺术，因为它们对任何完整的经验都进行了限定，尽管某种特定的媒介最适合于强调那种张力。当与某种媒介相适合的效果过于显著地使用其他媒介时，就会存在审美上的缺陷。因此，当我在接下来的论述中把艺术的各种名称当作名词加以使用时，它是被这样来理解的，即我所考虑到的乃是一系列的对象，这些对象着重地但不是排他地表现了某种性质。

在一种强调的意义上对建筑加以刻画的显著特性是，建筑的媒介是自然界以及自然能量的基本模式的（相对而言的）原材料。建筑的效果依赖于在主导尺度上正是属于这些材料的各种特征。所有的"造形艺术"[①]都使自然材料和能量形式屈身服务于某种人类的欲求。在这一个普遍的事实中，建筑并没有什么与众不同之处；不过，在其使用自然力量的范围和直接性方面，它倒是可以被单独地划分出来的。如果把建筑和其他艺术产品加以比较的话，你立刻会被建筑为其目的所采用的材料的无限宽广范围打动，这包括木头、石块、钢铁、水泥、烧黏土、玻璃、灯心草；相比较之下，绘画、雕刻、诗歌中可资利用的材料就相对地受限制了。不过，同样重要的一个事实是：建筑可以说是纯粹地采用了这些材料。它对材料的使用，不仅是大规模的，而且是第一手的——这不是说钢铁和砖块是由自然所直接提供的，而是说它们较之颜料和乐器来说更加接近自然。如果这个事实还有什么可怀疑的话，那么，建筑对于自然能量的使用就是无可怀疑的了。从规模上来说，其

① 这里将 shaping arts 译成"造形艺术"，以区别于"造型艺术"（plastic arts）。一般说来，前者强调改变物质的形态，后者强调创造物质性的空间形象。——译者

他任何产品对压力和张力、推力和反推力、重力、光线、聚合力的展现，都根本无法与建筑产品相比；而且，较之其他任何的艺术来说，建筑对于这些力量的处理更多地是直接性的，而较少地是间接性的和替代性的。它表现了自然本身的结构性构造。它与工程技术的关联是不可避免的。

出于这个理由，在所有的艺术对象中，建筑最接近于对存在的稳固性和持久性的表现。它们仿佛是高山，而音乐仿佛是大海。由于其固有的持久力量，建筑比其他任何艺术都更多地记录和宣告了我们共同的人类生活的一般特征。有一些人在理论的先入之见的影响下，把建筑中所表现出来的人类价值看作与审美是不相干的，而只是对实用性不可避免的妥协。有一种观点认为，建筑在审美上是更为糟糕的，因为它们表现了力量的夸耀、政府的威严、家庭成员的体贴孝敬、城市的繁忙交通、崇拜者的爱慕，这一观点并不明显。还有一种观点认为，这些目的有机地进入建筑的结构之中，这种观点看起来过于明显以至于无须讨论了。同样清楚的观点是，向着某种特殊用途的退化经常发生并且在艺术上是有害的。但是，其理由在于目的是卑贱的，或者说在于这样一个事实，即材料并没有被处理成能够以一种平衡的方式来表现对自然条件和人类条件的适应。

完全排除人类的使用（就像叔本华所做的那样），表明“使用”被限制在了狭隘的目的之上；而且，它取决于对以下这个事实的忽视，即优美艺术总是经验之中的产物，而这个经验乃是人类与其环境的一种相互作用。建筑作为一个显著的例子，展现了这种相互作用的结果的交互性。人们对材料加以改变，以使它们变成服务于人类防御、居住和崇拜的目的的媒介。但是，人类生活本身也变得不同了，而这远远超出了建造这些建筑的人们预料到的意图或能力。后来的经验借由建筑作品而得到重塑，这种重塑较之也许除文学之外的其他艺术来说，是更为直接和广泛的。它们不仅影响了未来，而且记录和传达了过去。神庙、校舍、宫殿、住宅以及废墟，这些都诉说着人们曾经为之希望和奋斗的东西，诉说着他们曾经取得和遭受的一切。人类欲求通过他的功绩而继续活下去，金字塔的建造就是典型，这种欲求也以较小的规模存在于每一件建筑作品之中。这种性质并不局限于建筑。这是因为，每一件艺术作品里面都可以发现某种属于建筑的东西。在这中间，以下两个方面和谐的相互适应大规模地呈现出来：一个方面是持久的自然力量，另一个方面是人的需要和追求。对于结构的感觉无法从建筑性中分离出来，而且，建筑学的东西存在于任何作品之中，不管它是音乐、文学、绘画还是其特定含义上的建筑，在那里，结构的属性得到了有力的显现。但是，要成为审美的，结构还必须超越物理性和数学性。它必须与另外的东西一起加以使用，这另外的东西就是经过长久时间而得到支持、加强和扩展的人类价值。常春藤依附在某些建筑物上是得体的，这种得体性说明了建筑效果与自然的内在统一性；而从一个大的范围来说，这种内在统一性乃是出现在下面这种必要性之中的，即建筑与它们的周围环境自然地契合，以便获得完全的审美效果。但是，这种无意识的充满活力的统一体必须与一种同等的吸附作用相对应，这就是人类的价值吸附于被完整地经验到的建筑效果之上。比如，大多数厂房的丑陋以及普通银行大厦的令人憎恶，尽管这取决于技术物理方面的结构性缺陷，但也反映了人类价值的一种扭曲，这种扭曲结合进了关联于建筑的经验之中。仅靠工艺技术是不能使这些建筑变得像神庙曾经那样的美丽的。首先，必须发生一种人性的转变，以使建筑自发地表现一种现在并不存在的欲求与需要之间的和谐。

正如我们已经注意到的，雕刻与建筑紧密地结盟。我认为，值得怀疑的是，从建筑那里分离出来的雕刻是否会达到伟大的审美高度。在公共广场或公园里那些单独和孤立的雕像身上，我们很容易感受到某种不协调的东西。无疑，当雕像处于以下情形时就是极大地成功的了，即它们雄浑厚重地如同纪念碑一般，并且有着某种接近于建筑的背景的东西，哪怕它只不过是一条宽宽的长凳。雕刻也许会包括一些或许多不同的形象，就像埃尔金群雕(Elgin marbles)那样。然而，如果你想象一下，这些形象旨在集体地再现一个单一的行动，但是从物理上来说却是彼此分开的，那么，你就会唤起一个引发微笑的意象。不过，将雕刻的效果与建筑的效果划分出来的差别却是存在着的。

为了进行强调，雕刻选择建筑的记录性和纪念碑式的方面。可以说，它专门致力于纪念性的东西。建筑直接地进入生活之中，并且直接地帮助塑造和指导生活；而雕像和纪念碑，则使我们想起英雄主义、奉献精神以及往昔所取得的成就。花岗岩的柱子、金字塔、方尖碑，这些都是雕刻；它们见证着往昔，不过，并非见证对时间变迁兴衰的屈服，而是见证对时间进行忍受和超越的力量——把这样的不朽性展示为属于会朽的人类，这些展示或者是高贵的或者是悲惨的。另一个不同之处标志着更具决定性的差别。雕刻和建筑都必定拥有并且表现统一性。但是，建筑整体的统一性乃是许许多多元素聚合而成的统一性，而雕刻的统一性则更为单一和明确——它被迫如此，是由于空间的缘故。只有黑人的雕刻曾经试图通过牺牲所有直接相联的价值，而在一个狭窄的范围内给出布局设计的特征；这种特征内在于给人深刻印象的建筑之中，是通过线条、色块和形状的节奏来实现的。不过，即便是黑人的雕刻，也被迫遵循单一性的原则——布局设计从人体的各个相联部分建立起来：头、胳膊和腿、身躯。

材料和目的的这种单一性（因为甚至像神庙这样一种特化的建筑物，也服务于复杂的目标），使雕刻有必要将自身限制在对某些材料的表现上，这些材料具有其自身意义重大而又易被知觉的统一性。生物只是满足这种条件——动物和人，或者花朵、水果、藤蔓，以及其他的草木形式，当它们直接依附于建筑物上的时候。建筑表现了人的集体生活——遁世者，那孤独的灵魂，并不是建造而是寻找洞穴。雕刻以其个性化的形式来表现生活。这两门艺术各自的情感效果都与这个原则相一致。建筑据说是"凝固的音乐"，但是从情感上来说，这只是把握到了建筑的动态结构，而没有把握到其主旨的效果。大体而言，它的情感效果取决于或者说密切关联于建筑物所参与其中的人类事务。希腊的神庙对于我们来说过于遥远，以至于所经验到的只不过是自然力精美的平衡。但是，当进入一座中世纪的大教堂时，我们不可能不感到作为它的组成部分的用途，而这些用途是在历史中被赋予的；甚至一个西方人在进入一座佛教的庙宇时，也会感受到某种相同的东西。我不愿意用"被借用"这个词来说属于住宅或公共建筑的经验的相似效果，因为这些价值极其完整地结合在一起，从而使这个词变得不合适了。不过，建筑中的审美价值特别取决于对那些来自集体性人类生活的意义的吸收。

由雕刻所激发的情感，必然属于某种明确而持久的东西——

除非当雕刻被用于例证的目的时，这是一种与该媒介相适宜的使用。这是因为，音乐和抒情诗天生适合于表现独特的急速跳动和关键转折（就像把它们唤起的那些机缘一样），而雕刻在性质上恰恰不是“机缘性的”，正如建筑不是那样的。模糊、短暂以及不确定的感情，与这种媒介是不相配的。尽管雕刻在这个方面与建筑相类似，但是再说一遍，它与建筑还是有区别的，这种区别就是单一性与集体性的区别。关于艺术是普遍与个别的结合所做的谈论，在雕刻上尤其正确；甚至下面这个观念很可能就是在希腊雕像艺术中获得其来源的，即上面所说的这种结合为所有的艺术作品提供了一个准则。米开朗琪罗的《摩西》（Moses）是高度个性化的，但它不是一般性的，就像它不是插曲性的，因为“普遍”乃是某种非常不同于一般的东西。所雕刻出的人物姿态既精力充沛又克制着向前的冲动，这种姿态表现出这位领导者遥望那片应许之地却又知道自己不会进入其中。但是，在一种高度个性化的价值和情感之中，它又传达出雄心壮志与建功立业之间永恒的不一致。

雕刻凭借那种异乎寻常细致优美的力量，把一种运动的感觉表达了出来——希腊的舞蹈形象和《带翼的胜利女神》（Winged Victory）便是明证。不过，这是一种被抑制在一个单一而持久的体态中的运动——就像在济慈的诗文中所赞美的那样——而不是动作的变化；对于这种动作变化来说，音乐才是无与伦比的媒介。一种对时间的感觉，凭借其自身或形式，成了雕刻效果本性的一个不可分割的部分。但是，它乃是悬停的时间感，而不是连续和推移之中的时间感。简单地说，这种媒介最适宜的情感是完成、庄严、平静、均衡、安宁。希腊雕刻把它的许多效果归功于这样一个事实，即它表现了理想化的人体形式——甚至它对后来雕刻的影响并不完全是令人高兴的，因为一直到最近，它都以一种表现理想化的倾向，把过于沉重的负担加给欧洲的全身雕像和半身雕像；而这些作品，除非出自那些很好地适应了条件的大师之手（像希腊的那些大师），否则往往都是糟糕的、轻浮的，是愿望满足的图示。在神和半神式英雄的外表下描绘人的形式，可不是一件轻易就能承担的事业。

甚至一个小孩也很快就知道，世界正是通过光才变得可见。他只要闭上眼睛不看眼前的场景就知道了这一点。然而，这个自明之理，当它的力量被把握时，就对作为绘画媒介的色彩的独特效果进行了解说，而且这种解说比累牍的文字铺陈所能解说的更多。这是因为，绘画把自然和人类景观表现为一种景象，而景象之所以存在，乃是由于以眼睛为中枢的生物与纯粹的、反射的、折射为色彩的光相互作用。图画性（在这个意义上）存在于许多门艺术的作品之中。光与影的作用在建筑中是一个重要因素，也是还没有过于臣服希腊模式的雕刻的重要因素——希腊人在他们的雕刻上着色，也许是一种补偿。散文和戏剧常常能达到生动如画的状态，而诗歌则真正是图画性的，这是事物的可见场景的表达。但是，在散文和戏剧这些艺术中，这种因素是被抑制的和次要的。使这种因素变得主要的努力，如“意象派”所做的，无疑教给了诗人某些新的东西。可是，它是这样的一种媒介强制力，即只能作为一种强调而不是主导价值而长久存在。与之相对应的真理是这样一个事实：当绘画超出场景和景象而要讲述故事时，就变成“文学的”了。

因为绘画直接把世界处理成了一个“图像”，一个直接被看到的世界，所以，在对象缺席的情况下，对这门艺术的产品的讨论较之其他各门艺术的产品来说，更是不可能的。图画可以表现能够作为一个场景而呈现的每一个对象和情境。当某一事件提供了一幕总结过去和指出未来的场景，并且假定这幕场景是足够简单和连贯时，图画就能对这些事件的意义进行表现。否则的话——比如，就像波士顿公共图书馆里艾比（Abbey）的画那样——它就变成了一份文件。然而，如果我们没有将绘画的一种无可匹敌的能力包括进来，那么，说图画能呈现对象和情境，就远远缺乏力量以至于会使人产生误解。绘画这种无可匹敌的能力就是通过眼睛来传达各种性质和样态：借助这些性质，对象得以被辨别；借助这些样态，对象的本性和构造得以在知觉中被建立——水的流动、石的坚固、树木的刚柔兼具、云的纹理。因此，通过所有这些形形色色的样态，我们得以把自然当作一个景象和一种表现来加以欣赏。恰恰是由于绘画的这种延伸，那种要想展示其所处理材料的范围的企图将陷入一种没有止境的编目分类之中。其实，只要对下面的情形加以说明就足够了，自然景象的各种形态无穷无尽，而且，绘画中每一次重要的新的运动都是某种先前没有发展的视觉可能性的发现和开发——就像荷兰画家把握到了室内的秘密性质，在家具陈设和透视中形成了一种布局设计；关税员卢梭（Rousseau le Douanier）既引出了异国情调的场景，也引出了普通家居的空间节奏；塞尚重新审视了处在动态关系中的各种自然力的容量，以及那些恰恰是由不稳定部分的彼此适应所组成的整体的稳定性。

耳朵和眼睛互为补充。眼睛给出场景，事物行进于其中，变化投射于其上——所留下来的依然是一个场景，甚至是处在喧嚣

黑人雕刻
巴恩斯基金会

与骚动之中的场景。对于耳朵来说，由视觉和触觉的合作行动所提供的背景是理所当然的，这个时候，耳朵使我们意识到了作为变化的变化。这是因为，声音总是效果；是碰撞、冲撞和抵抗，以及自然力量的效果。声音根据这些力量在其相遇时的彼此作用来对其进行表现；用这样的方法，这些力量彼此改变，并且改变作为它们无尽冲突的剧场的那些事物。流水的轻轻拍打，小溪的喃喃低语，风儿的匆忙和呼啸，门儿的嘎嘎作响，树叶的簌簌之声，树枝的飒飒和噼啪，坠物的砰然下落，沮丧的啜泣和胜利的呼喊——这些东西，连同所有的喧哗和声响，是什么东西？只是由力的奋斗挣扎所导致的变化的直接显现？自然的每一次纷扰都是由振动所引起的，但是，一个均匀而不被打断的振动是不会产生出声音的；必定存在着打断、冲撞，以及抵抗。

因此，以声音为媒介的音乐必然以一种集中的方式来表现震动和不稳、冲突和解决，这些乃是在更为长久的自然和人生背景中所上演的戏剧性变化。紧张和奋斗有其能量的聚集、宣泄，攻击与防御，强悍的交战与和平的相会以及抵抗与解决，而音乐正是从这些东西中织出它的网。因此，音乐处在与雕刻相反的一极上。正如一极表现持久、稳定和普遍，而另一极表现纷扰、搅动、运动、存在的独特性和偶然性——然而，这些东西在本性上是牢固的，在经验中是典型的，如同其结构上的永久性那样。倘若只有一个背景，那么就会存在单调与死亡；倘若只有变化和运动，那么就会存在混乱，甚至连搅扰还是被搅扰也难以辨别。事物的结构产生和变化，但它是在长期的节奏中这么做的，而那些俘获耳朵的事物则是突然的、意外的、迅速变化的。

脑组织和耳朵的联系构成了大脑的一个组成部分，它比其他感官所占据的更大。再回到有生命的动物和野蛮人，这个事实的意义就不难被发现了。可见的场景是显而易见的，这是一条自明之理；像清楚、明白这样的观念都意味着在眼前呈现——正如我们所说的一目了然。清晰所见的事物本身是不会搅扰我们的；这种清晰是通过解释而来的。它隐含着把握和信心；它为计划的形成和执行提供了有利的条件。眼睛是距离上的感官——这不仅仅说光从远处而来，而且说，我们通过视觉与遥远的东西发生了关联，并因而预先警觉到那将要到来的东西。视觉给出了扩展的场景——正如我已经说过的，变化正是发生在这个场景之中和之上的。动物在视知觉中是警惕的、谨慎的，但它也是有所预备、作出准备的。只有在恐慌之中，所看到的东西才会产生深深的烦扰。

耳朵通过声音使我们与之发生关系的材料在每一点上都是相反的。声音从身体的外面而来，但是声音本身却在近处，是切近的；它是有机体的一种激发；我们感到振动的撞击遍及全身。声音直接激起即时的变化，因为它报告着变化。一阵脚步声，一根细枝的折断，矮树丛的沙沙作响，这些也许意味着来自怀有敌意的动物或人的攻击甚或死亡。它的意义是由一种小心谨慎来加以度量的，即动物和野蛮人在他们行动的时候小心谨慎地不弄出声音来。声音传达了那些迫近的东西，传达了现在正在发生并且是作为可能要发生之事的迹象的东西。较之视觉来说，它更充满一种问题感；在那迫近之事的周围，总是存在着一种未决定性和不确定性的气氛——所有的条件都有利于产生紧张的情感纷扰。视觉以趣味的形式来激起情感——好奇诱发进一步的考察，但它也产生吸引的作用；或者，它在撤退和向前的探索行动之间建立起一种平衡。而正是声音,才使得我们跳起来。

一般而言,被看到的东西乃是通过解释和相关的观念间接地激起情感的。而声音则作为有机体自身的一种骚动而产生直接的激发作用。听觉和视觉常常作为两种“理智的”感觉而被分在一起。事实上,尽管可以获得的听觉的理智范围是巨大的;但是就其本身而言,耳朵乃是情感的感官。它的理智的广度和深度来自与言语的关联;这样的广度和深度都是次要的也可以说是人为的成果,归功于语言和惯常交流手段的设立。视觉从与其他感觉尤其是触觉的联系中接受其直接的意义扩充。这种差别在两方面起作用。听觉在理智方面所适用的东西,对视觉在情感方面也适用。建筑、雕刻、绘画能够将情感深深地激发起来。在某种情绪中偶然遇到“恰当的”农舍,也许会使喉咙哽咽,眼睛湿润,就像一段诗文所能做的那样。但是,这个效果是由于一种关联于人类生活的精神和气氛而产生的。除了形式关系的情感效果之外,造型艺术是通过它们表现了什么来唤起情感的。声音则具有直接的情感表现的力量。一种声音就其自身的性质来说,本身就是威胁的、哭诉的、安慰的、沮丧的、猛烈的、温柔的、催眠的。

由于情感效果的这种即时性,音乐曾经既被划为最低等级的艺术,又被划为最高等级的艺术。对于有些人而言,音乐的直接的器官依赖和共鸣看起来似乎证明它接近动物的生活;他们可资援引的事实是,一些低于正常智力的人曾经成功地演奏过相当复杂的音乐。音乐——某些等级的音乐——的感染力较之其他艺术的感染力来说,不仅更为普遍,而且更多地独立于专门的教养。人们只消观察一下音乐会上那些某种类型的音乐的热衷者,就会看到,他们正在享受一种情感的放荡、一种摆脱平常压抑的释放;

并且进入这样一个王国之中，在这个王国里面，兴奋乃是无所羁绊地被给出的——哈维洛克·艾利斯（Havelock Ellis）提到，有些人乃是为了获得性兴奋而求助于音乐演奏的。另一方面，存在着为音乐评论家所赞誉的音乐类型，这些音乐需要特殊的训练才能被知觉和欣赏；而且，这种音乐的热爱者形成了一种狂热的崇拜，以至于他们的艺术在所有艺术中是最为深奥的。

由于听觉和有机体的所有部分都有联系，所以声音较之其他感觉来说，有着更多的反响和共鸣。非常有可能的是，造成人们缺乏音乐能力的有机体方面的原因，可以归结到这些联系的断裂，而不是听觉器官本身的内在缺陷。关于艺术的某种能力的一般性讨论，可以特别有说服力地用在音乐之上。这种能力就是：采用一种自然的、原生的材料，并且通过选择和组织使之转变成一种用以建立一则经验的有所强化和集中的媒介。通过乐器的使用，声音从它由于联系于言语而获得的那种明晰性中摆脱出来。这样一来，声音就回复到了它原始的激情的性质。它实现了摆脱于特定对象和事件的普遍性和超然性。与此同时，在艺术家的掌控下通过多种手段所造成的声音组织——这个范围在技术上也许要比除建筑之外的其他艺术更为宽广——使声音丧失了它通常的直接倾向，即刺激起一种特定的外显行动。回应变得内在而含蓄，因而使知觉的内容有所丰富，而不是分散在外显的宣泄之中。这就如同叔本华说的那样，“被琴弦所折磨的恰恰就是我们自己”。

正是音乐的独特性，事实上是它的壮丽，使它能够获取全部身体器官在实践上最为直接和强烈的感觉性质（因为它最为有力地激起了冲动行为）；并且利用形式的关系，把材料转化成为离实践上的全神贯注最远的艺术。它保留了声音的一种原始能力，即表示攻击力量和抵抗力量的冲突，以及所有与之相伴随的情感运动的状态。但是，通过使用音调上的和声与旋律，它难以置信地引入了问题的多种复杂性、不确定性以及悬而未决，在其中，一切音调都要参照其他的音调来加以安排，从而使每个音调都能成为先前东西的总结和后来东西的预报。

与目前所提到的那些艺术形成对比，文学展示了一种独一无二的特性。在印刷品这一媒介中直接存在的或被符号化的声音，就其本身而言，并不是像音乐中那样的声音，而是在文学对它们进行处理之前便已经遭遇到转化艺术的声音。这是因为，在交流的艺术从原生的声音中把字和词的艺术组建出来之前，词已经存在了。像下面这样的事情是毫无裨益的，即试图在文学本身存在之前去总结言语所服务的目的——命令、指引、劝告、教导、警告。只有惊叹词和感叹词，才把它们与生俱来的方面当作声音来加以保持。因此，文学艺术暗藏玄机；它的材料中充满了经由远古时代所吸收的意义。这样一来，它的材料就具有了比其他艺术的材料更高的理智力量；同时，它也具有一种与建筑相比肩的能力，即呈现集体生活的价值。

在原生的材料和作为文学媒介的材料之间并不存在隔阂，而这种隔阂在其他艺术中是存在着的。莫里哀所塑造的剧中人物，并不知道他一辈子都在讲说散文。因此，一般而言，只要人们忙于与他人进行口头上的交流，就不会意识到他们一直在践行着一门艺术。在散文和诗之间画一条线是困难的，其原因之一无疑在于以下这个事实，即它们的质料都经受了艺术的转化影响。将“文学的”当作一个贬义的术语使用，意味着更为正式的艺术已经远离了它由以汲取其养料的先前艺术的风格。所有“优美的”艺术都不是仅仅为了要变得精美，它们必须不时地得到更新，而更新的途径就是更密切地与审美传统之外的材料相接触。不过，文学尤其需要来自这种源泉的不断更新，因为它可以自由支配的材料已经是雄辩的、丰富的、生动的，其感染力是普遍的，可也最易受到惯例和陈规的影响。

意义和价值的连续性乃是语言的本质。这是因为，它支撑着一种连续的文化。出于这个理由，语词承载着几乎无限的泛音和共鸣的效果。从无法有意识地寻回的儿童时代所经验到的情感的“转移价值”就是属于它们的。言语事实上是母语。它饱含人的性格气质以及看待和解释生活的方式，这些方式成为一个持续的社会群体的文化特征。既然科学致力于讲一种消除了这些特性的话语，那么，只有科学的文献才是完全可译的。我们所有人都在某种程度上分享了诗人们的特权，这些诗人们

> ……所说的话语
> 乃是莎士比亚所说过的；所持的信仰和道德
> 乃是弥尔顿所持有的。

这是由于，这种连续性并不局限于书写和印刷形式的文学作品。当老祖母给膝下的孩子们讲“从前”的故事时，过去就传递下来，并且染上了色彩；她给文学准备了材料，也许她本身就是一位艺术家。声音有这样一种能力，即对过去所有多种多样的经验的价值进行保存和报告，并且准确地跟随情感和观念的每一个变化着的细微差别。这种能力赋予声音的组合与排列以一种创造新

经验的力量，这样的新经验较之来自事物本身的经验来说，更为强烈地被感受到。与后者的接触只会保留在物质性的震惊的层面上，倘若这些事物没有把在交流的艺术中所发展出来的意义吸收进自身的话。宇宙中诸般事件和情境之意义的强烈而生动的实现，只能够通过一种已经充满意义的媒介来达成。建筑、图画、雕刻总是无意识地靠着来自言语的价值而得到环绕和丰富。要把这种效果排除掉是不可能的，其原因在于我们的有机体构造的本性。

尽管在散文和诗歌之间可以得到明确界定的差别并不存在，但是却有一条鸿沟横在散文性和诗意之间，这就是经验中诸般倾向最终的限制条件。其中之一，是通过扩展的作用实现了语词表现天地之中和海洋底下的东西的能力；另一种则通过加强的作用来实现这一能力。散文性这桩事情是描写和叙述，是累积的细节和详述的关系。它就像法律文件或目录的运作那样展开。而诗意则颠倒了这个过程。它浓缩和简化，因而赋予语词以一种扩张的能量，这种能量几乎是爆发性的。一首诗将材料呈现了出来，这样其本身就变成了一个宇宙，而哪怕这个宇宙只是一个微缩的整体，也不是胚胎性的，正如它不是通过论证而得到过分阐述那样。诗歌里面有着某种自我封闭和自我限制的东西，这种自我满足既是声音的和谐与节奏，也说明为什么诗歌是仅次于音乐的最善催眠的艺术的原因。

诗歌里面的每一个语词都是想象性的。其实，散文中的语词在它们由于使用损耗而消磨成纯粹的筹码之前，也是如此的。这是因为，假如一个语词不是纯粹情感性的，那么，这个时候，它就涉及它所代表的某种东西的缺席。当诸般事物都在场时，对它们加以忽略,或者说加以使用和指出,就足够了。也许,甚至连纯粹情感性的语词也不例外:它们所表达的情感也许集体朝向缺席的对象,以至于失去了它们的个性。文学的想象性力量是日常用词所履行的理想化职能的一种强化。毕竟,词对一幕场景所给出的最为逼真的描述是:把那些对于直接的接触来说只是可能性的东西,摆在我们面前。就其本性来说,每个观念所表示的,乃是一种可能性,而不是当下的现实性。它所传达的意义在某些时间和地点也许是现实的,但是,由于该意义是在观念中被抱有的,它对于那个经验来说就只是一种可能性;它在严格意义上来说,乃是理想的;之所以说严格意义,乃是因为"理想的"也被用来表示幻想的和乌托邦的、某种不可能的可能性。

如果理想真实地呈现在我们面前,那么,它的呈现必然是通过感觉的媒介达成的。在诗歌里面,媒介和意义看起来似乎靠着一种先定和谐而融在了一起,这种先定和谐就是语词的"音乐"和悦耳之音。从严格意义上来说,这里不可能存在音乐,因为这里缺少音调。但是,这里存在着音乐性,因为语词本身根据意义来说,是粗糙的和严肃的、迅捷的和怠惰的、严肃的和浪漫的、沉郁的和轻狂的。拉塞尔斯·艾伯克朗比(Lascelles Abercrombie)的《诗论》(*The Theory of Poetry*)中论词的声音的那一章,已经给出了过多的详细说明,尽管我只是想请大家特别注意他的这样一个论证,即刺耳之音也是一个真实的因素,就像悦耳之音一样。这是因为,我认为,可以正当地把它的力量解释为一种证据,即证明流动性必须借着那些本身粗糙的结构因素来得到平衡,否则,它最后会甜得发腻。

有些批评家坚持说,音乐在它的某种力量上胜过了诗歌,这种力量就是把生命的感觉和生命的状态当作我们渴望它们成为的样子来进行传达。可是，我只能说，就其媒介的本性而言，音乐所具有的乃是一种野蛮的有机性；当然，这不是在“野蛮的”表示“野兽的”这个意义上来说的，而是指我们所说的严酷的事实，因为无法避免而不可否认和不可逃避的东西。对于音乐来说，这个观点并不是贬抑性的。音乐的价值恰恰在于，它可以使用那种有机地确定的以及显然是难以处理的材料，并且从这样的材料中营造出旋律与和谐。至于图画，当它们被理想的性质所支配时，就会由于过量的诗歌的性质而变得虚弱；它们越过了边界线，并且，当它们被批判地考察时就显露出对媒介——颜料——的感觉的缺乏。但是，在史诗、抒情诗以及戏剧——既有悲剧，也有喜剧——之中，与现实性形成对比的理想性扮演了一个内在的和本质的角色。以下两个方面总是通过一种只有语词才能传达的方式而彼此对立：一个方面是可能存在的以及曾经存在的东西，另一个方面是存在的与曾经存在的东西。如果说动物是严格的现实主义者，那么，这是由于它们缺乏语言授予人类的记号。

作为媒介的语词，就其传达可能性的力量而言，并没有被穷尽。名词、动词、形容词表现了一般化的条件——也就是说特性(*character*)。甚至一个恰当的名称也只能指称局限在一个个别例证上的特性。语词试图传达事物和事件的本性(*nature*)。事实上，正是通过语言，这些事物和事件才具有一种超越并高于严酷的存在之流的本性。它们能够传达特性、本性，并且不是以抽象的概念形式，而是在个人身上得到展现并产生作用；这在小说和戏剧中得到了明证，小说和戏剧的职责就是开发语言的这种特殊功能。这是因为，特性是在唤起它们本性的情境之中得到呈现的，并且给予潜在的一般性以存在的特殊性。与此同时，情境也得到了界定并且变得具体了。要知道，我们对情境所知道的一切，都是它对我们所做以及与我们所做的事情：那就是它的本性。我们关于特性的类型以及这些类型多种变化的想法，主要应归于文学。我们对周围的人进行观察、注意以及判断，而我们这么做所依据的东西来自文学，不仅包括小说和戏剧，而且当然也包括传记和历史。在过去，伦理学论文相比较而言在描述特性方面是软弱无能的，因此它们只停留在人类的意识之中。特性和情境的相互关系可以用下面的事实为例子来说明：无论什么时候，只要情境尚未完成并且摇摆不定，我们就会发现特性模糊不清并且含糊不定——某些东西有待猜测而没有具体体现，简而言之，它们尚不具有特性。

在前面所谈的东西里，我触及了一些主题，并且对它们中的每一个进行了讨论。这是因为，我在这里只是从一个方面来考察多种多样的艺术。我要指出，正如我们用石头、钢铁或水泥来建造桥梁一样，每一种媒介都有它自己的能力，主动的和被动的，外向的和收敛的；并且指出，区别各门艺术不同特性的基础乃是它们对能量的开发，这是被当作媒介来使用的材料的特征。在我看来，就不同门类的艺术所写的不同的东西，大部分是从内部出发的讨论——由此，我的意思是说，把媒介当作一个现存的事实，而不考问它为何以及如何是其所是。

这样一来，文学所提供的证据较之其他艺术所提供的来说，也许要更为令人信服；而这个证据所证明的是，当艺术处于下列情形中时就是优美的，亦即艺术对其他经验的材料加以利用，并且在一种媒介中表现它们的材料，而该媒介通过接着产生的秩序来加强和澄清它的能量。艺术之所以能够达到这个结果，并不是凭借自觉的意图，而是在于一种创造的活动，这种活动就是依靠新的对象来创造新的经验模式。每一门艺术都有所交流，因为它是有所表现的。它使我们能够生动和深刻地分享意义，对于这些意义，我们曾经是哑口无言的，或者只是用耳朵听一下，就任由那被道说的东西穿越而过，转化成外显的行动。这是因为，交流不是对某些事情进行宣布，哪怕是用非常响亮的重音把它们说出来。交流是创造性参与的过程，是使原来孤立和单独的东西变得共有的过程；它所达成的奇迹部分在于，在交流之中，意义的传达不仅把实质内容和清楚明白性提供给听者的经验，而且也提供给说者的经验。

人们以许许多多的方式来形成联系。但是，真正的人的联系的唯一形式不是为了温暖和保护而群居在一起，也不仅仅是一种以外部行动的效率为目的的策略，而是参与到由交流所实现的意义和善中去。构成艺术的表现是纯粹而洁净的形式中的交流。艺术突破了那些把人类分隔开来的屏障，这些屏障在平常的联系中是无法穿透的。这种为所有各门艺术所共有的艺术力量，在文学中得到最为完全的显现。文学的媒介已经由交流形成，而对于其他艺术几乎不能作这样的断言。关于其他艺术的道德功能和人道功能，也许还存在得到机智奇妙的详述和似是而非的表达的争论。而对于文学艺术，就大可不必了。

第十一章 人类的贡献

THE HUMAN CONTRIBUTION

我想用“人类的贡献”这个短语来指审美经验的那些通常被称作心理学的方面和元素。理论上也许可以设想，对心理学因素的讨论并不是艺术哲学的一个必要组成部分；但从实践上来说，它却是不可或缺的。这是因为，历史上著名的理论都有很多心理学的术语，而且，这些术语并不是在一种中立的意义上加以使用的，而是承担了某些解释，这些解释由于当时流行的心理学理论而被解读进了这些术语之中。如果取消在感受、直觉、静观、意志、联想、情感之类术语上所赋予的特殊意义，那么审美哲学的一大部分就消失掉了。此外，这些术语中的每一个都具有由不同心理学派别所赋予其的不同意义。比如说，“感受”就由于不同的方式而得到了相去甚远的对待，有的把它看作经验唯一的原始的成分，有的认为它是来自低级形式的动物生活的一种遗产，因此是某种在人类经验中被减到最少的东西。审美理论中填满了古老的心理学的化石，并且覆盖着心理学争论的碎片。对于美学的心理学方面的讨论，是不可避免的。

当然，这个讨论必须被限制在人类贡献较为一般的特征上。由于艺术家的个人兴趣和态度，由于每一件具体的艺术作品的个别化的特性，这种特殊的人类贡献必须在艺术作品本身中加以寻找。但是，不管这些唯一性的产品有多大的差别，仍然有一种构造是所有正常的个体所共有的。他们有着同样的手、器官、身量、感觉、情感、激情；他们吃同样的食物，被同样的武器所伤害，易患同样的疾病，被同样的药物所治愈，由同样的气候变化而感到温暖与寒凉。

要了解基本的心理学因素，要保护我们避免那些对审美哲学造成严重破坏的虚假心理学的错误，我们就要重提我们的基本原则：经验是有机体与它的环境相互作用的问题，这个环境不仅是物理的，也是人类的；既包括本地的周遭事物，也包括传统和习俗的材料。凭借其自身天赋的或后天获得的结构，有机体拥有了在这种相互作用中扮演角色的力量。自我既在经受又在行动，而且其经受不是压盖在惰性的蜡块上的印记，而是取决于有机体进行反作用和反应的方式。不存在这样的经验，即人类的贡献在其中不是一个决定着实际发生的事情的因素。有机体是一种力量，而非一种通透物。

因为每个经验都是由"主体"与"客体"之间的相互作用、自我和它的世界之间的相互作用所构成的，所以，经验本身既不仅仅是物质的，也不仅仅是精神的，不管其中的一个或另一个因素起着多少主导作用。由于内部贡献的主导作用而被强调地称作"精神的"这些经验，直接或遥远地指向那些具有更多客观品性的经验；它们是区分的产物，因而要理解它们，我们只有把总体性的正常经验考虑进来。在这种经验中，内在因素和外在因素融合在一起，以至于各自都失去了自己的特殊品性。在一则经验中，属于物理世界和社会世界的事物以及事件，通过它们进入其中的人类环境而发生变化，与此同时，活的生灵则通过与那些早已外在于它的事物的交流而得到变化和发展。

因而，论及一则经验的产生和结构的这个观念就成了一种标准，该标准可以被用来对那些已经在审美理论中起主要作用的心理学观念进行解释和判断。我之所以说"判断"，或者批评，乃是因为在这些观念中有许多可以在有机体与环境的分离中找到它们的源头；这种分离被说成是天生的和原始的。而经验则被认为是某种专门发生在自我、心灵或意识之中的东西，被认为是某种自足的东西，并且只同它碰巧以之为背景的客观场景保持外部的关系。因此，所有的心理状态和心理过程都没有被认作一个活的生灵当它生活在它的自然环境中时所具有的功能。当自我与其世界之间的连接被中断时，自我与世界进行相互作用的各种途径也就不再有一种统一的彼此关系了。它们陷于感觉、情感、欲望、目标、认识、意志的碎片之中。我们将把两项主要的考察放到下面的讨论之中，其中一项是自我与世界通过经受和做的相互作用而形成的内在联系；另一项是这样一个事实，即所有能够被分析引入心理学因素之中的区分，都只是自我和环境一种尽管多样但却连续的相互作用的不同方面和阶段。

不过，在着手进行任何详细的讨论之前，我想要提一下苛刻的心理学区分在历史上的起源方式。它们最初是存在于社会的各个部分与等级之中的差异的公式化表达。对于这个事实，柏拉图提供了一个几乎完美的范例。他把灵魂划分为三种，这是他从当时的公共生活中所观察到的东西里公开地得出来的。他有意识地做了许多心理学家在他们的分类中所做的而又没有意识到其源头的东西，这些心理学家乃是从社会上可观察的差异中取得它们的，但他们却认为是通过纯粹的内省而得到它们的。正如心灵在共同体的大型版本中是显而易见的那样，柏拉图从心灵中所区分出的感官欲求和贪得无厌的禀赋，在商人等级上得到了体现；“勇敢的”禀赋，即慷慨外向的冲动和意志，是他从那些哪怕牺牲个人的存在也要忠于法律和正确信念的公民-战士身上得出来的；而理性的禀赋则是他在那些适合制定法律的人身上找到的。他发现，这些相同的差异在不同的种族群体中都是主导性的，而这样的种族群体包括东方人、北方的野蛮人，以及雅典的希腊人。

在理智方面和感觉方面、情感性和观念性、人类本性的想象状态和实践状态之间并没有什么内在的心理学区分。但是，存在着这样的一些个人甚至是个人的等级，他们有的主要从事执行，有的主要从事反思；有的是梦想家或者说"理想主义者"，有的是实干家；有的是肉欲主义者，有的具有慈悲情怀；有的是个人主义者，有的慷慨无私；有些人从事常规的身体活动，有些人专攻理智的探究。在一个秩序糟糕的社会中，像这样的区分被夸大了。而各方面得到很好安排的男人和女人反倒成了例外。但是，正如艺术的职责在于统一，在于突破对经验世界中基本共有要素所进行的惯常区分，同时把个性发展为看待和表现这些要素的方式那样，艺术在个人上的职责就是：调和差异，去除我们的存在要素中的孤立和冲突，并且利用它们中的对立来建立一种更丰富的个性。因此，分门别类的心理学非常不适合用作艺术理论的一个工具。

在审美哲学中，有机体和世界的分离所导致的极端事例并不罕见。这样一种分离成了下面这个观念的原因，即认为审美性质并不属于作为对象的对象，而是被心灵投射到对象之上的。它成为一个源头，根据这个源头，美被定义为"对象化的愉悦"，而不是在对象之中的愉悦，唯有在其之中才能使经验里面的对象和愉悦合二为一并无法分开。在其他的经验领域，自我和对象之间的一种初步区分不仅是合法的，而且是必要的。一位研究者必须始终尽他所能地对一则经验中这样两个方面进行区分，一个方面是来源于他自身的东西，这些东西由以到来的方式有暗示和假设，也有希图某种结果的个人欲望的影响；另一个方面是被探究的对象的属性。科学技术的改进，乃是专门为了促进这种区分而加以筹划的。偏见、成见和欲望对判断中的那些天生倾向的影响，已经达到必须付出特别的艰辛才能对它们有所意识的程度，以至于这些倾向也许是被忽略了。

一种相似的义务也被强加到了那些从事处理材料和执行计划的人身上。他们需要保持这样一种态度，即宣称“尽管这个东西为我要处理的对象所固有，但它是属于我的”。否则，他们就不会像在球赛上那样把眼睛盯“在球上”了。迷迷糊糊的感伤主义者任凭自己的情感和愿望给他以之为对象的东西涂抹色彩。一种对思考的成功以及实际计划和执行的成功来说必不可少的态度，变成了根深蒂固的习惯。要是一个人没有记住哲学家们根据“主体”和“客体”来阐述的那些差别的话，他连横穿一条街几乎都是不可能的。专业的思想家（自然地，他也撰写有关审美理论的论文）是永恒地被自我和世界的差别所苦苦纠缠的人。他以一种更强的偏见来进行艺术的讨论，而且，极其不幸的是，这是对审美理解最为致命的一种偏见。这是由于审美经验的唯一特征正好在于以下这个事实，即在它里面并不存在自我和对象如此这般的区分，它之所以是审美的，乃是就有机体与环境相互合作以建立一则经验的程度上而言的，而且在这一则经验中，有机体和环境得到了完全的整合以至于各自消失了。

当人们一旦认识到一则经验在因果关系上取决于自我和对象相互作用的方式时，那种被称为“投射”的东西就不具有神秘性了。当一处风景由于黄色的眼镜或患黄疸病的眼睛而被看成是黄色时，并不存在某种从自我出发而进入风景之中的如子弹般的黄颜色的发射。与环境进行因果性相互作用的有机体因素造成了该风景的这种黄色，就像氢和氧相互作用的时候产生湿漉漉的水一样。一位论述精神病学的著作家讲过这么一个人的故事，说这个人抱怨教堂的钟声嘈杂刺耳，而事实上那声音如音乐般悦耳。检查发现，他的未婚妻抛弃了他而嫁给了一位牧师。这就是带有一种"报复"的投射。然而，这并不是因为某种心理的东西奇迹般地从自我中挤压出来后射到物质性的对象之上，而是因为钟声的经验依赖于一个有机体，而这个有机体如此地扭曲以至于在某些情境中反常地充当了一个代理人。实际上，投射是一种转移价值的状况，这种"转移"是通过对某个存在物的有机参与来实现的；借助那些应归功于先前经验的有机修改，这个存在物得以如其所是地存在、如其所做地行动。

一个大家所熟悉的事实是，当我们头朝下来看一处风景时，这处风景的色彩会显得更加鲜艳。物理位置的变化并没有导致一种新的可以被注入的心理元素，但是它的确意味着，一个稍微有些不同的有机体正在行动，而原因上的不同注定会造成结果上的不同。素描教师力图促成一种对眼睛最初的天真性的恢复。这是一个关于使各种元素取消关联的问题，这些元素在先前的经验中曾经如此紧密地结合在一起，以至于一则经验得以被诱发，但这对二维平面上所进行的再现却是不利的。根据触觉来进行经验的有机体，必须尽可能根据眼睛来重新调整，以便对那些空间关系有所经验。通常被包括在审美视觉中的那种投射，涉及一种在对特殊目的的追求上所建立起来的紧张的相似放松，这样一来，全部的个性也许就可以毫无偏斜或约束地自由地相互作用，从而达到一种特殊的预想结果。对艺术中一种新模式最初的敌意反应，通常是由于不愿意履行某种必要的关联取消。

简而言之，对在那被称为投射的东西中所发生之事的错误想法，完全在于没有看到自我、有机体、主体、心灵——不管用什么样的术语——乃是对一种与周围事物发生因果性相互作用以便产生一则经验的因素的指称。同样的错误也存在于下面的情形之中，即自我被看作一则经验的承载者或运送者，而不是被吸收到所产生的东西里的一个因素，正如我们提到过的气生成水的例子。当需要对一则经验的形成和发展进行控制时，我们就必须把自我当作它的承载者；我们必须为了保证责任感而承认自我的因果效力。但是，这种对于自我的强调乃是为着一种特殊的目的，当那种控制的需要在一种特定的预先决定的方向上不再存在时，它也就消失了——因为它确实不存在于审美经验之中，尽管如果在艺术中出现新的东西，它或许可以成为具有一则经验的预备步骤。

像理查兹(I. A. Richards)这样一位有才智的批评家也陷入了谬误之中。他写道："我们习惯于说图画是美的，而不是说图画在我们心中引起了某种经验，这种经验在某些方面是有价值的……当我们应该说它们(某些对象)在我们心中造成一种或另一种效果时，一种谬误往往就再度出现了，该谬误就是投射这种效果并使之成为原因的一部分。"遭到忽视的是，并非是作为一幅图画(即审美经验中的对象)的绘画"在我们心中"造成某些效果的。作为图画的绘画本身就是一个总体效果，该效果由外在原因和有机体原因的相互作用所产生。外在的起因就是出自画布上颜料的光线振动，这些光线振动有着各式各样的反射和折射。这最终就是物理科学所发现的那些东西——原子、电子、质子。图画乃是它们与心灵借助有机体而贡献的东西进行相互作用的整体结果。我同意理查兹的说法，它的"美"只是某些有价值的性质的一个简短术语，而它作为总体效果的一个内在部分乃是从属于图画的，它的属性的其余部分几乎也是如此。

“在我们心中”这个提法也是来自总体经验的一种抽象，正如在另一方面，它可以把图画分解成分子和原子的单纯集合。甚至愤怒和憎恨也是部分被我们而非在我们心中所引发的。并不是说我们就是唯一的原因，而是说我们自己的构成乃是一个产生作用的起因。的确，在我们看来，直到文艺复兴时期的大部分艺术都是非个人的，与个人经验在现代艺术中所扮演的角色相比较，它们所处理的乃是经验世界的“普遍”状态。也许直到19世纪，对严格意义上的个人因素的正当地位的意识，才在造型艺术和文学艺术中扮演了重要的角色。“意识流”小说标志着变化不定的经验过程中的一个确切日期，正如印象派在绘画中所做的那样。每门艺术更长的过程是由重点的转变所标识的。我们已经面临着对非个人的和抽象的东西的一种反作用。艺术中的这些转变与人类历史中的巨大节奏相关联。但是，甚至只允许极少个性变化的艺术——比如说，12世纪的宗教绘画与雕刻——也不是机械性的，因而它也打上了个性的印记；而17世纪的古典主义绘画，比如像尼古拉·普桑的一些作品，则反映了主旨和形式中的个人偏好，尽管最为“个性化的”画作从未离开过客观场景的某个方面或状态。

那种我们可以称作个人与非个人、主观与客观、具体与抽象的因素之间比例的东西中的变化，也许正是导致审美理论和批评的心理学方面误入歧途的原因。每个时期的著作家们往往都把他们所处时代的艺术倾向中至高无上的东西，当作所有艺术的标准心理学基础。而结果就是，过去以及异国那些与现存倾向最为相似和最不相似的时代和方面，经历了赏识与贬低的起伏波动。某种宽容的哲学将使欣赏变得更加宽泛和合意，而这种哲学的基础就是对自我和世界在它们实际内容的变化中的持续关系的理解。因而，我们将不仅欣赏希腊的雕刻，而且欣赏黑人的雕刻；不仅欣赏16世纪意大利画家的作品，而且欣赏波斯人的画作。

无论何时，只要活的生灵与他的环境由以联系在一起的纽带断裂，就没有什么东西可以把自我的不同因素和方面结合在一起了。思想、情感、感觉、目的和冲动分崩离析了，被分配到我们的存在的不同部门之中。这是因为，它们的统一存在于它们在同环境的主动和接受的关系中所起的合作作用。当那些在经验中得到统一的元素被拆分开来时，其所导致的审美理论就注定是片面的。我也许可以从一种流行的时尚来进行例证，这种时尚在美学中已经被以一种狭义的方式所理解的“静观”概念所享用。乍看起来，“静观”好像并不适合作为一个术语被选择来表示那种常常伴随对戏剧、诗歌或绘画的经验而发生的兴奋且热情的全神贯注。专注的观察在包括审美在内的所有真正的知觉中，当然是一个本质的因素。但是，这个因素如何被化约为单单的静观行为呢？

这个答案就心理学理论而言，可以在康德的《判断力批判》(*Critique of Judgment*)中找到。康德作为一位高手，先把差别划分出来，然后把它们上升为分门别类的各个部门。这在后来理论上所产生的影响是：对审美经验与其他模式的经验的分离，奠定了一种所谓人性结构中的科学基础。康德把知识归于我们本性中的一个部分，即与感觉材料一起协力工作的知性的机能。他谨慎地把普通的行为归结到由于其对象而产生愉悦的欲望，而把道德行为归结到像纯粹意志(Pure Will)之上的一种命令那样运作的纯粹理性(Pure Reason)。[①] 在解决真和善之后,还可以发现一个留给美的合适位置,美仍然是古典的三元理论中的一个术语。纯粹情感(Pure Feeling)仍然保留,它在孤立和自闭的意义上是"纯粹的";这种情感没有受到欲望的任何污染,严格说来它是非经验的。因此,康德想到了一种判断力的机能,这种机能不是反思的,而是直觉的,可是也不牵涉纯粹理性的对象。这种机能被运用于静观之中,而独特的审美元素则成为伴随这种静观而来的愉悦。这样一来,心理学的道路就畅通了,它通向远离所有欲望、行动以及情感激动的"美"的象牙塔。

尽管康德在其著作中并没有给出专门的审美敏感性的证据,但是其理论重点却很可能反映了 18 世纪的艺术倾向。这是因为,一般而言,整个 18 世纪是一个"理性"而非"激情"的世纪;在这个世纪里,客观的秩序和规则,亦即那种不变的元素,几乎专一地成了审美满足的源头——这一状况有助于形成这样一种观念,即静观性的判断力以及与它相联的情感乃是审美经验所独具的特殊性。然而,如果我们把这个观念加以一般化,并且将它扩展到艺术努力的所有时期,那么,它的荒谬性就显而易见了。它不仅像完全不相干的那样忽视了艺术作品生产中所牵涉到的做和制造(以及欣赏性反应中相应的积极元素),而且把关于知觉本性的一种极端片面的观念牵扯了进来。它把那种仅仅属于认知行为的东西当作对它的知觉理解的一种暗示,但这只不过是把前者放宽以便将愉悦包括进来,而这种愉悦是在认知得到延长和拓宽

① 字母大写对德国思想的影响,几乎还未曾得到适当的注意。

的时候随着它一起到来的。因而，它是一种特别适合下面这个时代的理论，在这个时代中，艺术的“再现的”本性被特别地标识出来，并且，那得到再现的素材具有一种“理性的”本性——存在的有规律的且反复出现的元素和状态。

从最好的方面而言，也就是说，以一种没有偏见的解释而言，静观标明了知觉的某个方面；在这个方面，探寻和思考的元素服从于（尽管不是缺席于）知觉过程本身的完成。然而，倘若仅仅把审美知觉的情感元素定义为包含在静观行为中的愉悦，并且这种愉悦独立于静观的质料所激发的东西，那么就会导致一种十分贫乏的艺术概念。进而抵及其逻辑上的结论，这就是：它把大部分的素材从审美知觉中排除了出去，而这些素材是被建筑结构、戏剧、小说以及它们所有相伴随的反响所享用的。

不是欲望和思想的缺席，而是它们与知觉经验的彻底结合，对审美经验的特征进行了刻画，把它与那些格外“理智的”和“实践的”经验区分开来。知觉对象的唯一性对于研究者来说，是一个妨碍而不是一个帮助。研究者之所以对它感兴趣，乃是就它可以把他的思考和观察引领到某种超越于它自身之上的东西而言的；对于他来说，对象乃是数据或者说证据。其知觉被渴望或欲望所支配的人，乃是为着它自身的缘故来享用它的；他对它的兴趣是由于一种他的知觉也许会因而导致的特定行为；它是一个刺激，而不是一个知觉也许会满意地憩于其中的对象。有审美知觉能力的人在面对日落、教堂、花束时，会从欲望中摆脱出来，这是就他的欲望在知觉本身中得到实现的意义而言的。他并不为着其他的什么缘故而需要对象。

比如，在阅读济慈的《圣爱格尼斯节前夜》(St. Agnes' Eve)

时，思想是积极的，但与此同时，它的要求完全得到了满足。期待和满足的节奏是如此地内在完整，以至于读者并不将思想理解为独立的元素，当然也没有将它理解为一种劳动。这种经验的标识在于一种较之在普通经验中所出现的更为巨大的全部心理学因素的包容性，而不在于把它们化约为一种单一的反应。这样的化约乃是一种贫乏化。一则既统一又丰富的经验如何会由一种排斥的过程而达成的呢？要是一个人发现自己和一头愤怒的公牛待在一起，那么，他只有一个欲望和想法：跑到一个安全的地方。而一旦安全了，他也许会欣赏起那野性力量的景象。他对当下行为的满意，与那种努力逃跑的行为相对比，也许可以被称为一种静观；但后一种行为标识着许多模糊的积极倾向的实现，并且所得到的愉悦不在于静观的行为，而在于这些倾向在知觉素材中的实现。许多意象和"观念"被包括进来，它们比伴随着逃跑行为所出现的更多；与此同时，如果情感意味着某种有意识的东西，而不仅仅是由逃跑所激起的能量，就会产生多得多的情感。

康德心理学的一个麻烦是：它假定所有的"愉悦"，除"静观"的愉悦之外，都完全由个人的和私下的满意所组成。一切经验，包括最为丰富和理想主义的经验，都包含着一种追求的元素、一种奋力向前的元素。只有当我们被常规弄得迟钝且沉陷在冷淡之中，才会被这种热忱所抛弃。注意力是由这些因素的组织而建立起来的，并且，倘若静观不是对通过感官而在知觉中呈现的材料的注意力的一种得到激发和加强的形式，那么，它就只是两眼空空的呆视而已。

"感受"必然参与其中，它并不仅仅是知觉行为的外在事件。把感受放在第一位而把冲动放在第二位的传统心理学，颠倒了事情的实际状况。我们之所以会有意识地经验到色彩，乃是因为看的冲动付诸了实行；而我们之所以听到声音，则是因为我们在倾听中得到了满足。运动和感觉的结构形成了一个单一的器官，并且造成了一种单一的功能。既然生命就是活动，那么，无论何时，只要活动受到了妨碍，就总是会存在欲望。一幅画之所以会令人感到满意，乃是因为它满足了对这样一些场景的渴望，这些场景较之平常围绕于我们周围的大部分事物来说，有着更加充分的色彩和光线。在艺术王国中，与在正义王国中一样，只有那些饥渴的人，才可以进入。审美对象中强烈的感官性质的统治地位本身就是证据，证明从心理学上来说，欲望是存在的。

追求、欲望、需要只有通过在有机体之外的材料才能得到满足。冬眠的熊不能靠自身的皮肉之躯无限制地存活下去。我们的需要是利用环境所描画的草图，一开始是盲目的，然后带着有意识的兴趣和注意。要得到满足，它们必须从周围的事物那里截取能量，并吸收它们所内含的东西。有机体的所谓过剩能量只会增加不安，除非它能用来满足某种客观的东西。尽管本能的需要急不可待并且急于寻找它的宣泄(就像一只织网时受到干扰的蜘蛛，它会一直织下去，直到死亡为止)，但是已经意识到自身的冲动会等待对相宜的客观材料的积聚、合并以及消化。[1]

因此，知觉在其最低级以及最模糊时所达到的程度仅仅是本能需要的运作。本能太过匆忙，以至于并不挂念它周围的关系。尽管如此，本能的要求和反应在转化成对随之而来的相宜质料的

---

① 读者会注意到，我在这里用不同的术语论说了在“表现的行为”中所包含的东西。

有意识要求之后，就服务一个双重的目标了。许多我们没有特别意识到的冲动，为意识的聚焦提供了主要内容和宽广范围。甚至更为重要的一个事实是，原始的需要乃是对对象的依附的源头。知觉诞生于这样一个时刻，即对对象及其性质的关心引起有机体依附于意识的要求。如果我们由以进行判断的基础是艺术作品的生产，而不是一种先入为主的心理学，那么，除非艺术家是一个毫无审美经验的人，否则，下面这种想法的荒谬性就是显而易见的；这种想法认为，需要、欲望、情感是连同行动一起被排除在审美经验之外的。为了自身的缘故而发生的知觉，乃是我们心理存在的所有元素的完全实现。

当然，这里也存在着对作为许多审美欣赏的特征的沉着与镇静的解释。只要光线所刺激的仅仅是眼睛，那么，对光线的经验就是薄弱和贫乏的。当转动眼睛和头部的倾向被吸收到众多的其他冲动之中，并且这种倾向和这些其他冲动变成一个单一行为的成员时，所有的冲动就处在一种平衡的状态之中了。于是，知觉而不是某种特化的反应就发生了，而被知觉到的东西也承载了价值。

这种状态也许可以被描述为一种静观。它不是实践的，如果说我们用“实践”来表示为了一个知觉之外的特定或特化的目的而采取的行动，或者表示为了某种外在的结果而采取的行动。①在后一种情形中，知觉并不是为着自身的缘故而存在的，而是局限于一种为了长远考虑的目的所进行的认知之中。然而，关于“实践”的这种构想，却是对其重要意义的一种限制。不仅艺术本

---

① 请比较一下第240页对外在手段和媒介之间的差别的有关论述。

身是一种做和制造——诗(poetry)这个词中,就表达了一种创制(*poiesis*)的意思——的运作;而且,正如我们所看到的,审美知觉要求一种有所组织的活动的身体,这包括对完整的知觉来说所必需的运动元素。

当然,对于通常和"静观"这个术语联系在一起的联想的主要反对理由在于,它看起来远离了热烈的情感。我曾经谈到某种可以在知觉行为中发现的冲动的内在平衡。但是,甚至"平衡"这个词也会引起某种错误的想法。它也许会暗示,一种沉着是如此冷静和镇定,以至于把富有吸引力的对象所引起的极度欢喜排除在外。事实上,它只是表示,不同的冲动彼此之间相互刺激并相互加强,从而将那种导致远离情感化知觉的外显行动排除在外。从心理学上说,倘若没有一种最终构建起经验的统一性的情感和感情的话,那些深层次的需要就无法被激起并在知觉中获得实现。而且,正如我在另一处所提到的,被唤起的情感伴随着被知觉到的素材,这样就与粗糙的情感区分开来了,因为它是依附于那种朝向圆满完成的素材之上的。倘若把审美情感限制在伴随静观行为而来的愉悦之上,那么就把它所有最具特色的东西给排除掉了。

此前部分被引用过的济慈的一段话值得在此加以援引:"至于诗的特性自身……它不是自身——它没有自身。它是一切东西,又不是任何东西——它享受着光与影;它生活在乐趣爱好之中,无论其洁净还是污浊、高雅还是低俗、丰富还是贫乏、卑贱还是高贵。构思一个伊阿古(Iago)时的快乐,与构思一个伊莫金(Imogen)时的快乐,是同样的。使有德行的哲学家感到震惊的东西,却使像变色龙般反复无常的诗人感到欣喜。它对事物的阴暗面的爱好并没有损害什么东西，正如它对事物的光明面的趣味也没有损害什么东西，这是因为，它们两者都是在沉思（想象性的知觉）中告终的。诗人在现存之物中是最没有诗意的，因为他没有身份——他不断地寓于、朝向、注满其他人的身体……当我和大家处于一间房间里时，如果我从对自己大脑的创造的沉思中摆脱出来，那么，自我就不是返诸自身，而是开始被房间里的每一个人的身份所压迫。结果，我在一段非常短的时间里处于被取消的状态——不仅在成年人中；在孩子们的托儿所里，情形同样如此。”

下面一些观念也要以与静观一样的方式来加以理解，这些观念包括无利害性（disinterestedness）、超然性（detachment），以及“心理距离”，它们大多是在近来的审美理论中被制造出来的。“无利害性”并不能表示无趣味性（uninterestedness）。不过，它也许可以被用作一条迂回的路线来表明，并没有什么专门的趣味可以占据统治的地位。“超然性”对某种极端肯定的东西而言，乃是一个否定的名称。不存在自我的隔绝，也不存在它的疏远，而只存在参与的彻底性。甚至“依附”这个词也没有完全传达出正确的观念，因为它使人想起自我和审美对象一直彼此分离地存在着，尽管它们的联系很紧密。这种参与是如此地彻底，以至于艺术作品脱离或者离开了某种专门的欲望，这种欲望在我们要去对一件事物进行物质性消费或占有时起作用。

“心理距离”这个短语曾经被用来指称几乎相同的事实。对“愤怒的公牛”这个景象进行欣赏的人，就是一个恰当的例证。他并没有直接地进入这个场景之中，并没有受到激发而去践行一种超越知觉本身的特定和专门的行为。距离是表示某种参与的一个名称，这种参与如此亲密无间和有条不紊，以至于没有什么特殊的冲动会使人退却，这是知觉中的屈服的一种完整性。在大海上欣赏暴风雨的人，把他的冲动与澎湃的海浪、咆哮的狂风、颠簸的船只这一戏剧性的场面统一在了一起。“狄德罗的悖论”作为一个例子，说明了相类似的情形。舞台上的演员就他的角色而言，并不冷静和坚定；但是，如果说他真的处于他所演的场景之中，那么本来起主导作用的冲动就发生了转变，而转变的原因是它们与属于作为艺术家的他的趣味协调在一起了。无利害性、超然性、心理距离都是对那些适用于野性的原始欲望和冲动的观念的表达，这些观念与艺术性地组织起来的经验质料毫不相干。

暗含于“理性主义的”艺术哲学中的心理学观念，完全是与感觉和理性的一种固定分离联系在一起的。艺术作品如此明显地是感官的，却又包含了如此丰富的意义，以至于它被定义为对分离的一种取消，以及由对宇宙逻辑结构的感觉而来的体现。根据这种理论，一般而言，除了优美艺术，感觉会隐藏和歪曲理性实质，而这种理性实质乃是表象之后的真实事物——感官知觉是被限制在它之外的。依靠艺术，想象力在使用其材料的时候对感性作出了让步，但又用感性来暗示处于基础地位的观念性的真理。这样一来，艺术就成为拥有理性的实质性蛋糕的途径，同时享有食用这块蛋糕时的感官愉悦。

然而实际上，把性质当作感官的而把意义当作观念的这种区分并不是主要的，而是次要的和方法论的。当一个情境被解释为是或包含一个问题时，我们一方面设定了经由知觉而给出的事实，另一方面设定了对于这些事实而言的可能的意义。这种区分是反思的一种必要手段。把素材的某些元素当作理性的，而把另一些当作感性的，这样的区分总是中间性和过渡性的。它的功能在于最终导致一种克服这种区分的知觉经验——在这种经验中，曾经是观念的东西变成了由感觉所中介的材料的内在意义。甚至科学的观念，也不得不容纳感觉-知觉中的具体化，以便不仅仅作为观念而被人们所接受。

所有那些没有借助反思而被辨识出的观察到的对象（尽管对它们的认知也许可以导致进一步的反思）都展现了一种完整的联合，即以一种单一稳固的质地把感觉的性质和意义整合起来。我们用眼睛认识到大海的绿色是属于大海的，而不是属于眼睛的，并且认识到它是一种不同于叶子之绿的性质；同样地，我们认识到，岩石的灰色在性质上不同于生长于其上的苔藓的灰色。在所有为着其所是而不是为着反思性探究的需要而被知觉到的对象中，性质就是它所意味的东西，亦即它所属于的对象。艺术具有一种以活跃二者的方式对性质和意义的这种联合进行提高和浓缩的功能。它不是取消感觉和意义之间的分离（据称，这在心理学上是正常的），而是要以一种强调和完美的方式，并且通过寻找能够最为完整地与所表现的东西融合在一起的最为确切的定性媒介，来说明这种联合是许多其他艺术的特色。前面所作的关于两种因素不同比例的评论，在此处也可以适用。不仅在个体的艺术中，而且在整体的艺术时期中，都存在某种与其他因素比较起来占主导地位的因素。不过，当结果是艺术时，整合就总是会得到实现。在印象派绘画中，一种直接的性质占据了主导地位。在塞尚那里，关系、意义连同它们无可避免的抽象倾向，占据着主导地位。但是，当塞尚在审美上获得成功时，作品就完全是根据性质的和感官的媒介而得以完成的。

普遍的经验往往会被传染上冷淡漠然、无精打采以及因循守旧。我们无法通过感性来获得性质的冲击，也无法通过思想来获得事物的意义。对于我们来说，“世界”无论作为重担还是娱乐都是太过分的。我们不够活跃，因而既感受不到感性的强烈气息，也不会被思想所打动。我们或者被周围的事物所压迫，或者麻木地对待它们。把这种经验当作正常的经验来加以接受，就成了接受下述观念的主要原因，该观念认为，艺术取消了那些内在于平常经验结构中的分离。如果不是由于日常经验中的压迫和单调，梦想和幻想的王国也就不会令人神往。对于情感的完整而持久的压抑是不可能存在的。一种极其不适的环境所强加给我们的种种事物的沉闷和冷漠，令我们感到厌恶，于是情感就撤退回来而依赖于幻想的事物。这些事物建立于一种无法在通常的生存活动中找到排遣的冲动性能量之上。在这样的情况下，大众很有可能会求助音乐、戏剧和小说，以便找到一个容易进入自由漂浮的情感王国的入口。但是，这个事实并不成为哲学理论断言感性和理性、欲望和知觉之间有一种内在的心理学分离的根据。

无论如何，当理论从那些驱使这么多人在纯粹的空想里面寻找安慰和兴奋的情境中架构出它的经验概念时，“实践”的观念就不可避免地与属于艺术作品的各种属性对立了起来。当前流行的关于美的对象和有用的对象的对立——这里用了一种被频繁使用的对比——大部分要归因于那些可在经济体制中找到它们起源的错位。神庙有一种用途；它们里面的绘画有一种用途。我们可在许多欧洲城市找到的美丽的市政厅被用于公众事务的管理，并且更无须赘述那些我们称之为野蛮人和乡巴佬的人们所生产的许许多多东西，这些东西既可作饮食起居之用，又在视觉和触觉上令人着迷。一个墨西哥陶工为居家使用而制造的最普通的廉价的碗碟，也有其自身不落俗套的魅力。

然而，人们争辩说存在着这样一种心理学对立，其中的一方是被用于实践目的的对象，另一方是有助于经验的直接强烈性和统一性的对象。他们竭力主张，在流畅的实践活动和生动的审美经验的意识之间，有一种存在于我们的存在结构中的对立。据称，商品的生产和使用牵涉到行动中的劳动者和使用者，而这个行动在尽可能机械和自动的意义上是流畅的；但是，对于艺术作品的强烈而有力的意识则要求某些抵抗的在场，这些抵抗抑制着这种行动。[①] 后一个事实是毫无疑问的。

据有些人说，"器具，唯有通过某种仪式性的努力，或者当来自某些遥远的时代和国家时，才能变成提升意识的源泉，因为我们顺利地从器具进入到某种行动，该器具正是为着这种行动而被设计出来的"。至于器具的生产者，有一个事实在我看来乃是充分的回答，这个事实即在所有的时代以及所有的地方，有这么多的工匠花费时间把他们的产品做成在审美上令人愉悦的。我看不出怎样才能有比事物本性中的内在之物更好的证据来证明，使工业继续下去的现行社会条件是决定器具艺术性或非艺术性的因素。就使用器具的人而言，我看不出为何他用杯子喝茶就一定欣赏不了杯子的外形及其材料的精美。并不是每一个人都遵照某条必要的心理学法则在尽可能短的时间里吞下他的饮食。

---

① 优美艺术和有用艺术之间的区分有许多支持者。本文所参考的心理学论证来自马克斯·伊斯特曼(Max Eastman)的《文学心灵》(*Literary Mind*)第205—206页。关于审美经验的本性，我很高兴地发现：我的想法与他所说的相当接近。

正如在当前的工业条件下，许多技工停下工作去欣赏他们的劳动成果，拖延这个成果以便欣赏它的外形和质地，而不是仅仅为着实践的目的去检验它的效能；同样地，许多女帽制造商和女装裁缝师更多地是由于对它审美性质的欣赏而从事她的工作，还有那些没有被经济压力所逼迫的人，或者那些没有完全向高速工业的传送带式工作所形成的习惯屈服的人，他们在使用器具的过程中本身就有着一种鲜活的意识。我想，我们所有人都曾经听到过有一些人夸赞他们的汽车的美，夸赞其性能的审美性质，尽管他们在数量上要少于那些夸耀其汽车能在一定时间内驶出多少多少英里的人。

因而，那种坚持认为在知觉经验的完整性中存在内在分离的分门别类化了的心理学，其本身就是一种对深深地影响了生产以及消费或使用的主导性社会制度的反映。在工人以与当今所流行的不同的工业条件进行生产的地方，他的冲动所倾向的方向是有用物的创造，这些有用物可以在他工作时满足他对经验的强烈要求。在我看来，下面这种观点是荒谬的，即认为那种以完全顺利运作的精神自动性为手段，以对他正忙于的东西的迅速意识为代价，所获得的对机械有效的运行的偏爱在心理结构中是根深蒂固的。而且，如果我们的环境，就它由有用的对象构成而言，乃是由那些本身有助于提升视觉意识和触觉意识的事物所组成的，那么我并不认为有谁会说，使用的行为到了如此的程度以至于成了反审美的。

对这种想法的一个充分反驳是由艺术家本身的活动所提供的。如果画家和雕刻家具有一种经验，在这种经验中，行动不是自动的，而是带上了情感和想象的色彩，那么在这个事实中就存在着证明如下观点为无效的证据。该观点认为,行动是如此地流畅以至于排除了提升意识所必需的抵抗和抑制。也许曾经有这样一个时代,那时候,科学的探究者静静地坐在他的椅子上把科学认真地想出来。而现在,他的活动发生在一个被意味深长地称作实验室的地方。如果教师的行动如此地流畅以至于排除了对他所作所为的情感性和想象性的知觉,那么,他也许可以被稳妥地看作是一个呆头呆脑而敷衍塞责的教书匠。这对任何诸如律师或医生之类的专业人士来说,同样是正确的。这样的一些行动证明了所规定的那种心理学原则是错误的,不仅如此,它们的经验还常常明显变得在本性上是审美的。一次熟练的外科手术的美,不仅被旁观者感觉到,而且被施术者感觉到。

大众心理学和许多所谓的科学心理学已经彻底地被传染上心灵和身体相分离的观念。身心分离的这一想法不可避免地导致了"心灵"和"实践"之间的一种二元论的产生,因为后者必须通过身体来起作用。这种分离的观念也许起因于,至少部分起因于,心灵在一个既定的时刻如此地远离行动。而这种分离一旦产生,无疑就肯定了这样一种理论,即无须有机体与它的环境的相互作用,心灵、灵魂以及精神可以存在并完成它们的运作。传统的闲暇观则深受繁重劳动的特征的对立面的影响。

据此,在我看来,"心灵"(mind)这个词的习惯用法较之其技术用法而言,给出了通向事情的实际情况的更为真正科学的和哲学的进路。这是因为,在它的非技术用法中,"心灵"所指称的正是对事物的一切模式和种类的兴趣以及关注:实践的、理智的和情感的。它从来不指称任何自足地、孤零零地处于人和物的世界之外的东西，而总是关涉到情境、事件、对象、个人和群体来加以使用。请考虑一下它的包容性。它意味着记忆，我们在心中记起这个或那个。心灵也意味着注意，我们不仅把事物记在心里，而且把心思专注于我们的问题和困惑之上。心灵还意味着目的；我们有心做这件事或那件事。心灵在这些活动中并非是某种纯粹理智的东西。母亲留心她的孩子，她用爱来照顾孩子。心灵所表示的照顾，不仅在主动照看那些需要照料的东西的意义上，而且在挂念和焦虑的意义上；我们既在思想上也在情感上留心我们的步调和行动过程。从对行为和对象的留意中，心灵逐渐具有了服从的意思——就像告诉孩子们要心念他们的父母。简而言之，“留心”表示一种理智的行动，它是对某物的注意；表示感情方面的东西，就像关心和喜爱，以及意志方面、实践方面的东西，以一种有目的的方式来起作用。

心灵首先是一个动词，它表示我们对自己身处其中的情境作出有意识和明确处理的所有方式。不幸的是，一种颇具影响力的思维方式已经把行动方式变成一种处在根基地位的实体，这种实体施行着我们现在所讨论的活动。这种思维方式把心灵看作一种独立的实存物，它从事着照看、打算、关心、注意以及记忆。这就是说，对环境的反应方式变成了一种诸般行动都由之而出的实存物，这种变化是不幸的，因为它使心灵脱离了与环境中的对象、事件以及过去、现在和未来的必要联系，而这个环境正是反应性行动与之内在相关的。那种只承担与环境的偶然关系的心灵，与身体也有着类似的关系。在使心灵成为某种纯粹非物质性的东西（从做和经受的器官中孤立出来）时，身体便不再具有生机而是变成了一团死的东西。这种把心灵当作孤立存在物的观念，一方面构成了另一种观念，即认为审美经验仅仅是“心中”的某样东西的基础；另一方面强化了再一种观念，即把审美的东西从经验方式中孤立出来，而身体正是在这些经验方式中积极参与自然和生活的诸般事务的。它把艺术从活的生灵的领域中拿了出去。

与实体(substance)的形而上学的意义截然不同，在“实质性的”(subtantial)这个词的惯用意义里，存在着某种关于心灵的实质性的东西。每当事物作为做的结果而被经受到时，自我就得到了修正。这种修正超越了获得更高的能力和技艺的范围。态度和趣味也被建立起来了，它们本身就体现了所做和所经受的那些事情的意义的某种沉淀。这些积累的和保存的意义变成了自我的一个部分。它们构成了资本，借助这个资本，自我可以进行注意、关心、照看以及打算。在这种实质性的意义上，心灵形成了一个背景，与周遭之物的每一种新的联系都被投射到这个背景之上；不过，“背景”是一个太过被动的词，除非我们记得，它是积极的，并且当新东西投射到它上面时，在背景以及得到吸收和消化的东西中都会出现同化和重构。

这种主动而渴求的背景在于等待和吸引一切来到它身边的东西，以便将其吸收到它自己的存在之中。作为背景的心灵是从自我的各种修正中形成的，这些修正发生在先前与环境相互作用的过程之中。它的意图指向进一步的相互作用。既然它是从与世界的交流中形成的，并且是针对这个世界而设置的，那么，再没有什么比把它当作某种自足和自闭的东西这种观念离真理更远了。当它的活动像在冥想和反思中那样转向自身时，只不过是从直接的世界场景中撤退回来，而且即便在这一段时间里，它也在仔细考虑和反复回顾从这个世界中所收集来的材料。

不同种类的心灵由促使对来自周围世界的材料进行收集和聚集的不同趣味来加以命名:科学的、行政的、艺术的和商业的心灵。在它们每一个中,都存在着一种优先选择、保留以及组织的方式。艺术家的天赋素质的标志是对自然和人的大千世界的某个方面有着特别的敏感性,以及渴望通过在一种所偏爱的媒介中的表现来再造它。当这些内在的冲动与经验的特定背景融在一起时,就变成了心灵。在这个背景中,绝大部分东西是由传统所形成的。拥有直接的接触和观察还不够,尽管它们是必不可少的。要是没有被艺术家据以工作的艺术传统的广泛而多样的经验所鼓舞的话,即使是具有独特气质的作品,也可能相对单薄,并且容易流于稀奇古怪。由以接近直接场景的背景组织否则也不能变得稳固而有效。这是因为,每一个伟大的传统本身就是一种有组织的视觉习惯,也是一种有组织的整理和传达材料的方法的习惯。当这种习惯进入天赋的气质和素质中时,就变成了艺术家心灵的一个本质要素。对于自然某些方面的独特敏感性,因而也就发展成了一种力量。

艺术的"流派"在雕刻、建筑以及绘画中,要比在文学艺术中更加显著。但是,没有哪位伟大的文学艺术家不曾得到戏剧、诗歌以及雄辩散文大师的作品的滋养。在对传统的这种依赖中,艺术并没有什么特别之处。科学的探究者、哲学家、技术专家也从文化的流传中汲取他们的主旨。在原创性的眼光和创造性的表现中,这种依赖乃是一种本质性的因素。学院式仿效者的麻烦并不在于他依赖了传统,而在于传统尚未进入他的心灵之中;尚未进入他自己的看和制作方式的结构之中。它们还停留在表面,就像是技术上的窍门,或者像对宜行之事的外在建议和惯例。

心灵不仅仅是意识，因为它尽管变化却是持久的背景，而意识乃是它的前景。心灵通过趣味和环境的联合教诲而慢慢地发生变化。而意识总是处在迅速的变化之中，因为它要把成形的性情与直接的情境发生接触以及相互作用的位置标识出来。它对经验中的自我和世界进行连续的重新调整。“意识”在所要求的重新调整的程度上会更为敏锐和强烈，而当接触变得没有摩擦和相互作用变得流动不定之时，它就接近为无。当各种意义在一个未定的方向上经受重构时，它就是紊乱的；并且会随着一个决定性意义的浮现而变得清晰起来。

“直觉”是旧与新的交会，在这种交会里，每一种意识形式都包括的那种重新调整乃是依靠一种快速且意外的和谐而突然得以实现的，这样突然明亮起来的和谐仿佛如同启示的灵光闪现；尽管事实上，它是得到长久而缓慢的酝酿筹划的。这种旧和新的结合以及前景和背景的结合，往往是借助可能会延及苦痛的努力来加以完成的。无论如何，有组织的意义的背景能够独自地把新的情境从模糊晦暗转变到清晰明亮。当旧和新碰到一起时，就像两极校正触发出电火花那样，直觉也就产生了。因而，直觉既不是领会理性的真理时的一种纯粹智性的行为，也不是一种克罗齐式的凭借精神而对其自身的意象和状态所作的把握。

因为趣味是选择和聚集材料时的一种动态力量，所以心灵产品的标志是个别性，就如同机械产品的标志是一致性那样。技术上的技巧和技能的总和也不能代替有生命力的趣味；“灵感”要是没有趣味，就会变得倏忽易逝而且徒劳无益。一个琐碎平庸而秩序糟糕的心灵所做成的事情就像它自己一样，在艺术中如此，在别的地方也是如此，因为它缺乏趣味的推动和集中的能量。当标准从技术发明的领域中转移出来时，艺术作品就由精湛技巧的展示来加以度量。在纯粹灵感的基础上对它们所作出的判断，忽视了由一种始终在表面下起作用的兴趣所做的长久而稳定的工作。知觉者，几乎和创作者一样，也需要一种丰富的和成熟的背景，不管这种背景是绘画、在诗歌的领域中，还是音乐。如果没有趣味始终如一的滋养，这种背景就不能够得以完成。

在前面的讨论中，我们还没有谈及想象力。“想象力”与“美”共享着一种可疑的荣誉，即成为热情无知的美学著作的主题。和人类贡献的其他方面相比较，想象力也许更被当作一种特殊而自足的机能，以其拥有神秘的能力而与其他机能区别开来。然而，如果我们从艺术作品的创作来判断它的本性的话，那么，它所指的乃是一种性质，这种性质弥漫在制作和观察的所有过程之中并使它们充满生气。它是把事物当作组成一个整体的事物来进行观看和感受的一种方式。在心灵与世界相接触的点上，它大方而慷慨地将各种趣味混合在了一起。当古老而熟悉的事物在经验中变成新的时候，想象力就出现了。在新的东西被创造出来之时，那遥远而陌生的事物就变成世界上最为自然而不可避免的东西。在心灵和宇宙的遭逢之际，总会存在某种程度上的冒险，而这种冒险在此尺度上就是想象。

柯尔律治用“粘聚性”(esemplastic)这个术语来刻画想象力在艺术中所起作用的特征。如果我来理解他对这个术语的使用，那么，他打算用它来提醒人们注意：所有的元素，不管它们在平常的经验中怎样地多种多样，结合在一起成为一种新的、完全统一的经验。“诗人，”他说，“使一种统一的调子和精神弥漫扩散开来，

(仿佛是)将灵魂的各种机能与它们各自的下属按照相对的尊严和价值而一一对应地融合在一起。根据这种综合而神奇的力量,我愿意专门取用想象力这个名称。"柯尔律治使用了他的哲学年代的词汇。他谈到机能时说,它们是融合在一起的;而谈到想象力时则说,它仿佛是把它们拉到一起的另外一种力量。

不过,人们也许可以忽视他的词句样式,而在他所说的东西中找到一种暗示,亦即暗示我们:并非说想象力是一种可以做某些事情的力量,而是说,当各式各样的感觉性质的材料、情感和意义聚合在一个标识着世界新生的联合中时,一种富于想象力的经验就发生了。我并不是在宣称对柯尔律治借想象与幻想之区分所表达意思的一种准确理解。但是,下面两种经验之间的差别无疑是存在着的,一种就是刚刚指出的那种经验,而在另一种经验中,一个人故意给熟悉的经验穿上奇装异服从而赋予其陌生的外观,就像一个超自然的幽灵那样。在这样一些情形中,心灵和材料并没有堂堂正正地彼此相遇和相互贯通。心灵多半远远地待着并且漫不经心地摆脱材料,而不是整体地把握它。材料太微乎其微了,以至于无法唤起价值和意义得以体现于其中的那些配置的全部能量;它提供不了足够的抵抗,因此心灵就任性地玩弄它。充其量,幻想的东西仅限于文学之内,在那里,想象太容易变成虚构了。人们只需考虑一下绘画——更不用说雕刻——就会看到,它离本质的艺术是多么遥远。可能性体现在那些在别处无法实现的艺术作品之中;这种体现是所能找到的对想象力的真正本性的最好证明。

艺术家们自身经历着一种冲突,这种冲突对于想象的经验的本性来说是具有启发性的。这样的冲突已经得到许多方式的阐释。一种方式是说它关涉到内部视觉和外部视觉之间的对立。存在这样一个阶段,内部视觉似乎要比任何外部的显示更加丰富和优美。它有着一个巨大而诱人的、充满暗示的氛围,而这些暗示在外部视觉的对象中是没有的。它看起来把握住了比后者所传达的多得多的东西。接下来,一种反对意见出现了:比起当下呈现的场景的可靠性和能量来说,内部视觉的质料仿佛鬼魂一般。人们感到,对象简洁而有力地说出了某些东西,这些东西在内部视觉中只是通过散漫的感觉得到模糊而非有机的报道。艺术家被迫使自己谦卑地服从于客观视觉的律令。但是,内部视觉并没有被驱逐出去,它作为某种借以控制外部视觉的器官而保留下来,而且在把后者吸收进来时呈现出了结构。这两种视觉的相互作用就是想象;当想象成形时,艺术作品就诞生了。哲学思考者同样如此。存在着这样的一些时刻,他感觉到他的观念和理想比经验中的任何东西都更为优美。可是,他发现自己不得不回到对象,如果他的沉思要具有实质、影响和视角的话。然而,他在使自己屈服于客观材料的时候,并没有放弃他的视觉;只是作为一个对象的对象并非是他所关注的东西。它被放置在观念的语境之中,而且,正因为它如此放置,后者才获得了可靠性并分享了对象的本性。

出于礼貌起见而被称为观念的那些东西的系列,变成机械性的了。它们很容易被遵循,太容易了。观察就像外显的行动一样受到惰性的支配,在抵抗力最小的路线上运动。一种习惯于某些看和思的方式的公众形成了。它喜欢得到所熟悉的东西的提醒。这样一来,意料之外的转折所引起的就是恼怒,而不是给经验增加刺激性。语词尤其容易受这种趋于自动性的倾向的影响。如果语词几乎机械的结果不是太过平淡，那么，一位作家会获得表达清晰的名声，这仅仅是因为他所表达的意义为大家所熟悉，以至于不要求读者作出思考。艺术中的学院派以及折衷派就是其后果。想象的独特性质在它与习惯的狭隘性结果相对照的时候，可以得到最好的理解。时间是对想象与虚构的辨别的一种测试。虚构消失了，因为它是主观的、任意的。而想象则保存下来了，这是因为，尽管它就我们而言最初是陌生的，但就事物的本性而言却是久已熟悉的。

科学和哲学的历史就像优美艺术的历史一样，记录了这样一个事实，即富于想象力的产品起初受到公众的谴责，而且它所受的谴责与其广度和深度成比例。人们一开始拿石头砸预言家（至少在隐喻的意义上），而他们的后代则为他竖起纪念碑，这样的事情不仅仅发生在宗教之中。关于绘画，康斯太伯尔以一种几乎过分温和的态度陈述了一个普遍的事实，他说："在艺术中，存在着两种人们借以达到区分目的的方式。一种是艺术家通过小心运用他人已经达成的东西来模仿他们的作品，或者选择和综合这些作品各式各样的美；另一种是艺术家到它的最初的源头，即自然中去追寻其卓越杰出的东西。在第一种情况下，艺术家形成了一种建立于图画研究之上的风格，并且生产出或模仿或折衷的艺术；在第二种情况下，艺术家通过对自然密切的观察，发现了存在于其中的、此前从未得到描绘的某些性质，由此而形成了一种原创的风格。第一种方式的结果，因为它们重复眼睛已经熟悉的东西，所以很快会得到认识和评价，而艺术家在一条新的道路上的前进必然是缓慢的，因为几乎没有谁能够判断偏离于通常路线的东西，或者有资格去判断原创的研究。”[①]这里就是习惯的惰性和富于想象力的东西的对照；心灵寻求并欢迎的东西在知觉上是新的，但在自然的可能性上却是持久的。艺术中的“启示”，乃是某种加速的经验扩张。哲学据说开始于惊奇而终结于理解。而艺术则从已经得到理解的东西出发，并终结于惊奇。在这个终点上，艺术中的人类贡献也成了寓于人之中的充满生机的自然的作品。

任何使人类从环境中孤立出来的心理学，也会把人和他的同伴隔离开来，除非是一些外部的接触。但是，个人的欲望是在人类环境的影响下成形的。他的思想和信念的材料来自与他一起生活的其他人。如果不是因为变成他心灵的一部分的传统，如果不是因为渗透在他的向外行动并进入他的目的和满足之中的习俗，他就会比野地里的走兽还要可怜。经验的表现是公共的和交流的，因为所表现的经验之所以是其所是，其缘由在于那些使之成形的在世者和去世者的经验。交流并非必定是艺术家深思熟虑的意图的一部分，尽管他从来不能逃避对于潜在读者的考虑。然而，交流的功能和结果会影响交流本身，这不是由外部的事件所引起的，而是源自他与他人共有的本性。

表现穿透了把人们彼此隔离开来的屏障。既然艺术是最为普遍的语言形式，既然即便撇开文学不论，它也是由公共世界的共同性质所构成的，那么，它就是最为普遍和最为自由的交流形

① 康斯太伯尔在这里可能是在一种稍微带有局限性的意义上使用“自然”这个词的，这符合他作为一名风景画家的趣味。但是，当“自然”被放宽并把存在的所有阶段、方面和结构包括进来时，第一手的经验与第二手的以及模仿的经验之间的对照仍然存在。

式。每一段强烈的友谊和爱慕的经验都艺术性地完成了自身。由艺术作品所产生的神交感或许呈现出了一种明确的宗教性质。人与人的彼此联合，成了从古至今人们纪念出生、死亡以及婚嫁这些人生转折点的仪式的源头。艺术是仪式和典礼的力量的扩充，这种扩充通过一种共享的庆典，把人与生活中所有的事件以及场景联合在了一起。这种功能是艺术的回报和印记。艺术使人与自然联姻，这是一个大家所熟悉的事实。艺术也使人们意识到他们彼此之间在起源和命运上的联合。

第十二章 对哲学的挑战

THE CHALLENGE TO PHILOSOPHY

审美经验是富于想象力的。这个事实，连同关于想象力的本性的一种错误观念，混淆了一个更大的事实，即一切有意识的经验都必定具有某种程度的想象性质。这是因为，尽管一切经验的根源都在于活的生灵与其环境的相互作用，但经验变成有意识的，变成一件知觉的事情，却只发生在那些源于先前经验的意义进入其中之时。想象力乃是这些意义能够发现它们通向当前相互作用的道路的唯一门径；或者毋宁说，正如我们刚刚所看到的，对新和旧的有意识地调整就是想象力。生物与环境的相互作用，也可见于植物和动物的生命之中。但是，只有当此时此地所给出的东西由于某些意义和价值而得到扩展，而这些意义和价值又来自只在想象中在场而事实上缺席的事物的时候，所上演的经验才会成为人的以及有意识的。[①]

此时此地直接的相互作用和过去的相互作用之间总是存在一道裂口，而过去的相互作用所积累的结果构建起我们由此把握和理解现在所发生的东西的意义。由于这道裂口的缘故，所有有意识的知觉都牵涉到了一种危险；它是进入未知事物中去的冒险。这是因为，在它把现在同化到过去时，导致了对过去的某种重构。当过去和现在彼此精确地相互适合时，当只存在着重现以及完全的一致性时，作为结果而产生的经验就是常规的和机械的；它不会达到知觉中的意识。习惯的惰性压制了此时此地的意义与经验的意义的适应，而没有这种适应，就不会存在意识这一

---

① "心灵系指那些体现在有机生活的功能中的意义的整个体系而言……心灵是一种恒常的光辉；而意识是间断的，是一连串强度不同的闪光。"——《经验与自然》，第 303 页(《杜威全集·晚期著作》，第 1 卷，第 230 页)。

富有想象力的经验的阶段。

心灵乃是有组织的意义的体现，由于这些意义，当前的事件对我们来说具有了重要性；但是，这样的心灵并不总是进入此时此地正在进行着的活动和经受之中。有时候，它遭遇挫折，受到抑制。于是，由当下的接触所唤起的要进入活动中去的意义之流就远远地待着。这样，它就形成了空想与梦境的内容；观念漂浮不定，没有把任何一种存在当作它的属性、它的意义占有物来加以锚定。而同样松散且漂浮的情感，则紧紧地粘附着这些观念。它们所提供的愉悦成为一个理由，说明它们为什么受款待并且被允许去占据这幕场景；它们之所以得以存在，在某种程度上，只是因为，只要人们保持神志正常，就会感到这种存在只是虚幻的而非真实的。

然而，在一切艺术作品中，这些意义实际上都体现在一种材料之中，而这种材料因此也就变成用以表现这些意义的媒介。这个事实构成了所有明确为审美的经验的独特性。它的想象的性质占据着主导地位，因为比起其所锚定的某一此时此地来说，更广更深的意义和价值乃是通过表现来得以实现的，而不是通过一个与其他对象有关而在物质上有效的对象。如果不是借助想象力的介入，那么甚至连有用的对象也无法被生产出来。在蒸汽机被发明出来的时候，某些存在的材料乃是根据迄今为止还没有得到实现的关系和可能性来加以知觉的。但是，当所想象到的可能性在自然材料一种新的组合中得到体现时，蒸汽机就作为一个对象在自然中取得了它的位置，这样的一个对象所具有的物理效应与其他物质性对象所具有的是一样的。蒸汽起着物理上的作用，而且，在一定的物理条件之下，它会产生出伴随任何膨胀气体而来的结果。唯一的区别在于，它所运作的条件已经得到人类的发明设计的安排。

然而，艺术作品与机器不一样，它不仅是想象力的结果，而且在想象中而不是在物理存在的王国中运作。它所做的乃是对直接的经验进行集中和扩大。换句话说，审美经验的有形质料直接表现了那些在想象中被唤醒的意义；它并非像被带到机器中的新关系里的材料那样，仅仅提供既存对象之上和之外的种种目的可能借以得到完成的手段。然而，在想象中得到召唤、聚集以及整合的意义，是体现在此时此地与自我相互作用的物质存在之中的。因而，艺术作品就经验它的人而言，成了一种挑战，这种挑战所指向的是通过想象而来的一种相似的唤起行为和组织行为的实施。它不只是对外显的行动过程的一种刺激，也不只是这一行动过程所借助的手段。

这个事实构成了审美经验的唯一性，而且这种唯一性转而又成为对思想的挑战，它尤其是对那种被称作哲学的体系性思想的挑战。这是因为，审美经验乃是一种完整的经验。如果“纯粹”这个术语不是如此经常地在哲学文献中被滥用的话，如果它不是如此经常地被用来表示经验本性中某种掺杂的、不纯的东西，或者表示某种超越于经验之上的东西，那么，我们也许可以说，审美经验就是纯粹的经验。这是因为，它是一种摆脱了阻碍和迷惑它作为经验而发展的种种力量的经验；也就是说，摆脱了那些使实际上直接所拥有的一则经验从属于某种超越于其上的东西的因素。因而，对于审美经验来说，哲学家必须去理解究竟何谓经验。

出于这个理由，虽然说某位哲学家所提出的美学理论不经意地成了一种测试，即测试其作者拥有成为其分析素材的经验的能力，但是它远远不止这些。这种理论是对他所提出的可把握住经验本性自身的那个体系的能力的一种测试。没有什么测试可以如此确定无疑地揭示出一种哲学的片面性，就像这种哲学对艺术和审美经验的处理那样。富于想象的视觉乃是一种力量，这种力量把艺术作品质料中的全部成分都统一起来，在所有多样性中把它们做成一个整体。甚至，我们生存的全部元素也被融合在了审美经验之中，而这些元素在其他经验里所得到的展示只在于特殊的强调和部分的实现。而且，这些元素如此完整地融合在经验的直接整体性之中，以至于每一个元素都被淹没了——即它不作为一个独特的元素而在意识中呈现出自身。

然而，审美哲学却常常从在经验构成中起作用的某一个因素出发，并试图凭借一个单一的元素来对审美经验进行解释或“说明”；比如根据感觉、情感、理性，根据活动；想象力本身并不被看作把所有其他元素融在一起的东西，而只是被看作一种特殊的机能。这样的审美哲学种类繁多。以一章的篇幅来为它们给出哪怕一份摘要，也是不可能的。但是，批评具有一条线索，如果跟随着它，它就会提供通过迷宫的可靠指导。我们可以考察，在经验的形成过程中，每一个体系是把什么元素当作核心的和典型的。如果我们从这一点出发，就会发现，理论自动地落到了某些类型之中；并且发现，所给出的某个特定的经验，当它和审美经验本身相对照时，就暴露出该理论的弱点。这是因为，它让我们看到，这里所讨论的体系把某种预先设想的观念叠加到了经验上面，而不是鼓励或者哪怕是允许审美经验讲述它自己的故事。

既然经验依靠旧意义和新情境的融合而呈现为有意识的，而这种融合又使旧意义和新情境两者发生了变形(一种对想象力进行界定的变化),那么,以艺术是一种假扮(make-believe)的理论作为我们的出发点,就是合乎常情的事了。这种理论产生并取决于作为一则经验的艺术作品和"真实的"经验之间的反差。现在,无疑地,由于审美经验凭借想象的性质获得主导的地位,它就存在于一种既不在陆上也不在海上的光的媒介之中。甚至连最为"现实主义"的作品,如果它是艺术作品的话,也不是对某些事物一种模仿性的复制,那些事物如此熟悉、如此规则而缠绕不休,以至于被我们称之为真实的。假扮的理论既不同于那些把艺术定义为"模仿"的艺术理论,也不同于那些把随之而来的愉悦认作纯粹认知的愉悦的艺术理论。这样,它就抓住了审美的东西的一个真正部分。

再者,我认为不可否认的是,一种空想的元素,一种接近梦想状态的元素,也可以进入艺术作品的创造之中;同样不可否认的是,对作品的经验当其强烈之时,往往也会把人抛入一种相似的状态。事实上,可以稳妥地说,哲学和科学中"有创造力的"想法,只会光临那些放松下来以至达到空想的程度的人们。当我们在实践或理智上处于紧张状态的时候,存储在我们态度中的下意识的意义积累并没有得到释放的机会。这时,这种存储中的绝大部分受到了遏制,其原因在于,对一个特定问题和特定目的的要求抑制了除直接相关元素之外的所有一切。形象和观念不是通过固定的目的而是在闪烁不定中光临我们的,而且,只有当我们从特殊的关注中摆脱出来时,这些闪烁才是强烈而具有启发意义的,它们使我们情绪激昂。

因此,艺术的假扮或幻象理论的错误并非起因于审美经验缺少可将理论建于其上的各种元素。它的错误来自这样一个事实，即当它把某个成分孤立起来的时候，就或明或暗地否定了其他同样是必不可少的元素。无论适用于艺术作品的材料如何地富有想象力，只有当它得到安排和组织的时候，才能从空想的状态中走出来而变成艺术作品的质料，而且，这种效果只产生在目的对材料的选择和发展进行控制的时候。

梦和空想的特征在于缺乏目的的控制。形象和观念根据它们自身美好的意愿而彼此接替，而且，对于感觉而言，这种接替的美好性是唯一得到行使的控制。用哲学的术语来说，材料乃是主观的。只有当观念不再漂浮并体现在对象中的时候，审美产品才会作为结果而产生；并且，除非经验到艺术作品的人也把自己的形象和情感缚于对象之上，在一种与对象的质料相融合的意义上缚于其上，他才会全神贯注于不相干的幻想之中。这样，它们就是由对象所引起的，但这还不够：为了成为对象的一则经验，它们必须渗透它的性质。渗透的意思是说，完全地沉浸进去，以至于对象的性质与其所唤起的情感不再分离地存在。艺术作品常常开启一种自身令人愉快的经验，而且，这种经验有时候是值得拥有的，而不仅仅是沉溺于无端的伤感之中。但是，这样的一种经验并没有仅仅因为它由对象激起而成为对于对象的一种得到欣赏的知觉。

作为控制性因素的目的在生产以及欣赏中的重要意义常常被遗漏；这是因为，目的被等同于虔诚的愿望和那种有时候被称作动机的东西。一个目的仅仅就素材而言，才是存在着的。产生出像马蒂斯的《生活的欢乐》(Joie de Vivre)这样一件作品的经验，乃是高度想象性的；这样的场景，从来没有出现过。这是一个可以找到的、最支持艺术的梦幻(dreamlike)理论的例子。但是,想象性的材料并不会、也不能保持梦幻般的状态,不管它的起源是什么。要成为作品的质料,它必须根据色彩被构想为一种表现的媒介。舞蹈的漂浮的形象和感觉必须被翻译为空间、线条、光线与色彩的分布的节奏。对象,即被表现的材料,不仅仅就是得到实现的目的;而且,它作为对象,一开始就已经是目的了。即使我们假定,形象首先是在一场实际的梦中呈现出自身的,那么,事实仍然是,它的材料必须根据客观的材料和运作来加以组织,而这些客观的材料和运作始终如一、没有间断地朝着图画中的圆满完成而前进,仿佛那是共同世界中的一个公共对象。

与此同时,目的以一种最为有机的方式牵涉到个体的自我。正是在他所怀有和奉行的目的之中,个体最为完整地展示和实现了其私密的自我性。自我对材料的控制,并不只是由"心灵"所作出的控制;它是由将心灵合并到其中的个性所作出的控制。一切趣味都是自我与客观世界的某个物质方面的一种认同,与包括人在内的自然的某个物质方面的一种认同。目的就是处于行动中的这种认同。它的运作存在于客观条件之中并且通过客观条件而展开,这种运作是对其真诚性的一种测试;目的所具有的克服和利用抵抗的能力、管理材料的能力,是目的的结构与性质的透露。这是因为,正如我曾经说过的,最终所创造的对象乃是既作为有意识的目标又作为得到完成的现实的目的。哲学所区分的"主体"和"客体"(用直接的语言来说,就是有机体和环境)的完全整合,是每一件艺术作品的特征。整合的完整性是衡量艺术作品的审美地位的尺度。其原因在于,作品中的缺陷总是可以最终追踪到损害质料和形式整合的这方面或那方面的过剩。没有必要

《生活的欢乐》 亨利-马蒂斯(Henri-Matisse)作
巴恩斯基金会

去详细地批评假扮理论，因为它是建基在对艺术作品的完整性的违反之上的。它明确地否认或者说实际上忽视对客观材料以及建设性运作的认同，而这恰恰就是艺术的本质。

那种认为艺术是游戏的理论，与认为艺术是梦幻的理论相类似。但是，它向审美经验的现实性走近了一步，因为它承认行动的必要性，承认做事的必要性。当儿童们做游戏的时候，他们常常被说成是假扮的。然而，儿童们在游戏时至少忙于行动，这些行动赋予他们的想象物以一种外在的显现；在他们的游戏中，观念和行为完全是融合在一起的。通过关注一种标识着游戏形式的进展秩序，我们也许可以看出这种理论中强势的元素和弱势的元素。小猫玩弄线轴或球，这样的游戏并不完全是任意的，因为它是被动物的结构组织所控制的，尽管或许不是被一种有意识的目的所控制，这是小猫在预演猫用以捕捉其猎物的那类行动。然而，尽管小猫的游戏作为一种活动，具有某种与有机体的结构需要相一致的秩序；但是，它并没有改变所玩弄的对象，除了其空间位置的变化，一桩或多或少有些偶然的事情。作为对象的线轴，对于一种愉快自由的活动练习来说是刺激和由头，某种程度上也可以说是理由，但它不是这些活动的质料，除非是一种外在的方式。

儿童的游戏最初所显示的东西，与小猫的游戏并没有太大的区别。可是，随着经验的成熟，儿童的活动就越来越被一种要达到的目的所控制；目的变成了贯穿于一连串行为之中的一条线索；它使这些行为变成一种真正的系列、一个具有明确开端并向着目标平稳前进的活动过程。因为对于秩序的需要被组织起来了，所以游戏(play)就变成了一种游戏运动(game)；它具有了“规则”。这里也存在着一种逐渐的过渡，以至于游戏不仅包含对朝向一个目的的各种活动的一种安排，而且包含对材料的一种安排。儿童在玩积木的时候，会搭起房子或塔楼。他意识到他的冲动和行为的意义，因为他的冲动和行为在客观材料中造成了差别。过去的经验越来越多地把意义赋予当下所做的事情。人们要建造塔楼或堡垒，不仅仅是为了对实施行为的选择和安排进行规范，而且表现了经验的价值。游戏作为一个事件，仍然是直接的。但是，它的内容是由中介组成的，这就是来自过去经验的观念对当前材料的中介。

这种过渡造成了游戏向工作(work)的一种转化，如果工作不是等同于苦役或劳动的话。这是因为，任何活动当它由一个明确的物质性结果的达成所指导时，它就是工作，而只有当活动是繁重的，并且仅仅作为用以获得结果的手段来加以经历时，它才是劳动。艺术活动的产品被意味深长地称为艺术作品（work）。艺术的游戏理论中的正确之处，在于它对审美经验不受拘束的特性的强调，而非它对活动中的一种客观上未经规范的性质的暗示。它的错误之处则在于，没有认识到审美经验包含了对客观材料的一种明确重构；这种重构不仅是造形艺术的标识，而且是歌舞艺术的标识。比如，舞蹈就包含改变了其“自然”状态的身体运用以及身体运动。艺术家从事着具有明确的客观所指的活动操作；将影响加诸材料之上，从而使其转化成一种表现的媒介。游戏仍然保持为一种态度，即免于服从由外在必然性所强加的目的，也就是说，正好与劳动相反；但是，它之所以转变为工作，乃是因为活动服从于一个客观结果的生产。没有哪个人看到过，一个儿童专注于他的游戏却没有意识到游戏性与严肃性的完全融合。

游戏理论的哲学含义，可见于它的自由和必然、自发和秩序的对立。这种对立可追溯到同样对假扮理论产生影响的主客二元论。它的基调是这样一个观念，即审美经验是从“真实”的压力中出来的一种释放和逃避。有一种假设认为，只有当个人的活动从客观因素的控制中解放出来的时候，自由才得以被发现。但是，艺术作品的存在本身就是一个证据，它证明根本不存在自我的自发性与客观秩序及法则之间的这样一种对立。在艺术中，随着材料变得可服务于一种发展着的经验的目的，游戏的态度也变成了趣味。欲望和需要唯有通过客观的材料才能够得到满足，因此，游戏性也就是对对象的趣味。

有一种认为艺术是游戏的理论，把游戏归于要求发泄的有机体之中的一种能量过剩的存在。但是，这种观念忽视了一个需要回答的问题。这就是，能量过剩究竟是如何度量的？针对什么而言的过剩？游戏理论假设，能量的过剩乃是针对由于必须在实践中得到满足的环境要求所产生的必要活动而言的。但是，儿童们并没有意识到游戏和必要工作之间的任何对立。这种对比的观念，乃是成年生活的一个产物。在成年生活中，有些活动是供娱乐的和逗人笑的，因为这些活动与那种充满辛苦操劳的工作形成了对比。艺术的自发性不是与任何东西的一种对立，而是表示完全地专注于一种有序的发展之中。这种专注是审美经验的特征，但它也是对所有经验来说的一个理想；而且，当自我的欲望和渴求完全参与到客观所做的事情中去的时候，这种理想会在科学探究者和专业人士的活动中得到实现。

自由的活动和外在强迫的活动之间的反差，是一种经验的事实。但是，它在很大程度上是由社会条件所产生的，并且是尽可能要加以消除的，而不是上升为用以界定艺术的一个种差。经验中有闹剧和娱乐的位置；"时不时地来一点儿废话，是最优秀的人的爱好"。喜剧之外的其他艺术作品，也常常是娱乐性的。但是，这些事实并不成为可以根据娱乐来定义艺术的理由。这个想法的根源在于这样一个观念，即认为个人和世界之间有一种如此内在固有且根深蒂固的对抗（个体借此而得以生存和发展），以至于自由只能通过逃避来加以获得。

现在，个人的需要欲望与世界的条件状况之间的冲突足以给逃避理论增添某些力量了。斯宾塞在谈到诗的时候说到，它是"这个世界上免遭痛苦和烦人混乱的甜美客栈"。问题并不关乎这个特征，而是关乎艺术施行解放和释放的方式，这一点适用于所有的艺术。要紧的是，这种释放是通过止痛药，还是通过迁移到一个彻底不同的事情的领域而发生的；或者，当它的可能性得到完全的表现时，它是否通过展示现实存在所实际变成的东西而得以实现。事实是，艺术是生产，而这个生产只有通过一种必须根据其自身可能性而得以安排和整理的客观材料才能发生，这个事实看起来在后一个意义上是决定性的。正如歌德所说："艺术早在它是美的之前就形式化了。这是因为，人在其自身之中有一种形式化的本性，一旦生存得到安全保障，这种本性就要显露出自身……如果形式化的活动不在乎也不知道它之外的东西，而从单一的、个别的、独立的感觉出发来对点缀在它周围的事物起作用，那么，不管出于粗鲁的野蛮状态还是有教养的敏感性，它都是整体的且充满生气的。"不受自我立场的影响的活动，从经历着变化的客观材料方面来加以整饬和训练。

就在对比中所发现的喜悦而言，同样真实的情况是，我们也通过从艺术作品转向自然事物来获得满足，就像我们通过从自然事物转向艺术来获得满足那样。有时候，我们会很高兴地从优美艺术转向工业、科学、政治，以及家庭生活。正如勃朗宁所说：

> 而那便是你的维纳斯——从那里，我们转向
> 远处涉着溪水而过的女郎。

战士们得到太多的关于战斗的东西，哲学家们得到太多的关于哲思的东西，而诗人则欣然与伙伴们共享盛宴。充满想象力的经验较之任何其他种类的经验来说，都更为全面地例证了经验本身在

其运动和结构之中究竟是什么。不过,我们也想要公然冲突的浓烈气息以及严酷条件的冲击碰撞。此外,如果没有后者,艺术也就没有了材料;而且,这个事实更为重要的意义是对审美理论而言的,而不是对被认为存在于游戏和工作、自发和必然、自由和法则这些东西之间的对立而言的。这是因为,艺术把两个方面融合在了一个经验之中,一个方面是必然条件加在自我身上的压力,另一个方面是个性的自发性和新颖性。①

个性就自身而言,原本是一种潜能,并且只有在与周围条件的相互作用中才能实现。在这个交流的过程中,包含着一种独特性元素的天赋才能得到了改变,并成为一个自我。再者,自我的本性通过所遭遇到的抵抗而被发现了。经由与环境的相互作用,自我不但得以形成而且被引向了意识。艺术家的个性也不例外。如果他的活动停留在单单的游戏并且仅仅是自发的,如果自由活动没有被用来反对现实条件所造成的抵抗,那么,任何艺术作品也不会被生产出来。从儿童第一次画画冲动的显示到伦勃朗的创作,自我都是在对象的创造中被创造出来的;这种创造要求主动地适应外部材料,包括对自我进行修正以便利用并由此克服外部的必然性,而利用和克服的途径就是把外部的必然性合并到一种个性的视觉和表现之中。

---

① 对于游戏理论所包含意思的最为明确的哲学陈述,是席勒在他的《审美教育书简》(*Letters on the Esthetic Education of Man*)中作出的。康德把自由限制在由理性的(超经验的)义务观念所控制的道德行动之中。席勒提出的一个想法是:游戏和艺术占据了一个处于必然现象王国和超验自由王国之间的中间过渡的位置,并教育人们去认识和承担这种超验自由的责任。他的观点代表了艺术家方面的一个勇敢尝试,即尝试着避免康德哲学的严格的二元论,尽管仍然停留在它的框架之中。

从哲学的观点中，我看不到有什么办法可以解决存在于艺术理论和批评中的古典与浪漫之间持续不断的纷争，除了看到它们表示那些标识每件真正艺术作品的倾向之外。被称作“古典”的东西，代表了体现在作品中的客观秩序和关系；而被称作“浪漫”的东西，则代表了出自个性的新鲜和自发。在不同的阶段，在不同的艺术家那里，一种或另一种倾向被贯彻到了一种极致的状态。如果存在倒向这一边或那一边的明显不平衡，那么作品就失败了；其结果，古典变成死板的、单调的和矫揉造作的，而浪漫则变成幻想的、怪诞的。然而，真正的浪漫却是作为一种在经验中得到承认的成分而被适时地确立起来的。因此，下面这种说法就是有力的，即古典终究无非是意味着一件艺术作品赢得了一种已经得到确立的承认。

对奇异和不同寻常之物的渴望，对时空中遥远之物的渴望，是浪漫艺术的标识。然而，从熟悉环境向着异国环境的逃遁，常常被用作一种手段来扩大随后的经验，因为艺术的远足创造出新的敏感性，这些敏感性适时地吸收进异质的东西并把它归化到直接的经验之中。德拉克洛瓦作为一位过于浪漫的画家，至少是后来两代艺术家的先驱。这些艺术家使阿拉伯的场景成为绘画的共同材料的一部分，而且，因为他们的形式较之德拉克洛瓦的形式更恰当地适合于素材，所以没有唤起一种对似乎远在经验的自然范围之外的事物的感觉。沃尔特·斯科特爵士被划归为文学中的浪漫主义者。然而，甚至就在他生活的那个时代，对其保守政治主张进行粗暴谴责的威廉·哈兹利特(William Hazlitt)在谈及他的小说时说：“通过回到大约一个世纪之前，把场景放在一个遥远而未开化的地区，所有的一切在当今的高级时期就变得新奇而惊人了。”此处强调的词，连同另一句措辞，“所有的一切都像是出于自然之手那样新鲜”，指出了把浪漫的奇异合并到当前环境的意义中去的可能性。事实上，既然所有的审美经验都是想象性的，那么，想象性无须变得奇异而古怪便可提高到的强烈程度就仅仅由所作所为决定，而不是由伪古典主义的先天规则决定。就像哈兹利特所说，查尔斯·兰姆“厌恶新的面孔、新的书籍、新的建筑、新的习俗”，并且“紧握着那些朦胧而遥远的东西”。兰姆自己说：“我无法使当前的时代对于我来说成为真的东西。”然而，佩特在援引这些词时却说，兰姆的确感受到了旧事物中的诗情，但那是“作为当前生活的一个实际部分而幸存下来的，非常不同于离我们而去且古老过时的事物中的诗情”。

这里所批评的两种理论（以及在表现的行为那一章中所批评的自我表现的理论）之所以要进行讨论，乃是因为它们是那些把个人以及“主体”孤立起来的哲学的典型；其中的一个选择像梦这样的私人材料，而另一个则选择专属个人的活动。这些理论是比较现代的；它们与现代哲学中对个人以及主体方面的过分强调相对应。另一种艺术理论则走到了相反的极端，这种理论是迄今为止历史上流行时间最长的，并且仍然被坚守着，以至于许多批评家把艺术中的个人主义当作异端的创新。它将个人视作一种单纯的渠道，越通透越好；通过这个渠道，客观材料得到了传达。这种陈旧的理论把艺术构想为再现，构想为模仿。这种理论的拥护者，把亚里士多德当作伟大的权威来加以求助。然而，正如这位哲学家的每一位学生都知道的那样，亚里士多德所说的是某种完全不同于特定事件和场景的模仿的东西——完全不同于在目前意义上所说的“现实主义”的再现。

这是因为，对于亚里士多德来说，共相在形而上学上要比殊相更为真实。他的理论的要旨，至少可以在他认为诗比历史更富哲学性这个看法所给出的理由中得到暗示。“诗人的职责并不是讲述已经发生的事情，而是讲述那类可能发生的事情——无论必然还是可然的可能之事……因为更确切地说，诗向我们讲述共相，而历史则讲述殊相。”

既然没有人能够否认艺术所处理的是可能之事，那么，亚里士多德把它解释成对必然或可然的处理，就需要根据他的体系来进行陈述。这是因为，按照他的想法，事物是以类或种而不是仅仅作为殊相而成为必然的或可然的。有些类凭借它们的本性而成为必然的和永恒的，而其他一些类则只是可然的。前面的那些类始终如此，后面的则是经常、通常、一般来说如此。两个类都是共相，因为它们乃是依靠一种内在固有的形而上学本质而得以成其为其所是的。因而，亚里士多德以下面的话来结束刚刚所援引的那一个段落：“共相是有着某种特性的人必然或可然会做或会说的事物的类。而这也就是诗所旨在的东西，尽管它给予每个人物以适当的名字。而殊相，比如说，就是阿尔希比阿德斯(Alcibiades)所做或所经受的东西。”

现在，这里所翻译的“特性”(character)很可能给予现代读者以一个完全错误的印象。他会赞同，小说、戏剧或诗歌中的一个角色所具有的举止言谈，就是如此这般必然或者凭借巨大可然性从个体特性中流淌出来的。但是，他把特性认作是私人个体的，而刚才那个段落里的“特性”则意味着一种普遍的本性或本质。对于亚里士多德来说，麦克白、潘登尼斯(Pendennis)和菲利克斯·霍尔特(Felix Holt)这些形象的审美意味,在于忠实于在一个类别或种里所发现的本性。而对于现代读者来说,它意味着忠实于那个其生命历程得以展现的个体;所做、所受、所说的东西都属于那个有着其唯一个性的他。这里的差别是根本性的。

亚里士多德对后来的艺术观念的影响,也许可以通过乔舒亚·雷诺兹(Joshua Reynolds)爵士讲演集里一段简短的引文来加以集中地了解。他谈到绘画时说,它的职能在于"展现事物的一般形式",这是因为,"在对象的每个类别中,都存在着一种共同的观念与核心的形式,这样的观念与形式乃是从该类别各种各样的个体形式中抽象出来的"。这种一般性的形式先是存在于自然之中,它在自然忠诚于自身时实际上就是自然,然后在艺术中得到重现或"模仿"。"事物的每一个种里面的美的观念都是不变的。"

从一种相对的意义上说,乔舒亚·雷诺兹爵士就绘画所作论述的弱点无疑可以归结到他自身艺术才能的缺陷,而不是他对他所详细阐述的那种理论的接受。许多人在造型艺术和文学艺术中持有同样的理论,并且提得比它更高。在一定程度上,这种理论只是对长期存在的艺术作品的实际状况的一种反映,因为他们寻找典型的东西并避免任何可能被认作意外的和偶然的东西。它在18世纪的流行,不仅反映了那个世纪的艺术中所遵循的准则(除贯穿于该世纪早期的法国绘画之外),而且反映了对巴洛克和哥特式风格的普遍谴责。①

① 在这里,可以不乏趣味地提及一下善良的贝克莱主教。当他想要谴责任何妨碍他的观点和行动的东西,包括艺术中的东西时,他就过分而古怪地称之为"哥特式的"。

但是，所提出的问题是一个一般性的问题。它无法通过仅仅指出所有形式的现代艺术都倾向于寻找和表现对象以及场景的与众不同的个性特点来加以解决，也无法靠一句武断之辞来加以安顿，即武断地说，这些现代精神的展示都是对真正艺术的故意背离，只能用对新奇性的一味渴求以及随之而来的恶名来加以解释。这是因为，正如我们已经看到的，一件艺术作品越是体现属于许多个体共有经验的东西，就越具有表现力。事实上，没有考虑到客观素材所实施的控制，恰是最近正在讨论的针对主观主义理论的批评的基础。这样一来，哲学反思的问题就不涉及这样一种客观材料的在场或缺席，而只涉及这种材料的本性及其在审美经验的发展运动中起作用的方式。

进入艺术作品中的客观材料的本性的问题和它起作用的方式的问题，是不能够被加以分离的。确实来说，其他经验的材料进入审美经验中的方式，对于艺术来说，就是其本性。但是，也许要指出的是，“一般”和“共同”这样的术语乃是模棱两可的。比如，它们所具有的意义对于亚里士多德以及乔舒亚爵士来说，并不是那种最为理所当然地进入当代读者心中的意义。这是因为，在亚里士多德和乔舒亚爵士那里，这两个术语涉及对象的一个种或类，另外涉及一个由于自然构造而业已存在的类。而对于一位并不了解基础性的形而上学的读者来说，它们就只有一个更为简单、更为直接、更具经验性的意义。“共同”就是在许多人的经验中所发现的东西；许多人参与其中的东西，凭借这个事实本身就成为共同的。它在形成经验的做和经受中越是根深蒂固，就越是一般或共同。我们生活在同样的世界之中；自然的方面对于所有的一切来说，都是共同的。存在着人类共同的冲动和需要。“普遍”对于所有的经验来说，并不是什么形而上学上在先的东西，而是事物由以起作用的方式，亦即在经验中作为特定事件和场景之间的一个联接纽带而起作用。任何东西，无论在自然之中还是在人类交往之中，都潜在地是“共同”的；它在实际上是否共同则取决于多种多样的条件，尤其是那些影响交流进程的条件。

这是因为，正是凭借那些被分享的活动，凭借语言以及其他的交流手段，性质和价值才变成人类群体的经验中所共同拥有的东西。艺术是现存的最为有效的交流模式。出于这个理由，有意识经验中的共同或一般因素的在场，就是艺术的一个效果。世界上的任何东西，不管在它自身的存在中多么地个别，都是潜在地共同的，正如我所说的那样，而其原因在于，恰恰由于它是环境的一部分，它才成为可与任何生物进行相互作用的某样东西。然而，它更多地依靠艺术作品而不是其他手段，变成了一种有意识的共同财富或者得到了分享。另外，认为一般是由事物的固定的类的存在而构成的想法，已经被物理科学和生物科学的进步所摧毁了。观念是文化条件的产物，并且关涉到知识状况以及社会组织状况，这使个人不仅从属于艺术和哲学，而且从属于政治。

潜在的共同材料进入艺术之中的方式问题，已经连同其他问题得到了处理，尤其是表现性对象和媒介的本性问题。一种不同于原生材料的媒介，总是一种语言的方式，并且因而总是一种表现和交流的方式。颜料、大理石和青铜、声音，都不会自动地成为媒介。只有当它们与个人的心灵和技艺相互作用时，它们才会进入媒介的形成之中。有时候，在一幅绘画中，我们会意识到颜料；物理的手段凸显出来了；它们没有被吸收到与艺术家所贡献的东西的结合之中，从而没有把我们顺畅地带到对象的质地、褶纹、人的肉体、天空，或者无论什么可能的东西。甚至伟大的画家也不总是实现一种完整的结合，塞尚就是一个显著的例子。另一方面，还有一些次要的艺术家，在他们的作品中，我们意识不到所使用的材料手段。但是，既然相互作用的人的意义只是提供了不充分的材料，那么，作品在表现性上就是微不足道的。

像这样的一些事实给出了令人信服的证据，证明艺术中的表现媒介既不是客观的，也不是主观的。它是一种新的经验的质料，在其中，主观和客观彼此合作，以至于两者都不再具有单独的存在。再现理论的致命缺陷在于，它专门把艺术作品的质料等同于客观的东西。它忽略了这样一个事实，即客观材料只有发生转变才能成为艺术的质料，而这个转变是由于客观材料进入个人以其全部的气质特征、特殊的视觉方式、独特的经验所做以及所经受的关系之中。甚至假使存在着（事实上并不存在）某些特殊的并且所有殊相都从属于它们的固定的存在物的类，它们也仍然不是艺术的质料。只有在通过与材料的融合而发生变化，而这种融合又经历了与个体的活的生灵的结合时，它们才充其量成为宜于艺术作品的材料，并有可能变成属于艺术作品的材料。既然艺术作品的生产中所使用的物质材料并不会自动地成为媒介，那么对于它的适当运用，就不能先天地制定出规则。它的审美潜在性的限制只能从经验上加以确定，而且是被艺术家在实践中用它所制造出的东西来确定的；这作为另一个证据证明了，表现的媒介既不是主观的，也不是客观的；而是一则经验，在这则经验中，主观和客观被整合到一个新的对象里面。

再现理论的哲学基础被迫忽略了这种性质上的新颖性，而恰恰是这种新颖性，刻画了每一件真正的艺术作品的特征。

这种忽视是在事实上否认艺术作品质料中的个性的内在作用的一个逻辑结果。有一种有关真实的理论是根据固定的类来对真实加以定义的，这种真实理论注定会把所有新颖性的元素当作偶然的并与审美不相干的，尽管它们在实践上是难以避免的。此外，那些偏好普遍的本性或“特性”的哲学，则总是仅仅把永恒的和不变的东西当作确系真实的东西。然而，从来没有哪一件真正的作品是对先前存在的某样东西的重复。的确，存在着倾向于对以前作品中所选出的要素仅仅进行重组的作品。但是，它们是学院式的——也即机械的——而不是审美的。不仅艺术批评家，而且艺术史家，都曾经被固定不变之物的概念的虚假声望所误导。他们往往把各个时期的艺术作品解释为以前作品的单纯重组；而只有当一种“新的”风格出现时，他们才会认识到新颖之物，即使这样，他们也只是勉强地承认它。完全融合在艺术作品中的旧和新的相互渗透，乃是艺术向哲学思想所发起的另一个挑战。它给出了一条通向事物本性的线索、一条哲学体系很少遵循的线索。

由审美经验所引起的对理解的增长的感觉，对就自然与人的对象而言的得到加深的可理解性的感觉，导致哲学理论家把艺术当作一种知识模式，并且诱使艺术家特别是诗人把艺术当作事物内在本性的一种揭示模式，这种内在本性无法以其他的方式来加以拥有。它使艺术被当作一种知识模式，这种知识模式不仅高于普通生活的知识模式，而且高于科学本身的知识模式。这种认为艺术是一种知识形式（尽管不是一种高于科学模式的形式）的想法隐含在亚里士多德的一个陈述中，这个陈述是诗比历史更富哲学性。这个主张已经在许多哲学家那里得到了清楚明白的说明。然而，在彼此关联的情况下对这些哲学家进行阅读，就会发现，他们或者是没有审美经验，或者是让先入之见来决定他们对它的解释。这是因为，举几个突出的哲学例子来说，所谓的知识几乎不能同时是如亚里士多德所说的固定的种的知识；如叔本华所说的柏拉图式的理念；如黑格尔所说的宇宙的理性结构；如克罗齐所说的心灵的状态；如感觉论所说的与形象相关的感觉。这里所提出的多种多样互不相容的观念证明，这些哲学家急于要把一种不顾及艺术而架构起来的观念的辩证发展带到审美经验中去，而不愿意让这种经验自己表述。

然而，对于揭示的感觉以及世界得到加强的可理解性的感觉，却仍然有待说明。知识深深地以及切近地进入作品的生产之中，这一点可以被作品本身所证明。从理论上来说，它必然得自心灵所起的作用，得自先前经验所积累的意义，而这些经验乃是主动地合并在审美生产以及知觉中的。有一些艺术家，他们在其作品中明显地受到他们时代的科学的影响——比如卢克莱修、但丁、弥尔顿、雪莱，以及尽管其画作的优点并没有由于这种影响而得到突出的画家，比如列奥纳多以及丢勒的作品中就有大量的科学的成分。但是，在下面两种知识转变之间存在着巨大的差别：一种是在想象的和情感的视觉中所实现的，另一种是在通过与感性材料以及知识的结合而产生的表现中所实现的。华兹华斯宣称："诗是所有知识的气息和精妙之谛；它是全部科学的面容中的热烈表情。"雪莱说："诗……同时在全部知识的中心和周围；它是理解全部科学的东西，也是全部科学必须指向的东西。"

然而，这些人都是诗人，而且是用想象的方式来说话的。知识的“气息和精妙之谛”从字面意义上来说，远远不是知识；而且，华兹华斯继续说道，诗“把感觉带进科学的对象之中”。雪莱也说：“诗唤醒和扩充了心灵，因为它使心灵可以容纳上千种未被理解的思想的结合。”在这样一些评论中，我并不能够发现任何断言审美经验可以被定义为一种知识模式的企图。我的心灵所得到的暗示是：在艺术作品的生产以及被欣赏的知觉中，知识得到了转变；它变成某种超越知识的东西，因为它与非理智的元素融合在一起而形成一种堪称一则经验的经验。我曾经不时地阐述过一种把知识当作“工具”的想法。批评家们把一些奇怪的意义放入这个想法之中。它的实际内容是很简单的：知识对于直接经验的丰富来说，是工具性的；而这种丰富是通过对直接经验所实施的行动的控制来实现的。我不想仿效我所批评的那些哲学家，不想把这种解释强行塞到华兹华斯和雪莱所阐明的观念之中。但是，在我看来，一个与我刚刚陈述的相似的观念乃是对他们的意图最自然的翻译。

乱成一团的生活场景在审美经验中变得更可理解了：然而，不是因为反思和科学通过化约到概念形式而使事物更可理解，而是依靠把它们的意义呈现为一种得到澄清、连贯一致、有所加强或“充满激情”的经验的质料。我所发现的这种再现和认知的审美理论中的困境在于，它们就像游戏和幻象理论那样，把总体经验中的某一部分孤立出来；而且这一部分之所以成为其所是，乃是由于它贡献于以及被吸收于其中的完整范型的缘故。它们把这一部分当作了整体。这样的一些理论，或者标识就支持它们的那些人而言的审美经验的一种抑制、一种由被诱发的大脑空想所竭力维持的抑制；或者标识它们是一种证据，证明忘却了实际经验的本性而支持它们的作者所致力于的某种先前哲学观念的施行。

存在着第三种一般类型的理论，这种理论把所考察的第一种类型所脱漏的方面和第二种类型所特有的过于理智化的艺术观念结合了起来。这第三种类型的历史起源在西方思想中，可以回溯到柏拉图。他从模仿的观念出发，但是对他而言，在每一个模仿中都存在着一种伪造和欺骗的元素，而每一个自然的或艺术的对象中的美的真正功能在于把我们从感觉和现象引向某种超越的东西。柏拉图在他的一处比较温和的论述中说道："……艺术中的节奏与和谐的元素，就像在一处美丽的地方所吹拂的微风，也许从很早的童年时代起，就把我们安静地领到了与合理性之美的和谐之中；在理性的时代到来之时，这样培养长大起来的人对它的欢迎便超过了其他人，他把它当作自身的理性来加以了解。"根据这个看法，艺术的目标便在于教育我们远离艺术而去知觉纯粹理性的本质。存在着一架有着连续阶梯的梯子，这些阶梯从感觉出发而引领向上。最低的一级由可感对象的美所组成；这一级在道德上是危险的，因为我们会受到引诱而停留于那里。从那里开始，我们应邀去攀登心灵的美，并因而抵及法则和制度的美，由此再上升到科学的美，然后就可以继续向着绝对的美的直觉知识而前进。再者，柏拉图的梯子是单向上升的；不存在最高的美向着知觉经验的返回。

这样一来，处于变化中的事物——正如所有经验的事物——的美就仅仅被看作灵魂朝向对美的永恒范型的理解的潜在变化，甚至它们的直觉也不是最终的。"回想一下在那种单独的神交之中是如何通过心灵的眼睛看到美的，一个人就能够不仅展示美的形象，而且展示真实本身。因此，借着展示和培养真正的出类拔萃，一个人就能够变成神的朋友，并且尽凡人之可能地具有神性。”柏拉图之后，在一个被吉尔伯特·默雷(Gilbert Murray)命名为“勇气失落”的时代里，普罗提诺(Plotinus)推进了最后那个句子的逻辑含义。比例、对称以及各部分的和谐适应，不再构成自然对象和艺术对象的美，它们的感性魅力也是如此。这些事物的美乃是由透过它们而照耀的永恒的本质或特性所赋予的。万事万物的创造者乃是至高无上的艺术家，借着这位艺术家，那使万事万物为美的东西被“赋予创造物”。普罗提诺认为，对于绝对的存在物来说，把它构想为个人的是不相称的。基督教则不具有这样的顾虑，而且在其新柏拉图主义的版本中，自然和艺术的美被构想为那高于自然并超越知觉的神灵在可知觉世界的范围内的体现。

这种哲学的一个回声可以在卡莱尔(Carlyle)那里找到。他说，在艺术中，“无限者得以与有限者融合在一起；它成为可见的，仿佛就在那里可以被获得一般。所有真正的艺术作品都属于这一类；在这一类(如果我可以把真正的作品与巧妙的乱涂区分开来的话)里面，我们辨别出从时间中显露出来的永恒，而像神一样的东西也变成可见的”。鲍桑奎对此也作了非常明确的陈述，这位德国传统中的现代唯心主义者宣称，艺术的精神是信仰，即信仰“生活和神性，这种信仰充满并鼓舞着外在的世界”。所以，艺术特有的“理想化”与其说是一种背离真实的想象的产物，不如说是生活和神性的启示，生活和神性本身便是最终真实的。

那些已经放弃神学传统的当代形而上学家们看到，从逻辑上说本质可以独立存在，而不需要那种被认为是由心灵或精神中的居存所给出的支持。桑塔亚那作为一位当代哲学家写道："本质的本性的出现没有什么地方比在美之中更好了，此时，它是向着精神的一种积极呈现，而不是按照惯例所授予的一个模糊的头衔。在一个被感觉为美的形式中，明显的复合物组成了明显的统一体；一种显著的强度和个性看起来属于一种全然非物质的真实，并且无需空间而存在。在一个充满物质事实的世界中，这种神性的美是显而易见、倏忽易逝、难以捉摸并无家可归的；然而，它对于自身来说，的的确确是独特而充分的，而且，尽管也许会很快地黯然消失，却从来未曾真正地熄灭过；因为它虽然在时间中逗留，却是属于永恒的。"他又说："只要被感觉为美，哪怕最为物质性的东西也会立刻被非物质化，被提升到外在的个人关系之上，并且在其适当的存在中得到集中和加深。总而言之，升华为一种本质。"这一看法的含义包含在这样的本质里面，即"价值存在于意义之中，而不是存在于实体之中；*存在于事物所接近的理想之中*，而不是存在于它们所体现的能量之中"(此处强调非原文所加)。

我认为，甚至在这样一种审美经验的观念里，也包含了经验的事实。我曾经不止一次有机会谈及一种强烈的审美经验的性质，它是如此直接，以至于不可言喻和神秘莫测。对于这种直接经验性质的一种理智化的表达，就是把它翻译为一种梦幻-形而上学的术语。在任何情况下，当这种关于终极本质的观念与具体的审美经验相比较时，它看起来遭受到两个致命缺陷的打击。所有的直接经验都是定性的，而性质是使生命经验本身直接就弥足珍贵的东西。然而，反思却走到了直接性质的后面，因为它对关系感兴趣，而忽视性质上的设定。哲学的反思已经将这种对性质的漠不关心推进到了令人厌烦的地步。它把性质当作对真理的遮蔽，当作由感觉蒙盖在真实之上的面纱。违背直接的感觉性质——以及所有借助某种形式的感觉而得到中介的性质——的欲求，由于起源于道德主义的对感觉的恐惧而得到了加强。按照柏拉图的想法，感觉似乎是把人从精神的东西那里引开的一种诱惑。它只被容许作为一种运载工具，通过它，人可以被带向对非物质且非感觉的本质的一种直觉。鉴于艺术作品乃是想象价值对感觉材料的灌注这个事实，我不知道还有什么别的办法可以对这种理论进行批评，除非说它是一种与实际的审美经验毫不相干的幽灵般的形而上学。

“本质”这个术语是非常模棱两可的。在平常的言谈中，它指事物的要点；我们在一系列对话或复杂的事务中提取摘要，而结果就是本质的东西。我们剔除无关紧要的东西，而保留必不可少的东西。在这个意义上，所有真正的表达都通向“本质”。这里的本质表示一种意义的组织，这些意义曾经分散在伴随着各式各样经验而来的偶然事件之中，并且或多或少地被这样的事件弄模糊了。本质的或必不可少的东西也都与目的有关。为什么某些考虑是必不可少的，而不是其他的一些？对于律师、科学探究者和诗人来说，各式各样事务的要点并不是相同的。艺术作品也许肯定会传达大量经验的本质，并且有时候是以一种明显浓缩和突出的方式。选择和简化是为了表现本质性东西的缘故而发生的。库尔贝(Courbet)常常表达出一种渗透在风景中的流动性本质；克劳德(Claude)则表达出地方特色以及田园牧歌式的景色的本质；康斯太伯尔(Constable)表达的是英格兰简朴的乡村景色的本质；郁特里罗(Utrillo)表达了巴黎大街上的建筑的本质。戏剧家和小说家所构思的人物形象，使本质性的东西从偶然性事件中脱离了出来。

既然艺术作品是得到提高和加强的经验的素材，那么决定了在审美上是本质性的东西的目的，恰恰就是作为一则经验的经验构成。经验的材料并非是逃离经验而去往一个形而上学的王国，而是变成新经验的意味丰富的质料。此外，我们现在所具有的对人和对象的本质特征的感觉，在很大程度上是艺术的结果，尽管现在所讨论的理论认为艺术取决并指涉于已经存在的本质，这样就颠倒了实际的过程。如果我们现在意识到本质性的意义，那么主要是因为，所有各门艺术中的艺术家已经在生动而显著的知觉素材里把它们提取和表现出来了。柏拉图认为是现存事物的模型或范型的形式或理念，实际上在希腊艺术中有它们的源头，因此他对待艺术家的态度是理智的忘恩负义的一个最重要的例子。

“直觉”是整个思想领域中最为模棱两可的术语之一。在刚才所考察的理论里面，它被假定具有作为其合适对象的本质。克罗齐曾经把直觉的观念与表现的观念结合起来。它们彼此之间的等同，以及它们与艺术的等同，已经给读者带来了大量的麻烦。不过，这一点在他的哲学背景的基础上是可以得到理解的，而且为下面的情形提供了极好的例子；该情形就是，当理论家把哲学的先入之见叠加到被抑制的审美经验上时，会发生什么事情。这是因为，克罗齐作为一位哲学家，他相信唯一真正的存在是心灵，相信“除非对象被认识，否则就不存在，以及对象离不开进行认识的精神”。在普通的知觉中，对象被认为好像是外在于心灵的。因此，对艺术对象和自然之美的意识并非是知觉而是直觉的事情，这种直觉把对象本身当作心灵的状态来加以认识。“我们在一件艺术作品中所欣赏的是一种完美的想象的形式，在这种形式里，一种心灵的状态给自己裹上了外衣。”“直觉之所以真的如此，乃是因为它们再现了情感。”因此，构建起艺术作品的心灵状态就是作为一种心灵状态的显示的表现，也是作为对一种心灵状态的知识的直觉。我提及这个理论，不是为了驳斥它，而是把它当作哲学可能走到的某种极端的指证；之所以走到这种极端，是因为将先入为主的理论叠加到审美经验之上，从而导致武断的扭曲。

同大多数哲学家相比，叔本华像克罗齐一样，在许多附带的提及中显示出对艺术作品更多的而不是更少的敏感性。但是，他对审美直觉的看法值得作为另一个例子来加以提及，以说明哲学完全没有应对艺术向反思性思想所提出的挑战。在他写作的时候，康德已经通过在感觉和现象、理性和现象之间建立清晰的划分而对哲学问题进行了设置；而且是以最为有效地影响后来思想的方式来设置问题的。叔本华的艺术理论中无论有多少敏锐的评论，都只是他对康德式问题的解决的一种辩证发展，而这个问题是知识与真实，以及现象与终极真实的关系。

康德使道德意志成为通向终极真实的保证的唯一途径，而这个道德意志是由超越于感觉和经验之上的责任意识所控制的。对于叔本华来说，他称作“意志”的主动原则就是自然和道德生活的全部现象的创造性源头，尽管意志是一种注定要永远遭受挫折的、永不停息和永不满足的努力的形式。通向平和与长久满足的唯一道路，便是逃避意志及其所有的作品。康德已经把审美经验与静观等同了起来。叔本华则宣布，静观乃是逃避的唯一方式，同时在对艺术作品进行静观时，我们静观到了意志的客观化，并因而使我们自己从意志以所有其他经验方式加诸我们的掌控中摆脱出来。意志的客观化就是共相；它们就像是柏拉图的永恒的形式和范型。因而，在对它们的纯粹静观中，我们沉浸于共相而失去了自身，并且得享“无意志知觉的福佑”。

对叔本华理论最有效的批评存在于他自己的理论发展之中。他把魅力排除在艺术之外，因为魅力意味着吸引，而吸引是由意志所作出的一种反应方式，这样，欲望与对象那种关系的实际上的肯定方面，就由于厌恶而被表现在它的否定方面。更为重要的是他所建立的固定的等级安排。不仅自然美低于艺术美，因为意志在人那里比在自然那里得到了更高程度的客观化，而且有一种秩序由低到高地贯穿在自然和人之中。我们在静观青草、树木、花朵时所获得的解脱，比起我们由静观动物生命形式所得到的解脱来说，更加微不足道；而人的美则是最高的，因为意志在后者的显现方式中解除了奴役。

在艺术作品中，建筑排在最低的地位。而所给出的理由是来自他的体系的一个逻辑演绎。建筑所依赖的意志力量只具有最低的级别，那就是显现在固体的坚硬和巨大的重量中的聚合力与重力。所以，木制的建筑不可能是真正美的，而且，人类的所有饰品必须被排除在审美效果之外，因为它们是被束缚在欲望之上的。雕刻比建筑要高一级，因为尽管它仍然被束缚在意志力量的低级形式上，但它是把它们当作人类形象的展示来加以处理的。绘画处理形状和形象，因而与形而上学的形式更为接近。在文学中，尤其在诗歌中，我们上升到了人自身的本质理念，从而就达到了意志的结果的顶点。

音乐是最高的艺术，因为它不仅仅给予我们意志的外在客观化，而且将意志的过程本身放置在我们面前以供静观。此外，“一定的等级差别与意志客观化的一定级别相并行，并且对应于自然中一定的物种"。低音音调代表最低的力量的作用，较高的音调代表对动物生命的力量的认知，而旋律所呈现的是人的理智生命，是客观存在中的最高事物。

对于提供信息的目的来说，我所做的总结是不充分的；正如我已经说过的，叔本华的许多附带的评论是恰当且富于启发性的。但是，事实是他展示出了许多真正的和个人的欣赏的证据，这个事实本身成为某种在以下情况中所发生的事情的证据，这一情况即哲学思考者的反思没有被投射到一种把艺术的实际素材当作一则经验的思考之中，而是丝毫不管艺术地发展了起来，然后被迫成为它的替代物。我贯穿于本章的意图并非批评各式各样的艺术哲学本身，而是要引出艺术在其最广泛的范围内对哲学所具有的重要意义。这是因为，哲学像艺术一样，在富于想象力的心灵的媒介中前进；而且，既然艺术最为直接而完整地展现了所存在着的作为经验的经验，那么就为哲学的富于想象力的冒险提供了一种唯一的掌控。

在作为一则经验的艺术之中，现实性和可能性或理想性、新的和旧的、客观材料和个人反应、特殊和普遍、表面和深层、感觉和意义都被整合在了一则经验之中；在其中，它们全都改变了当它们在反思中被孤立起来时所具有的意义。"自然，"歌德说道，"既没有核，也没有壳。"只有在审美经验中，这个陈述才完全正确。就作为经验的艺术而言，同样正确的是，自然既不具有主观的存在，也不具有客观的存在；既不是特殊的，也不是普遍的；既不是感性的，也不是理性的。因此，作为经验的艺术的意义对于哲学思考的历险来说，是无与伦比的。

第十三章 批评和知觉

CRITICISM AND PERCEPTION

无论从语源还是从观念的角度来说，批评都是判断。因此，对于有关批评本性的理论而言，理解判断就是最重要的条件。知觉为判断补充了它的材料，而不管判断是关于物理性质，还是关于政治或者传记。知觉的素材是唯一能在接踵而来的判断中产生差别的东西。对知觉的素材进行控制以便为判断保证合适的资料，这是区别野蛮人对自然事件所作判断与牛顿或爱因斯坦所作判断之间差异的关键。既然审美批评的质料是对审美对象的知觉，那么，自然的以及艺术的批评就总是由第一手知觉的性质所决定的；知觉上的迟钝从来都不能由无论怎样广泛的大量学习来加以改善，也不能由无论怎样正确的抽象理论的掌握来加以改善。也不可能不让判断进入审美知觉之中，或者至少不可能不让它接着一开始全然未加分析的定性印象而发生。

因此，从理论上说，完全有可能从直接的审美经验出发而立即抵及判断所包含的东西，这里所给出的线索一方面来自当艺术作品存在于知觉中时所形成的质料，另一方面来自由于其自身结构的本性而被包含在判断中的东西。但是，实际上，首先有必要理清根基。这是因为，关于判断本性的尚未调和的差异还反映在批评理论之中，而艺术中的各种各样的倾向则导致了彼此对立的理论，这些理论是为着维护某一种运动同时指责另一种运动而得到发展和坚持的。事实上，有理由认为，审美理论中最为重要的问题一般都可以在围绕某种艺术的那些特殊运动所展开的争论里面被找到，就像建筑中的“功能主义”、文学中的“纯”诗或自由诗、戏剧中的“表现主义”、小说中的“意识流”、“无产阶级艺术”以及艺术家与经济条件及革命的社会活动的关系。这样的一些争论，也许会伴有激动和偏见；但是，它们更可能通过着眼于具体的艺术作品，而非有关审美理论的抽象的学究气作品来得以进行。不过，它们借着源自外在的派别运动的观念和目的而把批评理论弄复杂了。

并不能在一开始就有把握地假定，判断是一种为了更充分的知觉而施于直接知觉的质料之上的理智行为。这是因为，判断还有一种墨守成规的意义和含义，正如莎士比亚的一句措辞中所说的，“是一位批评家，不，是一位守夜人”。遵循由法律实践所提供的意义，一位法官、一位批评家是一个宣布权威判决的人。我们不断地听说批评家们和历史对艺术作品所宣布的裁定。批评被认为仿佛不是一项按照主旨和形式对一个对象的内容进行说明的工作，而是一个以功劳和过失为基础来宣判无罪或有罪的过程。

法官——司法意义上的——占据着社会权威的一席之地。他的判决决定了一个个体的命运，也许还决定了一项事业的命运；而且，它有时也解决了未来的行动路线的合法性问题。对权威的渴望（以及被敬仰的渴望），使人们的胸中充满活力。我们的存在很大程度上是针对赞扬和指责、辩解和反对的调子来加以调节的。因此，在理论中出现了一种把批评提升为某种“司法式”东西的意向，它反映了实践中的流传广泛的倾向。人们不可能广泛阅读这种批评学派的公开声明而看不到它在很大程度上属于补偿性的类型——这个事实导致了一种嘲笑，即嘲笑批评家乃是那些缺乏创造的人。墨守成规类型的批评在很大程度上起因于下意识的不自信，以及一种随之而来的对权威保护的求助。由于对一种有影响的规则的记忆，以及先前的和显赫的经验对直接经验的替换，知觉被弄模糊或者被打断了。对权威地位的渴望，使批评家在说话的时候俨然是具有无可置疑的统治权的那些既定原则的代理人。

不幸的是，这样的一些活动对批评观念本身产生了影响。与那种作为深刻实现的知觉在思想中的发展的判断相比较，最终的、解决某个问题的判断更适合于死不悔改的人类本性。原创性的充足经验并不容易得到；它的达成，是对天生的敏感性以及对经由广泛接触而成熟的经验的一种测试。作为一个得到控制的探究行为的判断，要求丰富的背景以及训练有素的洞察力。比起区别和统一来说，"告诉"人们他们应当相信什么要容易得多。而且，那种本身已经习惯于被告诉而不是在深思熟虑的探究中得到训练的听众，也喜欢被告诉。

只有在假定适用于所有情况的一般性规则的基础上，才能作出司法决定。司法判决的特例作为殊相所产生的危害，比起发展这种想法以及用以作出判断的先前的权威标准和现成在手的先例所造成的最后结果来说，要不严重得多。18 世纪的所谓古典主义宣称，古人们提供了由以导出各种规则的典范。这种信念的影响，从文学扩展到其他的艺术分支。雷诺兹推荐学艺术的学生遵守翁布里亚画派以及罗马画家的艺术形式，并且警告他们要反对其他的形式，说丁托列托的创意是"野蛮的、多变的、放肆的和怪诞的"。

马修·阿诺德对于过去所提供的模式的重要性给出了一种温和的看法。他说，发现"什么样的诗属于真正杰出的等级，并因而能够对我们最为有益"的最好办法乃是"总是在心中想着大师们的诗行和表述，并把它们当作试金石用到其他的诗中"。他否认他的意思是说其他的诗沦落为了模仿，而是说这样的一些诗行是"检验是不是具有高度诗性的万无一失的试金石"。除开这些词中所包含的我用着重号标出的道德主义的元素之外,"万无一失"的检验这个观念如果要起作用的话,就注定要对知觉中的直接反应进行限制,并且引入自我意识以及对外部因素的依赖,所有这些对充满生机的欣赏来说都是有害的。此外,还涉及一个问题,即过去的杰作之所以被承认为杰作,究竟由于个人反应的缘故还是基于传统和习俗的权威的缘故。马修·阿诺德确实假设了对于某种人们所具有的个人正当知觉能力的最终依赖。

司法式批评学派的代表看起来并不确信,究竟由于大师们遵守了某些规则而变得伟大,还是现在得到遵守的规则源自伟大人物的实践。一般而言,我认为可以有把握地假定,对规则的依赖是对那种具有突出个性的作品一种原先更为直接的欣赏的减弱和减轻,并最终变成它的奴仆。但是,不管它们是靠它们自己而建立起来,还是源自那些杰作而建立起来,标准、规定、规则都是一般的,尽管艺术的对象是个别的。前者没有时间中的轨迹,并由于这个事实而被天真地称作是永恒的。它们既不属于这里,也不属于那里。它们适用于一切东西,但又不特别地适用于任何东西。为了获得具体性,它们不得不为了例证而提及"大师"的作品。因此,实际上,它们是鼓励模仿的。而大师本身通常也有学徒期,但是他们到成熟时,就把所学到的东西吸收到自己的个人经验、眼光以及风格中去了。他们之所以是大师,正是由于他们既没有因循典范,也没有因循规则,而是征服了这样两种东西并用它们来扩充个人经验。托尔斯泰作为一位艺术家说道:"没有哪样东西像由批评所建立的权威那样促成了艺术的倒错。"一旦某位艺术家被宣布为是伟大的,"他的所有作品都被当作令人钦佩并且值得模仿的……那么，一切受到吹捧的虚假作品就都成了艺术的伪君子由以悄悄混进来的入口”。

如果司法式的批评家没有从他们声称尊重的过去中学到谦逊的话，它就无法免于材料的匮乏。它们的历史大多是恶名昭彰的重大错误的记录。1933 年夏在巴黎所举办的那场雷诺阿纪念画展，成为发掘 50 年前官方批评家的某些判决的机缘。那时的宣告是多种多样的，从断言这些画作引起一种类似晕船感觉的恶心，是随意混合最强烈色彩的病态心灵的产物——一个特别受喜爱的陈述，到断言它们“是对绘画中所有可允许的（一个特有的词）东西的否认，是对被称作光线、透明和阴影、明晰和图案的所有一切的否认”。迟至 1897 年，一群学究（始终是司法式批评的喜爱者）还在抗议卢森堡博物馆接受一批雷诺阿、塞尚、莫奈的画作，他们中的一个说，学院不可能面对这桩接受一批精神病者的收藏品的丑闻而保持沉默，因为它是传统的守护者——这是司法式批评所特有的另一个观念。①

不过，经常与法国批评联系在一起的，往往是某种手法上的轻盈。而要了解宣言的真正威严，我们也许要转向一位美国批评家在 1913 年纽约军械库展览会之际所发表的公开声明。在塞尚无效的标题下，后者被说成是“一位二流的印象派画家，他偶尔有不错的运气画出一幅勉强算是好的图画”。而凡·高的“粗糙”则遭到了如下的处理：“一位勉强胜任的印象派画家，他笨手笨脚（!），对美几乎一无所知，用粗糙和无足轻重的图画糟蹋了许多

① 这批收藏品中的绝大部分现在在卢浮宫——此为对官方批评的能力的一个充分评注。

画布。”马蒂斯则被打发成这样一种人，他“放弃了对于技巧的所有尊重、对媒介的所有感觉；满足于用粗劣的线条和色调来涂抹他的画布。它们对真正的艺术所意指的一切的否定，表明了某种沾沾自喜的自鸣得意……它们不是艺术作品，而是虚弱无力的鲁莽”。对“真正的艺术”的涉及是司法式批评所特有的，再没有什么比刚才所提及的它对艺术家的有意义的东西的颠倒更加浅薄失当了：凡・高是爆发性的而不是笨手笨脚的；马蒂斯是一个几乎没有缺点的精于技巧者，并且天生是装饰性的而非粗劣的；而用在塞尚身上的“二流”，则无需进一步说明。可是，这位批评家此时接受了马奈和莫奈的印象派绘画——那是1913年而不是20年前；而他精神上的后代们无疑会把塞尚和马蒂斯高举为标准，并借着这些标准来谴责绘画艺术中某种将来的运动。

在刚才所援引的“批评”之前还有一些其他的评论，这些评论指出了那种总是包含在墨守成规批评中的谬论的本性：把某种特定的技巧与审美形式混淆起来。这里所讨论的这位批评家引用了一位并非职业批评家的参观者所发表的一个评论。后者说："我从来没有听说过，一大群人如此多地谈论意义和生命，而如此少地谈论技巧、明暗、色调、素描、透视、对蓝色和白色的研究，等等。”然后，这位司法式的批评家补充说：“我们非常感谢这条有关谬论的具体证据，比起其他的证据，它更有迹象表明会对那些过度轻信的观察者造成误导以及完全的迷惑。以牺牲技巧问题为代价而带着对‘意义’和‘生活’的关心去参观这次展览，这不是简单地回避问题；这是拱手放弃问题。在艺术中，‘意义’和‘生活’的要素必须直到下面的情况下才会存在，即艺术家已经精通那些技巧过程，借此，他们也许拥有也许不拥有天赋使它们（原文如此）得以产生。”

该评论的作者打算把技巧问题排除在外的含义中的不公正性，是所谓的司法式批评如此典型的特征，以至于它之所以重要仅仅是因为它指出：批评家如何只有在技巧等同于某种过程的模式时，才能完全地对它进行思考。这个事实是意味深长的。它指出了甚至是最好的司法式批评的失败的根源：这种批评不能应付新的生活模式的出现——要求新的表现模式的经验的出现。所有的后印象派画家（塞尚是个别的例外）都在他们的早期作品中表明，他们掌握了那些前辈大师们的技巧。库尔贝、德拉克洛瓦的影响，甚至安格尔的影响，都渗透在他们身上。但是，这些技巧所适合的是旧主题的呈现。而当这些画家成熟时，他们就有了新的眼光；他们以老一辈画家所不敏感的方式来看待世界。他们的新的素材要求一种新的形式。而由于技巧与形式的相对性的缘故，他们被迫尝试新的技巧过程的发展。[①] 一种在物质和精神上已经发生改变的环境要求新的表现模式。

我再重述一下，在这里，我们已经把甚至是最好的司法式批评的内在固有的缺陷揭露出来了。在任何艺术中，一项重要的新运动的意义正是在于，它表现了人类经验里某种新的东西、活的生灵与他的环境的某种新的相互作用的模式，以及由此而来的原先那些受束缚的或呆滞的力量的释放。因此，当形式被等同于常见的技巧时，运动的展示就不可能得到评判而只可能得到误判。除非是批评家首先对作为要求其自身形式的质料的“意义和生活”保持敏感，否则的话，他在具有显著新特性的经验的出现面前

---

① 参见前文第171—173页。

就是非常无助的。每一位专业人士都受到习惯与惯性的影响,并且不得不保护自己免受一种对生活本身的蓄意开放的影响。司法式批评家所树立起来的东西本身成了他所要求的原则和规范的危险。

自称为司法式的批评大多笨拙可笑,这就唤起了一种对于对立极端的反应。这种反对采取了"印象派"批评的形式。它在事实上,如果说不是在语言上,拒绝承认有可能存在判断意义上的批评,并且断言判断应当被替换为对艺术对象所唤起的感觉和意象的反应的陈述。在理论上,尽管不总是在实践上,这样的批评所作出的反作用在于,从现成的规则和前例的标准化的"客观性"转到一种主观性的混乱,后者缺乏客观的控制,并且,如果在逻辑上贯彻到底的话,会导致一堆不相干的东西混杂一片——有时候就是这样。于勒·勒梅特尔(Jules Lemaître)曾经对印象派的观点给出一个几乎经典的陈述,他说:"批评,不管它的借口是什么,都永远不能超出对印象的界定,这种印象在一个特定的时刻由一件艺术作品为我们制造出来,而在这件艺术作品中,艺术家本人也记录了他在某个时间从世界所感受到的印象。"

这段陈述包括一个暗示,如果把这个暗示揭示出来,那么就远远超出了印象派理论的意图。要界定一个印象,就意味着远远不止是把它说出来。印象,作为事物和事件在我们身上所造成的总体定性而未加分析的效果,乃是所有判断的前件和开始。① 一个新观念开始时乃是一个印象,哪怕对科学家和哲学家来说也是

① 参见前文第233页。

如此，尽管它的结束也许会是一个跟随在广泛探究之后的详尽判断。但是，要界定一个印象，就要分析它；而且，分析要能够进行下去，只有依靠超出印象，依靠把它归诸它所立于其上的基础和它所使之发生的结果。而这个过程就是判断。即使一个表达其印象的人把他对它的阐释、他的划分，以及界定限制在那些存在于他自己的气质和个人历史中的基础之上，坦率地把读者当作知己，他仍然超出了赤裸裸的印象而走向某种对印象来说是客观的东西。这样一来，他就从他自身的角度为读者奠定了“印象”的基础，这较之任何只能在一种单纯的“我看好像”中所发现的印象来说，具有更多的客观基础。这是因为，有经验的读者就那样被赋予了在不同个人的不同印象中进行辨别的手段，而这种辨别是根据拥有这些印象的个人的偏爱和经验所作出的。

从个人历史的陈述开始的对客观基础的指涉，并不能就在那里停留。对其印象作出界定的人的传记，并不存在于他自己的身体与心灵之中。它之所以是其所是，乃是由于同外部世界的相互作用；这个世界就某些方面和状态而言，乃是与其他人的世界所共同的。如果批评家是明智的话，他就会通过考察已经进入到他自身历史中的诸客观原因，对发生在这个历史中的某个时刻的印象进行判断。除非他这么做，或者至少含蓄地这么做，否则的话，有辨别力的读者就不得不替他来履行这项工作——除非他盲目地听任印象本身的“权威”的摆布。在后一种情况下，印象中就不存在什么区别；一个有教养的心灵的洞见与一个不成熟的狂热者的宣泄就处于同一水平。

引自勒梅特尔的那句话还有另外一个重要的含义。它提出了一个客观的比例：艺术家的素材对于艺术家怎样，艺术作品对于批评家就怎样。如果艺术家是麻木的，并且如果他没有使某种直接的印象充满那些源于先前丰富积累的经验的意义的话，他的产品就是贫乏的，而且产品的形式也是机械的。这样的情形在批评家那里，也没有什么不同。如果把艺术家的印象当作发生在“某个时刻”，而把批评当作发生在“给定时刻”，那么其中就包含了一种非法的暗示。这种暗示就是，因为印象存在于一个特定的时刻，所以其意义就被限制在那个短暂的时间间隔之中。这一暗含的意思，乃是印象派批评的根本谬误。一切经验，甚至包含着由长期探究和反思的过程所得结论的经验，都存在于一个“给定时刻”。如果从这个事实推论出它的重要性和有效性都只是瞬息间的事情，那么，就是把所有的经验都化约为无意义偶然事件的变化不定的万花筒。

再者，将批评家对艺术作品的态度和艺术家对他的素材的态度进行比较是如此正当，以至于对印象派理论来说成了致命性的东西。这是因为，艺术家所具有的印象，并不是由印象所组成的；它是由依靠想象的视觉而得以呈现的客观材料所组成的。素材承担着由与共有世界的交流而产生的意义。最自由地表现其自身反应的艺术家，也处于沉重的客观强迫之下。许多批评所碰到的麻烦，除了印象派的标签外，还在于批评家对作品所采取的态度不是艺术家对“他得自世界的印象”所采取的态度。批评家比起艺术家来说，可能更容易弄出一些毫不相干的东西以及任意武断的声明；同时，对于眼睛和耳朵而言的未受素材控制，远比批评家方面相应的未受控制更加明显。批评家想要保持距离地驻留于世界的倾向，无论如何已经足够了，无需再靠一种特别的理论来加以认可。

如果不是由于司法式批评家所造成的过错，这些起因于其所坚持的理论的过错，印象派理论的反作用几乎也就不会被唤起了。因为前者树立起关于客观价值和客观标准的错误观念，所以印象派批评家就很容易彻底否认存在着客观的价值。因为前者所采纳的关于标准的概念事实上具有外在的本性，它源于为实践的目的而得到发展的标准的使用，并且在法律上得到界定，所以后者就假定根本不存在任何种类的标准。就其精确含义而言，“标准”是不含糊的。它是一种量上的尺度。码作为一种长度标准，加仑作为一种液体容量标准，这些都像法律定义所能够做的那样精确。例如，对于英国来说，液体度量的标准就是由1825年的议会法案所定义的。它是一个装了10磅重的蒸馏水的容器，称重条件是在空气中，气压表计为30英寸，华氏温度表计为62度。

标准有三个特征。它是在所规定的物理条件下存在的一种特定的物理事物；它不是一种价值。码就是码尺，而米就是放置在巴黎的一根横木。其次，标准是确定的事物的尺度，是长度、重量、容积的尺度。被度量的事物不是价值，尽管能够对它们进行度量具有非常大的社会价值，因为以尺寸、容量、重量的方式存在的事物属性对商业交换来说极其重要。最后，作为尺度的标准，标准乃是从量的方面来对事物进行界定的。能够对量进行度量，这对于进一步的判断有巨大的帮助，但它本身还不是一种判断的模式。标准，作为一种外在的和公共的事物，是在物理上得到运用的。码尺在物理上置于那些有待度量以便确定其长度的事物之中。

因此，当“标准”这个词被用在艺术作品的判断方面时就只会导致混乱，除非注意到现在所给出的标准的意义与作为度量的标准的意义之间的根本差别。批评家确实是在进行判断，而不是在度量物理事实。他所关注的是个别的东西，而不是比较的东西——就像所有的度量所做的那样。他的素材是质上的，而不是量上的。不存在什么被法则定义为对所有事务都相同并且在物理上得到运用的外在的和公共的东西。会使用码尺的孩子能够像最有经验和最成熟的人那样进行度量，如果他能操纵这尺子的话；这是因为，度量并不是判断，而是一种物理操作，其运作的目的是为了决定交换中的价值，或者为了某种进一步的物理操作——就像一位木匠度量他用来进行建造活动的木板那样。而对一个观念的价值，或者一件艺术作品的价值的判断，就不能这么说了。

由于批评家们没有认识到用于度量的标准与用于判断或批评的标准在意义上的差别，格鲁丁(Grudin)先生会说，批评家是对有关艺术作品的固定标准的信奉者："他的步骤就是一场寻找那些能支持其主张的词句和观念的远足，无论什么地方，只要能找到它们；他不得不信赖他在理解现成可用的零碎之物时所加进去的意义，这些零碎之物属于各种各样的领域，并被聚集起来充当权且的批评原则。"而这就是，他并不十分严肃地补充说，文学批评家所遵循的通常步骤。

然而，并不能由此得出结论说，因为缺乏一种统一的和公开确定的外在对象，艺术的客观批评就成了不可能。可以得出的是，批评乃是判断；就像每个判断那样，它包含一种冒险、一种假设的元素；它被指向性质，不过，这些性质是对象的性质；它所关注的是个别的对象，而不是靠外部预设的规则在不同事物之间所进行的比较。由于这种冒险的元素，批评家在他的批评中显示出他自身。而当他离开他所判断的对象时，就会神志恍惚地进入另外一个领域，并且把价值搞乱。比较在优美艺术中变得可厌可憎，而在任何别的地方不至于像这个样子。

据说，欣赏是涉及价值而发生的，而批评目前被认为是一个评价的过程。当然，这种设想中存在着正确的东西。但是，它在目前的解释中充满了许多含糊其辞的东西。终究而言，人们所关心的是一首诗、一出舞台剧、一幅画的价值。人们意识到，它们是定性关系中的性质。没有人会在这个时候把它们当作价值来归类。人们也许会宣布一出戏是优秀的或"糟糕的"。如果一个术语可以如此直接地进行特征评价的话，批评就不是评价了。它与直接的突然大叫比起来，是一种非常不同的东西。批评是对于对象属性的一种搜寻，这些属性也许能够证明那种直接的反应是正当的。可是，如果这种搜寻是真诚的和有根据的，那么，它在得以着手进行的时候，就不是关注价值而是关注所考察的对象的客观属性——如果是一幅画，那么所关注的就是那些处在彼此关系中的色彩、光线、布局、容量。它是一种全面考察。批评家也许会，也许不会在最后就对象的总体"价值"明确地发表意见。如果他这样做了，那么，他的宣告就比不这样做更为明智，因为他的知觉性欣赏现在得到更多的指导。但是，当他真的要总结对对象的判断时，如果他小心谨慎的话，他就会以客观检查结果的概要的形式来做这项工作。他会认识到，他在这种或那种程度上所做的"好"或"坏"的断言，乃是指好的性质和坏的性质其本身要被其他人在他们与对象的直接知觉交往中加以测验。他的批评是作为一种社会性的文本而发表的，并且可以被获得相同客观材料的其他人来加以检查。因此，如果批评家明智的话，那么甚至在作好和坏的声明时，在作价值大和价值小的声明时，他也会更多地强调支持他的判断的客观特征，而不是强调杰出和低劣意义上的价值。这样一来，他的全面考察可能就对其他人的直接经验有所帮助，就像对一个国家的全面考察，对游历这个国家的人有帮助一样，而有关价值的权威断言则起着限制个人经验的作用。

如果不存在艺术作品的标准，并且因此不存在批评的标准（就度量标准的意义而言），那么在判断中仍然存在着准则，所以批评没有落入单纯的印象派领域。对和质料有关的形式的讨论，对艺术中媒介的意义的讨论，对表现性对象的本性的讨论，就作者而言，都是探索某些这样的准则的一种尝试。但是，这样的准则并不是规则或规定。它们是一种努力的结果，即努力查明作为一则经验的艺术作品究竟是什么：那种构成艺术作品的经验。只要结论是有效的，它们就可以被用作个人经验的手段，而不是被用作人们应当采取何种态度的命令。对艺术作品是什么的陈述是一种经验，它也许可以使对特定艺术作品的特定经验更切合于所经验的对象，并且更多地意识到它自身的内容和意图。这是所有任何准则都能够做的；同时，如果并且只要结论是无效的，更好的准则就会被提出来，这种提出所凭借的是得到改进的对作为一种人类经验方式的艺术作品本性的一般考察。

批评就是判断。判断由以产生的材料则是作品、对象，但它是由于进入批评家的经验之中而成为这种对象的，进入的手段便是与批评家自身的敏感性相互作用，并且与他的知识以及从过去经验积累下来的储备相互作用。因此，就判断的内容而言，判断将随着具体材料的改变而改变；这种具体材料唤起判断，并且必定支持判断，如果说批评是中肯和有效的话。尽管如此，判断仍然具有一种共同的形式，因为它们都要执行某些功能。这些功能就是分与合。判断必须唤起对组成部分的一种更为清楚的意识，并且发现这些部分如何前后一贯地联系起来，形成一个整体。理论将这些功能的履行命名为分析与综合。

它们不能彼此分开，因为分析是把部分当作一个整体的部分来加以揭示；把细节和详情当作属于总体情境，即话语整体来加以揭示。这种运作与吹毛求疵或者解剖剥离是对立的，甚至某种程度上，在需要后一种活动而使判断成为可能时也是如此。没有什么规则可以加诸像决定整体的重要部分以及它们在整体中各自位置和分量这样的细致行动的实施之上。这也许可以作为一个理由来说明，为什么有关文学的学术论文如此经常地成为对细枝末节的学究式列举，而对于绘画的所谓批评则具有专家所做的笔迹分析的条目的性质。

分析的判断是对批评家心灵的一种测试，因为心灵作为对由过去与对象的交流而来的意义进行知觉的组织，是辨别的器官。因此，对批评家起保护作用的就是一种强烈的、有见识的趣味。我之所以说"强烈的"，乃是因为，倘若没有与对某些素材的热切爱好联系在一起的自然敏感性，甚至见多识广的批评家也会变得冷漠，以至于没有机会洞察艺术作品的内心。他将停留在外面。然而，除非感情中充满了作为丰富而完整经验的产物的洞见，否则的话，判断就会是片面的，或者不会超越容易动情的感伤主义的水平。学识必须成为温暖趣味的燃料。对于艺术领域中的批评家来说，这种有见识的趣味意味着对他的这门特定艺术的传统的熟悉；这种熟悉不仅是关于它们的知识，因为它源自个人与那些形成了传统的对象之间的密切关系。在这个意义上，对杰作以及亚杰作的熟知就成了敏感性的“试金石”，尽管不是评鉴的独裁者。这是因为，只有当杰作被置于它们所属的传统之中时，才能得到批判性的鉴赏。

不存在只有一种单一传统的艺术。不熟谙多种传统的批评家必然是受局限的，而且其批评也会片面到扭曲的程度。前面所援引的关于后印象派绘画的批评来自这样一些人，他们认为自己是专家，因为他们专门加入了某种单一的传统。在造型艺术中，既存在佛罗伦萨的传统和威尼斯的传统，也存在黑人、波斯人、埃及人、中国人和日本人的传统——这里只列举一些突出的传统。正是由于缺乏对多种传统的感觉，风格的不稳定摇摆就成为不同时期对艺术作品的态度的标识——例如，过高估计拉斐尔派和罗马画派，而以牺牲曾经流行的丁托列托和埃尔·格列柯为代价。专门坚持“古典主义”和“浪漫主义”的批评家们无休无止和枯燥无味地争论，大多有着相似的来源。艺术的领域中存在着许多大厦；艺术家们已经把它们建造出来了。

通过对多种条件的了解，批评家意识到在艺术中有用的（因为它们已经得到使用）大量不同的材料。他得以免于仓促地判断：这件或那件作品因为有着他不习惯的质料便在审美上是错误的；而且，当他碰到一件其质料尚无已发现前例的作品时，他会小心翼翼地避免作出简慢的谴责。既然形式总是与质料整合在一起的，那么，如果他自身的经验具有真正审美性的话，他会对那些存在着的大量的特殊形式进行欣赏，并且防止将形式等同于某种他渐渐更为喜欢的技巧。简而言之，不仅他的整体的背景将得到拓宽，而且他将完全充分地熟悉一种更为基本的质料，即各种经验模式的素材向着完成而运动的条件。而且，这种运动构成了所有艺术作品客观的以及公共可接近的内容。

对于诸多传统的了解,并不是辨别力的敌人。尽管我已经为司法式批评所通过的大部分谴责作了辩护,但这在错位赞美中还是很有可能当作臭名昭彰的过错来加以援引。对大量的传统缺乏同情的熟悉,导致批评家愿意欣赏学院派的艺术作品,如果这些作品是借着卓越的技巧手段而被做出来的话。17世纪的意大利绘画得到了远远超过它应得的喝彩,其原因仅仅在于,它借着熟练的技巧把早期意大利艺术在允许范围所持有的各种因素推向了极端。对于各式各样的传统的了解,是准确而严谨的辨别的条件。这是因为,只有借助这样一种了解,批评家才能够发现艺术家的意图,以及其意图实施的充分性。批评的历史充满了草率而任意的指责,正如它充满了对并不具有熟练运用材料之外的长处的称赞那样;而倘若对诸种传统有充分了解的话,就不会发生这样的事情。

在大多数情况下,批评家的辨别力不得不借助对某位艺术家发展情况的了解,因为这在其作品序列中得到了展现。只有在极少的情况下,才能通过一位艺术家的活动的单一样本来对他作出批评。这种无能并非简单地是因为荷马也有打盹的时候,而是因为,对艺术家发展逻辑的理解就辨别他在任何单一作品中的意图来说都是必要的。拥有了这种理解,就可以对背景进行拓宽和精炼;而判断要是没有这种背景,就会是盲目和任意的。塞尚就传统范例和艺术家之间关系所说的一番话,对批评家也是适用的。他说:“对威尼斯派画家的研究,尤其是对丁托列托的研究,会将人置于对表现手段的不断搜寻之中,这些手段无疑会促使人去用实物来经验一个人自身的表现手段。……卢浮宫是一本可供参考的好书，但也只是一个中介物而已。自然场景的多样性，才是我们要做的真正重大的研究。……卢浮宫是一本我们用以学习阅读的书。但是，我们不应当满足于保持我们杰出的前辈的程式。让我们离开它们吧，以便去研究美丽的大自然，并去探寻依照我们的个人气质来表现它。时间和反思会对视觉作出逐渐的修正，而领会就在最后到来了。"改变那些需要改变的术语，批评家所采取的步骤就凸显出来了。

批评家和艺术家一样，具有他们的偏好。自然和生活的某些方面是刚性的，而另外一些方面是柔性的；一些质朴甚至荒凉，另外一些具有迷人的魅力；一些是令人兴奋的，另外一些是使人平静的，诸如此类，几乎没有尽头。大多数艺术"流派"都显示出在某一个或另一个方向上的倾向。这样一来，某种独创的视觉模式就俘获了该倾向，并把它带到它的极限。例如，在"抽象的"和"具体的"——亦即更为熟悉的——之间存在着反差。有些艺术家致力于极端的简化，他们感到内部的复杂性会导致一种转移注意力的过剩；另一些艺术家所思考的问题，则是最大限度地与组织相一致的内部规范的增殖。① 而对于在象征主义名义下运行的模糊的质料来说，还存在着坦白公开的方法与间接暗示的方法的区别。有些艺术家倾向于托马斯·曼称作黑暗和死亡的东西，而另一些艺术家则为光明和空气感到欣喜。

毋庸多言，每一个方向都有困难和危险；而且，随着它接近自身的极限，这些困难和危险也会增加。象征性可能会在晦涩难懂

---

① 尽管动物艺术的两个例子主要用来指出艺术中的"本质"的本性，但它们也作为例子对这两种方法进行说明。

中丧失自身，而直接的方法可能会在平庸乏味中丧失自身。“具体的”方法以纯粹的实例而告终，而“抽象的”方法则以科学的训练而告终，诸如此类。然而，当形式和质料取得平衡时，它们两者都被证明是有理的。所存在的危险是，批评家在个人偏爱或更为常见的派性守旧主义的引导下，把某一种规则当作他的判断准则，而把所有偏离于此的东西谴责为对艺术本身的背离。这样一来，他就抓不住所有艺术的一个要点，即形式和质料的统一；而之所以抓不住，乃是因为在他天生或习得的片面性中，缺乏对活的生灵与其世界之间千变万化的相互作用的足够同情。

判断既有辨别的方面，也有统一的方面——在学术上被称为综合，以区别于分析。这种统一的方面比起分析来说，甚至更是进行判断的个人所作创造性回应的一种功能。它是洞见。对于它的履行而言，不存在什么可被制定的规则。正是在这一点上，批评本身变成了一门艺术——要不然就是一种根据现成的蓝图而靠规则来起作用的机制。分析以及辨别都必须导致统一。这是因为，要成为一种判断的展示，它在区分细节和部分的时候，必须把它们与它们在完整经验的形成中所具有的影响和功能联系在一起。倘若没有一种建立在艺术作品的客观形式之上的统一性观点，批评家所得到的结果就只是细节的列举。批评家仿效鲁滨逊·克鲁索那样来展开工作，即坐下来制作一张幸运事和麻烦事的借贷表。批评家指出这么多的缺点和优点，然后结算账目。既然对象是一个完整的整体，那么，如果它真是一件艺术作品的话，这种方法就是令人厌烦的，就像它答非所问那样。

批评家必须发现某种贯穿所有细节的统一的集束或范型，但是这并不意味着，他必须自己生产出一个完整的整体。有时候，一些厉害的批评家甚至用自己的艺术作品代替他们表面上要评论的艺术作品。其结果也许是艺术，但不是批评。批评家所追踪的统一，必须作为艺术作品的特征而存在于该作品之中。这个陈述的意思并不是说，在艺术作品中，只有一种统一的观念或形式；而是有着许多，并且是与被讨论的对象的丰富性成比例的。这里的意思是说，批评家应该抓住实际存在着的某种世系或集束，把它清楚地提出来，以便使读者在他自己的经验中拥有一种新的线索和引导。

一幅画也许可以通过在结构上所使用的光线、平面、色彩的关系来达到统一，而一首诗可以通过占主导地位的抒情性质或戏剧性质来达到统一。而且，同一件艺术作品对于不同的观察者来说，会呈现出不同的设计和不同的方面——正如一位雕刻家可能会看到隐含在一块石头中不同的轮廓那样。就批评家方面而言，一种统一的模式与另一种是同样合法的——只要满足两个条件的话。其中的一个条件是，趣味所选择的主题和设计在作品中得到了真正的呈现，另一个是这种最高条件的具体显现：必须将指导性的论题展现为自始至终在作品的各个部分都得到一贯的坚持。

比如，歌德在他对哈姆雷特的性格所进行的说明中，就“综合的”批评给出了一个值得注意的展示。他对哈姆雷特本质性格的设想，使许多读者能够在该剧里看到不如此则注意不到东西。它就像一条线索，或者更确切地说，像一种集中性的力量。然而，他的设想也不是使该剧诸元素得以集中的唯一途径。那些看过爱德温·布思(Edwin Booth)对哈姆雷特性格描述的人，也许会倾心于这样一种想法，即哈姆雷特作为一个人的关键之处，可见于他在吉尔登斯特恩(Guildenstern)没有吹奏芦笛之后对他所说的几句话。“嗨，你看现在，你把我变成了多么一文不值的东西！你似乎可以吹奏我，仿佛知道我的变调；你好像扯出我的秘密的内心；你好像从我的最低的调子，一直吹响到我的音域的顶点；而在这小小的乐器里，有着许多音乐，动听的声音；可你却无法使它发出。多么令人气愤呀，难道你认为我比一根苇管更容易吹奏吗？”

在习惯上，判断和谬误被认为是彼此紧密地联系在一起的。审美批评的两个重大谬误是化约和范畴的混淆。化约的谬误产生于过分简单化。它存在于这样的时刻，即艺术作品的某个组成部分被分离出来，于是整体就被化约为这个单一而孤立的元素的条件。这种谬误的一般化例子，在前一章已经得到考察：比如，把一种像色彩或音调这样的感觉性质与各种关系孤立起来；把纯粹形式的要素孤立起来；或者，把艺术作品化约为某些专门的再现价值。同样的原则，也适用于技巧从它与形式的联系中拆分开来的时候。更为明确的例子可见于从历史的、政治的或经济的视角所作出的批评。无疑，文化背景不仅存在于艺术作品之外，而且存在于艺术作品之中。它作为一种真正的组成部分而加入进来，对它的承认是正当的辨别里的一个要素。威尼斯贵族和富商的奢华是提香绘画的一个真正组成部分。但是，那种把他的绘画化约为经济学文献的谬误，就像有一次我在列宁格勒艾尔米塔什博物馆里听到一位“无产阶级”导游所说的那样，太过明显了以至于不需要提及，如果说它不是常常以微妙的方式发生从而不易察觉的东西的一个显著例子的话。另一方面，法国 12 世纪雕刻和绘画的宗教的简单性和朴素性，加之正在讨论的对象的严格的造型性质，成为作品本质的审美性质，而这种宗教简单性和朴素性是由它们的文化背景而进入到它们之中的。

化约谬误一个更为极端的形式存在于这样的时候，即以偶然存在于艺术作品中的因素为基础，对艺术作品进行“说明”或“解释”。大多数所谓心理分析的“批评”，都具有这种本性。那些也许——或者也许没有——在艺术作品的成因中扮演角色的因素，被认为好像“说明”了艺术作品本身的审美内容。然而，后者恰恰就是某种对父亲或母亲的依恋，或者对妻子脆弱感情的特别关注，进入了艺术作品的生产之中。如果这里所讲的因素是真实而非推测的，那么，它们就与传记相关，但与作品本身的特性毫无关系。而如果作品有缺陷的话，这些缺陷就是在对象本身的建构中所发觉的瑕疵。假如说俄狄浦斯情结是艺术作品的一部分，那么，它能够由于自身而得到揭示。但是，心理分析的批评并不是落入这种谬误中唯一的一种批评。无论什么地方，只要艺术家生活中的某种所谓机缘、某种传记性事件被当作似乎是所产生的诗歌欣赏的替代物时，这种谬误就兴旺发达起来。[①]

这类化约谬误得以流行的另一个主要模式，存在于所谓的社会学批评之中。霍桑的《七角楼》(*Seven Gables*)、梭罗的《瓦尔登湖》(*Walden*)、爱默生的《随笔》(*Essays*)、马克·吐温的《哈克贝利·费恩历险记》(*Huckleberry Finn*)，这些无疑都与各自所产生的背景有关。历史和文化的信息也许有助于弄清楚它们产生的原因。但是，即使这一切都说了和做了，每一件作品也只在艺术

① 马丁·舒茨(Martin Schütze)在他的《学术幻象》(*Academic Illusions*)中，提出了有关这种谬误的中肯而详细的实例，表明它们是全部的审美解释派别所共同具有的惯用手段。

上才是其所是，其审美优点和缺点都存在于作品之中。对于作品产生的社会条件的了解，当它是真的了解的时候，具有真正的价值。但是，它不能代替对于对象自身的性质和关系所做的理解。偏头痛，视疲劳，消化不良，也许都会在某些文学作品的产生中扮演角色；它们也许甚至可以从一种因果性的角度来说明某些所产生的文学性质。但是，对于它们的了解，只是增加了有关原因和结果的医学知识，而无益于对所产生之物所作的判断，尽管这种了解把一种我们可能分享不到的道德仁慈引向了作者。

这样，我们就被带到了审美判断的另一个实际上与化约谬误混在一起的重大谬误，即范畴的混淆。历史学家、生物学家、传记作家、心理学家都有他们自己的问题，以及他们自己的指导性观念，这些东西控制着他们所从事的研究。艺术作品为他们提供了从事其特殊研究的相关资料。研究古希腊生活的历史学家难以构建他对古希腊生活的报告，除非他把希腊艺术的不朽业绩考虑进去；它们对于他的目的来说，至少与雅典以及斯巴达的政治制度一样重要和宝贵。柏拉图和亚里士多德所提供的对于艺术的哲学解释，对于研究雅典精神生活的历史学家来说，乃是必不可少的文献。但是，历史学的判断不是审美的判断。有些范畴——亦即对探究的思想进行控制的范畴——是适合于历史学的；而当它们被用来控制也有其自身想法的艺术探究时，只会导致混乱。

对于历史学进路适用的东西，对于其他模式的讨论同样适用。数学的方面不仅存在于建筑之中，而且存在于雕刻和绘画之中。杰伊·汉比奇(Jay Hambidge)曾经发表过一篇关于希腊花瓶上的数学的论文。也曾经产生过论述诗的数学形式元素的巧妙作品。传记作者如果在构建歌德或梅尔维尔(Melville)的生活画面时不使用他们的文学作品，那么就是玩忽职守。在艺术作品的构成中所牵涉到的个人历程，对于某些精神历程的研究来说是非常宝贵的资料，就像科学探究者所使用的过程记录在智力活动的研究中具有重要意义那样。

“范畴的混淆”这个短语，有着一种唯理智论的含义。它在实践中的对应物是价值的混淆。[1] 批评家以及理论家都热衷于试图将这种独特的审美经验的术语翻译为其他种类的经验的术语。这种谬误最常见的形式在于，假定艺术家所由以开始的材料已经具有一种得到承认的地位，这种地位可以是道德的、哲学的、历史的或者无论什么的，然后通过情感的调料和想象的佐料使之变得更加美味可口。艺术作品被处理成仿佛是对那些已经通行于其他经验领域中的价值的一种重新编辑。

比如，毫无疑问，宗教的价值对艺术来说已经产生了一种几乎无与伦比的影响。在欧洲历史的一段很长时期里，希伯来和基督教的传说形成了所有艺术的主要题材。但是，这个事实本身并没有告诉我们有关独特的审美价值的任何东西。拜占庭的、俄罗斯的、哥特式的以及早期意大利的绘画都同样是“宗教的”。但是，从审美上来说，它们中的每一个都具有自己的性质。毋庸置疑的是，不同的形式与不同的宗教思想及实践联系在一起。可是，从审美的角度而言，马赛克形式的影响是一种更为贴切的考虑。这里所涉及的问题，是前面的讨论里经常提到的材料与质料之间的不同。媒介和效果是重要的质料。出于这个理由，后来那

① 布尔迈耶(Buermeyer)的《审美经验》(*The Aesthetic Experience*)中，很重要的一章就是用这个标题。

些不具有宗教内容的艺术作品有着一种深刻的宗教效果。我可以想象，当新教神学对《失乐园》主题的排斥遭到冷落和忘却的话，它的宏伟艺术会得到更多而不是更少的承认；而且，这首诗会得到更为广泛的阅读。这个想法并不意味着形式独立于质料。它的意思是说，艺术的主旨并不等同于主题——正如《古舟子咏》的形式不等同于作为其主题的那个故事。弥尔顿所描述的那种有着巨大力量的戏剧性活动的场面安排，在审美上并不令人讨厌，就像《伊利亚特》中所描述的这些东西不会令现代读者讨厌那样。以下两者之间有着深刻的区别：一者是艺术作品的运载工具，即艺术家由以接收他的素材并把它传达给他的直接观众的理智载体，另一者是这件作品的形式以及质料。

科学对艺术价值的直接影响，要比宗教对它的影响小许多。谁要是断言但丁或弥尔顿作品的艺术性质受到他们所接受的一种不再具有科学地位的宇宙起源论的影响，那么，这位断言者可就是一位勇敢的批评家了。至于将来，我认为，华兹华斯的这番话说得很对："……即便从事科学的人的劳动能在我们所处的条件中，能在我们所习惯接受的印象中，创造出任何(无论直接还是间接的)物质革命，诗人也不会沉睡，就像现在没有沉睡那样……他会坚守他的一方，把感觉带到科学本身的对象之中。化学家、植物学家或矿物学家的最深远发现，如果到这些事物为我们所熟悉的时候，便会成为诗人艺术的适当对象，就像它可以被用于其上的任何对象一样。另外，这些各门科学的追随者由以对它们进行深入思考的各种关系，也会显然而明白地成为我们这些正在享受快乐和遭受苦难的人的材料。"但是，诗不会由于这个缘故而成为科学的一种普及，它的特有价值也不会成为科学的特有价值。

有些批评家混淆了审美的价值与哲学的价值，尤其是那些由哲学上的道德主义者所制定的价值。比如，艾略特（T. S. Eliot）说，“最真的哲学对于最伟大的诗人而言，乃是最好的材料”；并且暗示，诗人所做的事情是通过添加感官和情感的性质而把哲学的内容变得更为切实可行。“最真的哲学”是什么，恰恰就是一个具有某种争议的问题。但是，在这一点上，这一派批评家并不缺乏明确的信念，即使不说是独断的信念。他们没有哲学思考上任何特定的专门能力，便准备宣告权威的判断，因为他们献身给了对于过去某个时代曾经兴旺发达的人与宇宙关系的某种设想。他们把它的恢复当作将社会从其当前的罪恶状态中救赎出来的本质要素。从根本上来说，他们的批评只是道德药方。既然伟大的诗人有着不同的哲学，那么对他们观点的接受，必然会导致这样的结果，即如果我们赞同但丁的哲学，就必须谴责弥尔顿的诗；而如果我们接受卢克莱修的哲学，就必然发现其他两人的诗都令人遗憾地存在着缺陷。再者，如果把这些哲学中的任何一种当作基础的话，歌德又应该摆在哪里呢？然而，这些人可都是我们伟大的“哲人型”诗人。

一切价值混淆最终都来自相同的源头——忽视媒介固有的重要意义。一种特定媒介的使用，一种具有自身特征的特殊语言，乃是包括哲学、科学、技术和审美在内的一切艺术的源头。科学艺术、政治艺术、历史艺术，以及绘画和诗歌的艺术，最后都具有相同的材料；这种材料由活的生灵与他的环境的相互作用所构成。它们的不同在于它们传达和表现这种材料的媒介，而不在于材料本身。每一种艺术都根据目的把经验的原生材料的某个方面转变为新的对象，而每一个目的为着其实行又都要求一种特定的媒介。科学所使用的媒介适合于控制和预测的目的，适合于增加力量的目的；它是一种艺术。① 在特定的条件下，它的质料也可能成为审美的。审美艺术的目的在于加强直接经验本身，它使用合适的媒介来完成这一目的。批评家的必要装备，首先是具有经验，然后是依据所使用的媒介来抽出它的组成部分。这两方面中任何一方面的失败，都会不可避免地导致价值的混乱。认为诗由于其特殊材料就具有了一种哲学，甚至说一种“真正的”哲学，就好像假定文学由于其材料而具有了语法。

当然，一位艺术家也许有一种哲学，而且这种哲学可能对他的艺术作品产生影响。由于语词这种媒介已经是社会艺术的产物，已经包含道德的意义，文学领域中的艺术家较之以造型媒介来工作的艺术家来说更经常地受到哲学的影响。桑塔亚那先生是一位诗人兼哲学家和批评家，他曾经陈述过他在批评中所使用的准则，而这个准则正是大多数批评家没有论及甚至显然没有意识到的东西。关于莎士比亚，他说：“……宇宙叫他无法捉摸；他似乎感觉不到有架构这个观念的需要。他描绘出人类生活所有的丰富性和多样性，但却并没有给人类生活留下一个背景，因此也没有留下一种意义。”由于莎士比亚所展现的各式各样场景和人物具有其各自的背景，上面这段话的意思显然是指缺乏一个特别的背景，即一个总体的宇宙背景。无需加以推测的是，这种缺乏乃是必然被包含的东西；它得到了明确的表述。“不存在任何可以支配并超越我们凡人能力的自然力或道德力的固定概念。”这里所抱

① 我曾经在《确定性的寻求》(*Quest for Certainty*)的第四章中强调过这一点(《杜威全集·晚期著作》，第 4 卷)。

怨的是"总体性"的缺乏；丰富并不就是完整。"理论的完整性所要求的东西，并不是这个或那个体系，而是某一个体系。"

与莎士比亚形成对照的是荷马和但丁，他们有一个信念，即"把经验的世界包围在想象的世界之中，在其中，理性的理想、幻想以及内心的理想有着一种自然的表现"（此处强调并非原文所加）。也许，他的哲学观点可以由出现在勃朗宁批评中的一句话得到最好的概括："经验的价值并不在于经验，而在于它所透露出的理想。"就勃朗宁来说，据说他的"方法乃是由同情而来的洞察，而非由智力而来的描述"——这句话也许是对一位戏剧性诗人的绝妙描绘，而不是它本来旨在成为的敌对批评。

既存在着种种的批评，也存在着种种的哲学。有一些观点认为，莎士比亚有一种哲学，这种哲学比别的哲学更贴近艺术家的作品；因为别的哲学认为，哲学的理想就是把经验封闭起来，并用超越于经验之上的理性才能构想的超验理想来对其各种丰富性加以主宰。有一种哲学坚持认为，自然和生活能够以它们的充实来提供许多意义，并且能够通过想象来进行许多表现。不管伟大的历史哲学体系具有怎样的范围和尊严，一位艺术家会本能地抵制由接受任何体系而来的被迫强制。如果重要的东西在于"不是这个或那个体系，而是某一个体系"，那么，为什么不和莎士比亚一样，把自然本身自由而多样的体系当作以众多纷繁的价值组织在经验中所运转和运动的体系来加以接受呢？相比较自然的运动和变化而言，据称由"理性"所规定的形式也许是一种特定的传统的形式，它是根据经验的某个单一和狭窄的方面作出的一种仓促和片面的综合。忠实于诸多组织潜能的艺术，集中于各种趣味和目的的艺术，自然所提供的艺术——就像莎士比亚的那种艺术——也许不仅具有一种丰富性，而且具有一种完整性和健全性，这是一种封闭的、超越的、固定的哲学所缺乏的。批评家的问题是形式对于质料的充分性，而不是任何特定形式的在场或缺席的充分性。经验的价值不仅存在于它所透露的理想之中，而且存在于它揭示诸多理想的能力之中，这种能力比任何得到透露的理想都更为根本和重要，因为它把理想包括在自身的步伐之中，并且打碎和重制它们。人们甚至也可以把这个陈述颠倒过来，说理想的价值存在于它们所引起的经验之中。

有一个问题是艺术家、哲学家以及批评家都必须面对的，即永恒和变化之间的关系。哲学的偏倚在其古往今来更为正统的状态中都倾向于不变，而且这种偏倚影响了更为严肃的批评家——也许正是这种偏倚，导致了司法式批评家的产生。人们忽视了，在艺术中——以及在就我们能够通过艺术媒介进行判断而言的自然中——永恒乃是它们彼此支撑的关系里种种变化的一种功能、一种结果，而不是一种先行的原则。在勃朗宁论雪莱的文章中，可以发现我所以为的批评最能够接近的东西，即对统一和"总体"、多样和运动、"个别"和"普遍"之间的关系的恰当陈述，因此我将详加援引。"如果说主观性看起来像是每个时代的最终要求的话，那么，客观性就必须在其最严格的意义上仍然保持它最初的价值。这是因为，正是由于这作为起点、也作为基础的世界，我们不得不始终关注自身；世界不是被我们认识了就可以抛弃，而是会得到回复并被重新加以认识。精神上的理解也许可以做得无限精妙，但它的原生材料必须保留下来。"

"有这么一段时期，那时一般的眼睛可以说吸收了它周围所充满的现象，无论精神的还是物质的，并且渴望了解它所拥有的东西的更为准确的意义，而不是接受它所拥有的东西的扩大。于是，对于具有更高洞察力的诗人来说，就有机会把只有一半理解水平的同伴提高到他自己的层面，而这种提高的途径就是强化细节的含义并丰富普遍的意义。这样一种成就的影响，不会很快地消失。一个或多或少以相同精神工作的继承者的部落（荷马式的人们）详述他的发现并强化他的教义，直到不知不觉地发现世界的继续存在完全系于真实的影子，系于激情淡化的情绪，系于事实的传统、一种道德的习俗、某种陈年的干稻草。然后就有了对另一种诗人的出现的迫切吁求，这种诗人立刻将以一捆鲜活的稻草代替从前所吞咽食物的这种理智反刍；并且通过下面的途径来获得新的主旨，即把假定的整体粉碎成诸多独立而不分类的价值，而不考虑对它们重新组合所需要的未知法则（后来的另一位诗人将担起提出这些法则的重任），也毫不吝惜人们外在观看而非内在观看的对象，并为它们的使用塑就一种新的、与过去不同的创造。它通过凌驾于死之上的生的权利来进行替换——这样持续下去，直到在不可避免的进程中，它自身所需的充足度终于要求展示它与某种更高东西的相似性——此时，一些积极但却冲突的事实将再次沉淀到一种和谐的法则之下。”

“世界上所有糟糕的诗（即凭借其相似性而算作的诗）都被发现起因于诗人灵魂的属性间无限差异等级中的某一个，它使诗人作品与自然真实之间缺乏一致性——导致诗不管在什么形式下都是错误的，这样的诗没有将一件事物展示给一般的人，也没有展示给特定的描绘者，而是把它假定展示给某种不真实的中立的情绪，居于两者之间而对两者又都无价值。它之所以能够存在短暂的时间，仅仅因为任何接受它的人都懒散怠惰而没有能力指控一项欺骗。”

自然和生活所展示的不是流动性而是连续性，而连续性包括那些能够安然度过变化的力量和结构；至少，在它们发生变化时，其变化要远远地慢于那些表面事件的变化，因此相对来说，它们是恒定的。然而，变化是不可避免的，即使它并不向更好的方向发展。这必须加以认真考虑。此外，变化并不都是逐渐的；它们在突然的变化中，在当时看起来是革命性的转变中达到顶点，尽管从事后的视角看，它们是在符合逻辑的发展中取得位置的。所有这些东西，都是艺术所特有的。那种对变化的记号不像对循环和持久的记号那么敏感的批评家，使用传统的准则而并不理解它的本性，诉诸过去来寻求范型和模型而没有意识到每个过去都曾经是其过去的迫切的将来，而且，它此刻并非绝对是过去，而是将现在构建起来的变化的过去。

每位批评家和艺术家一样都具有偏见和偏好，它与个性的存在本身有着密切的关系。他的任务正是在于把它变成一种敏感的知觉器官、一种理智洞见的器官，而且他在这么做的时候，并没有放弃那由以导出方向和真诚的本能偏爱。但是，当他特殊而具选择性的反应模式被允许在一种固定的模式中变得僵化时，他甚至不能对他的偏见把他所引向的事物作出判断。这是因为，它们必须在一个世界的视野中才能被看到，这个世界是如此多种多样、充分完整，以至于包含了无限多样的其他具有吸引力的性质，以及无限多样的其他反应方式。甚至我们生活于其中的这个世界的令人困惑的方方面面，也是艺术的材料，如果它们找到它们由以得到实际表现的形式的话。有一种经验哲学对作为经验材料的数不胜数的相互作用具有强烈的敏感，批评家也许可以最有把握和最为确定地从这种哲学中得到他的灵感。否则的话，批评家如何能够被如下的敏感性所激励？这种敏感性针对通向不同总体经验中的完成状态的各式运动，并且使批评家把其他人的知觉导向对艺术作品客观内容的一种更为完整和有序的欣赏。

这是因为，批评的判断不仅产生于批评家对客观质料的经验，也不仅有赖于此而获得有效性，而且还具有对其他人如此这般的经验进行加深的职能。科学的判断不仅以加强控制而告终，而且对于那些真正明了的人来说，它们还把扩大了的意义增加到在与世界的日常接触中所知觉和所处理的事物之上。批评的功能是对艺术作品的知觉的再教育；它在这个过程中，在这个学习看和听的艰难过程中是一种辅助。那种认为它的职责在于从法律和道德的意义上来进行评价和判断的想法，抑制了那些受到承担这项任务的批评的影响的人们的知觉。批评的道德职能是间接地履行的。具有一种扩大的和加快的经验的个人，能够独自作出他自己的评价。而对他有所帮助的方法就是，通过批评所隶属于的艺术作品来扩充他自己的经验。艺术本身的道德功能在于去除偏见，消除障目的污垢，扯去习俗的面纱，完善知觉的能力。批评家的职责就在于促进这项通过艺术对象来履行的工作。而他自己的赞成和谴责、评价和定级的强制性则意味着，他没有理解和履行成为真实个人经验的发展中的一个因素的功能。只有在我们自己的生命过程中经历艺术家在生产作品时所经历的过程，才能把握住一件艺术作品的全部含义。批评家的一项特权在于可以分享对这种主动过程的促进。而他们所受到的谴责也正在于，他们是如此经常地抑制这个过程。

第十四章 艺术和文明

ART AND CIVILIZATION

艺术是一种弥漫于一则经验之中的性质；它不是经验本身，除了比喻的说法之外。审美经验永远不只是审美的。在它里面，本身并非审美的大量质料和意义进入通向圆满完成的有秩序的、有节奏的运动中时，就变成审美的了。材料本身在很大程度上是有人性的。因此，我们回到第一章的主题。审美经验的材料在具有人性——这种人性与自然联系在一起，并且是自然的一部分——时就是社会性的。审美经验是对文明生活的一种展示、记录和赞美，是促进其发展的一种手段，并且是对一种文明的质量的最终判断。这是因为，尽管它被个人生产出来并被个人所欣赏，但这些个人之所以在他们的经验内容中是其所是，乃是由于他们参与其中的文化的缘故。

《英国大宪章》被称为盎格鲁-撒克逊文明的伟大的政治稳定器。即便如此，它也是在想象力而非在字面内容所给出的意义上起作用的。在一种文明中，既存在着转瞬即逝的元素，也存在着持久长存的元素。持存的力量并不是单独的；它们是大量过往事件的功能，因为后者被组织到了形成心灵的意义之中。艺术是实现这种结合的一种巨大力量。拥有心灵的个人一个接一个地逝去，而意义于其中得到客观表现的作品则持存了下来。它们成为环境的部分，而与环境的这个方面的相互作用乃是文明生活中的连续性的中枢。宗教的条规和法律的力量之所以有效，乃是因为它们披上了壮丽、尊贵以及庄严的华服，而这华服正是想象力的作品。如果社会习惯不只是统一的外在行动模式，那么，这是因为它们浸透了故事以及被传递着的意义。每一门艺术都以某种方式成为这种传递的一种媒介，尽管它的产品并非是浸透质料的微不足道的部分。

"光荣属于希腊而伟大属于罗马",这对于我们大部分人,或者说,很可能是对于除历史研究者之外的所有人来说,乃是对那些文明的总结;光荣和伟大是审美的。对于除古文物研究者之外的所有人来说,古埃及就是它的纪念碑、神庙以及文学。文化从一种文明穿越到另一种文明的连续性,以及该文化之中的连续性,乃是以艺术而非任何其他的东西为条件的。特洛伊对于我们来说,只活在诗歌中,活在从它的废墟中所找回的艺术对象之中。米诺斯文明在今天就是它的艺术产品。异教的神和异教的仪式已经一去不复返了,但却依然存在于现在的熏香、灯光、长袍和节日之中。如果也许是为着方便商业交易的目的而发明出来的字母没有发展成为文学,那么,它们就仍然是技术设施,而我们自己就可能生活在几乎不比我们野蛮的祖先更高的文化之中。要是没有下面一些东西,遥远过去的事件现在就被湮没在遗忘之中了,这些东西包括仪式和典礼,哑剧、舞蹈以及由此发展出来的戏剧,舞蹈、歌唱以及伴奏的器乐,还有根据图案形成并印上共同体生活徽章的日常生活的器具和物件,这与其他艺术中所展现的那些东西相似。

人们只能勉强罗列更古老文明里的艺术的功能,此外再要做什么就不可能了。但是,原始人用来纪念和传递他们习俗和制度的那些艺术、那些公共的艺术,乃是所有优美艺术得以从中发展出来的源泉。武器、垫子和毯子、篮子和罐子上所特有的图案,成为部落联盟的标识。今天,人类学家依靠刻在棍子上或者绘在碗上的图案来确定它的起源。仪式和典礼以及传说把生和死连在一种共同的伙伴关系之中。它们是审美的,但又不只是审美的。哀悼的仪式所表现的不只是悲痛;战斗和收获的舞蹈不只是为着要执行任务而聚集能量;巫术不只是命令自然的力量听从人的召唤的方式;宴会不只是饥饿的满足。这些公共活动方式中的每一个,都把实践、社会以及教育因素统一在一个具有审美形式的综合整体之中。它们通过最能给人以深刻印象的方式,将社会价值引入经验里面。它们把那些明显重要并且明显与共同体的实质生活有关的事物联系在一起。艺术就在它们之中,因为这些活动符合最强烈、最易把握、记忆最长久的经验的需要和条件。但是,它们不只是单单的艺术,尽管审美的方面无所不在。

我们把雅典当作最卓越的史诗和抒情诗的家乡,当作最卓越的戏剧、建筑和雕刻艺术的家乡,可是在希腊,正如我评论过的那样,那种为艺术而艺术的想法是无法被理解的。柏拉图对荷马和赫西俄德的苛刻态度,看起来有些过分。但是,他们的确是人们的道德教师。他对诗人的攻击,就像现在的批评家对部分基督教经文的攻击一样,因为这些经文被认为造成了邪恶的道德影响。柏拉图对诗歌和音乐进行审查的要求,是那些艺术所产生的社会影响甚至政治影响的一份献礼。戏剧在神圣的日子(holy-days)演出;而出席演出属于公民崇拜行为的本性。建筑在其所有重要的形式中都是公共而非家庭的,更不用说专用于工业、银行或商业了。

艺术在亚历山大时期衰落了,它退化成对古代范例的低劣模仿,这种衰落标志着伴随城邦的消失和大型帝国的兴起而来的公民意识的普遍丧失。关于艺术的理论和对于文法及修辞的培养取代了创造。而且,关于艺术的理论给出了已经发生的巨大社会变化的证据。艺术没有与共同体生活的表现联系在一起,相反,自然美和艺术美被当作某种超凡现实的回声和提示,这种超凡现实存在于社会生活之外，并且实际上是存在于宇宙本身之外——这正是后来所有那些把艺术当作某种从外部输入经验之中的东西的理论的最终源头。

随着教会的发展，艺术再次被带入与人类生活的联系之中，并且成为人们之间的一种连接纽带。通过礼拜以及圣礼，教会以给人深刻印象的形式恢复并改造了在所有先前仪式和典礼中最为动人的东西。

在罗马没落后充当随之而来的崩溃状态的聚合角色上，教会甚至超过了罗马帝国。研究精神生活的历史学家，强调教会的教义；研究政治制度的历史学家，则强调依靠教会制度而来的律法和权威的发展。但是，把民众的日常生活考虑在内并给他们以统一感的影响得以建立起来了，而这种建立可以有把握地推测，乃是通过圣礼、歌唱和绘画、仪式和典礼等所有具有审美方面的东西而不是任何其他东西所达成的。雕刻、绘画、音乐、文学出现在崇拜所进行的地方。对于聚集在神庙中的崇拜者来说，这些对象和行为远远不止是艺术作品；极有可能的是，这些东西对于他们来说，比起今天的信仰者和无信仰者来说，更谈不上是艺术作品。可是，由于审美方面的存在，宗教的教谕就更加容易得到传达，而且其效果也更加持久。凭借存在于它们之中的艺术，它们从教义转化成了活的经验。

教会完全意识到艺术这种超审美的效果，这明显地体现在它对艺术的小心调控之中。所以，公元 787 年，在第二次尼西亚会议上，官方颁布了以下的法令：

"宗教场景的主旨并非归结为艺术家的主动性；它来自天主教会和宗教传统所规定的原则。……单单的艺术属于画家；而它的组织和安排属于神职人员。"[①]柏拉图所渴望的那种审查制度获得了充分的支配地位。

马基雅维利(Machiavelli)的一段陈述在我看来,始终是文艺复兴精神的象征。他说,当他完成了这个时代的任务时,就会遁入他的研究之中,专心致志地沉浸到古代的经典文学之中。这个陈述具有双重意义的象征:一方面,古代的文化不再活着,它只能被研究。正如桑塔亚那曾经说过的那样,希腊文明现在只是一种有待赞慕的理想,而不是一种有待实现的理想。另一方面,对于希腊艺术的了解,尤其是对于建筑和雕刻的了解,使包括绘画在内的各门艺术的实践产生了彻底的变革。对物体的自然形状及其在自然景色中的排布的感觉得到了恢复;在罗马画派中,绘画总是一种生产由雕刻所引起的感觉的企图,而佛罗伦萨画派则发展了内在于线条之中的独特价值。这种变化对审美形式和审美主旨都产生了影响。教会艺术的透视法的缺乏、平面和侧面的性质、黄金的使用以及许多其他的特征,并不应该归于有技巧的技艺的单纯缺乏。它们与人类经验中某些特定的相互作用联系在一起,这些相互作用作为艺术的结果而被人们所欲求。在文艺复兴时期所出现并且由古代文化所滋养的世俗经验,必然包含要求艺术中的新形式的效果的生产。主旨从圣经主题和圣徒生活扩

① 援引自李普曼(Lippmann)的《道德序论》(*A Preface to Morals*),第98页。这段引文所在的那一章文本给出了对画家作品进行调控的具体规则的一些例子。"艺术"和"主旨"之间的区别,类似于某些拥护对艺术实施无产阶级专政的人们所划分的一种区别,即把属于艺术家的技巧或手艺与素材区别开来,后者是由对事业起促进作用的"党的路线"的需要所决定的。一种双重标准被确立起来了。存在着仅仅作为文学而来的或优或劣的文学,也存在着依据其对经济革命和政治革命的影响而来的或优或劣的文学。

展到希腊神话的场景的描绘，再到在社会意义上令人印象深刻的当代生活景象，这种扩展不可避免地接踵而来。①

这些评论仅仅试图勉强说明以下事实，即每一种文化都具有它自己的集体个性。就像由以产生一件艺术作品的个人的个性那样，这种集体的个性也把它难以磨灭的印记留在了所生产的艺术之上。诸如南太平洋岛屿的、北美印第安人的、黑人的、中国的、克里特岛的、埃及的、希腊的、希腊化时期的、拜占庭的、穆斯林的、哥特式的、文艺复兴时期的艺术表述，都具有一种真实的重要意义。这种集体文化起源与作品含义不可否认的事实，阐明了前面所提及的一个事实，即艺术是经验之中的一种张力，而不是经验之中的一种实存物。然而，一种最近的思想流派却从这个事实中得出了一个问题。该流派主张，既然我们不能在事实上重现遥远时代和异国文化的某个民族的经验，那么我们就不能对它所生产的艺术有一种真正的欣赏。甚至关于希腊艺术，该流派也声称，希腊人对于生活和世界的态度是如此不同于我们的态度，以至于希腊文化的艺术产品对于我们来说，必定是一本在审美上密封起来的书。

对于这种主张，我们已经给出了部分的回答。无疑正确的是，希腊人面对比如说希腊建筑、雕像和绘画时的总体经验，是远远不能等同于我们的经验的。他们的文化特征是短暂的；他们现在已经不存在了，而这些特征体现在他们对他们的艺术作品的经验之中。但是，经验乃是艺术产品与自我的一种相互作用。因

① 参看本书第171页。

此，即使在今天，对于不同的人，它不会两次一模一样。它随着同一个人在不同的时间将不同的东西带入作品中而发生变化。但是，没有理由认为，这些经验为了要成为审美的，就必须等同起来。只要在各自的情形中存在着通向完成的经验质料的有序运动，就存在着一种主导的审美性质。从根本上来说，这种审美性质对希腊人、中国人和美国人都是一样的。

然而，这个回答并没有包含全部情况。这是因为，它并不适用于一种文化的艺术对人所产生的总体影响。当这个问题被错误地着眼于独特审美性来加以架构时，就暗示了另一民族的艺术对我们的总体经验可能意味着什么的问题。丹纳（Taine）以及他的学派关于我们必须根据“种族、环境和时代”来理解艺术的主张，触及了问题，但也仅仅是触及而已。这是因为，这样的理解可能是纯粹理智的，并因而处在它所伴随的地理学、人类学和历史学资料的层次之上。它没有解决这样一个问题，即异国艺术对于现在的文明所特有的经验来说，具有什么样的重要意义。

该问题的本性在休姆先生论及以下两种艺术之间基本差别的理论中得到了暗示：一种是拜占庭艺术和穆斯林艺术，另一种是希腊艺术和文艺复兴艺术。他说，后者是充满生机的和自然主义的，而前者是几何学的。他继续阐述说，这种差别与技术能力上的差别没有关系。这条鸿沟是由态度的根本差别，以及欲望和目的的根本差别所造成的。我们现在习惯于一种满足模式，并且把我们自己对欲望和目的的态度当作所有人的本性所内在固有的，从而可以给出所有艺术作品的尺度，构建起所有艺术作品所符合并且应当满足的要求。我们所具有的欲望根植于一种渴求，即渴求通过与“自然”形式和运动的愉快交流所经验到的活力的一种增长。拜占庭艺术，以及一些其他形式的东方艺术，发源于一种在自然中没有乐趣并且不去追求活力的经验。它们“表现了面对外部自然时的一种分离感”。这种态度对对象特征的刻画，完全不像埃及的金字塔和拜占庭的镶嵌工艺那样。这样的艺术和西方世界所特有的艺术之间的差别，无法通过抽象的兴趣来加以解释。它显示了一种关于人与自然的分离以及不和谐的想法。①

休姆先生用下面一句话来作总结，他说：“艺术不能被单独地加以理解，而必须被当作人和外部世界之间的一般性调适过程中的一个元素。”无论休姆先生对许多东西方艺术之间典型差别（它几乎完全不适用于中国艺术）的阐述的真实性如何，他陈述事情的方式，在我看来，是把一般性的问题放在了其合适的语境之中，并且暗示了解决的办法。从集体文化对艺术作品的创作和欣赏的影响的立场来说，正因为艺术表现了一种深层的调适态度，一种普遍的人类态度的根本观念和理想，所以，一种文明所特有的艺术就成为同情地进至遥远和异国文明的经验中的最深层元素的手段。借助这个事实，也可以说明他们的艺术对于我们而言的人性含义。它们使我们自身的经验得到了拓展和加深，而且就我们凭借它们来把握其他经验形式中的基本态度而言，它使我们自身的经验更少地具有局部性和褊狭性。除非我们抵达另一种文明的艺术中所表现的态度，否则的话，它的产品或者只是对“唯美主义者”具有意义，或者没有在审美上给我们以深刻的印象。因此，中国艺术之所以看起来是“古怪的”，乃是因为它的不寻常的

① 休姆（T. E. Hulme）：《沉思》（*Speculations*），第83—87页以及各处。

透视方案的缘故;拜占庭艺术僵硬而笨拙;黑人艺术则好像奇形怪状。

在提及拜占庭艺术时,我把自然这个术语放在了引号之中。我之所以这么做,是因为“自然”这个词在美学文献中具有一种特别的意义,这尤其通过“自然主义的”这个形容词的使用而显示了出来。但是,“自然”还具有一种意义,在这种意义里,包括了万事万物的整个系统——它在其中具有富于想象和充满情感的“宇宙”这个词的力量。在经验里面,人类的关系、制度和传统就像物质世界一样,是我们生活于其中并且由以生活的自然的一部分。自然在这个意义上,就不是“外部的”。它在我们之中,而我们也在它之中,并且属于它。不过,存在着许许多多参与到它里面去的途径,这些途径不仅是同一个体的不同经验所特有的,而且是在其集体性方面归属于各种文明对渴望、需要和成就的态度所特有的。艺术作品是一些手段,借助这些手段,并且通过它们所唤起的想象和情感,我们进入到与我们自身不同的其他形式的关系和参与之中。

19世纪晚期的艺术以严格意义上的“自然主义”为特征。20世纪早期最有特色的制作,由埃及、拜占庭、波斯、中国、日本和黑人艺术的影响所标识;这种影响在绘画、雕刻、音乐以及文学之中,都得到标识。“原始的”和中世纪早期的艺术效果是这同一个一般运动的一部分。18世纪则把高贵的野蛮人和遥远民族的文明理想化了。但是,除了中国艺术风格和浪漫文学的某些方面之外,对异国民族艺术背后的东西的感觉并没有影响到实际所生产的艺术。准确地说,英国所谓的前拉斐尔派艺术体现了那个时期所有绘画中最为典型的维多利亚风格。但是,在最近的几十年里,从19世纪90年代开始,远方文化的艺术所产生的影响已经内在地进入艺术创作之中了。

对于许多人来说,这种效果无疑是肤浅的,仅仅提供了某种类型的可供人欣赏的对象,之所以如此,部分地是由于这些对象个别的新奇性的缘故,部分地是由于一种附加的装饰性质的缘故。但是,那种依靠对不同寻常或稀奇古怪甚或迷人魅惑之物的单纯渴望来解释当代作品的生产的想法,比这种欣赏更加肤浅。从某种程度和方面来说,动力在于真正地参与到在原始的、东方的以及中世纪早期的艺术对象中得到表现的经验类型里面去。倘若一件件作品仅仅是对异国作品的模仿,那么,它们就是转瞬即逝和微不足道的。但是,在它们最好的情况下,它们可以造成一种有机的混合,即把我们自己时代的经验所特有的态度与遥远民族的经验所特有的态度混合起来。这是因为,新的特点并不仅仅是装饰性的附加,而是进入艺术作品的结构之中,从而引起一种更为宽广和完满的经验。它们对那些进行知觉和欣赏的人的持续影响,将会成为他们的同情、想象和感觉的一种扩充。

艺术中的这种新运动说明了由于真正熟悉其他民族所创造的艺术而产生的效果。我们对它的理解是在把它当作我们自身态度的一部分的程度上来进行的,而不是通过关于它得以生产的条件的总体信息来进行的。借用柏格森的一个术语来说,当我们把自己安顿在对我们起初感到陌生的自然的领会方式中时,就达到了这个结果。在某种程度上说,当我们着手这种整合时,我们自己就变成了艺术家;并且凭着促使其实现,我们自己的经验也再次确定了方向。当我们进入黑人艺术或波利尼西亚艺术中时,障碍就解除了,限制性偏见也消融了。这种无法感觉到的消融比推理所引起的变化要有效得多，因为它直接地进入态度之中。

出现真正交流的可能性是一个宽泛的问题，刚才所处理的只是其中的一种类型。它的发生是一个事实，但经验共同体的本性是最为严肃的哲学问题之一——如此严肃以至于有些思想家要否认这个事实。交流的存在迥然不同于我们彼此之间物质性的分离，也不同于各个个体内在的精神生活，所以并不令人感到奇怪的是：语言被认为具有超自然的力量，而神交被赋予圣典礼仪的价值。

此外，熟悉和习惯的事件是我们最不可能去反思的东西；我们把它们当作理所当然的。由于它们通过姿势和手势而与我们紧密相近，所以它们是最难以加以观察的。通过口头和书面的言语进行的交流，乃是社会生活熟悉而持久的特征。相应地，我们倾向于仅仅把它当作无论如何必须毫无疑问加以接受的其他诸种现象中的一种。我们忽视了这样一个事实，即它是人与人之间内在联合所独具的全部活动和关系的基础和源泉。我们彼此之间大量的接触是外在和机械的。存在着一种它们由以发生的“场域”，这种场域是由法律制度和政治制度来界定和维持的。但是，对这种场域的意识并没有进入作为其集成和控制力量的共同行动之中。国与国之间、投资者与劳动者之间、生产者与消费者之间的关系都是相互作用的，这些相互作用仅仅程度很轻地成为交流的形式。存在着所牵涉到的各方之间的相互作用，但它们是如此地外在和偏颇，以至于我们经受到了它们的结果却没有把它们整合到一则经验之中。

我们听到了言语，但几乎好像是在听一种七嘴八舌的嘈杂声。意义和价值没有被我们完全领会。在这样的情形中，不存在交流，也不存在只有当语言以其全部含义打破物质隔离和外在接触时才会产生的经验共同体的结果。比起存在于大量彼此无法理解的形式中的言语来说，艺术是一种更为普遍的语言模式。艺术的语言必须通过努力才能得到。但是，艺术的语言并不受到划分不同模式的人类言语的历史偶然性的影响。音乐的力量尤其能把不同的个性融合在一种共同的让出、忠诚和灵感之中，这是一种既可用于宗教也可用于战争的力量，它说明了艺术语言的相对普遍性。英语、法语和德语这些语言之间的差别造成了障碍，而当艺术说话的时候，这些障碍就消失了。

从哲学上说，我们所面临的问题乃是离散和连续之间的关系。它们两者都是难以对付的事实，但它们必须在任何超越兽类交往水平的人类联系中相遇与混合。为了证明连续性是正当的，历史学家常常求助于一种被错误地称作为"遗传学"的方法，在其中，真正的创始是不存在的，因为一切事物都被分解到了居前的东西之中。但是，埃及的文明和艺术并不仅仅是对希腊的一种准备，而希腊的思想和艺术也不仅仅是它们自由舶来的那些文明的修订版本。每一种文化都有自己的个性，而且都有一种把各个部分结合在一起的范型。

尽管如此，当另一种文化的艺术进入决定我们经验的态度中时，真正的连续性就得到了实现。因此，我们自己的经验并没有失去它的个性，但是，它吸收并结合了那些扩充其意义的元素。一种从物质上来说并不存在的共同性和连续性就被创造出来了。有一种企图是注定要失败的，即企图依靠把一组事件和一种制度分解到时间上在先的那些东西里来确立连续性。只有一种经验的扩充，才能消解不连续性所带来的后果，这种经验扩充把源自某些生活态度而经验到的价值吸收到了它自身之中；而且，这些生活态度不同于那些由我们自身人文环境所产生的生活态度。

这里所讨论的问题与某种我们日常所经受的问题并没有什么不同。这种日常所经受的问题就是努力去理解我们经常与之交往的另一个人。所有的友谊都是该问题的一种解决办法。友谊和亲密的感情不是了解有关另一个人的信息的结果，尽管这种了解可以促进它们的形成。但是，只有当它通过想象力而变成同情的一个不可或缺的部分时，它才会如此。正是在另一个人的欲望和目的、兴趣和反应模式变成我们自身存在的扩充时，我们才理解他。我们学着用他的眼睛来看，用他的耳朵来听，而它们的结果则给出了真正的指导，因为它们内置在了我们自己的结构之中。我发现，甚至词典也避免对“文明”这个术语给出定义。它把文明定义为文明化的状态，而把“文明化的”定义为“处在一种文明的状态之中”。然而，“文明化”这个动词又被定义为“在生活的艺术上进行指导并因此而在文明的等级上有所提高”。生活艺术上的指导，是某种不同于传递有关生活艺术的信息的东西。它是一个依靠想象力而在生活价值中进行交流和参与的问题，而艺术作品是帮助个人分享生活艺术的最为恰当和有力的手段。文明是不文明的，因为人类被划分成缺乏交流的派系、种族、民族、阶级和集团。

本章前面所展示的艺术与共同体生活之间联系的某些历史阶段的简短概述，表明了与当前状况的反差。有一种说法认为，艺术和其他文化形式之间缺乏明显的有机联系可以通过以下三个方面来加以说明，即现代生活的复杂性，它的诸多专门化，以及诸多不同的文化中心在不同民族中的同时存在，而且这些文化中心只交换其产品却并没有形成一个包容性的社会整体的组成部分，但这样的说法是远远不够的。这些东西都是足够真实的，它们对与文明有关的艺术的地位的影响也可以容易地被发现。但是，重要的事实是：分裂到处存在着。

我们从过去的文化中继承了许多东西。希腊的科学和哲学、罗马的法律、具有犹太教源头的宗教都在影响着我们当今的制度、信念，以及思维和感觉的方式，人们对这些影响太熟悉了，因而只需稍加提及。有两股力量被注入这些因素的运作之中，它们明显地起源较晚，并且构建起当今时代中的“现代”。这两股力量就是自然科学及其在工业和商业中所得到的运用，这种运用是通过机器并使用不属于人的能量模式来达成的。其结果是，艺术在当代文明中的位置和角色的问题要求我们注意它与科学的关系，以及与机器工业的社会后果的关系。艺术的孤立状态现在并不能被视为一种孤立的现象，它是我们这种借助新的力量而生产出的文明的不连贯性的一种展现；而且，这些力量如此之新，以至于那些属于它们的态度以及由它们所产生的结果还没有被合并和消化为经验构成整体所必需的元素。

科学带来了关于物质自然以及我们与它的关系的全新观念。这种新观念是与另一种有关世界和人的观念比肩而立的，这另一种观念来自过去的遗产，尤其是来自那种典型欧洲人的社会想象力所由以形成的基督教传统。物质世界中的事物和道德王国中的事物分离开来了，而希腊传统以及中世纪传统则把它们保持在紧密的联合之中——尽管这个联合在两个时期是用不同的手段来实现的。现在存在于我们历史遗产的精神元素及理想元素与科学所揭示的物质自然的结构之间的对立，乃是自笛卡尔和洛克以来哲学所系统阐述的二元论的最终源头。这些阐述反过来，又反映了一种在现代文明中到处活跃着的冲突。从某一种观点来看，恢复艺术在文明中的有机位置的问题有点类似这个问题，即对我们来自过去的遗产和当前知识的深刻见解进行重新组织，以便使它们进入一种连贯的和整合的想象性联合之中。

这个问题如此严重且影响如此广泛，以至于任何可能提出的解决办法都是一种预期，充其量只能随着事件的进程而变为现实。现在所实践的科学方法太过新颖，因而无法归化到经验之中。它要在很长一段时间之后，才能渗入心灵的底土之中，从而变成共同信念和态度一个不可或缺的部分。而在此尚未发生之前，方法和结论都还是专家的所有物，而且只是通过外在的以及或多或少零散的对信念的冲击，通过同样外在的实际应用来产生一般的影响。但是，即使到这时，也有可能夸大科学在想象力上所产生的有害影响。真实的情况是：物理科学把那些使普通经验的对象和场景变得强烈和宝贵的性质剥夺掉了，并使世界就其科学性的呈现而言，不再具有那些曾经一直构成其直接价值的特征。但是，艺术在其中进行运作的那个直接经验的世界，仍然只是保持其曾经所是的样子。物理科学为我们呈现的对象完全不关心人类的欲求和渴望，这是一个事实；然而，这个事实并不能用来说明诗的死亡即将到来。人们总是意识到，在他们所生活的场景中，存在着许多对人类的目的怀有敌意的东西。被剥夺权利的民众绝不会惊讶于这样一种声明，即他们的周遭世界对他们的希望是漠不关心的。

科学倾向于指出人是自然的一部分，这个事实可能具有一种有利而非不利于艺术的影响，前提是它的内在意义得到了实现，并且其意义不再依靠与过去赋予我们的信念进行对比来加以解释。这是因为，人越近地被带向物质世界，就越清楚他的冲动和观念乃是由内在于他自身中的自然所规定的。人性在其充满活力的运作中总是奉行这条原则。科学给予这种行动以理智的支持。对于自然和人之间的关系的感觉，总是以某种形式成为艺术的激励精神。

此外，抵抗和冲突总是使艺术得以产生的因素；而且，正如我们已经看到的，它们是艺术形式的一个必要的组成部分。无论在人面前完全冷酷和阴郁的世界，还是与人的愿望相投合以至于满足所有欲求的世界，都不是一个艺术能够从中产生出来的世界。讲述这类情况的童话故事如果不再是童话故事，就将不再讨人喜欢。对于生成审美能量来说，摩擦是必要的，就像它提供驱动机器的能量那样。当旧的信念失去它们对想象力的掌控时——并且，它们的控制总是在那里而无须依赖于理性——科学对于环境对人的抵抗的揭示就会为优美艺术提供新的材料。即使现在，我们仍然把一种人类精神的解放归功于科学。它激起了一种更为急切的好奇心，并且至少在有些人那里极大地提高了观察的机敏性，而这种观察所涉及的是我们之前并未意识到的事物的存在。科学的方法往往产生出一种对经验的尊重，而且即使这种新的尊敬仍然局限在极少的人那里，它也包含了对一种要求得到表现的新型经验的承诺。

当实验性的展望一旦与一种共同文化彻底适应时，谁能预见将要发生什么事情？获得关于未来的远景，乃是一项最为艰难的任务。我们喜欢在既定的时间里获取最为突出和最为棘手的特征，就好像它们是未来的线索。所以，我们从源于当前情境的条件出发来考虑科学在未来的影响，仿佛这些条件必然而永恒地界定了它的地位；而在当前的情境中，科学占据了一种就西方世界伟大传统而言的冲突和分裂的位置。但是，当实验性的态度被彻底地采用时，我们必须把科学看作将要成为的东西，这样才能作出公正的判断。而且，尤其是艺术，当它缺乏熟悉的事物可充作其材料时，就总会被分散转移，要不然就变得绵软柔弱和过度精致。

迄今为止，科学对绘画、诗歌和小说的影响乃是使它们的材料和形式变得多样化，而不是创造出一种有机的综合。我怀疑是否在任何时候都存在着许多"稳定地看待生活并完整地看到它"的人。而且，在最糟糕的情况下，它会是某种已经不受想象的综合的束缚的东西，这与事物的气质背道而驰。对某种价值的迅速感觉成了当前艺术对象杂乱混合中的一种补偿，而这种价值就是大量从前被排斥在外的事物的审美经验的价值。当代绘画中的海滨浴场、街角、花朵和水果、婴儿和银行家毕竟不只是单纯散漫而分离的对象，它们是一种新的视觉的成果。①

我认为，无论何时，总有大量已生产出来的"艺术"曾经是琐碎和趣闻性的。时间之手已经筛掉了许多这里面的东西，尽管在

① 李普曼先生曾经写过这样一段话："一个人走进一座博物馆，并带着某种感觉走出来。这种感觉就是，他看到了一种奇怪的各色物品的搭配，有裸体、铜壶、橙子、番茄，还有百日菊、婴儿、街角和海滨浴场、银行家和时尚女子。我并不是说，这个或那个人可能没有找到一幅对他来说具有极其重要意义的画作。但是，我想，对于任何人来说，一般的印象都是趣闻、知觉、幻想和极少评注的大杂烩，这些东西就它们自身而言也许一切都够好了，但却不是持存的，而且很容易被摒弃。"——《道德序论》(*A Preface to Morals*)，第 103—104 页。

今天的展览中，我们所面对的是它的整体。然而，绘画以及其他艺术的延伸，把那种曾经被当作太普通或太出位而不值得艺术承认的质料包括进来了，这是一个永久的收获。这种延伸并不直接是科学兴起的后果。但是，它是导致科学进程中的革命的相同条件的产物。

当今艺术之中的这种扩散性和不连贯性，昭示了信念共识所遭到的破坏。艺术的质料和形式上的更大整合因此取决于文化中朝向某些态度的一种一般性的变化，这些态度理所当然地被认为处于文明的基础之中，并且形成了有意识的信念和努力的底土。有一件事情是确凿无疑的：统一性无法通过宣扬需要回归过去而达到。科学就在这里，因而一种新的整合必须把它考虑进去，并且必须把它包括进去。

科学在当前文明中最为直接和普遍的存在，可见于它在工业中的应用。在这里，我们发现了一个比就科学本身而言更为严肃的问题，这个问题关涉到艺术与当前文明及其前景的关系。较之科学从过去的传统中脱离出来而言，有用的艺术和优美艺术的分离甚至具有更为重要的意义。它们之间的差别，并不是在现代被建立起来的。这种差别可以远溯至希腊人，那时候，有用的艺术是由奴隶和“低贱技工”所从事的，并且只分享到后者所得到的那种低等尊重。设计师、建筑师、雕刻家、画家、音乐演奏家都是工匠。那些以语词为媒介来工作的人才是深受尊重的艺术家，因为他们的活动并不牵涉双手、工具以及物质材料的使用。但是，借助机械手段进行的批量生产，已经将一种决定性的新转向赋予给了古老的有用和优美之间的分离。这种分裂被现在依附于整个社会组织中的工业和贸易之上的更大重要性所增强了。

机械性站在与审美性相对立的另一极上，而且，货物的生产现在都是机械性的。对于那种从事手工劳动的工匠来说，可容许的选择自由几乎随着机器的普遍使用而消失殆尽了。有些人在某种程度上有能力生产表现个体价值的有用商品，而被这些人在直接经验中加以欣赏的对象的生产已经变成了一种脱离一般生产过程的专门质料。在当前的文明里，这个事实大概是艺术地位中最重要的因素了。

然而，存在着某些可以阻止人们得出以下结论的考虑；该结论就是，工业条件使得艺术在文明中的整合成为不可能。我不能同意那些人的想法，即认为一个对象的各个部分之间就自动使用而言的有效而经济的彼此适应，会导致“美”或审美效果。每一个结构良好的对象和机器都具有形式，但只有当具有这种外在形式的对象与一种更大的经验融为一体时，才会产生审美形式。这种经验的材料与器具或机器的相互作用，不能够不加以考虑。然而，就最有效使用而言的各组成部分之间足够客观的关系，至少也会造成一种有利于审美欣赏的条件。它剥离了偶然的和过剩的东西。如果一台机器具有一种使其适合于其工作的逻辑结构，那么在对它的审美感觉中就存在着某种纯净的东西；而且，对于良好的工作状况来说非常重要的钢和铜的光亮，在知觉中也是内在地令人感到愉快的。假如有人将现在的商业产品与甚至20年前的商业产品加以比较的话，就会被形式和色彩所取得的巨大进展深深触动。从有着其愚蠢、累赘装饰的老式木制普尔曼车厢，到当今钢制车厢的变化，典型地表达了我要说的意思。城市公寓的外部建筑仍然是盒状的，但是在其内部，却由于对需要的更好适应而简直产生了一场审美革命。

一种更为重要的考虑是，工业环境的运作创造出了某种更大的经验，而那些特殊的产品则与这种经验融为一体，并以这种方式取得了它们的审美性质。自然，这个评论并不是指由丑陋的工厂及其污秽的环境对景观的自然美所造成的破坏，也不是指随着机器生产而来的城市贫民窟。我的意思是说，作为知觉媒介的眼睛的习惯慢慢地改变了，逐渐地习惯于工业产品的典型形状，习惯于和乡村生活不同的属于城市的对象。有机体习惯于对之作出反应的那些色彩和平面，发展出了适于趣味的新材料。流动的小溪、绿色的草坪、与乡村环境联系在一起的形式，都在失去它们作为经验的首要材料的地位。在刚刚过去的几十年里，对绘画中“现代主义的”形象发生了态度上的变化，这种变化至少部分是前面所说的那种变化的结果。甚至自然景色中的对象，也逐渐根据对象所特有的、其设计应归于机器生产方式的空间关系而被加以“统觉”，如房屋、家具、器皿等这些对象都是如此。各个对象都进入充满着这些价值的一则经验之中，这些对象具有它们自身内在的功能性调适，它们将以一种产生审美结果的方式来进行适应。

但是，既然有机体自然地渴求在经验材料中获得满足，既然人所造成的环境在现代工业的影响下提供了比以前任何时代更少的满足和更多的厌恶，那么，非常明显，存在着一个仍然还没有得到解决的问题。有机体通过眼睛来获得满足的渴求，几乎不亚于它对食物的急迫冲动。实际上，许多农民对于花圃的栽培，比对充当食物的蔬菜的生产给予更多的关心。必定有某些力量在起作用，这些力量对那种与机器运作本身无关的机械生产手段产生了影响。当然，这些力量是在为私人收益而进行生产的经济制度中被发现的。

我们非常清醒地意识到的工人和雇佣的问题，不能仅仅通过改变工资、工作时间和卫生条件来加以解决。除非是一场彻底的社会变革，否则的话，永久的解决就是不可能的，而这场社会变革将影响到工人对生产及其所生产的物品的社会分配的参与程度和类型。只有这样一种变化，才会对有用对象的创造所进入的经验内容作严肃的修正。而对经验本性的这种修正，就那些被生产出来的事物的经验的审美性质而言，乃是最终的决定性因素。那种认为仅仅靠增加闲暇时间就能解决根本问题的想法，是荒谬的。这样一种想法，只不过保留了陈旧的劳动和闲暇之间的二元划分。

重要的是一种变化，这种变化将减少外部压迫的力量，并且增加生产运行中的自由感觉以及个人兴趣的力量。从工作的过程和产品之外而来的寡头控制是主要的妨碍力量，这种力量妨碍工人对他所做和所制的东西产生亲切的兴趣，而这种兴趣正是审美满足的一种本质性的先决条件。在机器生产自身的本性中，并没有什么无法克服的障碍在阻挡工人意识他们所做事情的意义，欣赏对同伴关系的满意，以及制作精良的有用作品。产生于为私人收益而对他人劳动进行私人控制的心理条件，而不是任何固定的心理学法则或经济学法则，成为抑制和限制与生产过程相伴而生的经验中的审美性质的力量。

只要艺术是文明的美容院，艺术和文明就都岌岌可危了。为什么我们大城市中的建筑如此配不上一种优美的文明？这既不是由于缺乏材料，也不是由于缺乏技术能力。然而，不仅仅是贫民窟，就连富人的公寓在审美上也都令人厌恶，因为它们如此地缺乏想象力。它们的特性是被一种经济体系所决定的，在这种经济体系中,由于从租赁和售卖而来的利润的缘故,土地乃是为着收益的目的而被使用——或者不被使用。直到土地免于这种经济负荷时,美丽的房屋也许才能偶尔地被建造出来。但是,几乎毫无希望的是,配得上一种高贵文明的一般性建筑结构会耸立起来。置于建筑上的限制也间接地影响了大量相联的艺术,而对我们生存和工作于其中的建筑产生影响的社会力量也作用在所有的艺术之上。

奥古斯特·孔德(Auguste Comte)说,我们时代的重大问题在于把无产阶级组织到社会系统之中。这句话在现在甚至比在它被说出来的时候更加正确。这项任务不可能依靠任何没有对人类的想象和情感产生影响的革命得以完成。导致艺术的生产和巧妙欣赏的价值必须被结合到社会关系的系统之中。在我看来,许多有关无产阶级艺术的讨论都是不得要领的离题之语,因为它们混淆了艺术家个人深思熟虑的意图和艺术在社会中的位置及作用。真实的情况是:艺术本身在现代条件下并非是安全可靠的,除非那些从事世间有用工作的男女大众有机会自由地管理生产过程,并且极为丰富地赋有欣赏集体工作的成果的能力。所要求的是:艺术的材料无论如何应当取自所有的源泉,艺术的产品应当是所有人都容易接近的;与这样的要求相比,艺术家个人的政治意图就是无关紧要的。

艺术的道德职责和人性功能只有在文化的语境中,才能得到明智的讨论。一件特定的艺术作品也许会对某个特定的人或某些人具有一种明确的影响。狄更斯或者辛克莱·刘易斯的小说的社会影响,远远不能忽视。但是,有一种持续不断的经验调整虽不怎么有意却更具规模性，这种调整来自一个时代的集体艺术所创造的总体环境。正如物质生活没有物质环境的支持不能存在那样，道德生活没有道德环境的支持也不能继续下去。甚至技术性的艺术，就其总体而言，所做的事情也不仅仅是提供一些单独的方便与便利。它们形成了集体性的占有，并因此决定了兴趣和注意的方向，从而对欲望和目的产生影响。

居住在沙漠里的最高贵的人从沙漠的荒芜和贫瘠中吸收某些东西，而大山所哺育的人与其环境相阻绝时生出乡愁，这证明环境如何深深地变成了他的存在的一部分。无论野蛮人，还是文明人，都不是由于天生的构造而成为他这个样子的，而是由于他参与其中的文化。衡量那种文化的性质的最终尺度，便是繁荣昌盛的艺术。与艺术的影响比较起来，直接由语词和规诫所教的东西是苍白无力而不起作用的。雪莱说，道德科学只是“对诗已经创造出来的元素进行安排”。如果我们对“诗”进行扩展从而把充满想象力的经验的所有产品都包括进来，那么，雪莱说这话并未夸大其辞。所有反思性论文对道德所产生的影响的总和，与建筑、小说、戏剧对生活所产生的影响相比，是微不足道的；后者在“理智的”产品规划这些艺术的倾向并为它们提供理智基础时，变得非常重要。一种“内部的”理性检查是从现实撤退出来的记号，除非它是对实质性环境力量的一种反映。那些也许可以提供安全和资质的政治及经济艺术，并不当然是人类生活富裕和充足的保证，除非它们被伴随以决定文化的艺术的繁荣。

语词为已经发生的事情提供记录，并且凭借要求和命令为详细的未来行动指示方向。文学传递着过去的意义，这意义在当前的经验中至关重要，而且预言着未来的更大运动。只有充满想象力的视觉，才能诱发与现实的材质交织在一起的可能性。不满的最初萌动以及一种更好的未来的最初宣告，总是在艺术作品中被发现的。一个时期特有的新艺术的孕育具有不同于流行价值的价值观，这是为什么保守人士会发现这样的艺术不道德和肮脏的原因，也是为什么他们求助于过去的产品以获得审美满足的原因。基于事实之上的科学，也许可以收集统计数字并绘制图表。但是，它的预言，正如常言所说的，只是颠倒过来的既往历史。想象力的气氛中所发生的变化，是那些不止影响生活细节的变化的前兆。

那些把直接的道德效果与道德意图归因于艺术的理论是失败的，因为它们没有考虑到某种集体文明，而这种集体文明正是艺术作品于其中得到生产和欣赏的语境。我并不是说，它们倾向于把艺术作品当作一种升华了的伊索寓言；而是说，它们都倾向于把某些被认为格外具有教育意义的特定作品从它们的环境中抽取出来，并且倾向于根据所选作品和特定个体之间严格的个人关系来考虑艺术的道德功能。它们对于道德的整个构想都是非常个人主义的，以至于错失了对于艺术由以实施其人文功能的方式的感觉。

马修·阿诺德的格言“诗是生活的批评”就是一个佐证。它提示读者：在诗人的方面，存在着一种道德意图；而在读者的方面，存在着一种道德判断。它没有看到，或者不管怎么说没有道明诗是如何成为生活的一种批评的；亦即，不是直接地，而是借助于揭示，通过充满想象力的洞察来处理对于与现实状况形成对照的可能性的想象经验（而不是处理老一套的判断）。对于那些还没有实现但也许会实现的可能性的感觉，当其与现实的状况对照起来时，就成为对于后者所能作出的最尖锐的“批评”。正是借助一种在我们面前所开启的对于可能性的感觉，我们才意识到那些限制我们的束缚和压迫我们的负担。

伽罗德(Garrod)先生不止在一种意义上是马修·阿诺德的追随者，他机智地说，我们在说教诗中所憎恶的东西不是它教了什么，而是它什么也没教，是它的不胜任。他又补充说道，诗的教导效果就像朋友和生活的教导，是通过存在，而不是通过明确的意图。他在另一处说道，“诗的价值毕竟就是人类生活的价值。你不可能把它们与其他价值划分出来，仿佛人的本性是在一块块隔板中建立起来的”。我认为，济慈在他一封信中所说的关于诗歌起作用的方式的话，是不能够被超越的。他问，如果每个人都从他充满想象力的经验中吐丝织出“一座空中城堡”，就像蜘蛛吐丝织出的网那样，“在空中填满美丽的环线”，那么结果会是什么？他说，因为“人不应该进行争论和断言，而要把结果低声地说给他的邻人，这样的话，凭借那吸吮以太沃土之元气的每一精神萌芽，每个人都可能变得伟大。人性也不是偶尔远远有一棵松树或橡树的大片遍生荆棘与石楠的荒野，而是变成森林里树与树之间的伟大民主”。

正是通过交流的方式，艺术变成了无与伦比的教导喉舌；但是，这种方式与通常和教育观念联系在一起的方式无关，它把艺术远远地提高到我们习惯认作教导的东西之上，所以我们对任何把教和学同艺术联系起来的提法感到厌恶。但是，我们的反感实际上是对某种教育方式的一种反思，这种教育方式的实施如此刻板以至于排斥想象力，而且并不触及人的欲望和情感。雪莱说：

“想象力是道德的善的伟大工具，而诗有助于依照这个原因产生出结果。”因此，他继续说道，“倘若诗人在他的诗歌创作中体现他自身的、通常存在于他自己时空中的对错观念，那么，这就是为非作歹。……通过承担这项低等的职责……他将放弃参与到这个原因之中”——即放弃参与到想象力之中。那些次要的诗人“频繁地作用于一个道德目的，而他们的诗的效果正好按比例地随着他们强迫我们去注意这一目标而逐渐削弱”。但是，想象的投射的力量是如此之大，以至于他把诗人称为“文明社会的缔造者”。

艺术和道德的关系问题，太过经常地被认为仿佛是一个只存在于艺术方面的问题。这实际上乃是假定，道德在观念上是令人满意的，如果不是在事实上令人满意的话；而且假定唯一的问题是，艺术是否以及以何种方式来符合一种已经发展成熟的道德体系。然而，雪莱的陈述抵及了问题的核心。想象力是善的主要工具。或多或少老生常谈的是，一个人对其伙伴的想法和态度，依赖于他把自己想象性地置于他们的位置的能力。不过，想象力的首要意义远远地延伸到了直接的个人关系的范围之外。除非“理想”以惯常的遵从或者作为一种伤感性冥想的名称加以使用，否则，理想的因素在一切道德观点和人性忠诚中都是充满想象力的。宗教和艺术的历史联姻关系，就根植于这种共同的性质之中。因此可以说，艺术比那些道德规范更加道德。这是因为，后者或者是，或者往往会变成现状的供奉、习俗的反映、既定秩序的加强。人性的道德预言家总是诗人，哪怕他们以自由诗体或者借助寓言来进行言说。然而，他们对可能性的洞察很快就一律转变成对既存的事实的一种宣告，并且凝固成半政治性的制度。他们对那些应当掌握思想和欲望的理想的想象性呈现，已经被当作政策规则。艺术成了使得对某些目的和意义的感觉保持活力的手段，这些目的超过了证据，而这些意义越过了僵硬的习惯。

各种道德在理论和实践中被分配到一个特殊的隔间，因为它们反映了体现在经济和政治制度之中的区分。无论在哪里，只要存在着社会的区分和障碍，那么与它们相对应的实践和观念就会把界限和范围固定下来，以至于自由的行动被置于约束之下。创造性的智力不为人们所信任；作为个性本质的创新为人们所恐惧，丰富的冲动被置于藩篱之下以免打扰平和状态。如果艺术是人类交往中一种公认的力量，而不是被当作空闲时的消遣，或者一种炫耀展示的手段，并且如果道德被理解为等同于经验中所分享的价值的一切方面，那么，艺术和道德的关系“问题”就不存在了。

道德规范的思想和实践包含了来自赞美和指责、奖赏和惩罚的观念。人类被区分为绵羊和山羊、邪恶和善良、守法和犯罪、好和坏。超越善恶对于人来说是不可能的，然而，只要善仅仅意味着得到称赞和奖赏的东西，而恶仅仅意味着通常遭到谴责或被宣布为非法的东西，那么，道德规范的理想因素就总是并且处处超出善恶之外。因为艺术完全没有那些出于赞美和指责的想法，所以风俗习惯的守护者们以怀疑的目光来看待它；或者，只有那种本身古老而“古典”以至于受到习俗赞美的艺术，才能勉强地得到承认。比如说就像莎士比亚这个例子，尊重习俗道德规范的记号可以被巧妙地从他的作品中提取出来。然而，这种由于全神贯注于想象的经验而来的对赞美和指责的无动于衷，却构建起艺术的道德潜力的核心。艺术的解放和统一的力量，正是由它而产生的。

雪莱说:“道德的伟大秘密就是爱,或者是我们本性的一种所出,以及我们自己与存在于思想、行动或人之中的美的合而为一,而不是我们自己。一个极其善良的人,必定能够进行热切而广泛地想象。”对个人来说正确的东西,对思想和行动中的整个道德体系来说也是正确的。尽管对可能之物和现实之物在艺术作品中的统一的知觉本身是一种伟大的善,但这种善并没有终止于它得以被获取的那种直接而特定的场合。这种在知觉中所呈现的统一,会持续地存在于冲动和思想的改造之中。欲望和目的大范围和大规模重新定向的最初暗示,必然是想象性的。艺术不是见于图表和统计中的一种预言方式,而且,它对人类关系的可能性的逐步潜入,也无法见于规则和戒律以及忠告和管理之中。

然而,在艺术那里,绝非是一个人向另一个人说,
而只是向人类说——艺术也许会说出真理
以一种迂回的方式,行为孕育着思想。

REVISED POSTSCRIPT

修订版译后记

对于杜威的读者特别是中国读者来说，2019 年或多或少是一个有着特殊意义的年份，这一年既是杜威诞辰 160 周年也是他访华 100 周年。所以，我想，单行本《作为经验的艺术》在这个时候出版也可以被看作是一种纪念。这个单行本出自之前的全集本，即 2015 年出版的《杜威全集・晚期著作・第十卷》，译文并未作太多改动，只是对几处不够准确的地方做了修正。当然，在此之前，国内学者高建平先生已经译出了它的一个单行本，这个译本由商务印书馆于 2005 年出版，标题是《艺术即经验》。它以及杜威其他作品的先行译出和研究使我的工作获得了一个基础，在此我对这些同行和前辈学者表示由衷的感谢。

这部出版于 1934 年的作品来自杜威 1931 年在哈佛大学所作的詹姆斯讲座。杜威表示，他希望在这个讲座中开始一个新的研究领域，即艺术和美学。其实，这个领域对于杜威来说并不完全陌生，他在早期的著述中就有一些相关的文章与评论，尽管它们大多并非是实质性的；他在这个领域中的实质性论述出现在 20 年代出版的《经验与自然》以及后来的一些作品中。对于这个领域的一直以来的兴趣使得杜威把这次詹姆斯讲座当作一个契机，即，以他自己的方式对艺术和美学中的诸多重要问题展开一次全面而深入的思考。结果，这个思考成了这个领域中的一个极具价值的文献。

在杜威自己的作品中，《作为经验的艺术》就其是唯一一部有关艺术和美学的专著而言，也有着它不可取代的地位。不过，与其说杜威仅仅想要对作为一门学科的美学给出理论上的说明和完善，而毋宁说艺术和美学乃是他在其哲学运思中所发展出来的一个结构性的要素，或者说，他借着这个要素更为清晰地洞察了那些在其他情形里往往容易被忽视的东西。关于这一点，我们可以比较与杜威同时代的一些重要思想家，譬如海德格尔与维特根斯坦：他们在他们的工作中都有对艺术和美学的论述，但他们恐怕并不能被算作是一般意义上的美学家，他们只是在那里发现了根本的问题的线索。杜威也是如此。

杜威所关注的同样是这个时代的一些根本问题。由于这些根本问题弥漫在每个人的生活之中，所以杜威所谈论的艺术实际上是从每个人的原始生活经验出发的。在这个喧嚣的时代，人们似乎拥有越来越多的经验，但是杜威提醒我们，事物被经验到，但是没有构成一则经验。这个时代的人们普遍地处于心神不定的状态之中，尽管他们可能还根本没有意识到这一点。不过，杜威所说的一则经验也并不是什么神秘的东西，它无非就是一则先于分析的完整经验。杜威把它称作是审美性质的经验。

这个时代里的种种机械的、例行公事式的活动把经验弄得支离破碎，所以一则经验只有在艺术中才被表现出来，或者说，艺术就是作为一则经验的艺术。这样的艺术当然不是那种从生活中剥离出来的、属于艺术馆的东西，恰恰相反，杜威所说的作为经验的艺术乃是要提醒人们从一种被剥离的、支离破碎的状态回到原始的状态，一种连续的、活动的状态。这样的状态就是我们本来所处的情境，只不过对理智探求活动的执着把它遗忘了。审美的经验则将这个作为我们广阔生存背景的情境重新唤起，所以，原始经验中的审美的性质在杜威那里也就是弥漫的性质。

杜威的这些想法甚至也使翻译工作变得有趣了，因为它不是一种与正常生活进程相脱离的东西。工作与思考以及感受之间没有截然的界线。它们是艺术的、审美的。而我们经验中的这些艺术的、审美的东西恐怕是对杜威思想贡献的最好纪念。

孙斌

2018年9月12日

图书在版编目(CIP)数据

作为经验的艺术/(美)约翰·杜威著;孙斌译. —上海:华东师范大学出版社,2019(杜威著作精选)

ISBN 978-7-5675-8874-5

Ⅰ.①作… Ⅱ.①约…②孙… Ⅲ.①杜威(Dewey, John 1859-1952)—美学思想 Ⅳ.①B712.51

中国版本图书馆 CIP 数据核字(2019)第 059447 号

杜威著作精选

作为经验的艺术

著　　者　(美)约翰·杜威
译　　者　孙　斌
项目编辑　朱华华
特约审读　徐曙蕾
责任校对　张　雪
装帧设计　卢晓红

出版发行　华东师范大学出版社
社　　址　上海市中山北路 3663 号　邮编 200062
网　　址　www.ecnupress.com.cn
电　　话　021-60821666　行政传真 021-62572105
客服电话　021-62865537　门市(邮购)电话 021-62869887
地　　址　上海市中山北路 3663 号华东师范大学校内先锋路口
网　　店　http://hdsdcbs.tmall.com

印 刷 者　上海展强印刷有限公司
开　　本　890×1240　32 开
印　　张　14
字　　数　299 千字
版　　次　2019 年 5 月第 1 版
印　　次　2019 年 5 月第 1 次
书　　号　ISBN 978-7-5675-8874-5/B·1170
定　　价　58.00 元

出 版 人　王　焰